*Ich bin nicht gekommen, um dich zu belehren,
Ich bin gekommen, um dich zu lieben;
die Liebe wird dich lehren.*

KOSTENLOSER BONUS

Entdecke jahrtausendealte Heilgeheimnisse, die dein Leben verändern können.

Hast du, oder jemand, den du liebst, Probleme:

- ✓ Physisch
- ✓ Mental
- ✓ Emotional
- ✓ Spirituell

Dr. Clint G. Rogers & Dr. Naram

Quält dich etwas seit Jahren und du willst es loswerden?

Auf unserer KOSTENLOSEN Website findest du alle Links, Videos und Ressourcen aus diesem Buch als mein Geschenk an dich.

Du kannst dich jetzt anmelden:

www.MyAncientSecrets.com/Belong

Auf unserer KOSTENLOSEN WEBSITE für Mitglieder wirst du folgendes entdecken:

- ✓ Wie man Ängste sofort lindert.
- ✓ Wie man sein Idealgewicht findet und es beibehält.
- ✓ Wie du deine Immunität und Energie verstärken kannst.
- ✓ Wie man Gelenkschmerzen durch Ernährung lindert.
- ✓ Wie du dein Gedächtnis und deinen Fokus verbessern kannst.
- ✓ Wie du deinen Lebenszweck entdeckst.
- ✓ Und vieles mehr...

Du bekommst zu jedem Kapitel passende Videos, die die Geheimnisse dieses Buches für dich veranschaulichen, damit du dir selbst und anderen helfen kannst.

Entdecke in nur 30 Tagen deine geheimen und verborgenen Stärken. Während dieser Selbstentdeckung wirst du herausfinden, wie du die jahrtausendealten Geheimnisse tiefgreifender Heilung sofort in deinem Leben anwenden kannst. (HINWEIS: Dies schließt fortgeschrittene Inhalte ein, die nicht in diesem Buch zu finden sind.)

Entdecke das alles jetzt unter: MyAncientSecrets.com/Belong

Dankbare Erinnerung an Dr. Pankaj Naram

Als deutsche Ärztin für ganzheitliche integrale Heilkunst habe ich Dr. Naram und seine besondere Fähigkeit des diagnostischen Pulslesens aus der klassischen ayurvedischen Medizin in München kennengelernt. Fasziniert von dieser Kunst, bin ich nach Indien in seine Klinik gefahren und habe dort erlebt, wie dieser besondere Arzt in unermüdlicher Hingabe und großer Empathie täglich viele kranke Menschen angeschaut hat, aus ihren Pulsen eine klare Diagnose stellen konnte und eine entsprechende ayurvedische Therapie eingeleitet hat. Ich sah in den Augen der Patienten ihr großes Vertrauen und hörte aus ihren Worten die große Dankbarkeit für die Fortschritte auf dem Weg ihrer Genesung.

Ich fragte Dr. Naram dann am Ende meines Aufenthaltes in Mumbai (ehemals Bombay), ob er auf seiner nächsten Europareise vielleicht in meine Praxis kommen könnte, um einige besondere Fälle auf seine begnadete Weise anzuschauen und dadurch neue Heilimpulse gegeben werden könnten. Er überlegte einen Moment, schaute mich prüfend an und sagte dann: „Ich spüre in meinem Herzen, dass ich zu Ihnen kommen muss". Das hat mich sehr berührt. Von da an kam er tatsächlich viele Jahre regelmäßig einige Tage in meine internistische Praxis und wir durften unter seinen Interventionen durch „Marmaa" Therapie und seine nach Pulsdiagnose erfolgreichen therapeutischen Konzepte großartige Heilerfolge erzielen.

Ich habe Dr. P. Naram und seine große Kunst hochgeschätzt, aber vor allem war er mir ein Vorbild durch seine große Empathie, mit der er seine besonderen Fähigkeiten für viele Menschen unermüdlich und selbstlos zum Einsatz brachte.

Er wird mir und vielen meiner Patienten in dankbarer Erinnerung bleiben.

Dr. Dagmar Uecker
Bad Soden, 31.10.2021

Als Koordinator für den akademischen Zertifikatslehrgang "Ancient Traditions of Healing (ATH)", dessen internationale Pilotkohorte von 2017 bis 2019 in Berlin stattfand und der inzwischen über den Gesundheits-Campus der St. Elisabeth Universität angeboten wird, begeistert mich, von welchem Ausmaß der Veränderung in Bezug auf Persönlichkeit sowie auch praktische Tätigkeit die teilnehmenden Ärzt:innen und Therapeut:innen profitieren. Mein Eindruck ist, dass die Absolventinnen mit den Kenntnissen aus Dr. Narams Siddha-Veda Linie nicht nur menschlich wachsen, sondern dadurch auch bessere Heiler:innen werden. Das vorliegende Buch liefert dafür aufschlussreiche Erklärungen und vermittelt wertvolle Eindrücke dieses Wissens.

Tjalf Hoyer M.A., Bremen

"Als ich Dr. Naram zum ersten Mal traf, erkannte ich sofort die Wirksamkeit und Bedeutung von Dr. Narams jahrtausendealten Behandlungsmethoden. Ich wünschte mir sofort, dass er nach Deutschland kommt, um den Menschen hier zu helfen. Er ist einer der bedeutendsten und kraftvollsten Heiler, die ich je beobachtet habe. Ich habe ihn daher auch dazu ermutigt, mehr Mediziner in dieser jahrtausendealten Heiltradition auszubilden. Das ist der Grund, weshalb ich angeregt habe, einen Universitätskurs in diesen jahrtausendealten Heilmethoden anzubieten, geleitet von Dr. Naram und Dr. Clint G. Rogers. Ich bin nicht nur hoch erfreut darüber, dass hervorragende Mediziner aus der ganzen Welt an diesem Kurs teilnehmen, sondern auch, dass diese jahrtausendealten Geheimnisse nun in diesem wichtigen Buch aufgezeichnet wurden und auf diese Weise noch mehr Verbreitung unter den Menschen finden.

- Dr. Hartmut Schroeder (Doctor - Berlin, Germany)

„Echte Heilung kommt immer aus dem Herzen."

Mein geliebter Lehrer und Vorbild, Dr. Pankaj Naram, lebte aus vollem Herzen und brachte mir die Geheimnisse tiefgreifender Heilung bei. Mit dreißig Jahren war meine Gesundheit ziemlich schlecht, denn es wurde Rheumatoide Arthritis bei mir diagnostiziert. Meine Gelenke waren angeschwollen und schmerzten. Ich war verzweifelt, da auch meine Mutter und meine Großmutter dieselbe Diagnose bekommen hatten. Auf der Suche nach wahrer Heilung empfahl mir mein spiritueller Meister, Seine Heiligkeit Hariprasad Swamiji, seinen Leibarzt, Dr. Pankaj Naram. Dr. Naram gab mir nicht nur Hoffnung, sondern er berührte auch mein Herz so tief, dass ich mich entschied, nach meinem eigenen Heilungsprozess bei ihm zu lernen. Seine Heiligkeit Hariprasad Swamiji schickte mir eine Nachricht, die besagte: *„Wenn du die jahrtausendealten Geheimnisse des Ayurveda wirklich verstehen willst, dann kannst du sie nur von Dr. Pankaj Naram lernen. Er ist mit tiefer Hingabe (Gurubhakti) für seinen Meister erfüllt, und somit ist die Göttliche Gnade mit ihm. Wenn du ihm mit der gleichen Gurubhakti folgst, wird die Gnade seiner Abstammungslinie mit dir und all deinen Patienten sein."*

Dr. Naram war für mich im wahrsten Sinne des Wortes ein Meister. Was immer er auch tat, er gab 100%. Er weckte Vertrauen, schenkte Hoffnung und Tausenden von Menschen ermöglichte er tiefgreifende Heilung. Er inspirierte die Menschen durch die Liebe, die er verbreitete.

Ich werde für immer dankbar dafür sein, dass ich seine Schülerin sein durfte. Seine Botschaft der tiefgreifenden Heilung wird irgendwann alle Menschen erreichen. Mögen ihre Herzen durch die Wunder der jahrtausendealten Geheimnisse mit Licht erfüllt werden.

Suyogi Gessner

Als ich Dr. Naram das erste Mal traf, spürte ich sofort, dass hier jemand vor mir sitzt, der in Gänze mein Wesen und mein Anliegen versteht. Es musste nichts erklärt werden, es gab keine Bewertung, sondern nur den reinen Wunsch, mir zu helfen.

Das war einer der berührendsten und prägendsten Momente meines Lebens.

Wenn jemand das Glück hat, auf so einen besonderen Menschen zu treffen, kann dies definitiv Universen neuer Möglichkeiten eröffnen. Mich persönlich hat es nicht nur zu physischer, mentaler und emotionaler Gesundheit und Stabilität geführt, sondern vor allem dazu inspiriert, die Ancient Secrets selbst zu erlernen und an Patienten weiterzugeben.

Dr. Naram hat immer gesagt: „Bevor Du jemanden Liebe gibst, muss er zuerst verstanden werden! Dann wird der Zugang zum Herzen eines jeden möglich und wahre Heilung kann beginnen."

Dieses Buch zeigt, welches unglaubliche Potential in dieser tiefen Weisheit der Ancient Secrets liegt und welche wunderbaren Erfahrungen und Momente voller Hoffung, Heilung und wahrer Transformation dadurch entstanden sind. Allein dieses Buch zu lesen ist ein wahrer Herzöffner. Ich wünsche allen Lesern, dass sie hierdurch ebenfalls die Erfahrung neuer Inspiration und Impulse für ihr Leben bekommen.

Moksha Waller

Ich traf Dr. Clint G. Rogers im September 2016 in Jack Canfields Haus in Kalifornien. Wir nahmen an einem Seminar teil, um von einem der erfolgreichsten Autoren unserer Zeit Anregungen und Verbesserungsvorschläge für unsere Buch-Ideen bzw. fertig geschriebenen Bücher zu bekommen. Dr. Clint hatte einige Titelvorschläge für sein Buch mitgebracht, doch keiner fühlte sich richtig an. Jack Canfield schloss die Augen, schien zu meditieren, bevor er plötzlich sagte, „Ancient Secrets of a Master Healer". Ich hatte eine Gänsehaut, besonders nachdem uns Jack erzählte, dass er das gleiche Gefühl hatte wie in dem Moment, als der Titel seiner erfolgreichen Buchreihe, *Hühnersuppe für die Seele*, geboren wurde

Als Dr. Clint darüber sprach, was in dem Buch enthalten sein würde, als er von Dr. Naram und den vielen ‚Wunderheilungen' erzählte, deren Zeuge er auf seinen jahrelangen Reisen mit Dr. Naram geworden war, regte sich etwas tief in mir. Obwohl ich stolz auf mein Buch über Gesundheit und Selbstheilung war, an dem ich mehr als acht Jahre mit meiner Mitautorin gearbeitet hatte, wusste ich in dem Moment, dass es die Botschaft von Hoffnung, Heilung, und möglichen Wundern in Clints Buch war, die die Welt jetzt brauchte.

Zwanzig Jahre zuvor hatte ich eine Ausbildung als Übersetzer und Korrekturleser für English/Deutsch und Deutsch/Englisch abgeschlossen, und so bot ich ihm am selben Abend im Hotel an, sein Buch Korrektur zu lesen. Ich ahnte nicht, dass dieses Angebot mein Leben in eine völlig neue Richtung führen und mir gleichzeitig Heilung auf so vielen Ebenen schenken würde.

Ein paar Monate später, im Dezember 2016, erhielt ich dann die Einleitung zum Buch, und in den folgenden Jahren war ich Teil des Teams, das Dr. Clint Rückmeldungen zu jedem geschriebenen Kapitel gab. Und dann, eines Tages, war das Buch fertig, und das eigentliche Korrekturlesen begann.

Aufgrund dieser Arbeit habe ich das englische Buch mindestens zehnmal von Anfang bis zum Ende gelesen. Und jedes Mal wurde ich beim Lesen tief in die Geschichte hineingezogen. Manchmal 'vergaß' ich sogar, dass ich nach Schreib- oder Grammatikfehlern suchte, und merkte erst nach ein paar Seiten, dass ich mal wieder meine 'Arbeit' als Korrekturleser nicht gemacht hatte. Bei jedem Durchlesen habe ich geweint, gelacht, und war jedes Mal tief berührt. Und ich spürte bei jedem Lesen, wie etwas in mir heilte – auf physischer, mentaler, emotionaler, und sogar spiritueller Ebene. Vor allem, nachdem ich damit begann, die jahrtausendealten Geheimnisse, die Dr. Clint in diesem Buch beschreibt, in meinem eigenen Leben anzuwenden.

Noch bevor das Buch in Englisch veröffentlicht war, hatten bereits einige Mitglieder in unserer Gemeinschaft freiwillig angeboten, das Buch in ihre Muttersprache zu übersetzen, und innerhalb weniger Monate wurde das Buch bereits in mehr als zwanzig Sprachen übersetzt. Da Deutsch meine Muttersprache ist, schien es naheliegend, dass ich das Buch ins Deutsche übersetze, doch irgendwie hatte ich von Anfang an das starke Gefühl, dass jemand anderes das Buch übersetzen sollte. Wie sich dann herausstellte, war es Rolf bestimmt, diese Aufgabe zu übernehmen, und er hat wirklich eine wundervolle Arbeit geleistet. Als ich die deutsche Übersetzung zum ersten Mal las, machte ich genau die gleiche Erfahrung wie beim Lesen des englischen Originals – ich wurde direkt in die Erzählung hineingezogen. Rolf ist es gelungen, die Stimmung und das 'Gefühl' des englischen Originals wunderbar einzufangen, was keine leichte Aufgabe ist, da die beiden Sprachen so grundverschieden sind.

In diesem Moment, nach Beendigung der Korrekturlesung, bin ich einfach nur glücklich, dass dieses Juwel von einem Buch endlich in deutscher Sprache erhältlich ist.

Schon im Dezember 2016, als Clint mir die ersten Kapitel des englischen Buches schickte, spürte ich die Macht dieses Buches und wie es eine tiefgreifende Veränderung in mir und in meinem Leben bewirkte. Ich wusste, dass es in diesem Buch nicht allein um Information ging, sondern vielmehr um Transformation, um Veränderung. Doch dann geschah etwas außergewöhnliches. Ein paar Wochen vor der offiziellen Veröffentlichung schickte mir Clint die endgültige Fassung des englischen Buches. Und genau wie du dies jetzt getan hast, schlug ich die erste Seite auf und las zum ersten Mal die folgenden Worte:

„*Ich bin nicht gekommen, um dich zu belehren. Ich bin gekommen, um dich zu lieben; die Liebe wird dich lehren.*"

Es schien als hätte dieses Zitat der Botschaft in diesem Buch eine völlig neue Dimension gegeben. Gleichzeitig fing es in diesen wenigen Worten die Arbeit, die Persönlichkeit und das gesamte Wesen Dr. Narams ein. Ich habe Dr. Naram nur einmal getroffen, doch diese Begegnung hinterließ einen tiefen Eindruck in mir. Ich spürte seine Präsenz und die Liebe für jeden Menschen, jedes Tier und jede Pflanze auf diesem Planeten. Er war die Personifizierung vorbehaltloser Liebe, und viele, die ihm persönlich begegnet sind, haben diese Liebe augenblicklich gespürt.

Ich hoffe, dass du durch das Lesen dieses Buches in deiner eigenen Sprache nicht nur eine Veränderung in dir und in deinem Leben erfährst, sondern dass du in jedem einzelnen Wort, das du liest, Dr. Narams und Dr. Clints Liebe für die Menschheit und diesen Planeten spüren kannst.

Danke, Dr. Clint, dass du dich von der Liebe zu deinem Vater hast leiten lassen, dass du Dr. Naram all die Jahre gefolgt bist und uns dieses Buch geschenkt hast.

In tiefer Dankbarkeit,
Cornelia Merk

Jahrtausendealte Geheimnisse eines Meisterheilers hilft zu verstehen, was Weisheit bedeutet und wie wir als Menschen auf natürliche Weise in diese Weisheit eintauchen können. Ich bin äußerst dankbar, dass Dr. Clint G. Rogers diese Arbeit geleistet hat, und ich denke, dass dieses Buch viele Leben verändern wird.

Dr. Pooja Lankers, Heilpraktikerin für
Psychotherapie

Ein besonderer Dank geht an Rolf

Dr. Naram und ich trafen Rolf während einer Pulsklinik in Deutschland, und ich spürte sofort die Aufrichtigkeit seines Herzens. Kurz nach dem Heimgang von Dr. Naram kontaktierte mich Rolf mit einer interessanten Botschaft. Er sagte, Dr. Naram sei ihm im Traum erschienen und habe ihm gesagt, dass er derjenige sei, der das Buch, *Ancient Secrets of a Master Healer*, ins Deutsche übersetzen sollte. Rolf hat das Buch nicht einfach nur übersetzt, sondern er tat dies mit so viel Liebe, dass die Korrekturleser sagten, die deutsche Version sei so ausdrucksstark und mitreißend wie das englische Original, dass sie oft zu Tränen gerührt waren. Nachdem er die Arbeit am Buch beendet hatte, sagte Rolf, er hatte eine Vision von Dr. Naram, wie er das Buch in mit einem Geschenkband umwickelte, und es wie mit einem Energieblitz von seiner Hand zum Buch versiegelte, während er ihm sagte, die Übersetzung sei fertig. Rolfs Erlebnis spiegelte die Erfahrungen wider, die mehr als dreißig Übersetzer, die ihrem inneren Drang folgten und das Buch in ihre Muttersprache übersetzten, ebenfalls gemacht haben.

Danke, Rolf, dass du dich von der Liebe hast leiten lassen.

~ Dr. Clint G. Rogers

Und ein weiterer besonderer Dank geht an Judith

Liebe Judith,
Obwohl wir bisher nur am Telefon miteinander gesprochen haben und ich dich nie persönlich getroffen habe, möchte ich dir von ganzem Herzen dafür danken, dass du für Dr. Naram nicht nur eine gute Freundin warst, sondern mehr wie eine Schwester. Danke, dass du die ersten Entwürfe des Manuskripts, die dir Dr. Naram während deiner Besuche gegeben hat, gelesen hast und mit deinen hilfreichen Kommentaren dazu beigetragen hast, dieses Buch viel besser zu machen. Deine Liebe ist in diesem Buch durch dein weises und liebevolles Feedback verewigt, und ich weiß, dass dies Dr. Naram sehr glücklich macht. Ich liebe dich und ich bin für dich da.

~ Dr. Clint G. Rogers

Stimmen zu Jahrtausendealte Geheimnisse eines Meisterheilers

„Dr. Clint G. Rogers hat mit diesem Buch eine großartige Seva (freiwillige Dienstleistung) vollbracht. Diese Welt ist auf große Hilfe angewiesen, da sie nicht nur auf die Weise verschmutzt ist, wie die meisten denken, sondern auch mental, emotional und spirituell. Die jahrtausendealten Heilgeheimnisse in diesem Buch sind eine tiefgreifende Lösung für die größten Probleme der heutigen Welt. Ich kannte und respektiere Dr. Naram seit mehr als 40 Jahren persönlich.

Ich habe seinen Guru Baba Ramdas getroffen und weiß um die Kraft dieser ungebrochenen Linie, die letztlich mit Jivaka, dem Leibarzt Buddhas, begann. Ich habe Dr. Naram die jahrtausendealten Heilprinzipien nutzen sehen, um den Menschen, die ich zu ihm schickte, zu helfen um Krankheiten oder Einschränkungen rückgängig zu machen und zu überwinden, darunter rheumatoide Arthritis, Epilepsie, schwere Menstruationsblutungen, Leberinfektionen, Lungeninfektionen, Multiple Sklerose, Herzblockaden, Krebs, Unfruchtbarkeit und Myome, Diabetes, Schilddrüsenprobleme, Komplikationen in der Schwangerschaft, hoher Cholesterinspiegel, Bluthochdruck, Haarausfall, Aszites, Harnwegsprobleme, Steißbeinbruch, schwere Hernien, Schuppenflechte, Autismus, Ekzeme, Zervikalspondylose und Probleme mit dem Gehirn, um nur einige zu nennen. Dr. Naram hat eine siddhi (Kraft) zur Heilung, die ihm durch die Gnade seines Meisters verliehen wurde. Die Geheimnisse der jahrtausendealten Heilkunst, die in diesem Buch enthüllt werden, werden mehr denn je gebraucht."*

–Hariprasad Swami (Oberhaupt der Göttlichen Gesellschaft der Yogi)

„Dr. Pankaj Naram ist eine Weltautorität in den jahrtausendealten Heilgeheimnissen. Dieses Buch ist inspirierend und zeigt, wie jeder diese jahrtausendealten Heilgeheimnisse in sein tägliches

Leben einfließen lassen kann, um immense Energie, Gesundheit und Glück zu erlangen. Ich nehme seine Kräuter gegen Diabetes und Cholesterin ein und habe außergewöhnliche Ergebnisse erzielt. Viele Sadhvis im Bhakti Ashram nehmen seine Kräuterrezepturen ein und haben unglaubliche Ergebnisse erzielt, einige wurden sogar vollständig geheilt. Ob es nun Diabetes, Schilddrüse, Arthritis, Gelenkschmerzen, Rückenschmerzen, Asthma oder mehr war, zu allem gab es erstaunliche Ergebnisse. Ich danke Dr. Clint G. Rogers für dieses großartige Buch, das jeder Mensch lesen sollte."*
–Geliebte Premben, Sadhvi Suhrad (Yogi Mahila Kendra)

„Ich kenne Dr. Naram, und er ist wirklich ein außergewöhnlicher Mensch. Als ich hörte, dass Dr. Clint G. Rogers dieses Buch über seine jahrtausendealten Heilgeheimnisse geschrieben hat, war ich richtig aufgeregt. Die meisten Menschen bekommen nicht einmal 3 Minuten mit Dr. Naram, aber durch dieses Buch kannst du ihn ein Stück seines Weges begleiten. Diese Reise wird dir ungeheure Freude, Frieden, Klarheit und eine tiefe Weisheit schenken. Alles ist in diesem Buch auf brillante Weise festgehalten und ist ein absolut phänomenales Geschenk an die Welt. Tu dir selbst einen Gefallen und lies dieses Buch."*
–Jack Canfield (Erfolgreicher Unternehmer und Co-Autor von *Hühnersuppe für die Seele*)

„Ich kenne Dr. Naram seit über 30 Jahren und habe gesehen, wie sich seine Mission, seine Heilmethoden, auf der ganzen Welt ausbreiteten und wuchsen, um die Relevanz der jahrtausendealten Heilungslehren in der modernen Gesellschaft zu propagieren. Dr. Naram hat der Welt jahrtausendealte Heilpraktiken nahegebracht, die im Laufe der Generationen verloren- gegangen sind. Ich bin sicher, dass du diese wahre Geschichte, erzählt von dem Universitätsforscher Dr. Clint G. Rogers, wirklich faszinierend und inspirierend finden wirst. Gleichzeitig wirst du Perlen der jahrtausendealten Weisheit ent-

decken, welche du in deinem täglichen Leben anwenden kannst."*
–A.M. Naik (Vorsitzender der Gruppe - Larsen & Toubro, einer der angesehensten CEOs in Indien und der Welt)

„Dieses Buch, *Jahrtausendealte Geheimnisse eines Meisterheilers*, ist wie ein Lichtstrahl für die Menschen. Ich habe mich einfach in das Buch verliebt. Es ist so wunderschön geschrieben und wird den Menschen, die es brauchen, viel Hoffnung geben. Ich wollte gar nicht aufhören zu lesen und wünschte mir, dass es immer weitergeht. Ich habe entdeckt, dass es ein Muss ist, Amrapalis Geheimnis zu erfahren. Dies ist definitiv eines meiner Lieblingsbücher."*
–Arianna Novacco (Miss World Italien, 1994)

„Dieses einflussreiche Buch wird viele Leben auf der ganzen Welt verändern. Der Koran und der Hadith sprechen über Gesundheit, wobei der Prophet Mohammed (Friede sei mit ihm) sagt: Gott hat keine Krankheit auf die Erde herabgesandt, ohne zugleich auch für das entsprechende Heilmittel zu sorgen. (Hadith Nr. 5354). Durch die jahrtausendealten Geheimnisse, die in diesem Buch beschrieben werden, werden so viele Menschen ihr Heilmittel finden! Ich bete, dass mehr Menschen ihr Leben der Aufgabe widmen, diese jahrtausendealte Wissenschaft zu erlernen und sie weiterzugeben, um Menschen in ganz Afrika und auf der ganzen Welt zu helfen."*
–Ihre Exzellenz Dr. Batilda Salha Burian (Ehemalige Botschafterin Tansanias in Japan, Australien, Neuseeland und Südkorea)

„Bemerkenswerte Geschichten von Menschen, die alle Arten von Krankheiten und Leiden rückgängig machen, sind keine 'medizinischen Wunder'. Diese Ergebnisse sind vorhersehbar, wenn man bestimmte Prinzipien befolgt. Es ist dein Recht gesund zu sein. Clint ist ein Wahrheitssuchender mit einer Neugierde, die ihn auf einen einzigartigen Weg und eine einzigartige Mission geführt hat. Er verfügt über ein beeindruckendes Wissen über nützliche, aber allgemein unbekannte alte Heilmethoden. Ich wünsche ihm alles Gute mit diesem Buch und bei seiner Mission, der Menschheit zu helfen."*

–Dr. Joel Fuhrman (Präsident der Nutritional Research Foundation und 6-facher Bestsellerautor der *New York Times*)

„Wow! Dieses Buch, *Jahrtausendealte Geheimnisse eines Meisterheilers*, verändert die Einstellung der meisten Menschen zu ihrem Leben und ihrer Gesundheit. Jede Geschichte hat eine lebensverändernde Wirkung. Während ich eine Seite nach der anderen las, dachte ich immer wieder daran, wie sehr ich mir wünsche, dass mein Sohn und all die Menschen, die ich liebe, dies lesen."*

–Wendy Lucero-Schayes (Olympia-Taucher, 9-facher nationaler Meister)

„Die jahrtausendealten traditionellen Heilmethoden in diesem Buch zu befolgen ist sehr gut. Wie ein hervorragender Professor, kennt Dr. Naram die richtigen Methoden zur Herstellung hervorragender, authentischer, jahrtausendealter Heilmittel, bei denen echte Inhaltsstoffe verwendet werden, die anderen helfen, ohne Nebenwirkungen tief zu heilen. Ich selbst hatte Magenprobleme, Diabetes und auch Blutdruckprobleme. Ich bin nun seit drei Jahren in Dr. Narams Behandlung und es geht mir so viel besser. Es hat mir riesig geholfen und ich fühle mich jetzt sehr gut."*

–Seine Eminenz Namkha Drimed Ranjam Rinpoche (Oberstes Oberhaupt der Ripa-Linie, Nyingma Vajrayana Buddhismus)

„Ich freue mich darauf, diese Geheimnisse mit anderen zu teilen und den Reichtum dieses jahrtausendealten Heilungswissens auf der ganzen Welt zu verbreiten, denn ich weiß, wie sehr es mir geholfen hat. Ich hatte Myome und verlor sehr viel Blut und fühlte mich sehr blutarm. Westliche Ärzte wollten meine Gebärmutter entfernen, aber ich glaubte fest daran, dass wenn der Körper ein Problem verursacht, er sich auch selbst heilen kann. Nachdem ich Dr. Naram traf, habe ich meine gesamte Ernährung umgestellt und begonnen, einige Kräuter einzunehmen, um meinen Körper zu entgiften und wirklich zu nähren. Heute kann ich glücklicherweise sagen, dass ich das Leben so viel mehr genieße als zuvor. Nicht nur meine Myome verschwanden, sondern meine Knie, die durch jahrelanges professionelles Bodybuilding geschädigt worden waren, wurden ebenfalls besser! Man muss Vertrauen haben und seine Denkweise von dem was war, zu dem was ist, ändern. Aber wenn du einen brennenden Wunsch hast, kann Dr. Naram dir helfen, deinen Traum zu verwirklichen."*

–Yolanda Hughes (2-fache Gewinnerin von Ms. International Bodybuilding-Wettbewerb)

„Die Leute geben Dr. Naram viele Beinamen, aber ich nenne ihn meinen persönlichen Heilungs-Guru. Seit Jahren nehme ich seine Kräuterzusätze zur natürlichen Unterstützung meines Hormon- und Testosteronspiegels ein, überprüfe meine Blutberichte, um die Wirkung zu sehen, und ich fühle mich absolut großartig! Im Alter von 73 Jahren bin ich immer noch im Fitnessstudio und trainiere für die Mr. World Wettbewerbe! So vieles dreht sich um eine positive Denkweise, und ich schätze es, dass Dr. Naram mir Lösungen anbietet, die mir helfen gesund zu bleiben und meine Träume auf natürliche, ungiftige Weise zu verwirklichen."*

–Sadanand Gogoi
(Mr. India Masters, 5-facher Gewinner)

„Sobald ich anfing zu lesen, konnte ich es einfach nicht mehr weglegen! Dieses Buch schlägt auf brillante Weise eine Brücke zwischen Ost und West. Es ist in einer aufrichtigen, einnehmenden und erfrischenden Weise geschrieben, ähnlich wie die *Autobiographie eines Yogi*. Dieses Buch wird sich auf der ganzen Welt verbreiten und Millionen von Leben berühren, da die jahrtausendealten Geheimnisse, die Dr. Naram teilt, unsere Überzeugungen über Gesundheit und tiefere Heilung verändern werden."*

–Pankuj Parashar
(Künstler, Musiker und Bollywood-Filmregisseur)

„Jeder in der westlichen Medizin ausgebildete Arzt schätzt deren Stärken, versteht aber gleichzeitig auch ihre Grenzen. Einsteins Denken hat unser Konzept von Energie und Physik für immer verändert. Es stimmt, dass es auch außerhalb unserer gegenwärtigen Denkweise und Konditionierung in der Medizin eine Wahrheit zu entdecken gibt. Die Öffnung unseres Geistes für das über Tausende von Jahren angesammelte Wissen in der fernöstlichen Medizin bietet die Möglichkeit, die westliche Medizin mit größerer Wirksamkeit und Heilungsmöglichkeiten zu ergänzen und zu erweitern. Dieses Buch, *Jahrtausendealte Geheimnisse eines Meisterheilers*, hat meine Wahrnehmung verändert und wird hoffentlich auch dein Weltbild für ein Universum öffnen, in dem es noch so viel mehr für uns gibt, von dem wir lernen und profitieren können."*

–Bill Graden, M.D.

---

* Bitte beachte den medizinischen Haftungsausschluss zu diesem Buch. *Weitere wichtige Stimmen und Empfehlungen zu diesem Buch findest du unter MyAncientSecrets.com*

Jahrtausendealte Geheimnisse eines
Meisterheilers

Jahrtausendealte Geheimnisse eines
Meisterheilers

Ein Skeptiker aus dem Westen,
Ein Meister aus dem Fernen Osten,
Und die größten Geheimnisse des Lebens

DR. CLINT G. ROGERS,

Wisdom of the World Press

JAHRTAUSENDEALTE GEHEIMNISSE EINES MEISTERHEILERS
Ein Skeptiker aus dem Westen, ein Meister aus dem Fernen Osten, und die größten Geheimnisse des Lebens von Dr. Clint G. Rogers
Copyright © 2023 Paul Clinton Rogers
Alle Rechte vorbehalten.

Kein Teil dieses Buches darf in irgendeiner Form (Druck, Fotokopie oder einem anderen Verfahren) ohne ausdrückliche schriftliche Genehmigung des Verlegers reproduziert oder unter Verwendung elektronischer oder mechanischer Systeme bearbeitet, vervielfältigt oder verbreitet werden.

Veröffentlicht von Wisdom of the World Press
www.MyAncientSecrets.com

ISBN-13: 978-1-952353-06-2
eISBN: 978-1-952353-34-5

Übersetzung von Rolf Meyer-Heidenreich
Besonderer Dank für die Korrekturlesung geht an
Cornelia Merk & Isabella Tebeau
Cover von Daniel O'Guin
Design von Christy Collins, Constellation Book Services

Anmerkung zu neuen Wörtern: Dieses Buch enthält viele Wörter, die für dich vermutlich neu sind - für mich waren sie es zumindest. Als ich zum Beispiel zum ersten Mal das Wort *Marmaa* hörte, dachte ich, es könnte alles Mögliche sein - eine Butter, ein Kuscheltier oder wie ein betrunkener Pirat seine Mutter nennen würde. *("Aaaargh, ich lieb` dich, liebste Marmaa!")* Es stellte sich dann heraus, dass keine meiner Ideen zutraf. Einige der Worte mögen zunächst seltsam klingen. Ich werde deshalb mein Bestes tun, um sowohl ihre Bedeutung als auch ihre Aussprache zu erklären und, was am wichtigsten ist, wie sie mit dir in Beziehung stehen könnten. Jedes Kapitel enthält Eintragungen aus meinem Tagebuch über Heilmittel, Zitate, und Fragen. Ich lade dich ein, die Quellen, die ich zusammengetragen habe, tiefer zu erforschen und dann sieh einfach mal, was passiert. Es gibt auch eine Wortliste mit allen unbekannten Wörtern am Ende des Buches.

*Medizinischer Haftungsausschluss: Dieses Buch ist nur für Bildungszwecke. Dieses Buch ist weder dazu bestimmt, noch sollte es dazu verwendet werden, medizinische oder emotionale Zustände zu diagnostizieren oder zu behandeln. Es ersetzt nicht den Rat eines Arztes. Der Autor gibt weder direkten noch indirekten medizinischen. Rat, oder verschreibt die Anwendung irgendeiner Technik als eine Form der Behandlung von physischen, emotionalen oder medizinischen Problemen. Bitte finde einen guten Arzt, den du in diesen Fragen konsultieren kannst, insbesondere wenn es sich um Medikamente handelt. Die Absicht des Autors ist nur, Informationen allgemeiner Art über körperliches, emotionales und spirituelles Wohlbefinden anzubieten. Die in diesem Buch aufgezeichneten Fälle sind bemerkenswert, und es ist wichtig, darauf hinzuweisen, dass die Ergebnisse für jede Person unterschiedlich sein können, was von vielen Faktoren abhängt und möglicherweise nicht typisch sind. Für den Fall, dass du die Informationen in diesem Buch für dich selbst verwendest, was dein gutes Recht ist, übernehmen der Autor

Inhalt

Ein Brief an dich — xxvii

Kapitel 1: Jahrtausendealte Heilgeheimnisse, die dein Leben retten können — 1

Kapitel 2: 95% der Menschen wissen diese so wichtige Sache über sich selbst nicht — 21

Kapitel 3: Mystisches Indien, eine jahrtausendealte Wissenschaft und ein Meisterheiler — 45

Kapitel 4: Was zählt wirklich? — 65

Kapitel 5: Ein großes Geheimnis, um bei allem erfolgreich zu sein — 75

Kapitel 6: Können geklärte Butter (Ghee) & geheime Vitalpunkte auf deinem Körper deinen Blutdruck in Minutenschnelle normalisieren? — 93

Kapitel 7: Ein Moment, der mein Leben für immer veränderte — 107

Kapitel 8: Der Jungbrunnen — 131

Kapitel 9: Moderne medizinische Wunder durch eine jahrtausendealte Wissenschaft? — 141

Kapitel 10: Kann eine Frau über 50 in den Wechseljahren noch ein Kind bekommen? — 167

Kapitel 11: Ein geheimer Ernährungsplan, um 125 Jahre oder länger zu leben? — 179

Kapitel 12: Helfen die jahrtausendealten Geheimnisse auch bei Tieren? — 199

Kapitel 13: Lektionen der Geschichte: Die größten Entdeckungen und Hindernisse	219
Kapitel 14: Geheimnisse zur Entdeckung deines Lebenszwecks	235
Kapitel 15: Elefanten, Pythons und unbezahlbare Momente	247
Kapitel 16: Ein unerwartetes neues Problem	257
Kapitel 17: Abschied nehmen	265
Kapitel 18: Alte Weisheiten, moderne Welt	271
Widmung	285
Epilog: Göttliche Führung, Geheimnisse zur Selbstheilung und die Prinzipien, wie Du Träume in die Realität umsetzt	287
Nachwort: Mystische Wunder der Liebe	299
Anmerkung Des Autors: Wie geht es jetzt weiter?	313
Leitfaden für neue Wörter	319
Index	339
Zum Abschluss noch eine lustige Geschichte für dich	356
Über den Autor	359

Du liest diese Worte nicht zufällig. Du und ich, wir sind miteinander verbunden, und ich glaube, dieses Buch gelangte aus einem bestimmten Grund in deine Hände.

Denke an die Menschen, die du zutiefst liebst. Wie sehr wärest du bereit zu helfen, falls und wenn sie es dringend bräuchten?

Die Liebe ist eine der mächtigsten Kräfte in dir. Unterschätze nie, was sie erreichen kann.

Selbst für einen wissenschaftlich orientierten Universitätsforscher war die Liebe die Kraft, die mich aus meiner Komfortzone herausriss, um nach Lösungen zu suchen, die außerhalb meiner logischen Vorstellungskraft lagen

„Mein Sohn!" Der Ton in der Stimme meines Vaters deutete darauf hin, dass irgendetwas nicht stimmte „Kannst du bitte nach Hause kommen? Ich muss wirklich dringend mit dir reden."

Es war im Frühjahr 2010. Ich war Postdoktorand und forschte an der Universität von Joensuu in Finnland. Ich erhielt den Anruf, während ich in Indien unterwegs war. Ich hatte damals noch keine Ahnung, dass sich mein Leben so schnell, so drastisch verändern würde.

Ich flog also so schnell wie möglich in die Vereinigten Staaten zurück und traf meinen Vater in seinem Büro in Midvale, Utah. Als er die Tür hinter uns schloss, saßen wir Seite an Seite auf den Stühlen vor seinem Schreibtisch. Er schaute auf den Boden und wusste nicht, wie und wo er anfangen sollte. Nach einer scheinbar unerträglich langen Pause richteten sich seine Augen langsam auf mich, nur um meinem verwirrten Blick zu begegnen.

„Ich weiß nicht, wie ich dir das beibringen soll", sagte er, „aber ich habe solch heftige Schmerzen. Nachts liege ich wach und leide so sehr, dass ich ehrlich gesagt gar nicht weiß, ob ich den nächsten Morgen noch erleben möchte. Es kann sein, dass ich das Ende der Woche nicht erleben werde."

Seine Worte raubten mir den Atem. Ich wurde sofort von einer heftigen Traurigkeit überflutet und war vor Angst wie gelähmt. Das war nicht mein Vater! Er war mein Held. Der Fels in der Brandung. Bei jedem Schritt meines Lebens war er an meiner Seite. Als ich ihn das letzte Mal sah, ging es ihm gut. Natürlich hatte er Probleme, wie jeder, der altert. Aber das hier? Alles andere, was mir vorher wichtig erschien, verschwand weit in der Ferne, während ich verzweifelt nachdachte, wie ich ihm helfen könnte.

Mein Papa und meine Mama in inniger Umarmung

Mein Vater hatte bereits die beste medizinische Versorgung erhalten, die er finden konnte; vier angesehene Ärzte verabreichten ihm insgesamt zwölf Medikamente gegen seine Beschwerden - von schwerer Arthritis, Bluthochdruck und hohem Cholesterinspiegel bis hin zu Magen-Darm-Problemen und Schlafstörungen. Aber die Probleme ließen nicht nach. Im Gegenteil, die Schmerzen nahmen sogar zu. Mein Geist und mein Körper standen völlig unter Schock. Ich fühlte mich, als hätte man mir unerwartet einen heftigen Schlag in die Magengrube versetzt.

Nichts in meinem Leben hatte mich auf einen Moment wie diesen vorbereitet. Und nichts, was ich bis zu diesem Zeitpunkt getan hatte, gab mir das Wissen, wie ich helfen könnte. Jahrelang war es meine Arbeit gewesen, Menschen zu helfen, ihre Ersparnisse für den Ruhestand am Aktienmarkt anzulegen. Das war zwar finanziell lohnend, aber persönlich unbefriedigend. Also habe ich daraufhin meinen Doktor in Instruktionspsychologie und Technologie gemacht. Mein Promotionsstudium bildete mich gut für die Härte der akademischen Forschung aus, aber ich wusste nichts über Heilung. Wie mir einer meiner Tutoren einmal sagte: „Hohe akademische Grade anzuhäufen bedeutet normalerweise nur, dass man immer mehr über immer weniger weiß."

Mein Vater berichtete: „Zwei meiner Ärzte sagten mir diesen Monat, sie wüssten nicht, was sie sonst noch für mich tun könnten." Er dachte, dass das Ende nahe war, und wollte einfach nur, dass ich ihm helfe, seine Affären in Ordnung zu bringen. Als ich sah, dass er den Glauben wieder gesund zu werden verloren hatte, sagte ich: „Papa, ich habe dir nie wirklich erzählt, was ich in Indien gesehen habe. Kann ich dir von ein paar Erfahrungen erzählen, die ich dort gemacht habe?"

Die Erfahrungen, von denen ich ihm berichtete, schildere ich in diesem Buch. Ich war mir nicht sicher, ob sie ihm helfen würden, aber ich war verzweifelt und wusste nicht, was ich sonst hätte tun können.

Vielleicht ist es das, was das Leben unweigerlich mit uns allen macht. Es bringt uns an einen Punkt der Verzweiflung, an dem das, was wir haben und wer immer wir sind, einfach nicht mehr ausreicht. Wir spüren das. Und an diesem Punkt geben wir entweder auf, oder wir greifen nach etwas, das jenseits dessen liegt, was wir kennen - nach einer größeren Macht.

Während ich dies schreibe, wird mir klar, dass du - oder jemand, den du liebst - jetzt an diesem Punkt sein könnte. Ich bete dafür, dass dieses Buch dein Leben verändern und segnen wird, indem es dir das gibt, was du am meisten brauchst: Hoffnung und Mut. Hoffnung, dass es Lösungen für jedes Problem gibt, mit dem du möglicherweise konfrontiert wirst, und Mut, offen zu bleiben, um sie zu empfangen, auch wenn sie aus unerwarteter Quelle kommen.

Was mit meinem Vater geschah, half mir zu verstehen, wie die Liebe uns auch in den dunkelsten Zeiten unseres Lebens leiten kann. Ich werde später in diesem Buch auf dieses schwierige Gespräch mit meinem Vater zurückkommen, aber zuerst möchte ich dir von den unerwarteten Ereignissen berichten, die diesem Gespräch vorausgingen.

Im Jahr 2009 traf ich Dr. Pankaj Naram (ausgesprochen *Pan'kasch Na'ramm*) in Kalifornien. Obwohl er in den Vereinigten Staaten relativ unbekannt war, wurde er von mehr als einer Million Menschen in Ländern in Europa, Afrika und Asien, einschließlich Indien, wo er geboren wurde, als Meisterheiler anerkannt. Aus einer jahrhundertealten, ununterbrochenen Linie von Meisterheilern stammend, die auf den persönlichen Leibarzt Buddhas zurückgeht, bewahrte und überlieferte jeder dieser Meister jahrtausendealte Geheimnisse, die jedem helfen, sich geistig, körperlich, emotional und spirituell zu verbessern.

Persönlich fühlte ich mich nie zur Alternativmedizin oder zu den Menschen, die sie förderten, hingezogen, da ich davon ausging, dass die besten medizinischen Entdeckungen aus gut finanzierter wissenschaftlicher Forschung an Universitäten und Krankenhäusern kämen. Diejenigen, denen der sehr geschätzte Dr. Naram half, sagten, dass er ihre Probleme sofort erkannte, indem er nur ihren Puls berührte. Dann empfahl er ihnen Kräuter, die auf den in der Natur vorhandenen Kräften basierten und ihnen halfen, sich zu heilen und wieder gesund zu werden - sogar von 'unheilbaren' Krankheiten. Ihre Berichte riefen in mir Bilder eines Jedi-Heilers aus einem *Star Wars*-Film hervor.

Als ich Dr. Naram dann traf, war ich sehr skeptisch. Wie konnte er all die Dinge tun, von denen mir berichtet wurde? Vor den Erlebnissen, die in diesem Buch beschrieben werden, war meine Einstellung zur Gesundheit was man als typisch amerikanisch bezeichnen könnte. Ich konsumierte eine Menge Fertiggerichte und Fastfood und wenn ich krank wurde, schaute ich entweder im Internet nach um herauszufinden, was ich tun konnte, oder ich ging halt zum Arzt. Zur Diagnose meines Problems erwartete ich von den Ärzten, dass sie meine Temperatur maßen, mit sterilen Nadeln Blut aus meinem Körper saugten, und mich mit elektromagnetischen Wellen bestrahlten oder mich baten, in einen kleinen Becher zu pinkeln. Abhängig von den Ergebnissen erwartete ich, dass sie mir Medikamente verschrieben oder mir eine Spritze zur Besserung meiner Beschwerden gaben, oder in extremen Fällen operierten. Ich ging davon aus, dass sie mir das verschreiben würden, was nach den neuesten Ergebnissen der Forschung die größte Hilfe versprach. Da dies meine innere Einstellung zu dem Thema war, konnte ich mir nicht erklären, wie Dr. Naram gesundheitliche Probleme so schnell und so exakt diagnostizieren und den Menschen mit den, wie er es nennt, ‚sechs geheimen Schlüsseln für eine tiefgreifende Heilung' so effektiv helfen konnte.

Sogar nachdem ich Dr. Naram getroffen und die Erfolge seiner Arbeit bei seinen Patienten gesehen hatte, kamen Zweifel in mir auf und es fiel mir schwer, das, was ich sah, mit meinem alten Glaubenssystem zu vereinen. Mit der Neugier eines Universitätsforschers, gepaart mit einer gesunden Dosis westlicher Skepsis, verbrachte ich einige Zeit damit, seine Kliniken zu besuchen und Dr. Naram und diejenigen, denen er half, ausführlich zu befragen. Selbst beim Niederschreiben dieser Worte wird mir klar, dass ich die Geschichte kaum glauben würde, wenn ich sie nicht selbst erlebt hätte.

Tyaginath, ein 115 Jahre alter Aghori-Meister, den ich mehrmals zusammen mit Dr. Naram traf..

Die Reise führte mich vom Lowes Luxury Hotel in Hollywood, Kalifornien, zur besten Pizzaria Italiens; von der Zerstörung Ground Zero's in New York City in die Slums von Mumbai in Indien und von meiner Forschungsarbeit an der sauberen und ordentlichen Universität von Joensuu in Finnland, zu Hubschrauberflügen zur Besichtigung von Feuerstellen und versteckten Tempeln in entlegenen Gebieten des Himalaya-Gebirges. Zusammen mit Dr. Naram habe ich in den letzten zehn Jahren über hundert Städte in einundzwanzig Ländern besucht.

Viel erstaunlicher als die Orte waren die Menschen, die zu Tausenden zu Terminen mit Dr. Naram kamen; von Polizeibeamten, Priestern und Mitgliedern der Mafia, bis hin zu Nonnen, Filmstars und Prostituierten. Ich habe Frauen in Saris, Burkhas und Bikinis kommen sehen; Männer in Arbeitskleidung oder religiösen Gewändern und sogar ein paar nackte Swamis! Es kamen Milliardäre in gutsitzenden dunklen Anzügen; Titanen der Wirtschaft, Politik und Medien; und Straßenkinder in schmutziger, zerknitterter Kleidung. Die Menschen brachten ihre Kinder, ihre Nachbarn und ihre Tiere mit. Mit Dr. Naram traf ich mächtige, in safrangelb gekleidete Rinpoches (ein tibetischer Ehrentitel) und Lamas in ihren goldfarbenen Tempeln; Yogis oder Swamis in orangefarbenen Gewändern, die von Millionen angebetet werden, in Ashrams an großen Flüssen; und mystische aghori-tantrische Meister im schwarzen Gewand, bei Feuer-Zeremonien zur Bestattung. Ich wurde Zeuge der Probleme, mit denen jeder von ihnen konfrontiert war, und beobachtete, wie Dr. Naram, ganz in Weiß, jedem einzelnen von ihnen voller Hingabe half.

In Kliniken nahm ich Videos auf und mit der Erlaubnis der Patienten dokumentierte ich Hunderte von Fällen, indem ich Fotos machte (von denen einige in diesem Buch erscheinen) und darum bat, Kopien von medizinischen Berichten und anderen Beweisen ihres gesundheitlichen Verlaufes zu sehen. Einige ihrer Probleme (wie Angstzustände, Verdauungsstörungen, Bluthochdruck, Unfruchtbarkeit, Gewichtszunahme, Haarausfall und Autismus) werden dir wohl bekannt vorkommen. Ich habe oft mit Menschen gesprochen, bevor sie Dr. Naram trafen, und dann erneut Jahre später, und hatte somit Gelegenheit, Zeuge ihrer gesundheitlichen Transformation zu werden.

Ich habe auch viele meiner unzähligen Gespräche mit Dr. Naram niedergeschrieben. Sie enthüllen Geheimnisse, die von Meistern seit Jahrhunderten weitergegeben wurden. Zu meiner Überraschung entdeckte ich, dass ganz viele lebensverändernde Heilmittel für unsere Gesundheitsprobleme in unseren eigenen vier Wänden und Küchen zu finden sind, wenn wir nur wüssten, wie man sie anwendet.

Angetrieben von meiner Liebe zu meinem Vater, spiegelt *Jahrtausendealte Geheimnisse eines Meisterheilers* meine Reise von einem aus dem Westen stammender Skeptiker dieser jahrtausendealten Heilwissenschaft hin zu ... nun, du wirst es beim Lesen selbst erfahren. Meine Zeit mit Dr. Naram hat mich und meine Einstellung und Überzeugung zum Thema Gesundheit und das Leben in einer Weise herausgefordert, wie nichts zuvor. Dieses Buch enthält das erste Jahr dieser Reise. Leider verstarb unser geliebter Dr. Naram am 19. Februar 2020, nur wenige Monate vor der Veröffentlichung dieses Buches. Folglich ist es jetzt wichtiger denn je, dieses Wissen zu teilen.

Als ich diese kostbaren Geheimnisse mit anderen teilte, war ich schockiert, wie wenige Menschen von dieser alten Wissenschaft des Heilens gehört hatten. Warum wurdest du zu diesem Buch geführt? Vielleicht hast du nicht gewusst, dass es solch tiefgreifende Heilmethoden gibt. Ich bin gespannt, wie das Wissen um diese Heilmethoden jetzt dein Leben und das Leben derer, die du liebst, völlig verändern kann und dir vielleicht auch aufzeigt, dass viel mehr möglich ist, als du dir in diesem Moment vorstellen kannst.

Clint G. Rogers, PhD
Mumbai, Indien
März,, 2020

KAPITEL 1

Jahrtausendealte Heilgeheimnisse, die dein Leben retten können

Die besten Dinge im Leben geschehen unerwartet.
Die besten Abenteuer wurden nie so geplant,
wie sie sich entwickelten.
Befreie dich von Erwartungen. Das Beste kommt dann, wenn
und von wem du es am wenigsten erwartest.
–Author Unknown

Mumbai, Indien

Tiefgreifende Liebe ist eine Kraft, die dich in himmlische Höhen erheben kann, doch manchmal führt sie dich direkt in den Schlund der Hölle.
Reshma betete für eine Lösung, um ihre einzige Tochter zu retten, die aufgrund von Komplikationen einer Blutkrebsbehandlung in einem lebensbedrohlichen Koma lag. „Es gibt keine Hoffnung mehr," sagten ihr die Ärzte im Krankenhaus in Mumbai. „Wir haben noch nie jemanden gesehen, der aus einem so schweren Zustand herausgekommen ist. Es ist an der Zeit, sie gehen zu lassen." Was kann man tun, wenn jemand, den man so sehr liebt, kurz vor dem Tod steht und man verzweifelt helfen möchte, aber nicht weiß, wie? Und wie würdest du dich fühlen, wenn die Dinge, die du versuchst zu tun, alles nur noch schlimmer machen würden?

Von Inspiration oder Verzweiflung geleitet?

Ich war in Mumbai, Indien, und besuchte die Klinik von Dr. Naram, von dem man mir berichtet hatte, dass er ein weltberühmter Heiler war. Es war eine ganze Reihe wundersamer Umstände, die mich dorthin geführt hatte und von denen ich später erzählen werde. Fürs Erste möchte ich einfach sagen, dass eine Menge Eindrücke in kurzer Zeit auf mich einprasselten, und dass die Aktivitäten, die um Dr. Naram herumwirbelten, zuerst verwirrend waren. An einem meiner letzten Tage in der Klinik fragte ich ihn, warum Menschen aus der ganzen Welt hergeflogen seien, nur um ihn fünf Minuten lang sehen zu können. Woher wussten sie alle von ihm?

Dr. Naram lächelte und lud mich ins Studio ein um zuzuschauen, wie er eine Fernsehsendung über die jahrtausendealten Heilmethoden aufnahm, die in 169 Ländern ausgestrahlt wurde. Aus Neugierde entschied ich mich, ihn zu begleiten.

Dr. Naram während der Dreharbeiten für eine von ZeeTV in 169 Ländern ausgestrahlte Fernsehsendung.

Obwohl Dr. Naram während der Aufnahmen meist in Hindi sprach, faszinierten mich die Dreharbeiten. Ich war noch nie hinter den Kulissen einer Fernsehsendung gewesen und ich war erstaunt, wie viel Mühe und Anstrengung in jedem Detail steckten. Es dauerte rund vierzig Minuten, nur um die Beleuchtung korrect einzurichten, bevor der Regisseur schließlich sagte: „Fertig. Ruhe. Action!"

Es gab eine Minute des Schweigens. Dann begann Dr. Naram wie zu seinem besten Freund in die Kamera zu sprechen. Alle waren wie gebannt von seiner Präsenz und seiner Stimme. Da es so lange gedauert hatte, bis dieser Punkt erreicht wurde, fühlte ich Ärger in mir aufsteigen, als ich einen Tumult im Raum wahrnahm. Eine Frau in einem grünen Tuch hatte das Studio betreten und sprach mit lauter Stimme, ohne die Stille im Raum um sie herum wahrzunehmen.

Auch der Regisseur war ziemlich irritiert. Aber als Dr. Naram die Frau sah, bat er ihn, die Aufnahme zu stoppen. Er ging hinüber und hörte geduldig zu, als sie ihn anflehte: „Dr. Naram, ich brauche Sie. Bitte, bitte, bitte, retten Sie das Leben meiner Tochter. Sie wird bald sterben. Ich flehe Sie an." Als sie in Tränen ausbrach, wurde mein Herz weicher.

„Ich schaue jeden Morgen Ihre Fernsehsendung in Bangladesch, wo Sie so vielen Menschen helfen. Immer wenn wir krank werden verwenden wir die Hausmittlel, von denen Sie erzählen, und sie helfen wirklich. Ich fand die Adresse dieses Fernsehstudios, stieg in ein Taxi und kam hierher, damit Sie meine Tochter retten können."

Der Name der Frau war Reshma. Sie war mit ihrer elfjährigen Tochter Rabbat (ausgesprochen Ra'-baht) über zweitausend Kilometer von Bangladesch nach Mumbai gereist, in eines der besten Krankenhäuser der Welt für Krebsbehandlung. Rabbat hatte Blutkrebs und nach ihrer Ankunft im Krankenhaus fiel sie einer schrecklichen Lungeninfektion zum Opfer, eine der unglücklichen möglichen Nebenwirkungen ihrer Behandlungen. Reshma beschrieb, wie ihre Tochter früher fröhlich und verspielt war, aber sobald sich die Infektion in Rabbats Körper festgesetzt hatte, fiel sie schnell in ein Koma. Seit elf Tagen war Rabbat bewusstlos und war zu 100 Prozent von einem Beatmungsgerät abhängig. Obwohl sie im Krankenhaus über die teuerste medizinische Ausrüstung verfügten, schätzten die Spitzenärzte Rabbats Überlebenschancen als sehr gering ein und

> *„Egal, wie groß das Problem oder die Schwierigkeit ist, gib niemals die Hoffnung auf!"*
>
> -Baba Ramdas
> (Dr. Narams Meister)

empfahlen Reshma, die lebenserhaltenden Maßnahmen abzuschalten.

Die medizinische lebenserhaltende Versorgung auf der Intensivstation hatte alle finanziellen Ressourcen ihres Mannes und ihrer Familie aufgebraucht. Reshma verschuldete sich sogar bei dem Versuch, ihre Tochter zu retten. Selbst wenn sie die tausend Dollar pro Tag aufbringen könnte, um ihre Tochter am Leben zu erhalten – ihr lief die Zeit davon. Je länger ihre Tochter keine Anzeichen einer Besserung zeigte, desto nachdrücklicher drängten die Ärzte Reshma, die lebenserhaltenden Maßnahmen einzustellen

Wie jede liebende Mutter war Reshma verzweifelt auf der Suche nach irgendwem oder irgendetwas, das helfen könnte. Der Druck, die Maschinen zur Lebenserhaltung abzuschalten, wurde immer größer. Doch dann keimte ein winziger Funke Hoffnung in ihr auf, als sie sich plötzlich erinnerte, dass Dr. Naram in Mumbai lebte. Reshmas Verzweiflung und ihre Intuition führten sie ins Studio, wo Dr. Naram gerade die Sendung aufnahm, nur zwölf Stunden bevor er das Land wieder verlassen würde. Dr. Naram war so oft auf Reisen und eher selten in seinem Heimatland, geschweige denn im Aufnahmestudio, dass Reshma dies als ein Zeichen Gottes ansah.

„Sie müssen aus einem bestimmten Grund hier sein," sagte Reshma. „Allah [Gott] führte mich zu Ihnen. Sie sind unsere einzige Hoffnung!"

Das erschien mir ziemlich viel Druck auf jemanden auszuüben, und ich habe genau zugeschaut, wie Dr. Naram auf diese Situation reagierte.

Er berührte sanft Reshmas Arm und sagte: „Mein Meister lehrte mich, egal wie groß das Problem oder die Schwierigkeit ist, gib niemals die Hoffnung auf!"

Obwohl er bald das Land verlassen würde, versprach er, einen seiner besten Schüler, Dr. Giovanni Brincivalli, am nächsten Tag ins Krankenhaus zu ihrer Tochter zu schicken. Dann wandte er sich an mich und sagte: „Clint, begleiten Sie Dr. Giovanni. Sie können etwas Wertvolles lernen."

Ich hatte nicht geplant, an einem meiner letzten Tage in Indien in ein Krankenhaus zu gehen, aber ich bin trotzdem hingefahren. Diese Entscheidung sollte mein Leben für immer verändern.

Wie nahe Leben und Tod beieinander liegen

Am nächsten Tag begrüßte Reshma Dr. Giovanni und mich voller Ungeduld. Sie trug ein grünes Tuch, das um ihren Körper gewickelt war, und hatte ihr langes, dunkles Haar zu einem Knoten hinter dem Kopf gebunden. Ohne Zeit zu verschwenden, brachte sie uns schnell zur Intensivstation, wo ihre Tochter Rabbat im Koma lag. Wie auf den Intensivstationen anderer Krankenhäuser war es dort steril und melancholisch. Vier Betten drängten sich im Raum und in jedem lag eine Patientin im Koma. Es hing eine Schwere in der Luft und ich hoffte, nicht lange bleiben zu müssen. Familienmitglieder standen in gedrückter Stimmung im Raum. Ihr Flüstern und leises Weinen drangen durch das unaufhörliche Piepen der Maschinen und Monitore. Die düstere Atmosphäre erinnerte mich an die Besichtigung einer Leichenhalle. Mich traf die Erkenntnis, dass diese Familien, wie die Familie von Reshma, bald über einem Sarg stehen würden

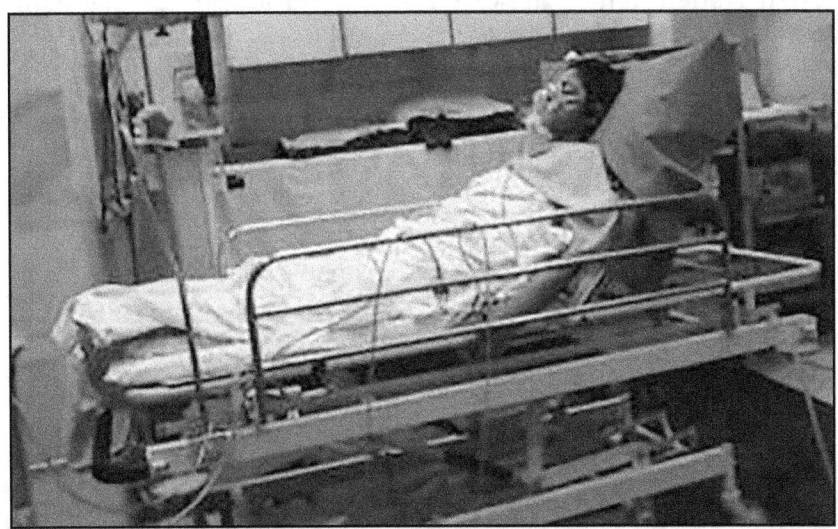

Rabbat im Koma, fotografiert von ihrer Mutter

oder neben einem brennenden Scheiterhaufen, der ihren geliebten Menschen verzehren würde.

Dr. Giovanni stand bekleidet mit einer weißen Hose und einem weißen Hemd neben Rabbats Bett. Er hatte leicht ergrautes Haar und ein sanftes Gemüt. Als er den Puls von Rabbat fühlte, waren seine fröhlichen Augen, die normalerweise von einem breiten Lächeln begleitet waren, nun vor Sorge getrübt.

Ich stand neben Reshma am Fuße des Bettes ihrer Tochter. „Vor nicht allzu langer Zeit schaute ich zu, wie sie in unserem Garten seilhüpfte, lächelte und Eis aß," sagte sie zu mir, während wir auf den zerbrechlichen kleinen Körper ihrer Tochter herunterblickten, der in einen Kokon aus Decken gehüllt war. Rabbat atmete kaum noch. Ihre Augen zuckten, während sie mit winzigen Klebestreifen geschlossen gehalten wurden. Ihr junges Gesicht und ihr Körper waren geschwollen, dem Tode nahe. Eine scharfe Nadel durchbohrte ihr Handgelenk und war an eine Infusion angeschlossen. Die Schläuche, die aus ihrer Nase und ihrem Mund ragten, halfen ihr beim Atmen, während die elektrischen Drähte, die an ihrer Brust und ihrem Kopf befestigt waren, ihre Lebenszeichen aufzeichneten.

Unsicher, was ich sagen sollte, wärend wir ihre bewußtlose Tochter anstarrten, fiel mir die Frage ein, die Dr. Naram mir bei unserem ersten Treffen stellte - dieselbe Frage, die er jedem stellt. Deshalb fragte ich Reshma: „Was möchten Sie?"

Tränenüberströmt schaute sie mich direkt an und antwortete in gebrochenem Englisch: „Alles, was ich möchte, ist, dass mein kleines Mädchen die Augen öffnet und wieder ‚Mama' sagt." Reshmas Stimme zitterte, während sie sprach.

„Was möchten Sie? "
(Schlüsselfrage, die Dr. Naram allen stellte)

Das schiere Ausmaß und der Schmerz ihres Plädoyers drückten schwer auf mein Herz, denn ich wusste nicht, wie es jemals Wirklichkeit werden könnte.

Als ich mich in dem hochtechnologischen, modernen Krankenhausumfeld umsah, dachte ich: Wenn jemand ihre Tochter retten kann, sollte es dann nicht hier sein? Diese medizinische Einrichtung entsprach dem hohen Standard, den ich in Krankenhäusern der Vereinigten Staaten oder Europa gesehen hatte. Es war eines der besten

Krankenhäuser für Krebsbehandlungen und Rabbats behandelnder Arzt war ein renommierter Krebsspezialist. Als eine der höchsten Autoritäten auf seinem Gebiet, nicht nur in Indien oder Asien, sondern in der ganzen Welt, schien es ernüchternd offensichtlich, dass es wahrscheinlich nirgendwo eine Lösung gab, wenn selbst er keine hatte.

War es arrogant von Dr. Naram zu glauben, seine jahrtausendealten Heilmethoden könnten den Widrigkeiten trotzen, wenn es selbst den besten Experten nicht gelang? Oder vielleicht wusste Dr. Naram, dass er nichts tun konnte, also vermied er es, selbst zu kommen und schickte stattdessen seinen Schüler. Wenn das so war, warum konnte er dann nicht einfach ehrlich zu Reshma sein und ihr sagen, dass er keine Lösung hatte? Warum machte er ihr falsche Hoffnungen, indem er Dr. Giovanni schickte? Ich machte mir Sorgen, dass Reshmas Hoffnungen sich nicht erfüllen würden, dass durch ihr Vertrauen in Dr. Narams jahrtausendealte Heilmethoden unvermeidlicher Herzschmerz auf sie zukommen würde.

Es war ernüchternd, neben Reshma zu stehen und hilflos auf ihre Tochter herabzublicken. Ich begann, den Druck und das Trauma, das Reshma erlebte, noch mehr zu spüren und zu verstehen. Sie opferte alles. Sie ließ ihren Mann und ihre beiden kleinen Söhne in Bangladesch zurück und suchte die beste Behandlung, die es für ihre einzige Tochter gab. Sie dachte, dass sich das alles gelohnt hatte, als Rabbat Anzeichen einer Besserung zeigte. Bis zu jenem unheilvollen Tag, als plötzlich eine Pilzinfektion den ganzen Körper ihrer Tochter befiel.

„Eines Tages fing Rabbat an, sich an den Hals zu fassen," erklärte Reshma leise, „und sagte, es fühle sich an, als würde sie ersticken." Kurz danach fiel sie ins Koma. Die traurige Realität war, dass die Nebenwirkungen der Behandlungen, für die sich die Familie enorm verschuldet hatte, Rabbats Leben nun mehr bedrohten als der Krebs selbst. Die Krankenschwester sagte Reshma, dass Rabbat wahrscheinlich nur noch wenige Minuten überleben würde, wenn die Sauerstoffschläuche aus ihrem Mund entfernt würden.

Reshmas Liebe zu ihrer Tochter war so groß und mächtig wie der Ozean, doch nun griff sie nach den Sternen. Reshma sah ihre Tochter an und stellte sich viele quälende Fragen. War dies das Ergebnis all ihrer Gebete, ihres Geldes und ihrer Tränen? Musste sie diejenige sein, die die gefürchtete Entscheidung treffen musste, das Leben ihrer Tochter zu beenden? Wie konnte das sein? Es war eine Entscheidung, vor der niemand jemals stehen sollte, der komplette Albtraum einer Mutter.

Zeuge von Reshmas Verzweiflung zu sein, löste in mir Gefühle aus, die lange begraben waren. Ich war acht Jahre alt und besuchte meine Schwester im Krankenhaus, kurz vor ihrem unerwarteten Tod. Als kleiner Junge musste ich hilflos zusehen, wie meine Schwester litt, ohne dass ich etwas dagegen tun konnte. Während Reshma neben mir stand und leise weinte, brachen diese Erinnerungen in mir auf und ich fühlte, wie auch mir Tränen in die Augen stiegen.

In diesem Moment wurde mir bewusst, wie zerbrechlich das Leben ist. Die Spanne zwischen Leben und Tod kann für jeden von uns nur ein oder zwei Atemzüge betragen. Ich nahm bewusst wahr, wie die Luft in meine Lungen eindrang und sie wieder verließ

Ich verstand, dass jeder einzelne Atemzug ein Geschenk ist.

Meine Traurigkeit verwandelte sich in Unbehagen, dessen ich mir mehr und mehr bewusst wurde. Als ich dort neben Rabbats Bett stand und zusah, wie sie um jeden Atemzug rang, nicht wissend, ob Dr. Naram oder seine Methoden in der Lage sein würden ihr zu helfen, fragte ich mich, ob es vielleicht ein Fehler gewesen war, überhaupt nach Indien zu kommen.

Verwundert über Reshmas Entscheidung, sich an Dr. Naram zu wenden und in dem Versuch, mein Unbehagen zu überwinden, richtete ich meine Aufmerksamkeit auf Dr. Giovanni.

Tränen & Zwiebeln

Ich beobachtete, wie Dr. Giovanni den Puls von Rabbat nahm und Dr. Naram anrief, um die Situation zu besprechen. Dr. Giovanni schloss sein Medizinstudium an der ältesten und einer der angesehensten medizinischen Fakultäten in Europa ab, bevor er über siebzehn Jahre lang von Dr. Naram in den überlieferten Methoden ausgebildet wurde. Als ich ihn zum ersten Mal traf, hatte ich mich gefragt, warum dieser hochgebildete Arzt von einer angesehenen medizinischen Fakultät überhaupt so daran interessiert war, diese jahrtausendealten Heilmethoden zu studieren, geschweige denn für so lange. Trotz seines Hintergrundes, sowohl die westliche als auch die fernöstliche Medizin betreffend, fragte ich mich, wie Dr. Giovanni diese scheinbar düstere Prognose einschätzen würde.

In Dr. Narams Klinik hatte ich gesehen, wie Dr. Naram und Dr. Giovanni Kräuterrezepturen und Hausmittel verschrieben. Obwohl mir die Leute berichteten, dass diese ihnen bei der Heilung halfen, vermutete ich, dass es hauptsächlich ein Placebo-Effekt [Placebo = Medikament ohne Wirkstoff, Anm. d. Übersetzers] war. Vielleicht *glaubten* seine Patienten, dass Dr. Naram ihnen helfen konnte und ihre Überzeugungen führten dann zu dem positiven Ergebnis, dass sie sich besser fühlten. Aber wie konnte sich der Placebo-Effekt auf Rabbat auswirken, die bewusstlos vor uns lag? Sie konnte nicht einfach *glauben*, dass ihr etwas helfen würde. Glaube ist Glaube, aber Fakten sind Fakten. Dieses Mädchen lag im Koma. Sie konnte nichts essen, so dass es ihr ohnehin unmöglich war, Hausmittel oder Kräuterzusätze zu schlucken. Wie könnte ein Naturheilmittel hier überhaupt verabreicht werden?

Ich hörte aufmerksam zu, als Dr. Giovanni zu sprechen begann. „Dr. Naram sagte, wir müssen sofort einige Dinge tun." Anstatt eine Mischung aus modern und alt, aus westlichen und fernöstlichen Ansätzen vorzuschlagen, konzentrierte sich Dr. Giovanni ausschließlich auf die jahrtausendealten Heilmethoden.

Zunächst holte er ein paar Kräutertabletten aus seiner Tasche. Er bat Reshma, diese zu zerkleinern und mit Ghee (geklärte Butter, die durch Herauskochen aller Milchfeststoffe entsteht) zu mischen, und diese Mischung dann auf den Bauchnabel von Rabbat aufzutragen. Dr. Giovanni erklärte, dass „in Fällen, in denen die Person nicht essen kann, dieser Bereich des Körpers wie ein zweiter Mund wirkt. Schon in der Antike wurde der Bauchnabel benutzt, um die benötigten Nährstoffe in den Körper zu bringen."

Dieses Vorgehen schien seltsam, aber da die Ärzte im Krankenhaus bereits ihr Bestes getan hatten und es nichts zu verlieren gab, hielt ihn niemand auf.

Als nächstes wies Dr. Giovanni Reshma an, wo und wie oft sie bestimmte Punkte an der Hand, dem Arm und Kopf ihrer Tochter drücken sollte. „Laut Dr. Narams Vorfahren wird dieses tiefgehende Heilinstrument *Marmaa Shakti* genannt," sagte Dr. Giovanni zu Reshma. Es war ein höchst merkwürdiger Anblick, wie dieser angesehene europäische Arzt voller Selbstvertrauen all diese merkwürdigen Aktivitäten durchfürte. Doch was er als Nächstes tat, war noch viel seltsamer.

„Wir brauchen eine Zwiebel," sagte er, „und etwas Milch." Jemand brachte ihm eine geschälte Zwiebel aus der Küche, die er auf den Tisch neben Rabbats Gesicht legte. Als er sie in sechs Stücke schnitt, sah es so aus, als ob die Zwiebeldämpfe ihre Augen zucken und etwas tränen ließen. Dr. Giovanni legte die Stücke in eine Schüssel und stellte sie auf einen Tisch links neben Rabbats Kopf. Dann ließ er Reshma Milch in eine zweite Schüssel gießen und stellte sie auf die rechte Seite neben den Kopf ihrer Tochter.

Er erklärte, „Lassen Sie die Schüsseln hier unangetastet stehen, während Rabbat schläft."

Es war absolut surreal. Wir waren von den teuersten und modernsten medizinischen Geräten umgeben und schnitten eine Zwiebel in sechs Teile und füllten Milch in eine Schüssel. Ich sagte nichts, aber ich dachte: *Wirklich? Ernsthaft?* Ich beobachtete das Geschehen von einer Seite des Raumes und wollte mit so einer bizarren, abergläubisch anmutenden Vorgehensweise nichts zu tun haben. Ich konnte mir nicht vorstellen, dass Dr. Giovannis Methoden etwas bewirken würden. Zumindest Reshma schien dankbar zu sein, etwas zu tun zu haben, anstatt nur zuzusehen, wie ihre Tochter am Leben festhielt.

Da es unwahrscheinlich war, Rabbat mit dem was Dr. Giovanni tat Schaden zuzufügen, stoppte das Krankenhauspersonal Reshma und Dr. Giovanni nicht. Der Ausdruck auf den Gesichtern des medizinishen Personals spiegelte jedoch meine eigenen Zweifel wider, dass daraus etwas Gutes entstehen würde.

Als Dr. Giovanni und ich an diesem Nachmittag das Krankenhaus verließen, dachte ich nicht, dass wir Rabbat noch einmal lebend wiedersehen würden. Als unser Fahrer langsam durch das Hupkonzert eines Staus in Mumbai fuhr, überkam mich eine stille Traurigkeit. Dieses Gefühl war mir nur allzu vertraut. Es war ein Rückblick auf mein Leben jenseits der Erfahrungen dieses Tages. Erinnerungen überschwemmten mich. Die meisten Menschen würden sagen, dass ich von klein auf glücklich und erfolgreich zu sein schien, aber tief in mir fühlte ich mich anders. Ich hatte eine durchdringende melancholische Einsamkeit in mir, von der ich selten sprach, auch nicht mit denen, die mir am nächsten standen. Stattdessen versuchte ich mich davon abzulenken.

Ich mache mir wenig Sorgen über meinen eigenen Tod, aber die Angst, jemanden zu verlieren, den ich liebe, rief in mir besondere Gefühle hervor, seit meine Schwester Denise starb, als ich noch ein kleiner Junge war. Dass sie sich nach mehreren Versuchen das Leben nahm, machte es noch schwerer für mich.

Ich erinnere mich noch, wie ich in jener Nacht aus dem dunklen Zimmer herausstolperte und von einer Sekunde auf die andere aus der Slapstick-Scheinwelt einer Sitcom-Familie in die düstere Realität meiner eigenen Familie gerissen wurde. Verwirrt von den blinkenden Lichtern des Notarztwagens vor der Haustür ging ich ins Wohnzimmer. Mein Vater führte mich in ein Zimmer nebenan, in dem sich meine anderen Brüder und Schwestern weinend aneinanderdrängten. Tränenüberströmt sagte er mir, meine Schwester sei nicht mehr da. Sie hatte sich umgebracht.

Obwohl ich erst acht Jahre alt war, stellte ich mir immer wieder die gleichen Fragen. *Wie konnte es sein, dass nichts von dem funktionierte, was die Ärzte oder meine Eltern taten? Was hätte ich tun können, um ihr zu helfen? Gab es etwas anderes, das ich hätte sagen oder tun können, um eine Veränderung zu bewirken?* Die Therapeutin, die sich mit meiner Familie traf, sagte mir, ich solle mich nicht schuldig fühlen, aber ich konnte es einfach nicht stoppen.

In den Jahren danach verwandelten sich die Fragen, die ich als Kind hatte, in den starken Wunsch, zu wissen, worum es im Leben wirklich geht. *Was macht das Leben lebenswert? Bin ich für die Menschen, die ich liebe, wirklich da? Verbringe ich die Zeit, die ich habe, mit Dingen, die wirklich wichtig sind? Lebe ich mein Leben auf eine Weise, die bedeutungsvoll ist?*

Der Krankenhausaufenthalt bei Reshma und Rabbat wühlte all diese Fragen und Emotionen wieder in mir auf. Wieder einmal dachte ich darüber nach, wie kurz und kostbar das Leben doch wirklich ist.

Das Unvorstellbare

Am nächsten Tag rief Reshma mit einer erstaunlichen Nachricht an. Rabbats Abhängigkeit vom Beatmungsgerät war von 100 Prozent auf 50 Prozent gesunken. Sie war in der Lage, mehr selbst zu atmen! Obwohl sie weiterhin im Koma lag und ihre Lebenszeichen immer noch kritisch waren, stabilisierte sich ihr Zustand langsam. Dr. Giovanni schien voller Hoffnung zu sein, aber ich bezweifelte weiterhin, dass es für eine Mutter, die verzweifelt nach Zeichen der Hoffnung suchte, mehr als eine verübergehende Atempause sein würde.

Drei Tage nach unserem Besuch im Krankenhaus rief Reshma erneut an. „Sie ist aufgewacht!"

„Was?" fragte Dr. Giovanni überrascht.

„**Sie ist aufgewacht!**" rief Reshma. „Rabbat, mein kleines Mädchen, hat die Augen geöffnet!" Mit bebender Stimme und Betonung jedes Wortes rief sie: „Sie hat mir in die Augen gesehen und mich Mama genannt!" Reshmas Stimme wich dem Klang leisen, dankbaren Weinens. Ich war schockiert. Ich war völlig verwirrt. Konnte das wirklich wahr sein?

Dr. Giovanni und ich machten uns auf den Weg zurück zum Krankenhaus. Da Rabbat jetzt in der Lage war, Tabletten zu schlucken, hatte er zusätzliche Kräutertabletten für sie. Ich gebe nur ungern zu, dass ich mich fragte, ob Rabbat bei unserer Ankunft noch wach sein würde. Vielleicht war das Öffnen ihrer Augen nur ein vorübergehender glücklicher Zufall?

Meine Zweifel verschwanden in dem Moment, als wir ins Krankenhauszimmer gingen und das schöne Mädchen wach auf dem Bett sitzen sahen!

Als Dr. Giovanni ihren Puls nahm, schaute Rabbat auf die vielen Ringe an seinen Fingern. Sie fragte, ob er abergläubisch sei und Angst vor der Zukunft habe. Wir waren überrascht und lachten darüber, wie wach und präsent sie war. Ich war beeindruckt, wie stark ihre Stimme klang und dass sie besser Englisch sprach als ihre Mutter. Ihre Augen strahlten voller Leben.

Ich habe dieses Treffen mit meiner Videokamera aufgezeichnet.

„Du siehst gut aus," sagte ich zu ihr.

„Nicht wie früher, als ich zu Hause war," sagte sie. „Hätten Sie mich vorher gekannt, dann wüssten Sie, dass die Rabbat heute und die Rabbat von früher nicht dieselbe sind."

„Du siehst definitiv besser aus als ich dich das letzte Mal sah," sagte ich sanft.

Sie lächelte.

"Wie hat das alles angefangen?" fragte ich.

Rabbat berichtete von

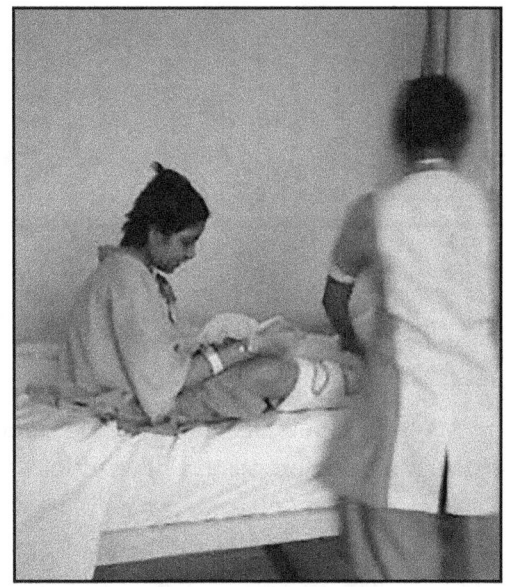

Rabbat wird kurz nach dem Erwachen aus dem Koma von der Krankenschwester betreut."

den Schmerzen, die eines Tages in ihrem Körper begannen, und wie beängstigend es war, dass sie immer schlimmer wurden. Sie erzählte von ihren letzten Erinnerungen, bevor sie ins Koma fiel, und von ihren ersten Gedanken, als sie wieder aufwachte. Reshma erklärte Rabbat, wer ihr geholfen hatte. Sie dankte Dr. Giovanni und betonte: „Mein ganzer Dank geht an 'Onkel Naram'. Er ist ein Mensch, der Wunder vollbringen kann. Er hat mein Leben gerettet."

„Ist Dr. Naram dein Onkel?" fragte ich verwirrt.

Sie lachte. „Nein, aber in meiner Kultur nennen wir ältere Männer ‚Onkel' und ältere Frauen ‚Tante', als Zeichen der Zuneigung und des Respekts."

Ich lächelte über ihre Antwort, war aber immer noch völlig verblüfft von dem, was ich sah. Noch vor kurzer Zeit war sie im Koma! Wie konnten das Drücken von Punkten an ihrem Körper und zwei Schüsseln mit Zwiebeln und Milch neben ihrem Kopf helfen? Hatte dieses Ergebnis überhaupt etwas mit dem zu tun, was Dr. Giovanni getan hatte, oder war sie aus einem ganz anderen Grund aufgewacht, der überhaupt nicht damit in Zusammenhang stand?

Dr. Giovanni mit Rabbat und Reshma im Krankenhaus. *Rabbat und Dr. Clint*

Als ob Rabbats rasche Genesung nicht schon erstaunlich genug war, der schockierendste Teil war nicht allein ihre Genesung. Es war das, was wir bei den anderen Koma-Patienten sahen, die im selben Zimmer mit ihr auf der Intensivstation lagen.

Ansteckende Heilung

Viele Menschen, die auf die Intensivstation gebracht werden, verlassen sie nicht lebend. Wie es das Schicksal wollte, lag auch die Schwester der Krankenschwester, die für Rabbat zuständig war, im gegenüberliegenden Bett im Koma. Sie kam mit einem schweren, unheilbaren Leberproblem ins Krankenhaus. Als sich die Giftstoffe in ihrem Körper aufstauten, glitt sie schnell in die Bewusstlosigkeit.

Wie im Fall von Rabbat teilten die Ärzte der Krankenschwester mit, es gebe keine Hoffnung mehr für ihre Schwester. Als sie die bemerkenswerte Genesung von Rabbat sah, fragte sie Reshma, was sie getan habe, um Rabbats Leben zu retten. Reshma erklärte der Krankenschwester die einzelnen Schritte. Die Krankenschwester fing daraufhin sofort an, genau dasselbe Verfahren bei ihrer Schwester anzuwenden.

Nach unserem Besuch bei Reshma und Rabbat, bat uns die Krankenschwester zu ihrer Schwester ans Bett zu kommen. Ihre Augen, die sie Tage zuvor für das scheinbar letzte Mal geschlossen hatte, waren jetzt offen und sie war völlig wach. Sie lächelte, als sie uns sah.

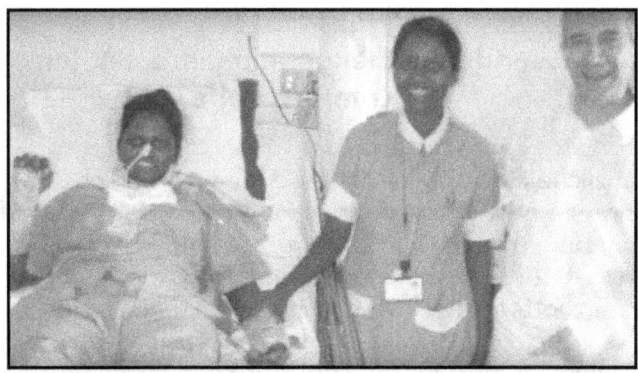
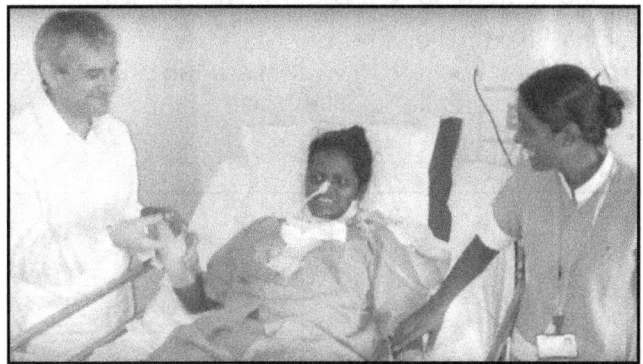

*Oben, von rechts: Dr. Giovanni, die Krankenschwester und ihre Schwester am Tag nach dem Aufwachen aus dem Koma.
Unten: Dr. Giovanni demonstriert einen Marmaa-Punkt für die Krankenschwester und ihre Schwester.*

„Es dauerte einige Zeit, bis die jahrtausendealten Heilmethoden Wirkung zeigten," sagte die Krankenschwester. „Ihr Zustand veränderte sich langsam, bis sie schließlich aufwachte. Und jetzt können Sie sich selbst von dem erstaunlichen Ergebnis überzeugen!" Sie sprach voller Begeisterung und Dankbarkeit.

Nach unserem Besuch bei Reshma und Rabbat, bat uns die Krankenschwester zu ihrer Schwester ans Bett zu kommen. Ihre Augen, die sie Tage zuvor für das scheinbar letzte Mal geschlossen hatte, waren jetzt offen und sie war völlig wach. Sie lächelte, als sie uns sah.

„Es dauerte einige Zeit, bis die jahrtausendealten Heilmethoden Wirkung zeigten," sagte die Krankenschwester. „Ihr Zustand

> Meine Notizen
>
> **3 jahrtausendealte Heilgeheimnisse, um jemandem im Koma zu helfe**
> n*
>
> 1) Pflanzliche Heilmittel: Zerstosse die erforderlichen Kräuter, verrühre sie mit Ghee zu einer Paste und trage sie auf den Bauchnabel auf (z.B. die Kräuterrezepturen, die Dr. Giovanni für Rabbat verwendete, waren Tabletten, die Dr. Naram zur Unterstützuorteng einer gesunden Gehirn- und Lungenfunktion kreierte*; für die Schwester der Krankenschwester fügte er später eine Tablette für die Leberfunktion hinzu*).
>
> 2) Marmaa Shakti: Hier sind die Marmaa Shakti Punkte, die Reshma bei ihrer Tochter 15-21 Mal am Tag drückte, während sie ihren Namen und liebevolle Worte zu ihr sagte:
>
> 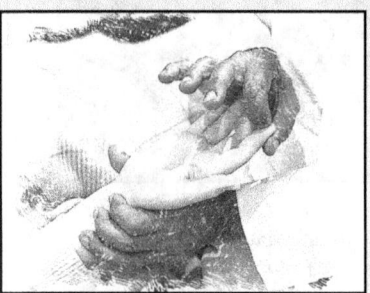　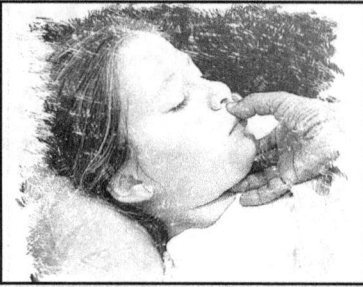
>
> a) Drücke die Spitze des rechten Zeigefingers 6 Mal.
>
> b) Drücke die feine Einbuchtung der Oberlippe direkt unter der Nase 6 Mal
>
>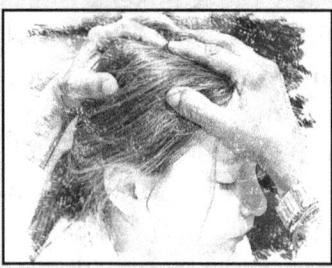
>
> c) Lege eine Handfläche auf die Stirn, die Finger sollten leicht auf c) dem Vorderkopf liegen. Lege die andere Hand auf den Hinterkopf, so dass sich die beiden Mittelfinger berühren, wenn du die Hände über der Kopfhaut sanft zusammenschiebst.

d) In einigen Fällen können zusätzliche Punkte hinzugefügt werden.

3) Hausmittel: Schneide eine frische rohe Zwiebel in 6 Stücke und lege sie in eine Schüssel, die du auf die linke Seite des Kopfes stellst. Fülle eine zweite Schüssel mit Milch und platziere diese auf die rechte Seite des Kopfes. Die Schüsseln bleiben unangetastet, während die Person bewusstlos ist.

(Zwei weitere Geheimnisse, um jemandem im Koma zu helfen, werden später in diesem Buch enthüllt).

*Informationen (einschließlich der wichtigsten Inhaltsstoffe) für alle in diesem Buch erwähnten pflanzlichen Formeln und Tabletten sind in einer Tabelle im Anhang aufgeführt. Bonus-Material: Um Reshma, Rabbat, ihre Krankenschwester und Dr. Giovanni durch das Video, das ich aufgenommen habe, "kennenzulernen", und damit du diese Methode tiefer verstehen kannst, besuche bitte die kostenlose Mitgliederseite (www.MyAncientSecrets.com/Belong).

*Wichtiger medizinischer Haftungsausschluss: Dieses Buch ist nur für Bildungszwecke bestimmt. Die Informationen, die in diesem Buch und online zu finden sind, sind nicht dazu bestimmt und sollten nicht dazu verwendet werden, medizinische oder emotionale Zustände zu diagnostizieren oder zu behandeln. Zum Zeitpunkt der Veröffentlichung dieses Buches sind diese jahrtausendealten Geheimmittel in keiner mir bekannten westlichen medizinischen Studie, auch nicht in klinischen Studien, nachgewiesen oder widerlegt worden. Sie basieren auf jahrtausendealten Lehren für das allgemeine Wohlbefinden. Bitte denke beim Lesen daran, dass der Autor keinen medizinischen Rat erteilt oder die Anwendung irgendeiner Technik als eine Form der Behandlung von medizinischen Problemen vorschreibt. Bitte wende dich für die medizinische Behandlung an einen medizinischen Dienstleister. Die in diesem Buch aufgezeichneten Fälle sind bemerkenswert, und es ist wichtig, daran zu denken, dass die Ergebnisse für jede Person unterschiedlich sein können, was von vielen Faktoren abhängt und möglicherweise nicht typisch ist. Für den Fall, dass du die Informationen in diesem Buch für dich selbst verwendest, was dein gutes Recht ist, übernehmen der Autor und der Verlag keine Verantwortung für dein Handeln. Du bist für deine eigenen Handlungen und deren Ergebnisse verantwortlich. Informiere dich umfassend, damit du Entscheidungen treffen kannst, die für dich am besten sind und zu den von dir gewünschten Ergebnissen führen.

veränderte sich langsam, bis sie schließlich aufwachte. Jetzt können Sie sich selbst von dem erstaunlichen Ergebnis überzeugen!" Sie sprach voller Begeisterung und Dankbarkeit.

Die Krankenschwester erzählte mir, dass auch die Familien anderer Patienten begannen, diese jahrtausendealten Heilmethoden anzuwenden. Von den vier komatösen Patienten, die in diesem Raum gelegen hatten, waren alle wieder bei Bewusstsein. Eine Patientin war bereits aus dem Krankenhaus entlassen worden, die anderen drei Patientinnen konnten die Intensivstation verlassen und waren auf andere Stationen verlegt worden. Sie sprach von ihrem Erstaunen darüber, dass diese jahrtausendealten Methoden eine so tiefgreifende Heilung ermöglichten, selbst in Fällen, in denen die Ärzte alle Hoffnungen aufgegeben hatten.

Beeindruckt von diesen Erlebnissen verließ ich das Krankenhaus und dachte darüber nach, ob die Menschen zu Hause in den Vereinigten Staaten mir glauben würden, wenn ich ihnen berichtete, was ich mit eigenen Augen gesehen hatte. Ich befürchtete, sie würden mir unterstellen, ich hätte hier irgendwas geraucht! Deshalb war ich froh, dass ich meine Videokamera und mein Tagebuch mitgebracht hatte, um das, was ich gesehen hatte, zu dokumentieren.

Ich fragte mich: *Wie konnten diese jahrtausendealten Methoden eine so tiefgreifende Heilung bewirken?* Wenn diese Methoden selbst in extremen Fällen von Leben und Tod so wirksam waren, warum wussten dann nicht mehr Menschen von dieser Möglichkeit zur Heilung? Was wäre gewesen, wenn meine Familie von dieser Möglichkeit gewusst hätte, als meine Schwester Hilfe brauchte? Hätte es ihr das Leben retten können? Warum Zwiebeln und Milch? Wie hat das überhaupt funktioniert? Funktioniert es in jedem Fall? Woher kamen diese ‚jahrtausendealten Geheimnisse', und wie hat Dr. Naram sie gelernt? Und vor allem, warum war *ich* Zeuge davon?

Screenshots von dem Video, das ich von Rabbat, ihrer Mutter Reshma, und der glucklichen Krankenschwester aufgenommen habe.

Jetzt ist vielleicht ein guter Zeitpunkt zu erzählen, wie ich Dr. Naram kennengelernt habe. Es war während meines Besuchs in Kalifornien im Oktober 2009. Damals hatte ich absolut kein Interesse an ‚alternativer Heilung' und schon gar kein Verlangen, nach Indien zu reisen. Ich war mit etwas beschäftigt, das mir viel wichtiger war: Ich wollte ein Mädchen beeindrucken, das ich gerade kennengelernt hatte.

Deine Notizen (aus Kapitel 1)

Um den Nutzen, den du aus der Lektüre dieses Buches ziehen wirst, zu vertiefen und zu vergrößern, nimm dir jetzt ein paar Minuten Zeit und beantworte die folgenden wichtigen Fragen:

Wen liebst du?

_____
_____
_____
_____

Was willst du? (Für dich selbst? Für die, die du liebst?)

_____
_____
_____
_____

Welche Einsichten, Fragen oder Erkenntnisse kamen dir beim Lesen dieses Kapitels in den Sinn?

_____
_____
_____
_____

KAPITEL 2

95% der Menschen wissen diese so wichtige Sache über sich selbst nicht

*Wenn du Gott zum Lachen bringen willst,
erzähle ihm von deinen Plänen*
–Woody Allen

Los Angeles, Kalifornien (einige Monate zuvor)

Hast du jemals jemanden getroffen, der dein Leben völlig verändern würde und dir wurde das erst sehr viel später bewusst?

Im Herbst 2009 war ich in Finnland als Universitätsforscher tätig. In meiner Freizeit arbeitete ich ehrenamtlich für *Wisdom of the World*, eine Organisation mit Sitz in San Francisco. Das Projekt mit dem Namen *10 Days to Touch 10 Millions* diente dazu, während der Festtage inspirierende Botschaften zu verbreiten, um Depressionen und die Selbstmordrate zu verringern. Um Bewusstsein für dieses Thema zu wecken, wollten wir eine Reihe von Interviews mit berühmten Persönlichkeiten aufnehmen, die wir an den zehn Veranstaltungstagen zeigen würden.

Eine meiner Aufgaben bestand darin, mit Prominenten Kontakt aufzunehmen und ihnen bei der Befragung zu helfen. Nach einem Blick auf die Liste der Stars, Athleten und anderer potenzieller Interessenten, empfahl mir mein Bruder Gerald mich mit Gail Kingsbury zu treffen. Anscheinend koordinierte sie eine Veranstaltug in einem gehobenen Hotel in Hollywood. Er sagte, es würden viele berühmte Leute teilnehmen, und die einzige Möglichkeit, Zugang zu erhalten, sei, dass ich mich als freiwilliger Helfer meldete. Also habe ich das gemacht.

Mit meinem roten, kurzärmeligen Hemd und dunklen Jeans fühlte ich mich in dem schicken Hotel fehl am Platz. In Gails Nähe fühlte ich mich jedoch sofort wohl. Sie war eine effiziente Organisatorin von Veranstaltungen und ein herzensguter Mensch. Während einer Pause auf dem Flur erzählte ich ihr, dass meine Hauptmotivation für die Freiwilligenarbeit darin bestand, sie zu treffen und um Hilfe zu bitten. Sie war berührt, als ich ihr von unserem Projekt erzählte. Zu meiner großen Freude sagte sie mir zu, dass sie uns helfen würde. Als ich ihr unsere Liste mit den verschiedenen Filmstars, Sportberühmtheiten und Musikern, die wir interviewen wollten, überreichte, schaute sie sich die Liste an und machte dann eine lange Pause. „Ich fühle mich gerade in das Ziel Ihres Projekts hinein und spüre, dass die meisten Leute auf Ihrer Liste nicht *wirklich* die sind, die Sie wollen. Viele sind nicht die, die sie zu sein scheinen, und passen vielleicht nicht zu Ihrer Botschaft", sagte sie und hielt erneut kurz inne. „Wissen Sie wen ich vorschlagen würde?"

„Wen denn?"

„Sie sollten wirklich einmal Dr. Naram interviewen."

„Wer ist das?"

„Er ist ein Meisterheiler aus Indien. Zu seinen Patienten gehören unter anderem auch Mutter Teresa und der Dalai Lama. Und heute gibt er zufälligerweise genau hier Heilbehandlungen."

Ein Meisterheiler?! So hatten wir uns das nicht vorgestellt. Ich wollte sie gerade fragen, mich jemand anderem vorzustellen, als sich Gails Augen auf jemanden hinter mir richteten. „Fantastisch. Hier ist Dr. Naram", sagte sie.

Ich drehte mich um und sah einen indischen Mann in einem ungewöhnlichen weißen Anzug und eine Frau mit einer langen, dekorativen, ethnisch anmutenden Jacke auf uns zukommen. Ich lächelte innerlich und dachte, dass ich nicht der Einzige war, der hier fehl am Platz aussah.

„Dr. Naram, ich möchte Ihnen Clint vorstellen," sagte Gail, als sie näherkamen. „Sie müssen unbedingt etwas über das Projekt erfahren, das Clint mit *Wisdom of the World* durchführt. Vielleicht können Sie ein Interview geben, wenn Sie Zeit haben."

Dr. Naram wandte sich mir zu. Er war etwa 1,55 Meter groß, 30 cm kleiner als ich. Er trug einen weißen Anzug im Nehru-Stil; er hatte tiefschwarzes Haar mit einer silbernen Strähne und einen gepflegten Schnurrbart. Er sah jung aus, aber was mein Interesse erregte, waren seine aufmerksamen Augen und sein enthusiastischer Gesprächsstil, der seine Liebe für die gesamte Menschheit widerspiegelte.

Meisterheiler Dr. Pankaj Naram. Das Foto wurde von Wikimedia abgerufen.

„Sehr erfreut, Sie zu treffen", sagte er herzlich. „Was ist *Wisdom of the World*?"

Ich erzählte Dr. Naram von meinem Freund Gary Malkin. Gary ist ein preisgekrönter Musiker und der Gründer von *Wisdom of the World*. Seine große Leidenschaft ist es, die Menschen nicht nur mit den besten Dingen, die es auf der Welt gibt in Verbindung zu bringen, sondern auch mit ihren eigenen inneren Werten. Eine seiner herausragenden Gaben ist es, Medien mit Musik zu unterlegen, die Momente der Inspiration erzeugen und den Menschen dabei helfen, sich an das Wesentliche im Leben zu erinnern. Ich erklärte, dass wir für die Feiertage ein besonderes Projekt planten.

„Was wollen Sie erreichen?", fragte er mich. Seine Stimme war entwaffnend herzlich. Seine dunkelbraunen Augen schauten mich fragend an. Meine Antwort überraschte mich selbst.

„Ich hatte eine Schwester," erzählte ich. „Sie hat sich das Leben genommen. Das war eine der schwierigsten Situationen, die ich je erlebt habe." Normalerweise öffnete ich mich niemandem, schon gar nicht jemandem, den ich gerade erst kennengelernt hatte. Als ich über sie sprach, fühlte ich den schmerzlichen Verlust erneut. „Ich möchte etwas tun, um Menschen in der gleichen Situation, in der sich meine Schwester befand, zu helfen. Ich möchte zu mehr Frieden auf diesem Planeten beitragen."

„Ich verstehe. Wie kann ich helfen?", fragte er mit aufrichtigem Interesse.

„Wir führen Interviews mit Menschen durch, die eine Botschaft der Hoffnung und Inspiration vermitteln. Gail empfahl mir, Sie zu interviewen."

Da Dr. Naram am nächsten Morgen zur nächsten Stadt auf seiner Tour abreisen musste, arrangierten wir das Interview noch für den selben Abend im Hotel. Dr. Naram schlug vor, uns zu treffen, nachdem er sich um seine Patienten gekümmert hatte. Nachdem wir Ort und Zeit festgelegt hatten, holte Dr. Naram etwas aus seiner Jackentasche heraus und drückte es in meine Hand. „Hier ist ein Geschenk für Sie. Es ist von einem großen Meister gesegnet, der über 147 Jahre alt ist. Sie leisten eine großartige Arbeit."

Seine dunklen Finger, die mit mehreren bedeutsam aussehenden Ringen geschmückt waren, stand in starkem Kontrast zu dem hellweißen Ärmel seiner Jacke. In seiner Hand hielt er einen glänzenden Ring mit einer Inschrift, die wie Sanskrit aussah.

Ich wusste nicht, was ich von seiner Behauptung halten sollte, dass jemand über 147 Jahre alt war. Bevor Dr. Naram und die Frau, die ihn begleitete, den Flur hinunter gingen, bedankte ich mich für das Geschenk und steckte den Ring in meine Tasche.

Nach diesem ungewöhnlichen Treffen kehrte ich zu meinen ehrenamtlichen Aufgaben zurück. Während ich versuchte, mit anderen Menschen, die wir interviewen wollten, in Kontakt zu treten, dachte ich darüber nach, wie sehr Los Angeles (L.A.) eine Stadt der Kontraste war. Während sich Fernsehen und Filme auf den Lebensstil der Reichen und Berühmten in Beverly Hills und Hollywood, den Spaß in Disneyland und die schönen Strände Südkaliforniens konzentrierten, war ich schockiert, als ich entdeckte, dass es in der Stadt mehr als fünfzigtausend obdachlose Männer, Frauen und Kinder gab. Das waren mehr Menschen als die gesamte Bevölkerung von Eden Prairie, Minnesota, wo ich aufgewachsen bin. Dank Les Brown, einem bekannten Motivationscoach, der sich ehrenamtlich für unsere

Sache einsetzte und zu Beginn unserer zehntägigen Veranstaltung in einem Obdachlosenheim in einer der rauesten Gegenden von L.A. sprach, bekam ich einen besseren Einblick in ihr Leben.

Im Laufe des Tages kehrten meine Gedanken immer wieder zu dem weiß gekleideten Dr. Naram zurück. Neugierig darauf, mehr über den Mann zu erfahren, den ich bald interviewen würde, ging ich online. Zu dieser Zeit gab es nur wenige Informationen auf Englisch über ihn. Ich sah Bilder von ihm mit einigen Hollywood- und Bollywood-Stars, wie Liv Tyler, berühmt für ihre Rollen in *Der Herr der*

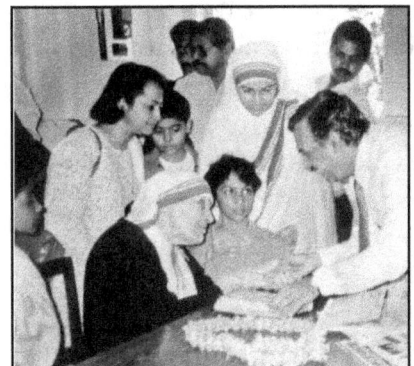

Dr. Narams Pulsdiagnostik von Mutter Teresa, Seine Heiligkeit der Dalai Lama, und ein Bengalischer Tiger (Königstiger)

Ringe, *Armageddon* und *Der unglaubliche Hulk*. Ich sah Bilder von Dr. Naram mit dem heiligen Dalai Lama und Mutter Teresa. Ich fand auch eine Beschreibung über seine Stiftung, die Hilfe für Obdachlose, Kranke und anderweitig Vergessene gewährt.

Abgesehen von einem Reiseplan, der viele verschiedene Städte auflistete, stieß ich auf einige Artikel über Menschen, die nach Indien gereist waren, um ihn zu treffen. Sie sprachen über seine Fähigkeit, Menschen zu verstehen, indem er ihren Puls berührte. Es gab viele Worte in den Beiträgen, die ich nicht verstand, und das ganze Konzept dessen, was er tat, war mir fremd. Die Leute behaupteten, er habe ihnen geholfen schwere Krankheiten und Probleme zu überwinden. Für mich klang das alles unglaublich. Doch es schien, dass er, wohin er auch ging, den Reichen und Mittellosen gleichermaßen diente.

Und genau das war es, was er auch in Los Angeles mit den Prominenten aus Hollywood und den Obdachlosen tat.

Ich fragte mich, ob er der richtige Interviewpartner wäre. Wie konnte auch nur eine der Geschichten, die ich las, wahr sein? Und wenn das, was er tat, tatsächlich funktionierte, würden dann nicht mehr Menschen von ihm gehört haben? Wären dann nicht mehr Informationen über ihn vorhanden? Bei unserem ersten Treffen schien Dr. Naram aufrichtig, sympathisch und zugänglich zu sein. Ich genoss seine Beobachtungsgabe und Offenheit. Trotzdem fragte ich mich: *War das alles nur gespielt?*

Meine Ausbildung als Universitätsforscher gebot mir, so lange zu forschen, bis ich die Dinge auf die eine oder andere Weise beweisen konnte. Mit diesem Gedanken im Hinterkopf ging ich in das Zimmer, das als Aufenthaltsraum für seine heutige Klinik diente.

Es warteten immer noch ein paar Leute darauf, ihn zu treffen, also setzte ich mich hin und wartete. Auf dem Tisch sah ich die gleichen Bilder, die ich online gesehen hatte. Als ich endlich an der Reihe war, begrüßte mich Dr. Naram mit einem Lächeln.

Ein 125 Jahre alter Meister?

Ich erwartete, dass Dr. Naram am Ende seiner Klinik müde sein würde. Stattdessen strotzte er vor Leben und war vollständig präsent.

Ich war völlig verblüfft. Mit eingeschalteter Videokamera bat ich Dr. Naram, sich vorzustellen.

„Mein Meister wurde 125 Jahre alt. Sein Meister wurde 145 Jahre alt. Diese ununterbrochene Abstammungslinie von Meistern reicht mehr als 2.500 Jahre zurück. Diese Linie wird *Siddha-Veda* genannt. In dieser Linie lebt heute noch der Bruder meines Meisters, der den Ring gesegnet hat, den ich Ihnen geschenkt habe. Er ist jetzt 147 Jahre alt. Jeder Meister hat mehr als 125 Jahre gelebt und Geheimnisse für langes Leben, Gesundheit und Glück gekannt und weitergegeben."

Ich hatte keine Ahnung, wie ich reagieren sollte. Wenn es wahr wäre, dass Menschen so lange leben, wäre das dann nicht allgemein bekannt? Würden die Menschen, von denen er erzählte, nicht im *Guinness-Buch der Rekorde* stehen?

„Der erste Meister in unserer Linie war Jivaka. Er war der persönliche Leibarzt von Lord Buddha. Sie können sich vorstellen, wie erleuchtet ein Heiler sein muss, um so eng mit Buddha zusammenzuarbeiten. Zu Jivakas anderen berühmten Patienten gehörten Amrapali, die als eine der schönsten Frauen der Welt galt, und der indische König Bimbisāra. Jivaka und alle nachfolgenden großen Meister dieser Linie haben in jahrtausendealten Manuskripten das geheime Wissen über das Erreichen von vitaler Gesundheit, unbegrenzter Energie und Seelenfrieden in jedem Alter festgehalten."

Dr. Naram sprach mit aufrichtiger Begeisterung. „Als ich meinen Meister zum ersten Mal traf, war er etwa 115 Jahre alt. Er würde sagen, dass er 115 Jahre *jung* war und noch viele Jahre vor sich hatte. Und trotz seines hohen Alters half er noch jeden Tag sechzig bis achtzig Menschen, die mit ihren gesundheitlichen Problemen zu ihm kamen."

Als ich Dr. Naram fragte, wie jemand so lange leben und trotzdem noch arbeiten könne, gab er mir ein ‚Geheimrezept' seines 125-jährigen Meisters für unbegrenzte Energie. Es beinhaltete Fenchel, Mandeln und Datteln, die über Nacht eingeweicht und morgens zusammengemischt werden. Ich bezweifelte, dass ich es jemals verwenden würde, aber ich schrieb es trotzdem in mein Notizbuch und bedankte mich. „Aber wie vollbringen Sie Dinge, die andere Menschen für unmöglich halten, wie zum Beispiel die Heilung von scheinbar unheilbaren Krankheiten?"

„Es liegt nicht an mir, sondern an den jahrtausendealten Geheimnissen meiner Abstammung. Ich zolle meinem Meister Anerkennung. Wissen Sie, was ein ‚Förderband' ist?"

Ich nickte.

„Ich bin wie ein Förderband, das der modernen Welt die jahrtausendealten Geheimnisse überbringt. Und obwohl das, was geschieht, oft wie Magie aussieht, ist es in Wirklichkeit eine jahrtausendealte Wissenschaft; es ist eine Technologie der Transformation für tiefgreifende Heilung."

Ernsthaft?

Quelle der Hoffnung

Um auf meinen ursprünglichen Grund für das Interview zurückzukommen, fragte ich ihn: „Was kann Ihrer Meinung nach Menschen helfen, die während der Feiertage mit Einsamkeit, Depressionen und sogar Selbstmordgedanken kämpfen?"

„Sehr gute Frage", antwortete Dr. Naram. „Ich habe sowohl berühmte als auch unbekannte Stars, sowohl arme als auch superreiche Menschen getroffen, die Depression und Selbstmordgedanken hatten. Ich habe Atheisten und sogar spirituelle Führer mit Millionen von Anhängern gekannt, die Selbstmord begingen. Jeder ist in Gefahr, jemanden, den er liebt, auf diese Weise zu verlieren."

Dr. Naram erzählte, wie er regelmäßig von Menschen kontaktiert wurde, die depressiv und selbstmordgefährdet waren, und dass er jedes Mal voller Dankbarkeit war, wenn er den Segen seines Meisters spürte, weil er wusste, wie er ihnen helfen konnte. „Das Wichtigste ist, sie zu verstehen und sie nicht zu verurteilen. Manche Kinder versuchen sich das Leben zu nehmen, nur um die Aufmerksamkeit ihrer Eltern zu bekommen. Sie betteln darum, dass sie ihren Schmerz und ihre Frustration verstehen. Wenn die Eltern das erkennen, können die Dinge besser werden. Wer mit Depressionen kämpft, steht vor einer großen Herausforderung. Mein Meister hat mir beigebracht, wie ich jedem helfen kann, diese Herausforderungen zu überwinden."

Ich hörte aufmerksam zu.

„Die meisten Menschen haben keine Vorstellung davon, wie es ist, so deprimiert zu sein, dass man sich das Leben nehmen will", fuhr Dr. Naram fort. „Wie kommt es, dass jemand sich selbst verletzen will? Ein Grund dafür ist, dass die Menschen unfähig sind, sich ihren Ängsten, Frustrationen, Schuldgefühlen, Herzschmerz, Wut, Einsamkeit oder finanziellen Problemen zu stellen. Jedes dieser Gefühle kann das Gehirn regelrecht lähmen. Mein Meister sagte, es gibt acht verschiedene Arten von Ängsten, denen Menschen ausgesetzt sein können. Eine der mächtigsten Herausforderungen auf diesem Planeten ist die Angst vor Ablehnung. Wenn ein Junge oder ein Mädchen, eine Frau oder ein Mann, Ablehnung und Herzschmerz von einem Elternteil oder einem Liebespartner verspürt, kann das zu Depressionen führen. Können Sie sich vorstellen, wie sich ein homosexueller Junge oder ein homosexuelles Mädchen in einigen Ländern fühlen muss, wenn sie von ihrer Gesellschaft oder sogar von Gott abgelehnt werden? Gott kann sie nicht ablehnen, denn Gott ist in ihnen und Gott ist Liebe. Aber sie fühlen sich von allen abgelehnt, und das tut weh. Das ist ein sehr ernstes Thema.

Andere Menschen haben ein chemisches Ungleichgewicht in ihrem Gehirn, bipolare Zustände, manische Depression oder kämpfen mit Nebenwirkungen von Drogen- und Alkoholmissbrauch. All diese verschiedenen Ängste und Ursachen können das Gehirn lähmen und man sieht keine Möglichkeiten, wie man da wieder herauskommt. Mein Meister hat mich in die Geheimnisse eingeweiht, wie man den Menschen helfen kann, diese Herausforderungen zu überwinden."

Dr. Naram erzählte mir die Geschichte eines Vaters und einer Tochter, die ihn aus Rom anriefen. Sie war verliebt, eine euphorische Art von Liebe, doch dann haben sie und ihr Freund sich getrennt, und sie verfiel in eine schwere Depression. Sie sagte: „Dr. Naram, ich habe mich verloren und hasse mich jetzt. Ich fühle einen stechenden Schmerz in meinem Herzen. Ich hörte auf zu leben und begann zu sterben. Ich kann keine Verantwortung mehr übernehmen. Das Leben ist nicht länger lebenswert und ich werte mich ständig selbst ab. Wenn mich jemand wertschätzt, habe ich das Gefühl, dass es nicht aufrichtig ist."

Das Mädchen verlor ihren Job, konnte nachts nicht schlafen, litt unter Schweißausbrüchen und wurde von Angstzuständen überwältigt. Körperliche Schmerzen waren leichter zu ertragen als der emotionale Schmerz, und sie begann, sich selbst zu verletzen. Sie wurde in eine psychiatrische Klinik gebracht und erhielt Medikamente, durch die sie sich leer und benebelt fühlte; als ob ihr Gehirn verkümmert sei. Sie sagte: „Ich empfinde keine Freude, kann nichts mehr genießen und habe keine Interessen mehr."

Der Vater des Mädchens wurde von der ständigen Sorge gequält, dass jeder Morgen, an dem er aufwachte, der Tag sein könnte, an dem es ihr gelingen würde, sich umzubringen. Er sagte Dr. Naram, dass er sich schuldig fühle und helfen wolle, aber alles, was er zu ihr sagte oder tat, schien sie noch mehr zu verletzen. Alles, was er tun konnte, war an der Hoffnung festzuhalten, dass sich die Dinge eines Tages bessern würden.

Dr. Naram sagte mir: „Ich fragte das Mädchen: ‚Was wollen Sie?' Und sie antwortete: ‚Ich will, dass die Leute mich verstehen und nicht über mich urteilen! Tief im Inneren bin ich unglücklich. In meinem Herzen bin ich traurig und wütend über meine Krankheit. Ich habe Angst, dass ich mir nicht helfen kann. Ich will wissen, wie ich mein Leben wieder aufbauen kann. Ich will die Vergangenheit loslassen und vorwärts gehen. Ich möchte wieder im Leben stehen und glücklich sein. Und ich möchte den Sinn meines Daseins entdecken und verstehen; aber ich brauche Hilfe!'"

Dr. Narams Erzählung ließ mich an meine Schwester und an die Zeiten zurückdenken, als ich sie im Krankenhaus besuchte. Ich hatte keine Ahnung, welche Art von Herzschmerz bei ihr zu Depressionen geführt hatte.

„Wie helfen Sie jemandem, der sich so fühlt?", fragte ich.

Dr. Naram antwortete mit einer weiteren Geschichte. Ein Mann befand sich in einer schwierigen Ehe. Seine Frau drohte dreimal damit, sich von ihm scheiden zu lassen, und jedes Mal half Dr. Naram ihnen, ihre Differenzen zu überwinden und herauszufinden, was sie wirklich wollten. Das Problem war diesmal gravierender als je zuvor. Dieser Mann verlor bei einem Börsenabsturz innerhalb weniger Tage über hundert Millionen Dollar von geliehenem Geld. Ein Teil des Geldes kam von Freunden und von seinen Schwiegereltern. Sein Schwiegervater hatte ihm die gesamten Ersparnisse zur Altersvorsorge gegeben. Die Investitionen wuchsen, und jeder war bis zum Absturz glücklich; jetzt wusste er nicht, wie er ihnen vor die Augen treten sollte.

Eines späten Abends rief seine Frau Dr. Naram in Panik an. Während ihr Baby im Hintergrund schrie, sagte sie: „Mein Mann sitzt vor mir auf dem Boden - mit einer Pistole im Mund und dem Finger am Abzug!"

Dr. Naram sagte: „Können Sie das Telefon auf Lautsprecher umstellen und dann neben Ihren Mann stellen? Und können Sie dann bitte den Raum verlassen, damit ich mit Ihrem Mann allein sprechen kann?" Das tat sie.

Dr. Naram sagte: „Namaste", und sagte dann seinen Namen. „Was wollen Sie?"

Er zog die Pistole lange genug aus dem Mund, um zu sagen: „Ich will mein Leben beenden."

„Sehr gut", antwortete Dr. Naram. „Wie kann ich Ihnen beim Sterben helfen?" Es gab eine lange Pause. Der Mann war schockiert. „Ich möchte Ihnen helfen, das zu erreichen, was Sie wollen. Wenn Sie also sterben wollen, wie kann ich Ihnen dann helfen?"

„Machen Sie keine Witze mit mir, Dr. Naram."

„Was ist es, was Sie *wirklich* wollen?" fragte Dr. Naram ihn.

Dr. Naram erklärte mir, dass die Fragen, die er stellte, Teil der Methode waren, die sein Meister lehrte, um Menschen bei der Überwindung von Selbstmordgedanken zu helfen. Er empfahl aber nicht, dass andere dies ohne entsprechende Ausbildung tun sollten. Während des Gesprächs entdeckte Dr. Naram, was dieser Mann wirklich wollte, und das war herauszufinden, wie er aus der misslichen Lage, in der er sich befand, herauskommen konnte. Er wollte die Hoffnung haben, dass die Dinge besser werden könnten und dass es einen Ausweg gab.

Dr. Naram bat ihn die Waffe niederzulegen, um einen Marmaa-Punkt zu drücken, der ihm dabei helfen würde, das zu erreichen, was er wollte. Sofort fühlte sich der Mann ruhiger. Als nächstes wies Dr. Naram ihn an, einige Zutaten aus seiner Küche zu einem Hausmittel zu mischen: ½ Teelöffel Ghee mit einem Safranfaden und einer Prise Muskatnuss leicht erwärmen und zwei Tropfen in jedes Nasenloch geben. Dadurch fühlte er sich noch ruhiger, was die Basis dafür war, sich für eine neue Perspektive zu öffnen.

„Das war keine schnelle Lösung", fuhr Dr. Naram fort. „Es brauchte einige Zeit. Aber dieser Mann verpflichtete sich, alles zu tun, was für eine tiefgreifende Heilung notwendig war. Er stellte seine Ernährung um und aß Lebensmittel, die gute Gedanken und Emotionen anregen. Er mischte die verordneten Kräuter mit Ghee und anderen Hausmittel und nahm sie regelmäßig zweimal täglich. Die Meister in meiner Abstammungslinie kreierten bestimmte Kräuterrezepturen, die helfen, die erschöpften Teile des Gehirns und des Körpers zu nähren und zu verjüngen. Ziel war, die Zuversicht der Menschen zu stärken, so dass sie mit ihrem Inneren in Verbindung treten und ihren Lebenszweck finden konnten. Auch hier handelt es sich nicht um eine schnelle Lösung, aber es funktioniert, wenn die Menschen sich auf diesen Prozess einlassen. Ich habe ihm zusätzliche Marmaapunkte gezeigt, die seine Kreativität stimuliert haben. Durch sein finanzielles Geschick gelang es ihm innerhalb weniger Jahre nicht nur seine Verluste wettzumachen, sondern sogar noch Gewinne zu erzielen. Er zahlte seinem Schwiegervater und all seinen Freunden die Schulden vollständig und mit guten Zinsen zurück."

Dr. Naram betonte: „Mein Meister hat mich gelehrt: ‚Jedes Unglück, jede schwierige Situation, jeder Herzschmerz, birgt in sich den Keim von gleichem oder größerem Nutzen.'

Aber zuerst müssen wir alle herausfinden, ‚Wer bin ich?'" Dr. Naram fuhr fort: "Die meisten Herausforderungen in unserem Leben entstehen durch eine Blockade oder ein Ungleichgewicht, oder beides zusammen. Wir müssen herausfinden, was die Blockade ist und wo das Ungleichgewicht liegt. Ein Ungleichgewicht kann *Vata*, *Pitta*, *Kapha* oder eine Kombination davon sein." Ich kannte diese Begriffe nicht, aber bevor ich um Klärung bitten konnte, fuhr er fort. „Wenn Sie wissen, wer Sie sind, welches Ihre Blockaden und Unausgewogenheiten sind, dann wissen Sie auch, welche Nahrungsmittel Ihre Medizin sind. Wir müssen nicht nur der Nahrung, die wir unserem Körper geben, mehr Aufmerksamkeit schenken, sondern auch den Gedanken, mit denen wir unseren Geist füttern, und den Einstellungen, die wir unseren Emotionen entgegenbringen. Die jahrtausendealten Geheimnisse bieten Anleitungen für dieses und vieles mehr."

Ich hörte zwar zu, glaubte aber nicht, dass das, was Dr. Naram sagte, wahr sein könnte. Meine Schwester nahm starke Medikamente gegen selbstmörderische Depressionen und nicht einmal das half. Wie konnte das Drücken auf bestimmte Punkte des Körpers und eine Ernährungsumstellung solch eine Auswirkungen in einem so kritischen Moment im Leben eines Menschen haben? Was Dr. Naram vorschlug, schien zu einfach, um wahr zu sein.

„Was ist mit dem Mädchen passiert?" fragte ich.

„Aha, ja! Sie ist ein perfektes Beispiel. Da Dr. Giovanni in Rom war, bat ich sie, ihn alle vier Tage zu sehen, damit er ein bestimmtes Marmaa an ihr vollziehen konnte, welches ihr dabei helfen sollte, sich klar darüber zu werden, was sie wollte und was den ganzen alten Müll in ihrem System beseitigen sollte. Sie fühlte sich schnell besser und fand in zwei Monaten einen neuen Freund, den sie heiraten wollte. Aber das war mehr aus Rache an ihrem ersten Freund. Die Beziehung brach auseinander, ihr Fortschritt erlitt einen Rückschlag. Ich sagte ihr: ‚Wir müssen dich erst festigen, damit du keine Beziehung eingehst, nur um Leere und Schmerz zu vermeiden.' In diesem Moment übernahm sie wirkliche Verantwortung für Ihre Zukunft. Ich gab ihr einige Hausmittel und Kräuterergänzungen, die sie regelmäßig einnahm. Sie änderte ihre Ernährung grundlegend. Ich brachte ihr bei, welche Nahrungsmittel sie vermeiden sollte, um negative Auswirkungen und Emotionen zu vermeiden und welche Nahrungsmittel gut sind, um positive Emotionenen zu fördern.

Auch hier war es keine schnelle Lösung, aber sie begann, mehr Selbstvertrauen zu entwickeln. Nachdem wir zwei Jahre lang mit ihr gearbeitet hatten, war sie voller Selbstvertrauen. Sie könnte mit jeder Art von Ablehnung oder Herausforderung konfrontiert werden, es würde sie nicht mehr beeinträchtigen. Sie entdeckte, dass es ihr Traum war, Lehrerin zu werden. Kurz darauf erhielt sie eine Stelle an einer Schule, wo sie eine große Karriere machte. Nicht lange danach lernte sie einen Mann kennen, in den sie sich so sehr verliebte wie in niemanden zuvor. Das war nur möglich, weil sie gelernt hatte, sich selbst wertzuschätzen und zu lieben. Das ist jetzt fast neun Jahre her und inzwischen ist sie Mutter von zwei Kindern. Mit ihnen macht sie bestimmte Marmaa-Übungen und ernährt sie mit ausgesuchten Nahrungsmitteln, damit sie mit gesunden Emotionen und Selbstvertrauen aufwachsen."

> *„Jedes Unglück, jede schwierige Situation, jeder Herzschmerz, birgt in sich den Keim von gleichem oder größerem Nutzen."*
> –Baba Ramdas
> (Dr. Naram's Meister)

„Welchen Rat würden Sie jemandem geben, der sich jetzt traurig oder deprimiert fühlt?" fragte ich.

„Das Wichtigste für jeden ist zu wissen, wer man ist, wohin man geht und was einem helfen kann, dorthin zu gelangen", fuhr Dr. Naram fort. „Mein Meister lehrte mich, dass Gott in jedem von uns ist und dass wir alle unseren Lebenszweck entdecken müssen. Das kann man nicht sehen oder fühlen, wenn man deprimiert ist. Eine Möglichkeit, aus seiner Depression herauszukommen, besteht darin, die gleichen Dinge zu tun, die ich diesem Mann und diesem Mädchen gezeigt habe."

Gott begegnen

„Was meinen Sie mit ‚Gott ist in jedem von uns'?

„In Indien haben wir ein Konzept für den Fall, dass ein unerwarteter Gast zu uns nach Hause kommt. Es heißt ‚Atithi Devo Bhava' - was bedeutet, dass man jeden Gast, wer auch immer er ist, auch wenn es unbequem oder unpassend ist, so zu behandeln, als ob Gott selbst zu Besuch gekommen wäre. In meiner Siddha-Veda Abstammungslinie nehmen wir uns dieses Prinzip sehr zu Herzen."

„Sie glauben also, immer wenn Sie jemanden treffen, treffen Sie Gott?" fragte ich.

„In Indien grüßen wir die Menschen, indem wir *Namaste* (ausgesprochen *Nah'mas'teh*) oder *Namaskar* (ausgesprochen *Nah'mas'kahr*) sagen und unsere Hände vor dem Herzen zusammendrücken. Dieser Gruß bedeutet ‚der göttliche Gott/die göttliche Göttin in mir verbeugt sich vor dem göttlichen Gott/der göttlichen Göttin in dir, und ich ehre diesen Ort, an dem du und ich eins sind.'"

„Ist Siddha-Veda also eine Religion?" fragte ich.

„Siddha-Veda ist keine Religion, aber sie kann Menschen körperlich, geistig, emotional und spirituell helfen. Es ist eine Denkschule, von der jeder profitieren kann. Diese jahrtausendealten Heilgeheimnisse sind jenseits von Religion, jenseits von Politik, Rasse, Kaste oder Gaubensbekenntnis. Sie wirken für jeden universell - so wie ein Auto uns als Fahrzeug dient und zu unserem Ziel bringt, unabhängig von der Religion, der Hautfarbe oder der sexuellen Orientierung. Die Menschen in meiner Abstammungslinie sind Spezialisten, die von einer Reihe großer Meister in den jahrtausendealten Geheimnissen ausgebildet wurden. Sie helfen jedem, der körperliche, geistige oder emotionale Schmerzen oder Beschwerden hat, diese loszulassen. Wenn Menschen zu uns kommen, sehen wir Gott in ihnen. Wir haben nicht das Gefühl, dass wir den Menschen, die unsere Hilfe suchen, verpflichtet sind, sondern dass sie uns ein Geschenk machen. Wir fühlen uns geehrt, dass sie zu uns gekommen sind. Mein Meister lehrte mich, dass meine Aufgabe als Heiler einfach darin besteht, bei der Reinigung des Tempels zu helfen, um den Gott in ihnen glücklich zu machen.

„Gott ist in jedem von uns, und wir alle müssen unseren Lebenszweck entdecken."
–Baba Ramdas
(Dr. Narams Meister)

Denken Sie an die vielen Menschen mit schweren Depressionen, die sich sogar bis zum Selbstmordgedanken steigern können. Diese schweren Gefühle von Traurigkeit, Angst oder Wut sind nicht sie selbst. Das ist es nicht, wer sie in Wirklichkeit sind. Aber ihr Geist und ihr Körper sind so konditioniert, dass sie sich dessen nicht bewusst sind. Sie empfinden diese Gefühle und wissen nicht, wie sie sie loslassen können. Sie fürchten, dass ihr Problem so groß ist, dass es kein Entrinnen gibt. In diesem Zustand sind sie nicht in der Lage, sich eine glückliche Zukunft vorzustellen. Wie helfen wir, wenn Menschen traurig, wütend, oder ängstlich sind? Wie könne wir ihnen helfen ihren körperlichen, geistigen und emotionalen Tempel zu reinigen, damit der Gott in ihnen glücklich ist? Das ist es, was mein Meister mich gelehrt hat."

Ich wusste nicht, was er damit meinte, aber bevor Dr. Naram es erklären konnte, war es Zeit, das Interview zu beenden. Ich hatte jetzt viel mehr Fragen als zu Beginn des Interviews.

Meine Notizen

Drei jahrtausendealte Heilgeheimnisse die helfen, deinen Geist zu beruhigen, deine Perspektive ins Gleichgewicht zu bringen und positive Emotionen zu stimulieren: *

1) Marmaa Shakti: Drücke diese Punkte 6-9 Mal am Tag. (Um einen Erfolg zu erzielen ist es wichtig, dies täglich zu tun.) Lege deine linke Hand zur Unterstützung auf den Hinterkopf und drücke mit dem Zeigefinger der rechten Hand den Marmaa-Shakti-Punkt zwischen der Nase und Oberlippe 6-mal. Jedes Mal, wenn du den Punkt drückst, atme tief ein. Du kannst dies bei dir selbst anwenden oder für andere tun.

2) Hausmittel: Mische die folgenden Zutaten: ½ Teelöffel Ghee, 1 Prise Muskatnuss und 1 Safranfaden. Erwärme die Mischung leicht, neige den Kopf nach hinten und gib zwei Tropfen in jedes Nasenloch (zweimal täglich).

3) Hausmittel: Mische die folgenden Zutaten:
        1/4 Teelöffel Brahmi Churna Pulver,
        1/8 Teelöffel Jatamansi-Pulver,
        ½ Teelöffel Kurkumapulver,
        1 Teelöffel Ghee

Mische die oben genannten Zutaten zu einer Paste und nimm sie zweimal täglich ein (morgens auf nüchternen Magen und abends vor dem Essen).

*Bonusmaterial: Um eine Demonstration zu sehen, wie man die Marmaa-Shakti-Punkte anwendet und um weitere Geheimnisse zu entdecken, die in diesem Bereich helfen können (z.B. Vorschläge, welche Nahrungsmittel du essen kannst, um positive Emotionen zu fördern), sieh dir bitte die Videos auf der kostenlosen Mitgliederseite MyAncientSecrets.com an.

Eine jahrtausendealte Technologie

Als ich meine Kamera einpackte, fragte Dr. Naram: „Und was tun Sie? Was genau machen Sie beruflich, Clint?"

„Ich arbeite ehrenamtlich an diesem Projekt mit *Wisdom of the World*, weil ich daran glaube", sagte ich. „Beruflich arbeite ich an der Universität Joensuu in Finnland als promovierter Forscher," sagte ich. Ich begann mit der üblichen Erklärung meiner Arbeit. „Ich unterrichte Computer, Kultur, Technologie und Innovation. Mein persönliches Interesse gilt der Frage, wie Innovation in der Technologie kreativ genutzt werden kann, um Armut zu verringern und die Friedenskonsolidierung zu fördern."

Dr. Naram war fasziniert. „Wenn Sie an Frieden interessiert sind", sagte er, „muss ich Ihnen einige Leute vorstellen."

Er griff in seine Tasche und zog ein altes Nokia-Handy mit einem kleinen LCD-Bildschirm heraus. „Da Sie sich mit Computern auskennen, können Sie mir zeigen, wie das funktioniert? Die Leute reden über ihre ‚Blackberries', ihre ‚Apples', und ich bin so verwirrt, wenn ich denke, sie meinen damit Essen, aber nein, es ist ihr Telefon! Sie sagen, mein Telefon sei kein Smartphone. Ist es ein dummes Telefon?"

Ich lächelte. Seine Frage war liebenswert und humorvoll. Er wollte wissen, wie man neue Telefonnummern speichert und wie man Textnachrichten liest und versendet. Während ich ihm Schritt für Schritt beibrachte, was er tun sollte, schaute er mit der Erwartung und Ehrfurcht eines Kindes zu. Als er meine Nummer dann erfolgreich in seinem Telefon abgespeichert hatte, sagte er mit triumphierender Freude: „Aha, ich habe es geschafft! Das ist eine erstaunliche Maschine, nicht wahr?"

Ich erinnerte mich an etwas, das er zuvor gesagt hatte, und fragte ihn: „Sie haben gesagt, dass Ihr Meister Ihnen Technologien oder Werkzeuge gegeben hat. Technologien oder Werkzeuge, um was genau damit zu tun? Was meinen Sie damit?"

„Gute Frage. Ob Sie es glauben oder nicht, mein Meister hat mir ein Milliarden-Euro-Geheimnis beigebracht. Er sagte, dass 95 Prozent der Menschen

> *„Fünfundneunzig Prozent der Menschen auf diesem Planeten wissen nicht, was sie wollen."*
> –Dr. Naram

auf diesem Planeten nicht wissen, was sie wollen. Sie wissen einfach nicht, was sie wollen! Also verbringen sie die meiste Zeit ihres Lebens mit einem Schaufensterbummel. Sie probieren diese oder jene Sache aus, diesen oder jenen Job, diesen Ehepartner und dann einen anderen, finden aber nie Erfüllung.

Mein Meister sagte, dass 3 Prozent der Menschen auf diesem Planeten wissen, was sie wollen, es aber nie erreichen. Sie haben nicht die richtigen Werkzeuge dazu. Ein Prozent wissen, was sie wollen, und sie erreichen es auch, aber diese Leistungsträger können es nicht genießen. Während des Erreichens bekommen sie Bluthochdruck, hohe Cholesterinwerte, Rückenprobleme, Familien- oder Beziehungsprobleme. Neunundneunzig Prozent aller Menschen fallen in diese ersten drei Kategorien. Nur die verbleibenden ein Prozent der Menschen wissen, was sie wollen, erreichen es und genießen es dann."

Als ich diese Zahlen hörte, fragte ich mich: *Gehöre ich zu den 95 Prozent, die nicht wissen, was sie wollen? Ich habe viel, wofür ich dankbar sein kann, warum also bin ich die meiste Zeit immer noch irgendwie unzufrieden? Geht mein Leben in die richtige Richtung?*

Das Nokia-Telefon von Dr. Naram

Dr. Naram fuhr fort: „Das alte Heilungssystem des Ayurveda, das in Indien an Universitäten erlernt werden kann, ist bekannt als ‚die Wissenschaft des Lebens'. Der *Siddha-Veda* (oder *Siddha-Raharshayam*) meiner Abstammungslinie geht einen Schritt darüber hinaus. Siddha-Veda enthält die Geheimnisse für tiefgreifende Heilung. Die jahrtausendealten Geheimnisse meiner Linie können nur direkt von einem Meister an einen Schüler weitergegeben und studiert werden. Siddha-Veda ist eine herausragende Spezialität, eine Technologie der tiefgreifenden Heilung. Ein Teil der *Siddha-Veda*-Heilgeheimnisse oder -Technologie hilft den Menschen, das, was sie wollen, zu *entdecken* und dann *zu erreichen*, und zwar so, dass sie sich danach an dem Erreichten auch erfreuen können."

Er hielt inne und sagte zu mir: „Die Technologie, die ich jedoch nicht verstehe, ist die, die sie *Internets* nennen."

Ich lachte darüber, dass er es am Ende mit einem ‚s' aussprach.

„Sagen Sie mir, glauben Sie, dass die Internets mir helfen könnten, mehr Menschen zu erreichen? Es ist mir physisch unmöglich mehr Menschen pro Tag zu treffen." Er erzählte mir, dass er in Europa, den Vereinigten Staaten und Australien etwa hundert Menschen pro Tag und in Indien dreihundert Menschen pro Tag sah. Ich konnte mir nicht vorstellen, wie das überhaupt möglich war.

„Ich weiß, dass Sie mit dem *Internet* mehr Menschen erreichen könnten", sagte ich und betonte die Korrektur. „Aber ehrlich gesagt, verstehe ich noch immer nicht genau, was Sie da tun." Ich genoss es, in seiner Gegenwart zu sein; es fühlte sich einfach gut an. Ich bewunderte seine jugendliche Unschuld und Verspieltheit, kombiniert mit einer tiefgehenden Fürsorge, die erfrischend war. Nur wusste ich nicht, wie ich ihm helfen konnte, vor allem, da ich vieles, worüber er sprach, nicht verstand. Dr. Naram überraschte mich mit seinen nächsten Worten. „Warum kommen Sie nicht nach Indien und überzeugen sich selbst? Es gibt da einige interessante Leute, die Sie treffen sollten."

Ich war so verwirrt von der Einladung, dass ich nicht sofort antworten konnte. Dr. Naram fuhr fort: „Clint, manche Dinge mögen anfangs keinen Sinn für Sie ergeben, weil Sie durch eine andere Linse auf das Leben blicken. Sie können nicht verstehen, was ich tue, aber wenn Sie in meiner Nähe sind, werden Sie einen Funken Hoffnung in sich spüren und Sie werden glücklich sein. Vielleicht wissen Sie anfangs nicht genau warum, aber nach und nach werden Ihnen die Dinge klarer werden."

Obwohl ich von seiner Einladung berührt war, fiel es mir schwer, sie ernst zu nehmen. Ich hatte nicht die Absicht, in nächster Zeit nach Indien zu reisen. Ich wechselte schnell das Thema.

„Wie versteht man jemanden, indem man einfach seinen Puls berührt?"

„Würden Sie das gerne erleben?"

Ich nickte und er bat mich, meine Hand auszustrecken. Er legte drei Finger auf die Innenseite meines Unterarms, direkt unterhalb des Handgelenks, und schloss seine Augen, bevor er sprach.

„Leiden Sie manchmal unter Kopfschmerzen? Haben Sie manchmal Magenprobleme? Ihr *Pitta* ist im Ungleichgewicht und Sie haben etwas *Aam*; das sind Giftstoffe im Körper. Aber ansonsten sind Sie sehr gesund."

Obwohl das, was er über meine Kopfschmerzen und meine Verdauung sagte, zutreffend war, war ich mehr verwirrt als beeindruckt.

„Ich verstehe nicht, was Sie meinen. Was ist *Pitta*?"

„Feuer", sagte er, „oder das Feuerelement in Ihrem Körper. Es ist ein wenig aus dem Gleichgewicht, aber keine Sorge, wir können Ihnen helfen." Er notierte die Namen mehrerer mir unbekannter Kräuter auf ein Blatt Papier.

Ich kam nicht umhin mich zu fragen, ob sein Trick darin bestand, den Leuten zu sagen, dass etwas nicht in Ordnung sei und dabei Konzepte und Wörter zu verwenden, die sie nicht verstanden, nur damit er ihnen ein Produkt empfehlen konnte, das sie kaufen mussten, um das vermeintliche ‚Problem' zu beheben.

Ich stellte mir vor, wie ich mit jemandem rede, mir ein Problem ausdenke und sage: „Oh nein, das ist gar nicht gut. Sie haben ein ernsthaftes Pipapo-Ungleichgewicht, sehr bedauerlich. Aber keine Sorge, Sie haben Glück, denn ich habe die magische Pipapo-Kur hier in Tablettenform für den sagenhaften Preis von nur hundert Euro."

So fühlte ich mich, als Dr. Naram mir sagte, ich hätte ein ‚Pitta-Ungleichgewicht'. Ich dankte ihm für das Gespräch und wünschte ihm eine gute Nacht.

Dieser unangenehme Moment

Ich verließ den Raum und gab Marianjii das Blatt Papier mit den Namen der Kräuter. Marianjii war auch bei Dr. Naram, als ich ihn zum ersten Mal auf dem Flur traf. Ihre Aufgabe war es, die Kräuter und die empfohlene Ernährung zu erklären und die Bezahlung der Patienten entgegenzunehmen. Sie erklärte die *Doshas*, oder Elementartypen, und wie bestimmte Elemente im Körper aus dem Gleichgewicht geraten und Probleme verursachen. „*Pitta* ist das Feuer-Dosha", sagte sie. „*Vata* ist das Wind-Dosha, und *Kapha* richtet sich nach Wasser/Erde aus. Ein Ungleichgewicht der Doshas führt zu Problemen, die vorhersehbar und lösbar sind. Wenn Dr. Naram oder andere Meisterheiler den Puls einer Person fühlen, können sie Ungleichgewichte und Blockaden im Körper eines jeden Menschen erkennen."

Marianjii fragte mich dann: „Woraus besteht Ihre Ernährung?"

Ich beschrieb die in der Mikrowelle erhitzbaren Burritos, Pizzen und andere Lebensmittel, die für einen alleinstehenden, postgraduierten Forscher leicht zu zubereiten waren. Sie schimpfte mich aus und sagte mir, ich solle besser auf mich achten. Dann beschrieb sie die vier pflanzlichen Nahrungsergänzungsmittel, die Dr. Naram vorschlug, um mein Gleichgewicht wiederherzustellen und das *Aam* (ausgesprochen *ahhm*; manchmal auch *ama* genannt), oder Giftstoffe aus meinem Körper zu entfernen.

Ich wurde nervös und wartete auf den unangenehmen Moment, in dem sie mich bitten würde, die Kräuter zu kaufen und ich nein sagen würde. Doch dieser Moment kam nie.

„Um die Arbeit, die Sie leisten, zu würdigen," sagte sie, „schenken wir Ihnen die Kräuter, die für die nächsten zwei Monate ausreichen."

Ohne zu wissen, was ich von einem der seltsamsten Treffen, das ich je erlebt hatte, halten sollte, dankte ich ihr und ging zurück zu meinem Hotelzimmer.

Eine Woche später kamen die Kräuter bei mir zu Hause an. Aus Neugierde nahm ich sie einige Tage lang ein. Ein Teil von mir fragte sich, ob ich plötzlich ein wundersames Ergebnis bemerken würde, aber stattdessen hatte ich leichte Bauchschmerzen. *Was wäre, wenn sie mir nicht helfen, sondern mir schaden würden?* Ich wusste es nicht, und hatte keine Ahnung, wen ich fragen sollte. Ich legte sie zusammen mit dem Ring, den er mir gegeben hatte, in eine Schublade, die ich selten öffnete. Mit der Rückkehr in mein Alltagsleben verschwand Dr. Naram aus meinem Gedächtnis.

Die Macht einer Frau

Ich hätte vielleicht nie mehr an Dr. Naram und seine ‚magischen' Kräuter gedacht, aber dann passierte etwas Unerwartetes.

Ein paar Wochen später reiste ich wieder nach Kalifornien. Dieses Mal fuhr ich mit Joey, einem meiner besten Freunde, nach San Diego, um für das Projekt zu werben, an dem wir arbeiteten. Eines Tages, als wir in einer Saftbar in der Nähe des Strandes saßen, stellte er mich einer Frau namens Alicia vor..

Erinnern Sie sich, dass ich am Ende des letzten Kapitels sagte, dass dies mit einem Mädchen begann, das ich beeindrucken wollte? Alicia war dieses Mädchen.

Sie war wunderschön, mit strahlend blauen Augen, dicken braunen Haaren und einem hellen Teint. Sie trug die Art von farbenfroher, lockerer Kleidung, die man in einer Bar in der Nähe eines Strandes in San Diego tragen würde. Ihre Stimme und ihre Haltung waren verspielt und doch aufrichtig. Von Anfang an fühlte ich mich von ihrer angeborenen spirituellen Sensibilität angezogen.

Da ich mehr über sie wissen wollte, tat ich das, was ich immer tue wenn ich mich unbehaglich fühle: Ich fing an Fragen zu stellen. Alicia erzählte mir von ihrer Leidenschaft für etwas namens Ayurveda*. Sie beschrieb es als ein altes fernöstliches Heilungssystem, das den Menschen ganzheitlicher betrachtet als die westliche Medizin.

„Das Wort Ayurveda kann als ‚die Wissenschaft des Lebens' übersetzt werden," sagte sie.

Wissenschaft vom Leben, dachte ich. *Was ist das?* Obwohl Dr. Naram mir diese Definition bereits erklärt hatte, klang es damals noch fremd. Aber diesmal weckte es mein Interesse, da es von Alicia kam.

Obwohl ich dem ganzen Thema skeptisch gegenüberstand, interessierte ich mich für die Wissenschaft - und ich war sehr an ihr interessiert.

„Weißt du", sagte ich, „ich habe kürzlich jemanden interviewt, der angeblich ein ‚Meisterheiler' aus einer jahrtausendealten himalayanischen-Abstammungslinie sein soll, die er *Siddha-Veda** bezeichnete. Er ist der Arzt des Dalai Lama, von Mutter Teresa, Nelson Mandela und Tausenden von Feuerwehrleuten vom 11. September 2001."

Ich griff nach allem, was mit ihrem Interesse zu tun hatte, um das Gespräch in Gang zu halten. Und warum nicht auch ein paar hochkarätige Namen fallen lassen, falls sie sich für mich interessierte, richtig?

Ich konnte noch nie gut mit Frauen umgehen. Einmal ging ich mit einem Mädchen aus, das mir sagte, sie betete dafür, dass sie Gefühle für mich entwickeln würde. Ich schätze, ich fühlte mich einfach wohler hinter einem Computer oder beim Schreiben einer akademischen Forschungsarbeit, als zu versuchen, Frauen zu verstehen. Aber selbst ich erkannte, dass wir in diesem Gespräch eine Verbindung aufbauen konnten. Sie schien von dem, was ich sagte, begeistert zu sein. In einem unbeholfenen Versuch, den Kontakt mit ihr zu vertiefen bot ich ihr an, sie Dr. Naram vorzustellen.

„Das könntest du tun?" fragte sie. „Das wäre ein wahr gewordener Traum!"

Zu meinem Schock lächelte mich diese umwerfend schöne Frau an, schrieb ihre Telefonnummer auf und bat mich, mit ihr in Kontakt zu bleiben!

Die Glückseligkeit, die ich fühlte, verwandelte sich schnell in Zweifel als ich mich fragte, ob ich das, was ich ihr angeboten hatte, auch wirklich halten konnte. Nun fühlte ich mich unter Druck und rief in Dr. Narams Büro in Mumbai an, um herauszufinden, ob seine Einladung, nach Indien zu kommen, noch bestand.

Ich hatte keine Ahnung, dass das, was als ein Versuch begann, eine schöne Frau in einer kalifornischen Strandbar zu beeindrucken, mich nur wenige Monate später auf eine Reise mit ihr nach Indien in die Klinik von Dr. Naram führen würde

---

*Eine Tabelle zum Vergleich der Ähnlichkeiten und Unterschiede von Siddha-Veda, Ayurveda und moderner Medizin findest du im Anhang am Ende dieses Buches

Deine Notizen

Um den Nutzen, den du aus der Lektüre dieses Buches ziehen wirst, zu vertiefen und zu vergrößern, nimm dir jetzt ein paar Minuten Zeit und beantworte die folgenden wichtigen Fragen:

Auf einer Skala von 1-10 (wobei 1 sehr niedrig und 10 sehr hoch ist), wie glücklich bist du in deinem Leben im Moment? Und was sind die Dinge, die dich deiner Meinung nach glücklich machen?

_____
_____
_____
_____

Dr. Narams Meister sagte: „Jedes Unglück, jede schwierige Situation oder jeder Herzschmerz, birgt den Keim von gleichem oder größerem Nutzen in sich." Wann gab es eine Zeit in deinem Leben, in der du einen verborgenen Nutzen in einer Herausforderung gesehen hast, der du dich gestellt hast?

_____
_____
_____
_____

Welche anderen Einsichten, Fragen oder Erkenntnisse kamen dir beim Lesen dieses Kapitels in den Sinn?

_____
_____
_____
_____

KAPITEL 3

Mystisches Indien, eine jahrtausendealte Wissenschaft und ein Meisterheiler

Wunder geschehen jeden Tag. Ändere deine Vorstellung davon, was ein Wunder ist, und du wirst sie überall um dich herum sehen.
—Jon Bon Jovi

Mumbai, Indien

Mein erster Besuch in Indien war ein Schlüsselerlebnis. Die besuchten Orte, die Klänge, Gerüche und Aromen waren absolut beeindruckend.

Riesige Wolkenkratzer und Wohnhäuser waren von bescheidenen, von Hand errichteten Bauten umgeben, die eine erstaunlich große Zahl von Menschen beherbergten. Verschiedene Essensgerüche von Straßenhändlern auf Rädern mischten sich mit den Abgasen von motorisierten Fahrzeugen. Menschen in westlicher Kleidung mischten sich mit Menschen in traditioneller indischer Tracht. Ich sah Frauen in schönen Saris und gelegentlich einen bärtigen oder kahlköpfigen Mann, der nur ein locker gewickeltes orangefarbenes Gewand und Sandalen trug.

Ein ständiger Strom von Menschen und Fahrzeugen in allen Formen, Größen und Farben füllte die Straßen Mumbais. Ich kam aus einer völlig anderen Welt. Ich wuchs in Eden Prairie, Minnesota, auf und war an weite, offene Felder und meist leere Straßen gewöhnt. Im Gegensatz zu Indien wird im Straßenverkehr in den Vereinigten Staaten eher selten gehupt. Wenn gehupt wird, bedeutet das normalerweise, dass jemand ärgerlich oder verängstigt ist. In Finnland, wo ich zu der Zeit lebte, war Hupen sogar noch ungewöhnlicher. In Indien dagegen hupen die Fahrer andauernd, aber nicht weil sie wütend sind. Sie sagen lediglich bestimmt und beharrlich: „Hallo, ich bin hier und versuche durchzukommen."

Ich sah riesige Kühe, die in Indien als heilig gelten, umherstreifen. Sie waren frei wie Königinnen und gingen dahin, wo immer es ihnen gefiel - auf Bürgersteigen, Kreuzungen, sogar mitten in den verkehrsreichsten Straßen, wo sie den Verkehrsfluss behinderten. Nicht selten deponierten diese heiligen Kühe auch ihre heilige Sch** auf dem Bürgersteig, und es schien niemanden zu stören.

Heilige Kühe spazieren frei herum und ruhen sich sogar mitten auf der Straße aus.
Foto aus Alamy abgerufen

Überraschenderweise sind die Menschen nicht frustriert oder verärgert, wenn ihnen ein Auto (oder eine Kuh) den Weg abschneidet oder wenn ihre Fahrt eine Stunde länger dauert als erwartet. Jeder akzeptiert das gemächliche Schneckentempo im Verkehr, anders als in Amerika, wo das eher in einem Streit enden könnte. Auf der Rückseite von bunt geschmückten Lastwagen oder Rikschas waren grüne

Chilis und Zitronen mit einer Schnur zusammengebunden. War dies ihre Version einer Hasenpfote, die Glück bringen sollte? Es war lustig, auf der Rückseite der meisten Lastwagen handgemalte Schilder zu sehen, auf denen stand: *Hupen OK*. Ich schätze, es ermutigt kleinere Fahrzeuge, die Lkw-Fahrer wissen zu lassen, dass auch sie versuchen, durchzukommen.

Während ich durch die Straßen von Mumbai lief, in denen sich Menschen und Autos in alle Richtungen bewegten, staunte ich nicht schlecht, dass in all dem Chaos nicht mehr Menschen verletzt oder getötet werden. *Vielleicht ist das der Grund, warum sie alle an der Entwicklung ihres ‚dritten Auges' interessiert sind.*

Indien ist eine der ältesten zusammenhängenden Zivilisationen, in der das geschriebene Wort entstand und Gandhi geboren wurde. Das Land hat ein interessantes spirituelles Ökosystem und eine Kultur der inneren Entwicklung, die sich sehr von dem unterscheidet, was ich im Westen gewohnt war. In den Vereinigten Staaten erzielen wir Fortschritte in der Wissenschaft oder Technik an Universitäten und in Labors. Wir konzentrieren uns darauf, die greifbare äußere Welt zu meistern. In Indien gibt es jedoch unzählige Rishis, Yogis und spirituelle Meister, die versuchen, Fortschritte zu erzielen, indem sie die innere Welt durch Bewusstsein, erwachte Intuition (das *dritte Auge*) und die Erforschung metaphysischer Erfahrungen meistern. Sie benutzen Werkzeuge wie Meditation, Yoga, jahrtausendealte Heilmethoden und *Prana*, bzw. die Lebenskraft.

Es gibt so viele verschiedene Glaubensrichtungen: verschiedene Formen des Hinduismus, Buddhismus, Christentum, Hare Krishna, Jainismus, Islam, Sikhismus, Judentum und zu viele andere, um sie alle aufzuzählen, mit Gurus und Göttern, von denen Westler wie ich noch nie etwas gehört haben. Ich traf mich mit Anhängern verschiedener Glaubensrichtungen sowie Lehrern wie Osho, Sai Baba, Yogananda, Gurumayi und Swaminarayan, die sich alle der Erforschung der nicht greifbaren übernatürlichen Existenz jenseits unseres Verstandes widmeten. Als ich an einem Straßenhändler vorbeikam, kaufte ich spontan ein Buch, von dem ich noch nie gehört hatte und das, wie ich später erfuhr, sehr ist: *Autobiographie eines Yogi*. Ich war in eine völlig neue Welt eingetaucht, die mich über alle Maßen forderte.

All die sauberen, klaren Linien, die wir in Amerika um Dinge platzieren, verschwammen, als ich nach Indien kam. Ich war daran gewöhnt, einen einzigen Gott zu haben, der einer älteren und viel klügeren Version von mir ähnelte, nur mit Bart und in Weiß gehüllt. In Indien gab es Tausende von Tempeln, die Hunderten von Göttern gewidmet waren: Einer hatte den Körper eines Menschen und den Kopf eines Elefanten, einer hatte blaue Haut, einer sah aus wie ein Affe, eine Göttin hatte acht Hände und ritt auf Tigern, um nur einige zu nennen. Bei dem Versuch, dem Ganzen einen Sinn zu geben, erklärte mir ein Freund, dass die Hindus zwar eigentlich nur an einen Gott glauben, aber das Gefühl haben, dass Gott nicht in einem einzigen Bild enthalten sein kann. So viele verschiedene Versionen von Gott zu haben erweitert das Geistig-Seelische in den Menschen, welches jenseits der Logik oder des Denkens und jenseits des Verstandes liegt. Eingerahmt von belebten Straßen standen überall Tempel, Moscheen und Gotteshäuser für verschiedene Götter, die in voller majestätischer Schönheit auf großen Grundstücken glänzten, mit langen Menschenschlangen davor, die darauf warteten, einzutreten. Ich war an ein Gefühl der Ehrfurcht und Stille in Kirchen gewöhnt, aber in hinduistischen Tempeln ist die Anbetung oft mit Glocken, Feuer und sogar mit Rufen verbunden. Es herrscht ein Gefühl der Vorfreude, der Aufregung und des Spaßes. Wie zum Beispiel das Fest Holi, bei dem man bunte Kreide herumwirft, bis alle von Kopf bis Fuß mit einem Regenbogen von Farben bedeckt sind. Es ist einfach berauschend!

Alicia und ich kamen im Januar 2010 an, als das Wetter warm und mild war. Da wir auf unserer ersten Reise nach Indien so viel zu verarbeiten hatten, waren wir froh, das ruhige grüne Gelände der Klinik von Dr. Naram zu betreten, ein Zufluchtsort vor dem Verkehr und den Staus. Das Essen im Café dort war erstaunlich gut und kombinierte eine Vielfalt von Aromen und Konsistenzen, die ich mir nie hätte vorstellen können.

Das Personal war sehr freundlich und ich fragte unsere Bedienung, was es bedeutet, wenn ich mit Indern spreche und sie ihren Kopf dann von einer zur anderen Seite neigen. Unsere Bedienung nannte es liebevoll das ‚indische Kopfneigen' und erzählte uns, es könne entweder „ja, ich stimme zu" oder „nein, ich stimme nicht zu" bedeuten. Ich fragte: „Und wie erkenne ich den Unterschied?" Worauf

Mystisches Indien, eine jahrtausendealte Wissenschaft und ein Meisterheiler 49

*Links: Alicia, ich und Swami Omkar, den wir in der Klinik trafen.
Rechts: Vinay Soni, der offenherzige Verwaltungsassistent von Dr. Naram.*

er antwortete: „Ich weiß es nicht." Das brachte uns zum Lachen. Ich beschloss, dass es einfach bedeutete: „Ich nehme zur Kenntnis, dass Worte aus deinem Mund kommen."

Diese Reise nach Indien war eine Impulshandlung und mit beträchtlichen Kosten verbunden. Zur Vorbereitung meiner Reise habe ich alle Projekte, an denen ich arbeitete, umorganisiert. Damit Alicia mich begleiten konnte, nutzte ich alle meine erworbenen Flugmeilen für ihr Ticket. Ich freute mich sehr darauf, Zeit mit ihr verbringen zu können.

Ich nehme an, es war auch ein gewisses Risiko für sie, mit jemandem, den sie kaum kannte, in ein fremdes Land zu reisen. In Indien strahlte sie allerdings noch mehr als sonst und ich fühlte mich in ihrer Nähe nervös. Ich wollte sie beeindrucken, aber angesichts meiner allgemeinen sozialen Ängste konnte ich einfach nur viele Fragen stellen und selbst sehr wenige beantworten. Ich tröstete mich mit dem Gedanken, dass, auch wenn es zwischen uns nicht klappte, ich zumindest dazu beigetragen hatte, ihre Traumreise zu verwirklichen.

Mit dem Eintreffen von Dr. Naram in der Klinik geriet alles in helle Aufregung. Er wurde von einem großen Mann in einem cremefarbenen Hemd begleitet. Das Abzeichen auf seiner Hemdtasche war mir nicht bekannt. Er hatte einen roten Punkt auf der Stirn, der von gelben Markierungen umgeben war. Ich fand heraus, dass es Dr. Narams administrativer Assistent Vinay (ausgesprochen *Veh-ne-i*) war, mit dem ich bereits am Telefon gesprochen hatte, um unseren Besuch zu arrangieren. Sein Gesichtsausdruck passte zu dem bescheidenen und freundlichen Ton seiner Stimme.

Viele der Menschen, die Dr. Naram willkommen hießen, waren von weit her angereist, um ihn zu treffen, und viele taten dies unter schwersten Bedingungen. Einige sahen ihn zum ersten Mal, andere kannten ihn bereits seit Jahrzehnten. Als er durch die Menschenmenge schritt, trafen sich unsere Blicke. Er hielt inne und lächelte, als er in Namaste-Pose seine Hände vor seinem Herzen zusammenpresste. Daraufhin tat ich dasselbe und lächelte, da ich mich daran erinnerte, was dieser Gruß bedeutete. Sein freundliches Auftreten war eine willkommene Ablenkung von der Nervosität, die ich in Alicias Nähe empfand.

„Ich bin sehr glücklich, dass Sie hier sind," sagte er. Ich stellte ihm Alicia vor, die ein breites Lächeln auf ihrem Gesicht hatte. Dann ging er weiter in sein Büro und begann damit, seine Patienten zu empfangen.

Wenn dein Leben eine einzige Hölle ist

Klatsch! Ein elfjähriges autistisches Mädchen namens Gia (ausgesprochen *Dschi-ah*) hatte gerade jemanden geschlagen, der versuchte, sie zu beruhigen. Als sie nun vor Dr. Naram saß, brach ihre Mutter in Tränen aus.

Alicia und ich standen in Dr. Narams Büro, das voller Menschen war. Neben Ärzten aus Deutschland, Italien, dem Vereinigten Königreich und Japan, die gekommen waren, um von ihm zu lernen, waren auch Mitarbeiter im Raum, die assistierten und Patienten, die darauf warteten, an die Reihe zu kommen.

„Ich wünschte, meine Tochter wäre nie geboren worden, Herr Doktor. Ich weiß, das klingt schrecklich, aber es ist wahr!" Gias Mutter tat sich schwer zu erklären, wie ihr Leben aussah, ein Kind wie Gia großzuziehen. Während sie sprach, legte Dr. Naram seine Finger sanft auf Gias Handgelenk, bis sie ihre Hand wegzog und dabei eine

Dose mit Pfefferminz-Bonbons vom Schreibtisch schlug. Sie sprang von ihrem Stuhl auf und hüpfte lebhaft hin und her, von einer Seite des Raumes zur anderen.

„Mein Leben ist die Hölle!", sagte Gias Mutter. „Wir haben kein Sozialleben, kein Leben mehr. Ich verbringe jede wache Minute damit, dafür zu sorgen, dass sie sich selbst, uns oder andere nicht verletzt. Wir können mit ihr nicht in die Öffentlichkeit gehen. Ich bin vollkommen erschöft, wenn ich mich um Gia kümmere. Sie will nur Fleisch oder Junk-Food essen - alles andere was wir ihr anbieten, wirft sie auf uns oder auf den Boden. Mein Verhältnis zu meinem Mann ist mittlerweile sehr angespannt. Er spricht schon davon, mich zu verlassen. Ich schreie unsere anderen beiden Kinder an, die sich vernachlässigt fühlen, dabei werde ich aggressiv und mache alles nur noch schlimmer. Ich fühle mich wie eine schreckliche Ehefrau und eine Versagerin als Mutter."

Tränen kullerten über ihre Wangen, als sie sich in erschöpfter Verzweiflung krümmte.

Dr. Naram tätschelte ihren Arm. „Ich bin nicht Gott", sagte er mit ruhiger Stimme, „aber ich habe Tausenden von Kindern wie Ihrem geholfen. Das Wichtigste ist genau diese eine Frage: ‚Was wollen Sie?'"

Da ist sie wieder, dachte ich. *Diese Frage.*

„Ich möchte nur, dass sie wie ein normales Kind ist, dass sie ein normales Leben führen kann."

Während sie sprach, machte sich Dr. Naram Notizen darüber, was er in Gias Puls fühlte. Er kreuzte schnell Kästchen auf einem Papier mit den Namen verschiedener Kräuterrezepturen an. Er wandte seine hellen, intensiven Augen wieder auf die Mutter und sagte mit fester Überzeugung: „Was wäre, wenn wir in der Lage wären, Gias *und* Ihr Leben jetzt zu ändern?"

Die Mutter hörte plötzlich auf zu weinen, schien aber auch nicht mehr zu atmen. Bevor sie antworten konnte, kam Dr. Naram hinter seinem Schreibtisch hervor und stellte einen Stuhl in die Mitte des Raumes. „Gia", rief er und tätschelte dabei den Stuhl mit seiner Hand. Alle starrten ihn an – alle außer Gia. Sie ignorierte ihn vollkommen.

Er ging zu ihr hin und begann sanft mit ihr zu reden. Ohne ihm Beachtung zu schenken, rannte sie hastig durch den Raum und stieß dabei immer wieder mit anderen Personen zusammen. Dies wiederholte sich mehrere Male. Es schien eine hoffnungslose Situation zu sein und ich fragte mich, warum er es immer wieder versuchte, obwohl es doch offensichtlich nicht funktionierte. Dieses Mädchen war einfach zu wild, und viele andere Menschen warteten währenddessen darauf, behandelt zu werden.

Dr. Naram ging erneut zu ihr hin und versuchte, seine Hände auf ihren Kopf zu legen, um auf bestimmte Punkte drücken zu können, die, wie er sagte, ein bestimmtes *Marmaa* aktivieren würden.

„Die Arbeit mit unterbewussten Energiepunkten", erklärte er, „kann helfen, Blockaden zu lösen und den Körper wieder ins Gleichgewicht zu bringen."

Als er begann, diese Punkte auf ihrem Kopf zu berühren, griff Gia blitzschnell nach ihm, packte sein Gesicht mit ihren starken kleinen Händen und kratzte mit ihren scharfen Nägeln die Haut seiner linken Wange auf. Der Kratzer begann zu bluten und Dr. Naram zuckte überrascht zurück.

„Gia!", schrie ihre Mutter schockiert und versuchte ihre Tochter energisch daran zu hindern, erneut durch den Raum zu rennen. Die Spannung in meinem Körper stieg an, als ich zuschaute, wie Dr. Naram mit einem Taschentuch das Blut aus seinem Gesicht wischte. Alicia sah verängstigt aus.

Der Kratzer lenkte Dr. Naram jedoch nur für einen kurzen Moment ab. Er begann, erneut ihren Namen zu rufen.

„Gia."

Als sie nicht reagierte, schrie ihre Mutter ihren Namen und versuchte sie zu zwingen, sich auf den Stuhl zu setzen.

„Nein!", sagte Dr. Naram abrupt zu ihrer Mutter. „Verstehen Sie denn nicht, dass ich versuche, Ihnen etwas beizubringen?"

Spannung erfüllte den Raum, als die überraschte Mutter ihr Kind passieren ließ. Gia beobachtete aufmerksam, wie ihre Mutter gescholten wurde und eilte dann auf die andere Seite des Raumes. Sie hob die Pfefferminzdose vom Boden auf und begann sie mit großer Neugierde zu betrachten.

Dr. Naram gesellte sich zu ihr. „Sehr interessant, hm?" Sie tätschelte die Dose, er tätschelte sie auch.

Ihre Mutter versuchte ihre Hand zu greifen, um ihr die Dose zu entreißen. Wieder stoppte Dr. Naram sie entschieden: „Nein. Ich versuche Ihnen etwas beizubringen. Verstehen Sie das nicht?"

Gia schaute Dr. Naram neugierig an und fuhr dann fort, die Dose zu untersuchen.

Dr. Naram lachte. „Sie ist neugierig," sagte er, noch immer lächelnd. Dann wandte er sich wieder ihr zu: „Ich mag dich, Gia. Ich finde es gut, dass du neugierig bist."

Sie erforschten die Dose zusammen. Er öffnete sie, nahm ein Bonbon und gab es ihr. Nach einem kurzen Austausch konnte er ihr sanft die Hände auf den Kopf legen und das erste Marmaa bei ihr ausführen. Mit der Handfläche seiner rechten Hand auf ihrer Stirn und der Handfläche seiner linken Hand auf ihrem Hinterkopf, drückte er mit leicht gekrümmten Fingern sechsmal leicht gegen ihren Kopf. Er nahm ihre rechte Hand und drückte sechsmal auf die Spitze ihres Zeigefingers. Gia schaute interessiert zu ihm auf. Diesmal leistete siel keinen Widerstand.

Ich war überrascht. War dies die große Sache, die eine Veränderung herbeiführen sollte? Wie um alles in der Welt konnten das Drücken ihres Kopfes und Druckpunkte an ihrer Hand helfen?

Als Dr. Naram das dritte Marmaa, eine Stelle zwischen Nase und Oberlippe, drücken wollte, schob Gia seine Hand weg und rannte erneut in eine Ecke des Raumes. Er ging ruhig zu ihr und begann geduldig wieder mit dem ersten Marmaa. Das zweite Marmaa folgte, während er sie mit seiner sanften Stimme beruhigte. Als er diesmal versuchte, das dritte Marmaa zu drücken, ließ sie ihn etwas widerwillig gewähren.

„Du bist ein liebes Mädchen, Gia", sagte er.

Sie schaute ihm zu, wie er zu dem leeren Stuhl hinüber ging und dann sechs Mal mit der Hand auf den Sitz klopfte, während er ihren Namen rief. Sie löste ihren Blick von ihm und konzentrierte sich wieder auf die Dose in ihren Händen. Er ging noch einmal zu ihr hinüber und wiederholte die drei Marmaas mehrmals hintereinander, wobei er die ganze Zeit leise und freundlich mit ihr sprach.

„Gia, wenn du mir zu diesen Stuhl folgst, wird dich jeder im Raum loben und dich mit einer großen Runde Applaus belohnen."

Er nahm sanft ihre Hand und sagte mit klarer Stimme: „Komm jetzt mit mir, Gia!"

Sie folgte ihm zum Stuhl und setzte sich sofort hin.

Wir fingen alle an zu applaudieren. Zum ersten Mal schaute Gia durch ihre dicke Brille auf die Menschen im Raum und schenkte uns ein breites Lächeln. Auch Dr. Naram strahlte zufrieden.

Er klopfte mit der rechten Hand eine Stelle über ihrem Herzen und sagte: „Sehr gut, Gia!"

Dr. Naram tätschelte dann einen anderen Stuhl, aber sie folgte ihm nicht. Stattdessen ging sie wieder zurück zu der Dose.

Er wiederholte geduldig die Marmaa-Punkte und sagte: „Komm jetzt hierher, Gia."

Dieses Mal folgte sie ihm und setzte sich artig hin. Alle klatschten, und Gia belohnte uns mit einem noch breiteren Lächeln.

Wieder klopfte Dr. Naram ihr sechs Mal auf die Stelle über dem Herzen und sprach ein paar ermutigende Worte. „Sehr gut, Gia! Komm und begrüße Dr. Giovanni, und dann komm zurück und setz dich auf deinen Stuhl."

Während Dr. Naram sprach, demonstrierte er Gia, was er damit meinte, indem er zu Dr. Giovanni ging, ihm die Hand schüttelte und dann wieder zum Stuhl zurückkehrte. Sie sah etwas verwirrt aus. Erneut drückte Dr. Naram der Reihe nach die drei Marmaas auf ihrem Körper. Er zeigte ihr mehrere Male, was er meinte, dann führte er die Marmaa-Sequenz noch einmal aus.

Diesmal hielt er ihre Hand, und sie folgte ihm zu Dr. Giovanni, schüttelte ihm die Hand und setzte sich dann unter unserem Applaus triumphierend auf den Stuhl. Er ließ sie das Gleiche wiederholen, indem er sie die Hand eines Patienten der Klinik schütteln ließ, ein Mann namens Paul Suri, der aus New Jersey gekommen war. Paul war Gia gegenüber sehr ermutigend. Dann wurde ich überrascht.

„Komm jetzt mit zu Dr. Clint." Dr. Naram demonstrierte, wie er zu mir ging und meine Hand schüttelte.

Es genügte, es einmal vorzumachen. Gia kam sofort zu mir, schüttelte meine Hand und tief in mir schmolz etwas dahin. Sie schenkte mir ein solch breites Lächeln, dass ich nicht anders konnte, als zurückzulächeln. Ich sah Alicia an, die vor Freude strahlte. Alle klatschten und lächelten, ausser Gias Mutter. Sie war vollkommen in Tränen aufgelöst. „Ich ... ich verstehe das nicht."

Dr. Naram sagte: „Es ist wichtig, daran zu denken, dass Gia sich weder für *Ihr* Verstehen noch für *Ihre* Tränen interessiert. Sie sorgt sich lediglich darum, *selbst* verstanden zu werden! Marmaa ist eine effiziente Technologie der Transformation. Durch diese Marmaas können Sie Botschaften vermitteln, die direkt ins Unterbewusstsein gehen, und zwar so, dass *Gia sich verstanden fühlen kann*. Wenn Sie dies mit einer bestimmten Ernährung, pflanzlichen Heilmitteln und Hausmitteln kombinieren, können erstaunliche Dinge geschehen. Ich habe in den letzten dreißig Jahren gesehen, wie es bei Tausenden von Kindern funktioniert hat - mit großartigen Ergebnissen. Sie wird auf Sie hören, Ihnen gehorchen und glücklich und gesund werden."

Dr. Naram bat Dr. Giovanni, Gia und ihre Mutter in einen separaten Raum zu bringen, um ihr die Marmaapunkte beizubringen, die Ernährung zu erklären und alle Fragen zu den Kräuterrezepturen, die er ihr verschrieben hatte, zu beantworten.

Als Dr. Giovanni die Tür öffnete, sah Dr. Naram eine vertraute Familie in der Halle warten. Er ließ alles stehen und liegen, um sie willkommen zu heißen, und umarmte den jungen Vater herzlich.

„Jedes Mal, wenn ich diesen Mann sehe, habe ich das Gefühl, es ist besser, als einen Nobelpreis zu gewinnen", sagte er fröhlich.

Mit Blick auf Gias Mutter sagte Dr. Naram: „Als ich diesen Mann vor etwa fünfzehn Jahren zum ersten Mal traf, war er viel schlimmer dran als Ihre Tochter. Seine Mutter hatte alle Hoffnung verloren." Er wandte sich an seine Mutter und legte seine Hand auf die Schulter des jungen Mannes.

„Er konnte sich nicht anziehen und nicht mehr als ein paar Worte murmeln. Er sabberte die ganze Zeit. Alles, was seine Mutter wollte, war, dass er ein normaler Junge ist. Und nach Jahren der Arbeit sehen Sie, wie aus diesem Jungen ein Mann geworden ist!"

Die ältere Mutter sagte: „Er ist immer noch nicht hundertprozentig."

Dr. Naram antwortete: „Ja, schauen Sie, in all den Jahren, in denen er die tiefgreifenden Heilgeheimnisse anwandte, wuchs sein Gehirn! Und ob Sie es glauben oder nicht, dieser Junge, der einst seinen eigenen Namen nicht aussprechen konnte, ist jetzt verheiratet und hat einen guten Job. Er hat ein Zuhause, eine Frau und eine großartige Tochter." Dr. Naram zeigte auf seine Frau und seine Tochter, die neben ihm standen, und fügte hinzu: „Seine Tochter macht ihre Schularbeiten jetzt so gut, dass sie die Klassenbeste ist!"

„Sehen Sie", sagte Dr. Naram zu der älteren Mutter, „ihr Sohn ist glücklich verheiratet und hat eine hübsche Tochter. Nun schauen Sie sich Dr. Giovanni an; es ist wirklich schwer für uns, ihn verheiratet zu bekommen." Alle lachten, selbst Dr. Giovanni.

Dr. Naram sah Gia's Mutter an und sagte: „Bitte sprechen Sie mit dieser Familie. Lassen Sie sich davon inspirieren, was möglich ist, wenn Sie sich wirklich dafür entscheiden, den jahrtausendealten Geheimnissen einer tiefgreifenden Heilung zu folgen. Es braucht Zeit, Geduld, Engagement und Anstrengung, aber wirklich erstaunliche Dinge sind möglich."

Dann wandte er sich an mich. „Dr. Clint, Sie müssen auch mit ihnen reden, um ihre ganze Geschichte zu hören."

Ich folgte den beiden Familien und Dr. Giovanni in ein anderes Zimmer. Ich fühlte mich irgendwie genötigt, die unglaubliche Geschichte dieses jungen Vaters und seiner schönen Familie festzuhalten.

Später, als ich online recherchierte, war ich schockiert, als ich las, dass die Autismusraten laut dem US Center for Disease Control and Prevention (CDC) (Seuchenschutzbehörde der USA) in den letzten zwanzig Jahren um 600 Prozent angestiegen ist! Ich fand heraus, dass allein in den Vereinigten Staaten bei einem von siebzig Jungen Autismus diagnostiziert wird. Diese Zahl schliesst nicht die Millionen anderer Kinder ein, bei denen zunehmend Aufmerksamkeitsdefizitsyndrom (ADS/ADHS) und andere entwicklungspsychische oder soziale Störungen diagnostiziert werden. Nachdem ich Gia nur ein paar Minuten lang gesehen hatte, dachte ich darüber nach, wie das Leben für jede dieser Familien wohl ausschaute. Als ich nach Lösungen suchte, die ihnen zur Verfügung standen, fand ich keine Erwähnung der jahrtausendealten Heilmethoden, die Dr. Naram anwendete.

Ich erfuhr nur, dass, obwohl die westliche Medizin keine Heilung für Autismus hat, die meisten dieser Kinder irgendeine Form von verschreibungspflichtigen Medikamenten erhalten, von denen viele beunruhigende Nebenwirkungen haben. Beim Durchsehen des Videos und der Notizen, die ich aufgenommen hatte, fragte ich mich, wie viele Menschen von der jahrtausendealten Heilmethode, die Dr. Naram anwendete, profitieren könnten.*

Eine globale Attraktion

Alicia und ich verbrachten so viel Zeit wie möglich in der Klinik. Täglich kamen Hunderte von Menschen, und Dr. Naram blieb oft bis weit nach Mitternacht. Wenn ich in der Cafeteria saß oder durch die Gänge ging, begann ich, Patienten und ausländische Ärzte nach ihren Erfahrungen zu befragen. Ich wollte von den Ärzten hören, warum sie hierher gekommen waren. Ich fragte mich, warum die Patienten so weit anreisten, um nur fünf bis zehn Minuten mit Dr. Naram verbringen zu können. In nur einer Woche zählte ich Patienten aus fünfundachtzig Ländern!

Mitte der Woche fing ich an, mehr und mehr Gespräche auf Video festzuhalten. Ich führte Interviews mit Patienten und fotografierte ihre medizinischen Berichte, wenn sie es mir erlaubten. Je mehr ich hörte und sah, desto überraschter war ich, dass niemand vor mir diese Geschichten bereits festgehalten hatte. Ich dachte mir, dass die Aufnahmen ein schönes Geschenk für Dr. Naram sein würden, als Dankeschön dafür, dass wir uns ihm anschließen durften. Außerdem gab es mir etwas anderes zu tun, als vergeblich darauf zu hoffen, dass Alicia anfing, mich zu mögen.

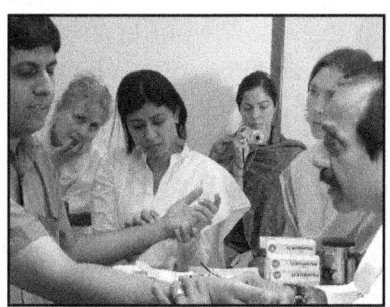

Alicia macht ein Foto von den Aktivitäten in Dr. Narams Büro

Die Bandbreite der Beschwerden, bei denen Dr. Naram ihnen ihren Aussagen zufolge half, war erstaunlich - alles von Gelenkschmerzen bis hin zu Unfruchtbarkeit, Hautkrankheiten, hormonellen Ungleichgewichten, Herzkrankheiten, Wasserkopf, Geisteskrankheiten und sogar Krebs war dabei. Während ich ihnen zuhörte, nagte immer wieder dieselbe Frage in mir. *Die Ärzte in den Vereinigten Staaten konzentrieren sich in der Regel auf ein Fachgebiet (wie Herzspezialist oder Urologe); wie war es Dr. Naram möglich, in so*

---

*Bonusmaterial: Für mehr Kontext darüber, wie Dr. Naram jemandem mit ADS/ADHS oder Autismus helfen würde, schau dir bitte die Videos auf der kostenlosen Webseite MyAncientSecrets.com an. Bitte beachte wie immer den medizinischen Haftungsausschluss.

vielen Bereichen so großartige Ergebnisse zu erzielen? Ich fragte mich immer noch: *War all dies nur ein Placebo-Effekt?*

Ich entdeckte, dass, obwohl die jeweiligen Umstände sehr unterschiedlich waren, die Lösung für jeden einzelnen Fall in der Regel eine Änderung der Gewohnheiten einschloss, angefangen bei der Ernährung, und dass es eine Weile dauerte, bis die Patienten dann die Ergebnisse sahen. Viele gaben zu, dass sie auf der Suche nach einer schnellen Lösung zuvor andere Methoden ausprobiert hatten, bevor sie zu Dr. Naram kamen. Allzu oft waren diese Schnelllösungen mit einer Reihe von langfristigen Nebenwirkungen verbunden. Sie sagten mir, dass die jahrtausendealten Heilmethoden von Dr. Naram mehr Zeit benötigten, aber echte, langfristige und viel tiefgreifendere Heilergebnisse brachten, und dies ohne negative Nebenwirkungen.

Am dritten Tag brachte ein junges Paar seine zehnjährige Tochter mit, die noch nie in ihrem Leben gesprochen hatte. Dr. Naram arbeitete etwa zehn Minuten lang mit ihr, drückte auf bestimmte Punkte an ihrem Körper und bat sie, dann zu antworten. Während der ganze Raum voll gespannter Erwartung zuschaute, sagte das kleine Mädchen laut „Mama!" Der Raum brach in lauten Applaus aus, als sich die offensichtliche Freude auf dem Gesicht und in den Augen des kleinen Mädchens zeigte. Sie sagte wieder „Mama". Als ich zu ihrer Mutter hinüberblickte, sah ich, dass sie vor Freude weinte.

Einige Leute erzählten mir, dass sie Dr. Naram seit mehr als fünfunddreißig Jahren kannten und sich als Teil seiner Familie fühlen. Andere kannten ihn erst seit kurzem und verbrachten nur fünf Minuten mit ihm, hatten aber in den folgenden Monaten, als sie seine Heilkräuter und Hausmittel einnahmen und/oder ihre Ernährung änderten, tiefgreifende Heilergebnisse.

Ich war erstaunt, dass Lehrmeister aus so vielen verschiedenen spirituellen Traditionen ihre Schüler und Anhänger zu Dr. Naram schickten, und ihn um Hilfe baten. Einige kamen, um körperliche Krankheiten zu heilen, andere, um ihren Körper zu entgiften und ihren Geist vorzubereiten, damit sie ihre Meditationspraxis und spirituelle Erfahrung vertiefen konnten. Ich war fasziniert, hatte aber keine Ahnung, was ich davon halten sollte. Trotz der bemerkenswerten Dinge, die ich sah, wurde ich immer gereizter, denn mir wurde sehr schmerzlich klar, dass die Dinge zwischen Alicia und mir nicht über eine Freundschaft hinausgehen würden. Ich bekam subtile Hinweise darauf, dass sie zwar dankbar war, diese Erfahrung gemacht haben zu dürfen, dass sie aber nicht mehr von mir wollte. Ich fühlte eine Kombination aus Frustration, Trauer und Resignation.

Unerwartete Abhilfe

An unserem letzten Tag in der Klinik bat mich Dr. Naram um ein Gespräch, nachdem er mit der Behandlung der Patienten fertig war. So aufgeregt ich auch war, mit ihm zu sprechen, als unsere Sitzung um 1.30 Uhr morgens stattfand, hatte ich so pochende Kopfschmerzen, dass es schwer war, mich zu konzentrieren.

„Kann ich Ihnen eine Frage stellen?", sagte ich, als wir uns endlich hinsetzten. „Wie kann ich diese Kopfschmerzen loswerden? Ich habe mich gesund ernährt, trainiert und heute sogar eine therapeutische Massage erhalten. Ich weiss nicht einmal, warum ich sie habe."

Seine dunklen, neugierigen Augen richteten sich auf mich. „Wo genau tut es weh?"

Ich konzentrierte mich auf den Ursprungspunkt des Schmerzes und zeigte auf die Basis meines Kopfes und meines Halses.

„Ahh. Das ist ein Vata-Kopfschmerz." Ich hatte keine Ahnung, dass es verschiedene Arten von Kopfschmerzen gibt, die man daran erkennen kann, wo der Schmerz sitzt.

„Für diese Art von Kopfschmerzen ist Ihre Medizin... Zwiebelringe."

„Wie bitte? Zwiebelringe?" *Hatte ich ihn richtig verstanden?*

Dr. Naram lächelte. „Der ursprüngliche Meister meiner Siddha-Veda-Abstammungslinie, Jivaka, lehrte uns, dass alles entweder ein Gift oder eine Medizin sein kann, je nachdem, wie es eingesetzt wird. Zum Beispiel ist Wasser eine Medizin für zweiundneunzig Zustände und ein Gift für sechsundzwanzig. Sogar die Dinge, die Sie tun, wie Ihre Arbeit, können entweder ein Medikament oder ein Gift sein, je nachdem, ob sie auf Ihren Lebenszweck ausgerichtet sind oder nicht."

„Alles kann entweder ein Gift oder ein Medikament sein, je nachdem, wie du es benutzt."
–Jivaka (Buddhas Persönlicher Leibarzt)

Er erklärte es mir sehr geduldig, aber mit einer Intensität und Begeisterung, die ich von jemandem, der an diesem Tag über dreihundert Patienten gesehen hatte, nicht erwartet hätte.

„Es gibt drei Hauptarten von Kopfschmerzen und viele verschiedene Unterarten. Zwiebelringe wirken nicht bei *jeder* Art von Kopfschmerzen. Wenn Sie die Zwiebelringe ständig essen, erzeugen sie außerdem Giftstoffe in Ihrem Körper. Für eine langfristige, tiefgreifende Heilung kann ich Ihnen also sagen, was Sie sonst noch tun können. Aber für Ihre Kopfschmerzen im Moment ist der Verzehr von Zwiebelringen eine vorübergehende Medizin. Testen Sie es einfach selbst."

Dr. Naram bat den Koch, der zu so später Stunde noch in der Küche war, frische *Zwiebelpakoden* (ausgesprochen *pa'ko'da*) ein indisches Gericht, das Zwiebelringen ähnelt) zuzubereiten. Mein Schädel brummte.

Als ich anfing, die köstlich gekochten Zwiebeln zu essen, war ich gespannt, was passieren würde. Zu meinem Schock und meiner Verwunderung begann der Schmerz, der den ganzen Tag über an Intensität zugenommen hatte, schnell aus meinem Körper zu entweichen und verschwand innerhalb von fünf Minuten vollständig.

„Das ist höchst erstaunlich!" sagte ich zu Dr. Naram. Als meine Kopfschmerzen weg waren und sich mein Herz öffnete, fragte ich ihn: „Wie hat das funktioniert?"

Screenshot vom Video — der Moment unmittelbar nachdem dieses kleine Mädchen zum ersten Mal „Mama" sagte.

„Wissen Sie Clint, Sie erinnern mich sehr an mich selbst, als ich jünger war."

„Wirklich? Wie das?" Ich war neugierig zu erfahren, wie wir uns aus seiner Sicht ähnelten.

„Ich war auch durcheinander und verwirrt", sagte er lachend.

Mein Gesicht war ausdruckslos. Dr. Naram lächelte und legte seine Hand auf meinen Arm. Er beschrieb, wie sein Meister ihm half, Klarheit in seinem Leben zu erlangen, indem er ihm vergessene, jahrtausendealte Geheimnisse zur Transformation und tiefgreifenden Heilung beibrachte.

„Zwiebeln sind eines von so vielen wirksamen Medikamenten der Natur. Es gibt viele Geheimnisse wie dieses, die ich Ihnen beibringen kann. Sie mögen Sie anfangs schockieren, aber sie können Ihr Leben für immer verändern. Mehr noch, wenn Sie sie einmal kennen, werden Sie einen mächtigen Einfluss auf diesen Planeten haben, um anderen zu helfen!"

Ich betrachtete meinen Besuch in Indien als ein eher einmaliges Ereignis und bald würde ich zu meiner Arbeit und der Technologieforschung an die Universität zurückkehren. Ich fragte mich, warum er mir das erzählte. Ich dachte: *Sollte nicht Alicia anstelle von mir an diesem Gespräch teilnehmen?* Als ich zur Tür hinausging, sah ich, wie sie von Dr. Giovanni mehr darüber lernte, wie man den Puls liest, und ich war zufrieden, dass auch sie das bekam, was sie wünschte. Es war schon spät, aber Dr. Naram bat darum, noch einmal mit mir zu sprechen bevor ich Indien verließ. Er lud Alicia und mich zu einem Essen in sein Haus ein.

Als ich in meinem Schlafzimmer ankam, wurde mir klar, dass zusammen mit meinen Kopfschmerzen auch die Frustration des Tages dahingeschmolzen war. In dieser Nacht blieb mir ein Gefühl der Ehrfurcht. Während ich über alles nachdachte, schweiften meine Gedanken erst zu Alicia und dann zurück zu Dr. Naram. Er hatte eine Art, mich meine Unzulänglichkeiten und meine Selbstwahrnehmung vergessen zu lassen. Er öffnete mir eine Welt voller neuer Möglichkeiten. Und er zeigte mir ein so cooles Mittel gegen meine Art von Kopfschmerzen!

Am nächsten Tag beschloss ich, die Abstammungslinie von Dr. Naram zu erforschen. Es gab nicht viele Informationen auf Englisch über Meister Jivaka, aber ich fand eine gut dokumentierte Geschichte.

Meine Notizen

Jahrtausendealte Heilgeheimnisse bei Vata-Kopfschmerzen*

1) Bestimme die Art des Kopfschmerzes: Laut Dr. Naram handelt es sich wahrscheinlich um einen Kapha-Kopfschmerz, wenn der Schmerz im vorderen Bereich des Kopfes, im Sinusbereich, auftritt. Wenn der Schmerz auf dem Scheitel oder auf einer Seite stechend ist, handelt es sich wahrscheinlich um einen Pitta-Kopfschmerz. Wenn der Schmerz auf dem Hinterkopf oder an der Nackenbasis auftritt, handelt es sich wahrscheinlich um einen Vata-Kopfschmerz.

2) Wenn es ein Vata-Kopfschmerz ist, kannst du diese alten Heilmittel nutzen:

a) Hausmittel — Ein paar Zwiebelringe* oder Zwiebel-Pakoda (ein indisches Gericht mit gebratenen Zwiebeln) essen

b) Marmaa Shakti — Vier Fingerbreit von den Ohrläppchen herunter auf jeder Seite des Halses, 6 Mal drücken.

*Wichtig: Dr. Naram empfahl das obige Mittel nur für eine bestimmte Art von Kopfschmerzen und empfahl auch, Zwiebelringe nicht täglich zu essen, um Kopfschmerzen vorzubeugen', da dies für den Körper giftig wäre.

Bonus-Material: Um zu sehen, wie Dr. Naram verschiedene häufige Kopfschmerztypen lindern kann, besuche bitte die kostenlose Webseite MyAncientSecrets.com

Sie erzählte, wie Buddha (Siddhartha Gautama) alle Ärzte und Heiler zusammengerufen und einem Test unterzogen hatte. Er bat sie, inden Wald zu gehen und all die Dinge, die man nicht zur Heilung nutzen konnte, in einen Sack zu füllen und diesen dann zu ihm zurückzubringen. Einige kamen mit Stolz auf ihre riesigen Säcke zurück und sagten, sie hätten keine Verwendung für dieses oder jenes. Andere kamen mit kleineren Säcken zurück. Nur einer kam mit nichts zurück. Jivaka erklärte, dass er nicht in der Lage war, auch nur eine einzige Pflanze zu finden, die nicht als Heilmittel nützlich sei. Daraufhin bat Buddha Jivaka, sein persönlicher Arzt zu werden.

Illustration von Meister Jivaka. Quelle: Google Images.

Wenn Buddha auf Reisen ging, reiste Jivaka mit ihm und half, sich um das Gefolge und all jene zu kümmern, die auf der Suche nach Erleuchtung zu ihnen kamen. Auf seinen vielen Reisen entdeckte Jivaka neue Pflanzen und neue Verwendungsmöglichkeiten für sie. Er hielt seine Erkenntnisse in Manuskripten fest, die über Jahrhunderte erhalten geblieben sind. Die Lektüre dieser Geschichte brachte mich zum Lächeln. Es schien, dass sich Dr. Naram die Tatsache sehr zu Herzen nahm, dass man alles zur Heilung nutzen kann - sogar Zwiebelringe.

Als ich abends im Bett lag, fragte ich mich, ob Dr. Naram irgendwelche jahrtausendealten Heilgeheimnisse kannte, die mir helfen könnten, Ablehnung und Herzschmerz zu überwinden.

Deine Notizen

Um den Nutzen, den du aus der Lektüre dieses Buches ziehen wirst, zu vertiefen und zu vergrößern, nimm dir jetzt ein paar Minuten Zeit und beantworte die folgenden wichtigen Fragen:

Welche Gedanken, Gespräche, Nahrungsmittel und/oder Aktivitäten fühlen sich in deinem Leben wie Gift an? (Vermindern deine Lebensenergie)

_____

_____

_____

_____

Welche Gedanken, Gespräche, Nahrungsmittel und/oder Aktivitäten fühlen sich in deinem Leben wie Medizin an? (Erhöhen deine Lebensenergie)

_____

_____

_____

_____

Welche anderen Einsichten, Fragen oder Erkenntnisse kamen dir beim Lesen dieses Kapitels in den Sinn?

_____

_____

_____

_____

KAPITEL 4

Was zählt wirklich?

*Du könntest auf fast jeden zugehen und statt zu fragen,
„Wie geht es dir?", könntest du fragen, „Wo tut es weh?"*
–Henry B. Eyring

Erinnerst du dich an den Anruf meines Vaters, den ich in der Einleitung zu diesem Buch erwähnt habe? Dieser Anruf kam am folgenden Tag.

Ich konnte die gedämpfte, aber spürbare Verzweiflung in der Stimme meines Vaters nicht überhören.

„Mein Sohn, kannst du nach Hause kommen? Ich muss dringend mit dir reden."

Als ich ihn fragte, was denn los sei, wollte er es mir nicht sagen. Er betonte nur, dass er wirklich dringend persönlich mit mir sprechen müsse.

„Wie schnell kannst du es nach Utah schaffen?", fragte er.

Wie es sich ergab, würden Alicia und ich am nächsten Abend abfliegen. Sie kehrte nach Kalifornien zurück und ich flog nach New York und dann weiter nach Utah, wo meine Eltern lebten. Für den Rest des Tages gingen mir Gedanken über meinen Vater durch den Kopf.

Damit du uns besser verstehen kannst, möchte ich gerne ein wenig über meinen Vater und unsere Familie erzählen. Meine Eltern haben

Meine Familie als ich etwa 6 Jahre alt war; ich bin in der Mitte, mein Papa und meine Mama vorne rechts, meine Schwester Denise oben links in der Ecke

acht Kinder großgezogen - ein Haus voller Kinder. Ich war ihr sechstes Kind, aber ich habe es genossen, den Leuten zu erzählen, dass ich ihr Liebling bin. In der Schule fragte mich einmal ein Freund: „Warum gibt es so viele Kinder in deiner Familie - besaßen deine Eltern keinen Fernseher?"

Zum großen Teil genoss ich es, so viele Brüder und Schwestern in meiner Familie zu haben. Sicherlich haben wir uns über dumme Dinge gestritten, aber wir haben auch viel gelacht und wussten, wie man zusammen spielt und kreativ ist. Ich erinnere mich, dass einer meiner älteren Brüder eines Tages eine Videokamera mit nach Hause brachte und wir süchtig danach waren, lustige Videos aufzunehmen. Der Selbstmord meiner ältesten Schwester Denise brachte uns einander noch näher. Wir waren nie gut darin, offen über unsere Gefühle zu sprechen, aber wir kümmerten uns sehr um alle, ohne es jemals auszusprechen.

Meine Eltern waren mehr als vierzig Jahre lang treu miteinander verheiratet und gingen zusammen durch dick und dünn. Als mein Vater meiner Mutter einen Heiratsantrag machte, sagte er: „Mit allem, was du über mich weißt, möchtest du die Mutter meiner Kinder sein?" Ich dachte mir, dass das wirklich eine witzige Art war, ihr einen Antrag zu machen.

Obwohl wir nie viel Geld hatten, kamen wir über die Runden. Ich habe es geliebt, von einem Nachbarn oder einer Familie aus der

Kirche eine Kiste voller alter Klamotten zu erhalten. Ich erinnere mich noch gut daran, wie ich herausfand, dass die meisten Leute in den Laden gingen und viel Geld dafür bezahlten, und wie seltsam mir das vorkam. Meine Eltern lehrten uns Genügsamkeit, harte Arbeit, Gebete, Ehrlichkeit und Engagement wertzuschäzen.

Meine Mutter und mein Vater waren sehr verschieden. Meine Mutter mochte es, wenn die Dinge erledigt wurden, und hatte ein großes Talent, uns dafür einzuspannen. Ich war erstaunt, wie effizient sie war und wie viel sie jeden Tag erreichte. Ich nehme an, um acht Kinder großzuziehen, muss man diese Fähigkeit tatsächlich entwickeln. Für meinen Vater war es wichtiger zu wissen, wie es uns ging, als darüber informiert zu werden, was wir taten.

Es war reine Leidenschaft meines Vaters, Eltern und Lehrern zu helfen, das zu verstehen, was er ‚Die Lücke in der Bildung' nannte. Das fehlende Stück sei, so meinte er, dass wir den Kindern in der Schule beibringen, was sie denken sollen, aber nicht, wie sie etwas kritisch hinterfragen. Er hatte ein Motto: „Eine einzige Idee kann das Leben eines Kindes verändern." Inspiriert von Benjamin Franklin liebte er es, Ethik in die Bildung zu integrieren und Kindern beizubringen, ihren Charakter zu entwickeln und ihnen gleichzeitig zu helfen, jedes beliebige Fach besser zu erlernen. Es war sein Traum, die mehr als dreißig Jahre seines Lebenswerkes in einem Buch zusammenzufassen, das er *The Missing Piece in Education* nennen würde, als sein Vermächtnis an seine Enkelkinder. Dafür hatte mein Vater immer einen Stapel von Papieren auf seinem Schreibtisch, auf denen er umfassende Fragen, Aktivitäten und Geschichten notierte, die den Kindern helfen sollten, selbstständig zu denken und gute Entscheidungen zu treffen. Wenn ich ehrlich zu mir war, dann wünschte ich mir, ich selbst wäre geschickter darin.

Papa hatte einen lustigen, zurückhaltenden Sinn für Humor. Als ich klein war und anfing zu lernen, wie man seine Schnürsenkel bindet, fragte ich ihn: „Papa, kannst du meine Schuhe anziehen?" Er antwortete mit einem Lächeln: „Ja, ich kann es versuchen, aber ich bin mir nicht sicher, ob sie mir passen." Dann brachte er mir behutsam bei, wie ich mir selbst die Schuhe zubinden konnte. Wenn einer von uns von hinten an ihn herantrat, um seine Schultern zu massieren, sagte er: „In genau zwei Stunden darfst du damit aufhören."

> *„Eine einzige Idee kann das Leben eines Kindes verändern."*
> –George L. Rogers

Wir haben viel gelacht! Einmal zum Beispiel sagte mein Vater abends das Familiengebet und schlief mittendrin ein. Wir saßen da und warteten verwirrt. Das Beste daran war, dass er, wenn er die Geschichte erzählte, nicht anders konnte, als selbst in Lachen auszubrechen. Er lachte so sehr, dass ihm die Tränen kamen, so lustig war das, und wir konnten nicht anders, als mit ihm zu lachen. Er lehrte mich, dass Lachen eines der wirksamsten Medikamente ist. So sehr er das Lachen auch liebte, er würde nie auf Kosten anderer lachen und es sofort unterbinden, wenn eines seiner Kinder dies machen würde.

Er lehrte mich, dass das Leben viel einfacher ist, wenn wir über uns selbst und unsere eigenen Fehler lachen können.

Die Menschen waren gerne um ihn herum. Als Teenager erzählten mir meine Freunde, wie sehr sie das Gefühl hatten, dass er sich um sie sorgte. Als ich etwa sechzehn Jahre alt war, überraschte mich ein Freund mit den Worten: „Dein Vater ist so ein toller Mensch. Ich schaue in seine Augen und fühle mich einfach nur geliebt."

Er war freundlich, aber stark. Er wollte keine Kompromisse eingehen, wenn es um ein Prinzip ging, an das er glaubte. Als ich etwa zwölf Jahre alt war, entdeckte er, dass ich illegal Musik und Videos kopieren wollte, um sie meiner Mutter und meiner Großmutter als Weihnachtsgeschenk zu geben; für mich war das definitiv eine sinnvolle Möglichkeit, Geld zu sparen! Ich konnte sehen, wie sehr er es missbilligte, als er es rausbekam. Er sagte mir, dass die Leute, die die Musik und die Videos kreiert hatten, bezahlt werden sollten. Er sagte: „Tue niemals etwas, wofür du dich schämen würdest, wenn es bekannt würde." Dann, als er verstand, dass ich nicht viel Geld hatte, nahm er mich mit in den Laden und legte zu dem Geld, das ich hatte, noch etwas drauf, damit ich mir das Video und die Musik, die ich kopieren wollte, kaufen konnte. Er korrigierte mich, jedoch auf eine Art und Weise, die mir ein gutes Gefühl gab.

> *„Lachen ist eines der wirksamsten Medikamente für jede Person oder Familie."*
> –George L. Rogers

Erst viel später in meinem Leben war ich in der Lage, meine Mutter zu verstehen und lernte sie zu schätzen. Da ich ein sensibles Kind war, bemerkte ich, dass es unter der Oberfläche häufig Dinge gab, die sie beunruhigten. Ich wusste nicht, was das für Dinge waren, oder ob ich an einigen davon vielleicht schuld war, denn sie sprach nie darüber, zumindest nicht mit mir. Stattdessen fühlte sie sich zu ununterbrochener Arbeit und ‚To-Do'-Listen verpflichtet, um ein Gefühl der Kontrolle aufrechtzuerhalten und so irgendwie eine Familie mit acht Kindern am Laufen zu halten.

> *„Tue niemals etwas, wofür du dich schämen würdest, wenn es bekannt würde."*
> –George L. Rogers

Abgesehen davon, dass ich sensibel bin, war ich auch noch schüchtern und nahm Dinge leicht persönlich. Als ich neun Jahre alt war, war ich so wütend auf meine Mutter, als ich sie mit einer ihrer Freundinnen am Telefon reden hörte, und wie sie lachte, während sie eine peinliche Geschichte über mich erzählte. Etwas, das andere Kinder vielleicht ignoriert oder darüber mitgelacht hätten, verletzte und traf mich. *Sie sollte mich lieben, nicht mit anderen über mich lachen.* Ich machte sie für meinen Schmerz verantwortlich und wollte, dass auch sie litt.

Ich schäme mich, das zuzugeben, aber es ist wahr. Ursprünglich wollte ich weglaufen, aber ich beschloss, zu Hause zu bleiben und sie zukünftig mit Schweigen zu bestrafen. Es dauerte etwa eineinhalb Tage, bis sie abends in mein Zimmer kam.

„Clint, was ist los?", fragte sie. „Ich kann dir nicht helfen, wenn ich nicht weiß, was genau los ist."

Ich versuchte mein Bestes, nicht mit ihr zu reden, aber schließlich brach ich in Tränen aus. Sie streckte die Hand aus und streichelte sanft meinen Rücken, wobei sie so viel Liebe zeigte, dass ich sie nicht länger als Monster in meinem Gedächtnis behalten konnte. Ich gestand ihr, warum ich verletzt war. Sie entschuldigte sich sofort und umarmte mich ganz fest.

Versteh' mich bitte nicht falsch. Es gab solche Situationen auch mal mit meinem Vater. Ich regte mich auf, wenn er mich damit konfrontierte, dass ich etwas falsch gemacht hatte, wie damals, als ich meine Schwester schlug. Sie war in Tränen aufgelöst. Er zog mich fest an sich und setzte mich auf die Treppe und fragte: „Warum hast du deine Schwester geschlagen?"

Ich fühlte mich völlig im Recht: „Weil sie mich wütend gemacht hat."

Er hielt inne und sagte etwas, das mein Leben für immer veränderte. „Mein Sohn, niemand kann dich wütend *machen* oder dich *dazu bringen*, etwas zu fühlen. Deine Reaktion kommt immer aus deinem Inneren. Menschen können deine Emotionen nur kontrollieren, wenn du es ihnen erlaubst."

Auch wenn er mich trotzdem dafür bestrafte, dass ich meine Schwester geschlagen hatte, traf mich die Wahrheit seiner Weisheit viel tiefer. Es war ein Aha-Moment, der die Wut, die ich empfand, dahinschmelzen ließ. Er hatte Recht: Niemand konnte mich wütend machen. Ich war für meine eigenen Emotionen verantwortlich. Für mich war das eine verblüffende Entdeckung.

> *„Niemand kann dich wütend machen. Deine Reaktion kommt immer aus deinem Inneren."*
> –George L. Rogers

Unbezahlbare Freundlichkeit

Der Anruf meines Vaters während ich in Indien war rief viele Erinnerungen wie diese in mein Gedächtnis. Später an diesem Tag traf ich Vinay, Dr. Narams Verwaltungsassistenten.

Als er den verschlossenen Blick in meinem Gesicht sah, fragte er: „Geht es Ihnen gut?" „Nicht wirklich", sagte ich. „Ich mache mir Sorgen um meinen Vater."

Ich erzählte ihm von dem Anruf und erzählte dann einige Geschichten über meinen Vater. Vinay sagte: „Ich bin erstaunt. Ihr Vater folgt einem Prinzip, das ich von meinem spirituellen Meister, Hariprasad Swamijii, gelernt habe und das *Atmiyata* (ausgesprochen At'mi'ja'ta) genannt wird."

„Was ist das genau?"

„Im Wesentlichen besteht das Konzept von Atmiyata darin, dass man Menschen mit Liebe und Respekt behandelt, unabhängig davon,

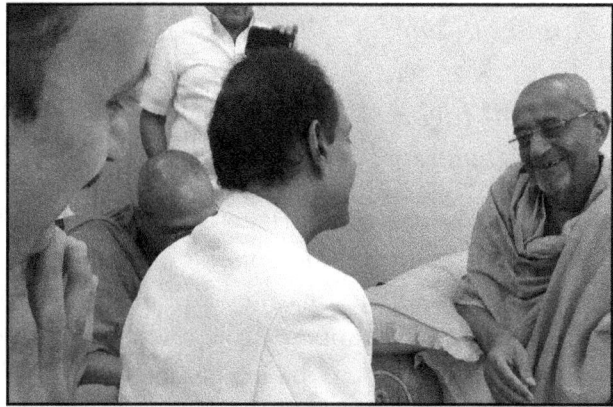

Dr. Naram kurz nach der Pulsmessung von Hariprasad Swamijii, ein spiritueller Meister für Millionen, der das Konzept der Atmiyata fördert. Vinay blickte beide mit Liebe und Hingabe an

wie sie Sie behandeln. Es freut mich zu hören, dass Menschen wie Ihr Vater einem solchen Prinzip folgen. Das ist anders als das, was wir im Fernsehen und in Filmen über die amerikanische Kultur zu sehen bekommen."

Ich stimmte zu, dass mein Vater ein starkes, reines Gewissen hatte, für das ich ihn bewunderte. Ich hatte immer das Gefühl, dass ich sehr viel tun musste, um ihm ähnlich zu sein. Gleichzeitig hatte ich aber auch innerlich das Gefühl, seinem Vorbild nicht gerecht zu werden. Was ich Vinay nicht erzählte war, dass ich oft die Bürde schlechter Entscheidungen spürte, die ich getroffen hatte und für die ich mich schämte. Ich erzählte meinen Eltern nie davon und hoffte, dass sie es nie herausfinden würden. Ich wollte sie nicht enttäuschen.

In der Hoffnung, meine Eltern und meine Familie stolz zu machen, habe ich viele Dinge erreicht. Ich schloss als Klassenbester ab, sprach bei unserer Abschlussfeier und wurde mit einem Stipendium an einer angesehenen Universität aufgenommen. Ich leistete viel ehrenamtlichen Dienst in Afrika und anderen Teilen der Welt, unterbrach die Tätigkeit an der Universität, um zwei Jahre lang Missionsarbeit zu leisten, und war der erste in meiner Familie, der mit einer preisgekrönten Doktorarbeit promoviert wurde. Als junger Forscher erhielt ich mehrere Auszeichnungen und Preise. Ich wurde sogar als einer von zwölf jungen Wissenschaftlern aus der ganzen Welt ausgewählt, um zu einem ‚Treffen junger Vordenker' geflogen zu werden, bei

> *„Atmiyata: Egal wie jemand dich behandelt, du kannst mit Liebe und Respekt reagieren."*
> – Hariprasad Swamijii

dem mögliche Lösungen für globale Probleme diskutiert wurden. Zu dieser Zeit war ich in Finnland ansässig und koordinierte ein von der Europäischen Union finanziertes Projekt. Ich leitete bahnbrechende Kurse über den Einsatz von Technologie und neuen Medien für interreligiöse/interkulturelle Kommunikation, internationale Entwicklung und friedensschaffende Bemühungen. Trotz allem überwogen meiner Einschätzung nach die Fehler, die ich gemacht habe, all das Gute, das ich getan hatte.

Als mein Vater an jenem Morgen anrief und sagte, er müsse mich sehen, fragte ich mich einen Moment lang, ob er etwas entdeckt hatte, was ich falsch gemacht hatte. Ich wusste nicht nur, dass er für mich da war, sondern auch, dass sich meine Eltern Sorgen um mich machten, so wie es Eltern eben tun. Ich wusste auch, dass sie viel für mich beten. Ich reiste durch die Welt und lebte in verschiedenen Ländern, aber einer Heirat war ich nicht nähergekommen. Ich erforschte meine eigene Beziehung zur Spiritualität und Wissenschaft und verbrachte viel Zeit in der Ferne und weit entfernt von allem, was ihnen vertraut war. Einmal vertraute ich meinem Vater an, dass ich mich traurig und einsam fühlte, weshalb er mich andauernd fragte wie es mir ginge, und ob es mir besser ginge. Ich glaube, aufgrund der Ereignisse um meine Schwester hat er sich besonders gekümmert. Ich bemühte mich, mit ihnen in engem Kontakt zu bleiben, aber der Anruf meines Vaters und seine Bitte um ein dringendes Treffen kam tatsächlich aus heiterem Himmel.

Es war in der Tat ungewöhnlich für ihn, einen Termin mit mir zu vereinbaren. Ich war sein Sohn und er konnte mich schließlich jederzeit anrufen. Den ganzen Tag über war ich beunruhigt, und wurde noch besorgter, als meine Mutter später am Abend anrief.

„Bitte vergiss das Treffen mit deinem Vater nicht", sagte meine Mutter mit einem Ton in der Stimme, den ich nicht gewohnt war. „Ich weiß nicht, worum es geht, aber ich spüre, dass es wichtig ist."

Das Rätsel musste warten. Ich hatte noch einen Tag in Mumbai und dann einen Zwischenstopp in New York, bevor ich herausfinden konnte, was mein Vater wollte.

Bevor ich Indien verließ, bat Dr. Naram darum, sich noch einmal mit mir zu treffen, um mir etwas mitzuteilen, von dem er sagte, dass es mein Leben verändern würde.

Deine Notizen

Um den Nutzen, den du aus der Lektüre dieses Buches ziehen wirst, zu vertiefen und zu vergrößern, nimm dir jetzt ein paar Minuten Zeit und beantworte die folgenden wichtigen Fragen::

Welchen verborgenen Kämpfen müssen sich die Menschen, die du liebst, in diesem Moment stellen? Was könntest du tun, um ihnen zu helfen?

_____

_____

_____

Welche Weisheiten hast du von deinen Eltern oder anderen gelernt, die dir geholfen haben?

_____

_____

_____

In welchem Bereich deines Lebens könntest du die Heilkunst von Atmiyata praktizieren?

_____

_____

_____

Welche anderen Einsichten, Fragen oder Erkenntnisse kamen dir beim Lesen dieses Kapitels in den Sinn?

_____

_____

_____

KAPITEL 5

Ein großes Geheimnis, um bei allem erfolgreich zu sein

Wenn wir nicht mehr wissen, was wir zu tun haben, sind wir bei unserer eigentlichen Arbeit angelangt, und wenn wir nicht mehr wissen, welchen Weg wir gehen sollen, haben wir unsere eigentliche Reise begonnen.
–Wendell Berry

Am nächsten Abend, bevor Alicia und ich mit einem Nachtflug in die Vereinigten Staaten zurückfliegen würden, lud Dr. Naram uns zu einem Abschiedsessen ein. Obwohl das Essen köstlich war, aß ich schnell, in der Hoffnung, mehr Zeit für ein Gespräch mit ihm zu haben. Schließlich sagte er zu mir: „Könnten Sie mich in meinem Büro treffen? Ich möchte Ihnen etwas ganz Besonderes zeigen."

Nachdem ich die Tür zu seinem Büro hinter mir geschlossen hatte, holte Dr. Naram mehrere in orangefarbenes Tuch eingewickelte Bündel heraus. Als er die Schnur um sie herum löste, sah ich, dass sie sehr alte, abgenutzte Seiten enthielten, die mit von Hand geschriebenen Schriftzeichen gefüllt waren, die ich nicht kannte. In gedämpftem Ton sagte Dr. Naram: „Dies sind einige Seiten aus den

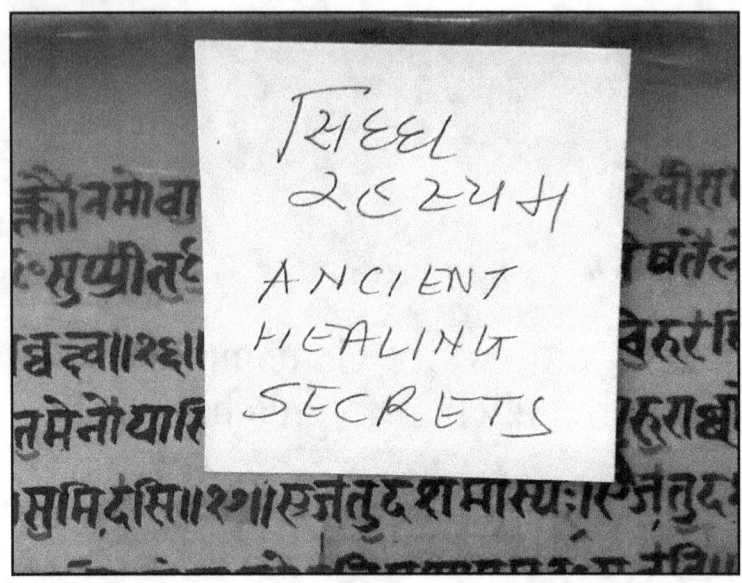

Jahrtausendealte Manuskripte mit den Heilgeheimnissen.

jahrtausendealten Texten, die mir von meinem Meister anvertraut wurden." Er ging äußerst sorgsam mit jeder einzelnen Seite um und teilte mir mit, wie wertvoll die Manuskripte für ihn waren und wie sie ihn zu den jahrtausendealten Prinzipien, Formeln und Methoden führten, mit denen er den Menschen half."

Am Anfang jedes Manuskripts befand sich ein gelber Papierschnitzel, auf dem in englischer Sprache eine kurze Beschreibung des Inhalts notiert war. Die Manuskripte waren in mehreren Sprachen verfasst: Sanskrit, Tibetisch, Nerali, Nepalesisch und Ardhamagadhi oder Magadhi Prakrit. Es gab Manuskripte mit Hausmitteln und Kräuterrezepturen für Diabetes, verschiedene Krebsarten, Haar- und Hautprobleme sowie alte Mantras und Marmaas zur Manifestation von Glück, Frieden und Reichtum. Es gab sogar geheime Formeln für ewige Jugend, die von einer Dame namens Amrapali verwendet wurden, die, wie Dr. Naram erklärte, über sechzig Jahre alt war, aber dreißig Jahre jünger aussah. Sie war so attraktiv, dass sich ein fünfunddreißigjähriger König in sie verliebte, obwohl er bereits eine schöne junge Frau hatte. Ich spürte den starken Wunsch, diese alten Schriftrollen anzufassen, aber ich wollte nicht riskieren, das zerbrechliche Papier irgendwie zu beschädigen.

Links: Dr. Naram hält einen der jahrtausendealten Texte mit den Geheimnissen seiner Abstammungslinie für tiefgreifende Heilung in der Hand.
Rechts: Mehrere der alten Manuskripte auf einem Tisch.

„Mein ganzes Leben drehte sich darum, die Anweisungen meines Meisters zu befolgen", sagte Dr. Naram, „damit ich die Prinzipien dieser jahrtausendealten Seiten entschlüsseln und sie so in unsere moderne Welt übertragen konnte, dass sie das Leben von Menschen verändern und sogar retten." Es gab eine lange Pause, als ich diese Worte sacken ließ. Ich brach das Schweigen und stellte ihm die Frage, die mir schon eine ganze Weile auf der Zunge lag: „Wie hat das alles für Sie angefangen?"

Während er die jahrtausendealten Seiten behutsam in das orangefarbene Tuch einwickelte, erzählte mir Dr. Naram seine Geschichte.

„Vor dreißig Jahren hatte ich meinen Universitätsabschluss als Arzt gemacht."

„Was? Bevor Sie Heiler wurden, wurden Sie als Arzt ausgebildet?"

„Ja, ich habe 1978 meinen Bachelor-Abschluss an der Universität Mumbai (ehemals Bombay) gemacht und habe zusätzlich noch 1982 und 1984 weiterführende ayurvedische Medizin studiert. Das einzige Problem war, dass ich immer noch ein Arzt aus dem Nirgendwo war. Ich hatte den großen Traum, die Welt verändern zu wollen. Ich wollte den Menschen wirklich helfen, Gesundheit, Seelenfrieden und unbegrenzte Energie zu erlangen, aber ich selbst hatte weder Energie, noch Gesundheit oder Seelenfrieden. Hinzu kam, dass ich trotz all meines Wissens immer noch nur mit einer ‚Vielleicht-Theorie' arbeitete. Wissen Sie, was die ‚Vielleicht-Theorie' ist?"

Ich zuckte mit den Schultern und schüttelte den Kopf.

„Angenommen, ein Patient käme und sagte, er habe Bauchschmerzen. Ich würde sagen: ‚Vielleicht Blähungen, vielleicht eine Übersäuerung, oder vielleicht ein Tumor' oder ‚vielleicht ein Problem mit seiner Frau.' Ich würde ein breites Spektrum an Heilmitteln auf der Grundlage von ‚Vielleicht'-Vermutungen zitieren, und ihn nach Hause schicken. Einen Monat später käme er mit dem gleichen Problem zurück, und ich würde sagen: ‚Vielleicht ist es psychosomatisch.' Ich verbrachte Stunden mit der Beratung meiner Patienten, ohne Ergebnisse zu erzielen. Ich war frustriert, deprimiert, nervös und ängstlich. Ich fühlte mich wie ein Versager. Ich aß schlechtes Essen, um meine Ängste zu beruhigen, und nahm viel an Gewicht zu. Ich wog über 100 kg und begann daran zu zweifeln, ob die Mittel, die ich verwendete, wirkungsvoll waren. Oder vielleicht lag das Problem darin, dass ich die Menschen nicht verstand. Vielleicht verstand ich auch ihre wirklichen Herausforderungen, Sorgen, Ängste und Befürchtungen nicht. Vielleicht war das kein Job für mich."

Als Dr. Naram darüber sprach, nicht glücklich gewesen zu sein, dachte ich über meine eigene Traurigkeit nach. Sie war zwar nicht immer präsent, aber sie kam häufig genug zum Vorschein, um mich viele Dinge in meinem Leben in Frage stellen zu lassen. Manchmal erschien sie als Depression, manchmal als Ungeduld oder Irritation über mich selbst und andere.

„Ich verdiente kein Geld und meine Arbeit erfüllte mich nicht mit Stolz – ich hatte keine Freude in mir", fuhr Dr. Naram fort. „Dann, eines Tages, veränderte ein Wunder mein Leben für immer. Ich behandelte einen Patienten namens Shanker (ausgesprochen *Schan'ker*). Er kam jede Woche, und wir saßen zwei Stunden lang zusammen, um seine Problem zu besprechen und neue Lösungen und Heilmittel auszuprobieren, aber nichts funktionierte. Plötzlich, nach zwei Jahren des Herumprobierens, kam Shanker nicht mehr, und ich dachte, vielleicht hatte ich endlich jemanden geheilt! Einige Monate später sah ich ihn glücklich die Straße entlang spazieren. Ich fragte mich: *Habe ich ihm geholfen?* Doch seine Antwort erschütterte mich zutiefst.

Shanker sagte zu mir: ‚Nein, Dr. Naram, Sie haben mir nicht geholfen. Egal, wie viel Zeit Sie sich genommen haben, Sie haben mich nie verstanden. Sie haben mich nur noch mehr verwirrt.' Ich antwortete: ‚Ich weiß, mein Problem ist, dass ich die Menschen nicht verstehe! Wie haben Sie es also geschafft, dass es Ihnen besser geht?'"

Shanker sagte, dass er zu einem großen Meister gegangen war, der 115 Jahre alt war. Der Mann hatte seinen Puls berührt und Shanker in nur zwei Minuten genau erkäart, was in seinem Körper, seinem Geist und mit seinen Emotionen passierte. Er gab ihm Ratschläge, was er tun solle, um sich zu heilen. Dr. Naram glaubte nicht, dass dies möglich war, aber es war nicht zu leugnen, dass Shanker viel besser aussah. Medizinisch gesehen zeigten sich dramatische Verbesserungen bei Diabetes, Arthritis, Blutdruck, Osteoporose und Nierenfunktion. Dr. Naram fragte: „Wie kann ich diesen Meister treffen und mich selbst davon überzeugen?"

„Shanker sagte mir, wo ich ihn finden würde", fuhr Dr. Naram fort, „aber bevor ich ging, machte ich eine Liste all meiner Probleme: Depressionen, Angstzustände, Nervosität, Diabetes, Haarausfall und Fettleibigkeit. Dann reiste ich zu diesem großen Meister und wartete lange Zeit in der Schlange, bevor ich an der Reihe war. Die ganze Zeit über dachte ich darüber nach, wie dieser 115-jährige Mann immer noch neunzig Patienten am Tag empfangen konnte. Als ich endlich an der Reihe war, legte der alte Heiler seine Finger auf den Puls meines Handgelenks und sagte: ‚Hoher Blutzucker. Außerdem wollen Sie Haare wachsen lassen, Gewicht verlieren, und Sie wollen Ihren Job wechseln. Außerdem sind Sie deprimiert, nervös und verwirrt, was die Zukunft betrifft.'"

Dr. Naram hielt einen Moment inne. „Er verstand mich, und ich kann Ihnen nicht sagen, wie gut es sich anfühlte, so tief verstanden zu werden. Später sagte mir mein Meister: ‚In den letzten sechstausend Jahren der Menschheitsgeschichte ist das größte Bedürfnis der Menschen nicht Liebe, sondern Verständnis.'"

Als Dr. Naram seinen Werdegang erzählte, fragte ich mich: *Hat dieser Meister nicht nur Menschen mit Problemen wie Bluthochdruck, Diabetes, Arthritis und ähnlichem geholfen, sondern kannte er auch jahrtausendealte Geheimnisse, die Traurigkeit in Glück verwandeln konnten?*

Dr. Naram fuhr fort: „Baba Ramdas verstand mich, und dieses Treffen hat mein Leben für immer verändert. Ich erhielt ein Rezept für einige Kräuter und einige Ernährungsumstellungen und wurde

Dr. Narams Meister, Baba Ramdas, im Alter von 115 Jahren.

gebeten, in sechs Monaten wiederzukommen. Der Meister sagte mir, dass er keine schnelle Lösung für mich habe. Wenn es das ist, was ich wollte, sollte ich woanders hingehen. Was er anbot, war eine tiefgreifende Heilung, die Ausdauer und Geduld erforderte. Ich tat alles, was er mir sagte. Es brauchte Zeit, aber meine Geduld und das Engagement zahlten sich aus. Das Rezept wirkte wie Zauberei. Ich verlor einiges an Gewicht, von 100 kg auf jetzt 63 kg. Mein Blutzuckerspiegel sank deutlich, von 475 beim Fasten auf jetzt 96 bis 105 beim Fasten. Und meine Haare wuchsen nach. Als ich anfing, hatte ich viel Zeit, aber keine Haare. Jetzt habe ich viele Haare, aber keine Zeit."

Das brachte uns beide zum Lachen. Als ich seinem Bericht lauschte, sagte ich: „Wow ... was für ein Geschenk."

„Ja, aber wissen Sie, was das größte Geschenk war, das er mir gemacht hat?"

„Was?"

„Auf eine Art und Weise, die ich nie vergessen werde, weihte er mich in das größte Geheimnis ein: Uns selbst und andere zu verstehen. Und er lehrte mich auch das Geheimnis, bei allem erfolgreich zu sein."

Sich selbst verstehen, um andere zu verstehen

Dr. Naram erklärte, wie das Treffen mit diesem Meister in ihm den Wunsch weckte, alles über die jahrtausendealten Heilgeheimnisse zu erfahren. Er dachte, dass das Erlernen dieser Geheimnisse ein Weg sei, seinem Vater und seinen Freunden zu beweisen, dass er kein kläglicher Versager war. Er konnte ihnen beweisen, dass er etwas Lohnenswertes tat und sein Leben nicht vergeudete.

„Also ging ich zu diesem großen Meister und sagte: ‚Ich möchte diese geheime Kunst und Wissenschaft der Pulsdiagnostik erlernen.'

„In den letzten sechstausend Jahren der Menschheits-geschichte ist das größte Bedürfnis der Menschen nicht Liebe, sondern Verständnis."
–Baba Ramdas
(Dr. Naram's Meister)

Baba Ramdas sagte: ‚Sehr gut. Kommen Sie morgen wieder.'

Also ging ich am nächsten Tag erneut hin und sagte zu ihm: ‚Ich möchte diese geheime Kunst und Wissenschaft der Pulsdiagnostik erlernen.' Er antwortete: ‚Kommen Sie morgen wieder.' Er sagte immer wieder, dass er mich ‚morgen' unterrichten würde, also kam ich am nächsten Tag ... so ging das hundert Tage lang!"

Dr. Naram erzählte, dass es durch und durch verwirrend war und dass er am hundertsten Tag beschloss, dass er genug davon hatte. Also sagte er sich: *Wenn er mich heute nicht lehrt, werde ich vor ihm stehen wie ein Fels in der Brandung. Und wenn ich sterbe, ich werde mich nicht von der Stelle bewegen.*

Er stellte sich vor Baba Ramdas und sagte zu ihm: „Ich bin gekommen, um zu lernen, und werde nicht gehen, bevor Sie zustimmen, mich zu unterrichten."

Baba Ramdas sagte: „Sagt wer?"

„Sage ich", sagte Dr. Naram.

„Das ist Ihr Problem", antwortete Baba Ramdas.

Dr. Naram stand stundenlang vor dem 115-jährigen Meister wie ein Fels in der Brandung.

„Es war erstaunlich, wie er, während er die Patienten behandelte, auch mich beobachtete. Als ich dort stand, sah ich, wie er ihren Puls fühlte und sie dann wie ein Buch nach dem anderen las. Schließlich, nach vier Stunden, musste ich dringend auf die Toilette gehen. Er sah, wie ich unruhig wurde und meine Beine zusammenpresste. Er sagte zu mir: ‚Dr. Naram, ich glaube, Sie möchten auf die Toilette gehen.‘ Ich sagte: ‚Ja.‘ Er sagte: ‚Dann gehen Sie auf die Toilette.‘ Ich sagte: ‚Aber ich würde gerne von Ihnen lernen.‘ Er sagte: ‚Dann kommen Sie morgen wieder.'"

Die Art, wie Dr. Naram die Geschichte erzählte, mit seinen Gesten und seiner Mimik, brachte mich zum Lachen.

Er sah mich an und sagte: „Sie mögen lachen, aber ich begann zu weinen. Und in diesem Moment muss etwas mit diesem Meister geschehen sein. Er sagte: ‚Bitte hören Sie auf zu weinen.' Ich sagte: ‚Was soll ich tun?' Er sagte: 'Heute beginnt der Unterricht.' Mit etwas Hoffnung und Überraschung fragte ich: 'Was soll ich zuerst tun?' Er antwortete: 'Gehen Sie auf die Toilette.' Also ging ich sofort auf die Toilette. Ich kam zurück und sagte: 'Okay, was soll ich tun, um mit dem Unterricht zu beginnen?' Dieser geschätzte Meister fragte mich: 'Wie viele Menschen sind heute schon auf die Toilette gegangen?' Ich schätzte: 'Vielleicht dreißig bis vierzig?' Er sagte: 'Sehr gut. Gehen Sie die Toilette putzen.'"

Dr. Naram war verwirrt. Schließlich war er ein Arzt, und das war unter seiner Würde. Dr. Naram sagte zu Baba Ramdas: „Meister, ich glaube, Sie müssen das missverstanden haben. Ich bin gekommen, um Pulsdiagnostik zu lernen, nicht, um die Toilette zu putzen."

Baba Ramdas antwortete schnell: „Ach so, Sie wollen Pulsdiagnostik lernen. Kein Problem, kommen Sie morgen wieder."

Und so begann der junge Dr. Naram prompt die Toilette zu reinigen.

„Erst später begriff ich, dass Baba Ramdas zuerst mein Ego brechen und mir helfen musste, mich meinen Ängsten zu stellen. Das war das größte Geschenk, das er mir je machen konnte. Dies ist ein Geheimnis. Unsere beiden größten Hindernisse im Leben (um uns selbst oder andere klar zu sehen) sind das Ego und die Angst. Wenn wir ein großes Ego oder große Ängste haben, können wir nicht sehen, was im Körper, im Geist und in den Emotionen eines Patienten vor sich geht. Ego und Ängste hindern uns daran, uns selbst klar zu sehen. Wie können wir also sehen, was in denen geschieht, die zu uns kommen? Wir können weder fühlen, was sie fühlen, noch verstehen, was sie erleben. Wir können uns selbst oder andere nicht

wirklich verstehen, solange wir nicht in der Lage sind, uns unserem Ego und unseren Ängsten zu stellen. Unsere Sicht ist getrübt und verschwommen. Baba Ramdas sagte mir: ‚Heiler, heile dich zuerst selbst', und meine Heilung begann mit dem Putzen der Toilette."
Als ich seine Geschichte hörte, fragte ich mich:

Wie beeinflusst mich mein Ego?

Wie wirken sich meine Ängste auf mein Leben aus?

Auf welche Weise trüben sie meinen Blick, so dass ich weder mich selbst noch andere klar sehen kann?

Wie beeinflussen sie mein spirituelles Leben oder wie ich mich im Umgang mit meiner Familie, der Arbeit und in meinen Beziehungen verhalte?

Ich erinnerte mich an ein Erlebnis, das ich einige Monate vor der Reise nach Indien hatte. Ich leitete an meiner Universität in Finnland ein Projekt der Europäischen Union und war entsprechend stolz darauf. Ich war der einzige Amerikaner und der jüngste Forscher, der bei den Treffen in Brüssel einen Vortrag hielt. Warum auch immer, nicht jeder war mit meiner Rolle einverstanden. Ein Doktorand aus den Niederlanden schrieb mir eine bittere E-Mail, um mir mitzuteilen, wie sehr ihm die Art und Weise missfiel, wie ich meine Aufgaben erledigte.

Ich fühlte mich missverstanden und verärgert. *Alle anderen machten mir Komplimente, was stimmte also mit diesem Typen nicht?* Anstatt zuzuhören und mehr Fragen zu stellen, um seinen Standpunkt zu verstehen, griff ich ihn an, indem ich auf die Art und Weise hinwies, in der sein Argument kurzsichtig war, und versuchte, seine Meinung zu entkräften. Ich sagte ihm, dass einige Leute des Projekts mit den Beiträgen, für die er bezahlt wurde, unzufrieden waren.

Ich habe nicht nur die Gelegenheit verpasst, etwas über mich selbst zu lernen und das Projekt zu verbessern, ich habe seine Sichtweise nicht verstanden. Erst viel später fand ich heraus, dass er deprimiert war und ein persönliches Lebenstief durchlebte. Anstatt Teil der Lösung in seinem Leben zu sein, vergrößerte ich das Problem.

> *„Unsere zwei größten Hindernisse im Leben (um uns selbst oder andere klar zu sehen) sind Ego und Angst."*
> –Dr. Naram

Als ich Dr. Naram zuhörte, dachte ich darüber nach, wie oft ich in meinem Leben die Dinge aufgrund meiner Ängste und meines Egos nicht klar sehen konnte. Als ich zurückblickte, erkannte ich, wie verwirrt und unsicher ich mich oft fühlte, weil ich wollte, dass die Leute mich mögen und ich erfolgreicher erscheinen wollte, als ich wirklich war. Manchmal log ich sogar über unwichtige Dinge, um die Wahrnehmung von jemandem über mich zu beeinflussen, oder einen Fehler zu verbergen, den ich gemacht hatte. All diese Dinge waren Nebenprodukte von tiefliegenden Problemen: Angst und Ego.

Ich fragte mich also:

Wie würde mein Leben aussehen, wenn ich nicht von meiner Angst und meinem Ego beeinflusst wäre?

Wie könnte ich mich zum Besseren verändern?

„So viele Menschen aus der ganzen Welt bewundern Sie", sagte ich zu Dr. Naram. „Wie schaffen Sie es, dass Ihr Ego bei all dem Lob Ihr Urteilsvermögen nicht trübt? Und in Situationen, in denen Ihr Ruf auf dem Spiel steht, wie schützen Sie sich davor, Angst zu haben?"

„Ich würde lügen, wenn ich nicht zugeben würde, dass Angst und Ego nicht immer noch ab und zu kommen und gehen," antwortete Dr. Naram. „Als Gia, das Mädchen mit schwerem Autismus, mich kratzte und ich zu bluten begann, während alle zusahen, war ich einen Moment lang nervös. Ich war mir nicht sicher, ob die jahrtausendealten Geheimnisse bei ihr funktionieren würden, und ich hatte das Bedürfnis, mich vor all diesen Menschen zu beweisen."

„Wirklich?" Ich war gerührt von seiner Ehrlichkeit.

„Ja", sagte Dr. Naram, „aber es dauerte nur einen Augenblick. Dann tat ich zwei Dinge, die mein Meister mich lehrte, die mich in meine Mitte zurückbrachten."

„Was meinen Sie damit? Was haben Sie gemacht?"

„Zuerst lehrte mich mein Meister, wie ich meinen Geist leeren und an einen Ort der Stille, Gelassenheit und inneren Friedens bringen kann. Das bringt mich zurück in meine Mitte, ins Zentrum dessen, wer ich bin. Wenn ich aus dieser Mitte heraus agiere, sind die Resultate viel besser. An diesem Ort habe ich nichts zu befürchten oder zu beweisen, und ich sehe, dass es nicht um mich geht. Es geht darum, dem Gott in der Person vor mir zu dienen. Immer wenn ich fühle, dass ich nicht in meiner Mitte bin, oder nicht weiß, was ich tun soll, suche ich meine innere Mitte durch Stille, Ruhe und Zurückgezogenheit."

> *„Was ist das Geheimnis, um in die eigene Mitte zurückzukehren? Stille, Ruhe und Zurückgezogenheit.*
> –Dr. Naram

Ich verstand nicht, was er damit meinte. Es war, als spräche er in einer anderen Sprache. Es sollte Jahre dauern, bis ich durch eigene Erfahrung verstand, was er meinte. In diesem Moment hoffte ich einfach nur, dass das nächste, was er erzählte, mehr Sinn für mich ergeben würde.

„Was war die andere Sache, die Ihr Meister Ihnen beigebracht hat?"

Das Geheimnis, bei allem erfolgreich zu sein

Dr. Naram fuhr fort: „Ich habe hastig die Toilette geputzt, begierig darauf, mit der Pulsdiagnostik beginnen zu dürfen. Als ich zurückkam, um zu verkünden, dass ich fertig war, sah Baba Ramdas überrascht aus."

Er sagte: ‚Lassen Sie mich das überprüfen.'

‚Was wollen Sie überprüfen?'

‚Ich will Ihre Arbeit überprüfen.'"

Dr. Naram fühlte sich verunsichert, als sein Meister die Örtlichkeit inspizierte. „Sehr schlechte Arbeit, Dr. Naram", rügte Baba Ramdas. „Wenn Sie nicht wissen, wie man das WC reinigt, wie wollen Sie dann die Giftstoffe und die Blockaden im Körper, im Geist, in den Emotionen und in den Seelen der Menschen reinigen?"

Dr. Naram hielt inne, sah mich an und sagte: „Aus dieser Erfahrung heraus lehrte mich mein Meister dieses große Geheimnis: Was immer du in deinem Leben tust - ob du Toiletten reinigst, Essen zubereitest oder Patienten behandelst – gib 100 Prozent!"

Ich fragte ihn: „Aber gibt es nicht Menschen, die 100 Prozent geben und trotzdem keinen Erfolg haben?"

„Das mag stimmen, aber die meisten Menschen geben nicht wirklich 100 Prozent, weil sie faul sind oder Angst haben, zu versagen. Wenn man beginnt, bei allem was man tut, 100 Prozent zu geben, kommt eine andere Qualität der Freude und des Glücks ins Leben und die Angst nimmt ab. Man erzielt bessere Ergebnisse."

Als Dr. Naram sprach, schweiften meine Gedanken wieder ab.

Wenn ich ehrlich zu mir selbst bin, habe ich in allem, was ich tat, 100 Prozent gegeben?

Habe ich überhaupt jemals 100 Prozent für irgendetwas gegeben?

Habe ich unabhängig davon, wer zuschaute oder wie wichtig die Aufgabe schien, meine ganze Kraft eingesetzt?

Leider fielen mir viele Beispiele ein, bei denen die Antwort ‚Nein' lautete, entweder weil ich etwas nicht genug schätzte, oder weil ich zu viele Dinge gleichzeitig am Laufen hatte. Ich versteckte mich oft hinter einem Computer oder Telefon und war leicht von Leuten abgelenkt, die mit mir im selben Raum anwesend waren.

Erfolgsgeheimnis Nr. 1:
„Was auch immer du im Leben tust, gib 100 Prozent." (Selbst wenn es sich um das Putzen von Toiletten handelt).
–Dr. Naram

Dr. Naram fuhr fort: „Meinem Meister zufolge können wir weder die Entscheidungen anderer Menschen noch die Ergebnisse unserer eigenen Entscheidungen kontrollieren; wir können sie nur geschehen lassen."

„Wir können unsere Entscheidungen kontrollieren", sagte ich und versuchte, seinen Gedanken zu vollenden, „und bei allem, was wir tun, 100 Prozent geben."

„Ganz genau!", sagte er voller Freude, als ich das erste Geheimnis der jahrtausendealten Lehren verstand.

Als Dr. Naram sprach, erkannte ich, dass er mich mit der gleichen Begeisterung und Intensität ansprach, als spräche er in einem Raum mit tausend Menschen. Er gab 100 Prozent, während er mir von dieser Erfahrung berichtete, und sein Beispiel beeindruckte mich mehr als seine Worte.

„Aber wie mache ich das - wenn meine Aufmerksamkeit auf so viele verschiedene Dinge gleichzeitig gerichtet ist?"

„Möchten Sie, dass ich Ihnen einen Marmaa-Punkt zeige, um Ihnen zu helfen, ruhiger, präsenter und konzentrierter zu sein?"

„Ja, bitte."

Er zeigte mir den Punkt, auf den er drückt, um sich ruhiger und präsenter zu fühlen, damit er bei jedem Menschen und in jedem Moment 100 Prozent geben kann.

Meine Notizen

Marmaa Shakti Geheimnis, um ruhiger, präsenter und konzentrierter zu sein*

Du kannst dies den ganzen Tag über tun. Drücke mit dem Zeigefinger der rechten Hand 6 Mal auf den Punkt zwischen und knapp über den Augenbrauen.

Dr. Naram sagte: „Sie fragten am Anfang, wie ich diese Geheimnisse für eine tiefgreifende Heilung gelernt habe? Die einfache Antwort ist, dass ich den Worten meines Meisters vor mehr als dreißig Jahren gefolgt bin. Mein Meister sagte mir, ich solle bei allem, was ich tue, 100 Prozent geben. Also ging ich sofort wieder zurück und reinigte die Toilette. Dieses Mal gab ich 100 Prozent. Als ich herauskam, sagte ich: ‚Okay, jetzt will ich anfangen zu lernen', worauf mein Meister antwortete: ‚Deine Ausbildung hat bereits begonnen.'"

In jedem Alter jung bleiben

Über einen Zeitraum von eintausend Tagen studierte Dr. Naram mit seinem Meister die Kunst und Wissenschaft der Siddha-Veda. Er lernte Geheimnisse, die für die Welt verloren waren, aber von einer ungebrochenen Linie von Meistern am Leben erhalten wurden. Dr. Naram beschloss, sich für den Rest seines Lebens diesen drei Themen zu widmen:

1) der Pulsheilung und den sechs Schlüsseln für eine tiefgreifende Heilung;
2) den Geheimnissen, die es ermöglichen, mehr als hundert Jahre lang in strahlender Gesundheit zu leben; und
3) dem ‚überlieferten Erfolgssystem', das den Menschen hilft, ihre größten Wünsche zu entdecken, zu erreichen und zu genießen.

Vor allem aber wollte Dr. Naram verstehen, wie es Baba Ramdas möglich war, so jung zu bleiben.

Ein junger Dr. Naram wird von seinem geliebten Meister Baba Ramdas in der Pulsdiagnostik getestet.

„Ob Sie es glauben oder nicht, in meinem Land beginnt man mit fünfundfünfzig oder sechzig Jahren an den Ruhestand zu denken", sagte er. „Wenn man sechzig ist, geht man in den Ruhestand, und es bleibt oft nur noch wenig Begeisterung für das Leben übrig. Wenn man fünfundsechzig Jahre alt ist, reiht man sich in die Warteschlange ein und wartet auf den Tod.

Dieser Mann war so anders. Er war 115 Jahre alt und hatte eine solche Lebensfreude, wie ich sie noch nie zuvor gesehen hatte!"

Die Art und Weise, wie Dr. Naram es beschrieb, war lustig - Menschen, die in einer Warteschlange auf den Tod warteten. Dennoch fand seine Aussage bei mir Resonanz. Viele der Menschen, die ich kannte, entwickelten mit fünfzig, sechzig und siebzig Jahren ernsthafte Gesundheitsprobleme. Ich nahm an, das war einfach Teil des Lebens: Man wird alt, der Körper beginnt zu schmerzen und zusammenzubrechen, und dann stirbt man.

Dr. Naram sagte: „Wenn man meinen Meister fragte: ‚Wie alt bist du?', sagte er: ‚Ich bin 115 Jahre *jung* und habe noch viele Jahre vor mir.' Gleichzeitig war er gesund, geistig fit und arbeitete immer noch hart."

Als ich das verarbeitet hatte, bewunderte ich die ungewöhnliche Erwartungshaltung, die Dr. Naram an das Leben hatte, nachdem er gesehen hatte, wie sich sein Meister mit 115 Jahren ‚jung' fühlte.

„Soll ich Ihnen ein weiteres Millionen-Euro-Geheimnis verraten?"

„Ja."

„Während die Menschen in vielen Ländern versuchen, in den Ruhestand zu gehen und aus dem Arbeitsleben auszusteigen, arbeiten wir in meiner Abstammungslinie bis ans Lebensende. Für uns ist Arbeit wie ein Gebet. Wenn man eine Arbeit erledigt, die man liebt, fühlt man sich jung, egal wie alt man ist."

„Wie hat Ihr Meister das gemacht?" fragte ich. „Was war sein Geheimnis, um in jedem Alter jung zu bleiben?"

„Jetzt stellen Sie eine milliardenschwere Frage. Seien Sie darauf gefasst, dass sich Ihr Leben für immer verändern wird, wenn ich Ihnen das beibringe."

„Okay." Ich hörte noch aufmerksamer zu und schlug in meinem Notizbuch eine neue Seite auf, bereit seine Weisheiten zu notieren.

„Selbst wenn man lediglich Teile dieses Geheimnisses an Tausende und Abertausende von Menschen aus 108 Ländern weltweit

> *Erfolgsgeheimnis Nr. 2:*
> *„Verrichte deine Arbeit wie ein Gebet. Einer Arbeit nach-zugehen, die man liebt, hält einen jung, egal wie alt man ist."*
> –Dr. Naram

weitergibt, werden Resultate erzielt, die sie 'Wunder' nennen. Nachdem sie so viele andere Dinge ausprobiert haben, die nicht funktioniert haben, erfahren sie - auch wenn sie nur ein Bruchstück dieses Geheimnisses ausprobieren - oft tiefgreifende Heilung. Ihr Diabetes geht zurück oder verschwindet vollständig, ihre Arthritisschmerzen lassen nach, und sie können wieder gehen. Oder ihre steife Schulter löst sich, ihrem Kind mit ADS oder ADHS geht es besser, ihre Haare wachsen nach, wenn sie eine Glatze hatten, ihr Schlaf verbessert sich, sie verlieren Gewicht, ihre Depressionen lassen nach, ihre Allergien und Asthma verschwinden, ihre Haut wird besser, ihre Energie und Ausdauer nehmen zu und so viele andere Dinge.

Es ist nicht nur das Geheimnis, wie mein Meister bis ins hohe Alter gelebt hat, sondern auch, wie er weiterhin so viel Flexibilität, geistige Kraft, Enthusiasmus und eine strahlende Gesundheit hatte."

„Was hat er dafür getan?", fragte ich. „Würden Sie es mir verraten?"

Dr. Naram zögerte einen Moment, lehnte sich dann zu mir und sagte mit gedämpfter, aber energischer Stimme: „Siddha-Veda hat sechs geheime Schlüssel für eine tiefgreifende Heilung, die jedermanns Körper, Geist und Emotionen völlig verändern können - sechs Schlüssel, die, wie Sie nun gesehen haben, ‚Unmögliches' möglich machen!"

Da war der Klang einer Hupe. Dr. Naram blieb stehen und schaute aus dem Fenster. Das Taxi, welches Alicia und mich zum Flughafen bringen sollte, war da. Ich fragte schnell: „Was sind das für Schlüssel? Was sind die sechs Schlüssel für eine solch tiefgreifende Heilung? Wie kann ich sie lernen?"

„Kommen Sie morgen wieder", sagte er mit einem Augenzwinkern.

„Aber ich kann nicht. Ich gehe nach New York und dann weiter nach Utah."

Er lächelte, machte erneut eine Pause und sagte dann langsam: „Aus irgendeinem Grund hat Gott Sie zu mir geführt und mich zu Ihnen, meinen Sie nicht auch?"

Ich nickte, und er fuhr fort: „Bei unserem nächsten Treffen, sollte es ein nächstes Mal geben, werde ich Sie vielleicht in diese sechs mächtigen Schlüssel einweihen, die mein Meister mir anvertraute; in das verlorene jahrtausendealte Geheimnis, wie man in jedem Alter jung bleibt."

> *„Siddha-Veda hat sechs geheime Schlüssel für eine tiefgreifende Heilung, die Körper, Geist und Emotionen völlig verändern können."*
> –Dr. Naram

Wir gingen nach draußen, wo Alicia bereits beim Taxi wartete. Als ich die Autotür öffnete, um einzusteigen, rief Dr. Naram mir zu: „Es wäre sehr gut, wenn Sie sich in New York mit Marianjii treffen könnten."

Deine Notizen

Um den Nutzen, den du aus der Lektüre dieses Buches ziehen wirst, zu vertiefen und zu vergrößern, nimm dir jetzt ein paar Minuten Zeit und beantworte die folgenden wichtigen Fragen:

Wie wirken sich dein Ego und deine Angst auf dein Leben aus?

_____

_____

_____

_____

Wie glaubst du, könnte sich dein Leben zum Besseren verändern, wenn du weniger von Angst und Ego beeinflusst wärst?

_____

_____

_____

_____

Welche anderen Einsichten, Fragen oder Erkenntnisse kamen dir beim Lesen dieses Kapitels in den Sinn?

_____

_____

_____

_____

KAPITEL 6

Können geklärte Butter (Ghee) & geheime Vitalpunkte auf deinem Körper deinen Blutdruck in Minutenschnelle normalisieren?

Die Vernunft ist machtlos im Ausdruck der Liebe.
Deine Aufgabe besteht nicht darin, nach Liebe zu suchen,
sondern nur darin, alle Schranken in dir selbst zu suchen
und zu finden, die du gegen sie errichtet hast.
–Rumi

New York City

Der Abschied von Alicia auf dem Flughafen in Mumbai war bittersüß. Obwohl ich enttäuscht war, dass wir nicht auf eine Beziehung zusteuerten, freute ich mich, dass sie mit dem, was sie in Indien erlebt hatte, zufrieden war und eine klarere Vorstellung davon hatte, wie sie sich ihr weiteres Leben vorstellte.

Obwohl ich mir Sorgen um meinen Vater machte, war ich trotzdem froh, dass ich eine achtstündige Zwischenlandung in New York hatte. Das würde mir genug Zeit geben, einige Sehenswürdigkeiten zu besichtigen und noch Marianjii zu treffen, die an dem Tag, als ich Dr. Naram in Los Angeles traf, an seiner Seite war. Vielleicht konnte sie helfen, einige meiner Fragen zu beantworten.

Bevor ich auf dem JFK-Flughafen landete, hatte ich New York City nur in Fernsehsendungen und Filmen gesehen. Das Wetter war klar und kühl, das komplette Gegenteil von Mumbai, und ich war froh, dass ich einen Mantel und Handschuhe mitgebracht hatte.

Ich fuhr mit der U-Bahn zum Times Square und erkannte die Stelle aus dem Fernsehen, an der immer der Ball am Silvesterabend fällt, umgeben von den blinkenden Lichtern und Leuchtreklamen, die für Produkte und Broadway-Shows werben. Ich ging an Tausenden von Menschen in den Straßen vorbei, die sich in unzähligen Sprachen unterhielten und auf die Bildschirme und Schaufenster starrten.

Als ich durch die Straßen ging, fühlte ich mich zwischen der nicht enden wollenden Wand aus Wolkenkratzern wie eine Ameise. Menschen, Sehenswürdigkeiten, Geräusche und Gerüche erfüllten die Straßen. Erst als ich im Central Park ankam, wichen die Gebäude dem Grün. Ich kaufte einige heiße Nüsse von einem der Straßenhändler. Mir gefiel sein New Yorker Akzent.

Ich ging zum berühmten Kaufhaus Macy's, das ich aus dem Fernseher meiner Kindertage kannte, als unsere Familie die Thanksgiving-Day-Parade oder *Miracle on 34th Street* schaute. Ich betrat die Buchhandlung *Borders* beim Madison Square Garden, wärmte mich mit einem heißen Getränk auf und schlenderte zwischen den Regalen und Tischen mit Hunderten von Büchern umher. Meine Augen wurden von einem Buch angezogen, von dem ich noch nie gehört hatte, und dessen Titel ich nicht verstand - *Der Alchemist*. Ich kaufte es, ohne zu wissen warum.

Bis zum frühen Nachmittag hatte ich das Empire State Building, die Fifth Avenue, das Chrysler Building, das Rockefeller Center, die Brooklyn Bridge, das UNO-Hauptquartier, das Metropolitan Museum of Art und eine belebte Wall Street gesehen. Ich war erstaunt, wie viel ich allein an einem Tag von New York City gesehen hatte und wie viel mehr es noch zu sehen gab.

Dann hatte ich einen Moment des Innehaltens. Ein unheimliches Gefühl überkam mich, als ich mich dem Gelände der ehemaligen Zwillingstürme des World Trade Centers näherte, die während der Anschläge vom 11. September 2001 einstürzten. Als ich durch den Zaun blickte, sah ich klaffende Löcher im Boden, wo die Gebäude einst standen. Obwohl der Schutt entfernt worden war und das

Gelände zu einer Gedenkstätte ausgebaut wurde, fühlte ich den Widerhall der Zerstörung. Jeder, den ich kenne, erinnert sich, wo er war, als er von den Flugzeugen hörte, die in diese Gebäude stürzten. Wir alle sahen in den Nachrichten, wie die Türme in Flammen aufgingen und einstürzten, während staubbedeckte Menschen versuchten sich zu retten. Ich war in der Wohnung meiner jüngsten Schwester, als sie sagte: "Hast du gehört? New York steht unter Beschuss!" Wir sahen Rauch aus dem ersten Turm aufsteigen, als ein Flugzeug in den zweiten Turm stürzte. Entsetzt fragte ich mich, wer uns angriff, warum und wie ich mich und meine Familie schützen konnte.

An diesem Tag starben dort 2.977 Menschen aus 115 Nationen, darunter 441 Notfallhelfer, die dem Hilferuf gefolgt waren; unter ihnen waren Feuerwehrleute, Polizeibeamte und Rettungssanitäter. Ich war schockiert, als ich erfuhr, dass noch viel mehr Menschen in der Folge des Angriffs aufgrund der Giftstoffe, denen sie ausgesetzt waren, verstarben.

Von dieser düsteren Gedenkstätte machte ich mich auf den Weg zum Battery Park. Dort entdeckte ich etwas völlig Vertrautes, obwohl ich sie noch nie zuvor persönlich gesehen hatte - die Freiheitsstatue. Während ich zu der ikonischen Dame mit dem Buch und der Fackel in der Hand hinüberblickte, dachte ich über die vielen verschiedenen Dinge nach, die die Vereinigten Staaten für die Menschen auf der ganzen Welt darstellen. Was bedeutete sie für meine Freunde in Europa, für die Menschen in Indien, die ich gerade kennengelernt hatte, für die Ureinwohner Amerikas, die lange vor den Einwanderern hier waren, und für die Terroristen, die diese Flugzeuge in die Zwillingstürme stürzten?

Tief in Gedanken versunken, meine Sinne überwältigt, kam ich am Bahnhof Grand Central an und bestieg den Zug nach Westchester County. Als der Zug eine Station nach der anderen anfuhr, sah ich einen Teil New Yorks, der in Filmen nur sehr selten zu sehen war. Nachdem wir die Wolkenkratzer hinter uns gelassen hatten, gab es endloses Grün, das wunderschöne Seen und Flüsse umgab, durchsetzt von kleinen Städten und Dörfern. Schließlich, in einem Moment des Friedens und der Abgeschiedenheit, richteten sich meine Gedanken auf mein bevorstehendes Treffen mit Marianjii.

Die Freiheitsstatue auf Liberty Island in New York

Er hat mir das Leben gerettet

Marianjii wurde im Iran als Tochter eines russischen Vaters und einer persischen Mutter geboren. Sie lebte jetzt in New York und untersützte Dr. Naram bereits seit mehreren Jahren. Ich war nervös, sie in ihrem Haus zu treffen. Sie hatte eine starke Persönlichkeit und war sehr direkt. Und obwohl wir uns schon einmal getroffen hatten, machte ich mir Sorgen, dass sie mich nicht mögen würde.

Als ob sie meine unausgesprochenen Gedanken lesen könnte, sagte Marianjii gleich als ich ankam aus heiterem Himmel zu mir, dass sie sich nicht darum sorgte, ob die Leute sie mögen oder nicht. „Es wäre sehr ärmlich von mir, wenn ich nur denen helfen würde, die ich mag oder die mich mögen."

Um mein Unbehagen zu lindern, begann ich, Fragen zu stellen. Während wir Mungbohnensuppe aßen, erzählte sie mir von ihrem Leben. Marianjii rechnete Dr. Naram hoch an, dass er ihr bei mehr als einer Gelegenheit das Leben gerettet hatte, darunter einmal während einer Auslandsreise.

"Während der Reise fragte mich Dr. Naram: ‚Hast du einen hohen Blutdruck?' Ich antwortete: ‚Nein, mein Blutdruck ist immer niedrig.'

Als ich ein Kind war, erlitt meine Mutter einen schweren Schlaganfall. Sie war völlig gelähmt und konnte nicht einmal ihre Augen zum Schlafen schließen;

„Es wäre sehr ärmlich von mir, wenn ich nur denen helfen würde, die ich mag oder die mich mögen."
–Marianjii

man musste sie mit einem dunklen Tuch zudecken, damit sie sich ausruhen konnte. Ich hatte geglaubt, sie sei unbesiegbar und hätte alle Antworten, und als ich sie nun so verletzlich daliegen sah, fühlte ich mich so traurig, klein und hilflos."

Als Marianjii sprach, dachte ich an meine eigene Mutter. Trotz unserer Herausforderungen erschien sie mir immer so stark und unbesiegbar. *Wie wäre es, wenn ich eines Tages meine Mutter bewegungsunfähig und kraftlos vorfinden würde? Was würde ich tun?*

Ich war froh, als Marianjii weiterredete - ich wollte gar nicht erst an so etwas denken.

„Ich wollte nicht, dass die Leute sahen, dass ich weinte", sagte Marianjii, „also versteckte ich mich hinter den Vorhängen. Ich war so verwirrt, dass ich mich ständig drehte und drehte, während sich die Vorhänge in meinen Haaren verhakten.

Der Schmerz, als die Vorhänge an meinen Haaren rissen, war das einzige Gefühl, das ich empfinden konnte - fast ernüchternd, was der ansonsten betäubenden Erfahrung ein Gefühl der Präsenz verlieh. Meine Mutter war erst neununddreißig. Danach war sie für den Rest ihres Lebens auf ihrer rechten Seite verkrüppelt und gelähmt. Von diesem Moment an erinnerte ich mich immer daran, dass es ihr hoher Blutdruck war, der dazu geführt hatte."

Da Bluthochdruck zum Schlaganfall ihrer Mutter führte, hatte Marianjii Angst vor Hypertonie, weshalb sie ihren Blutdruck häufig messen ließ. Vier Stunden vor dem Heimflug fragte Dr. Naram erneut, ob sie Bluthochdruck hätte. Marianjii war sich so sicher, dass ihr Blutdruck in Ordnung war, dass sie ihn bat, ihn zu überprüfen, um ihn zu beruhigen. Sie war schockiert, als sie herausfand, dass er extrem hoch war - 220/118! Dies könnte leicht einen Schlaganfall oder Schlimmeres verursachen. Damit einen siebzehnstündigen Flug anzutreten, kam überhaupt nicht in Frage!

„Dr. Naram sah mich ernsthaft an und fragte, ob ich ihm erlauben würde, mir zu helfen. Meine Angst und die Erinnerungen an den Kampf und das Leiden meiner Mutter überfluteten mein Gehirn. Ich war so überwältigt und ängstlich. Ich konnte mich gar nicht beruhigen."

Meine Notizen

Jahrtausendealte Heilgeheimnisse zur Aufrechterhaltung eines normalen Blutdrucks*

1) Marmaa Shakti: Gib eine kleine Menge Ghee auf den Scheitel, den Bauchnabel und die Wölbung zwischen Fußballen und Ferse. Reibe das Ghee auch in einer kreisförmigen Bewegung in deine Schläfen ein, wobei du beim letzten Mal mit deinen Fingern nach unten Richtung Wangenknochen streichst. Atme ein paar Mal tief ein, ruhe dich fünf bis zehn Minuten lang aus und wiederhole dann den Vorgang.

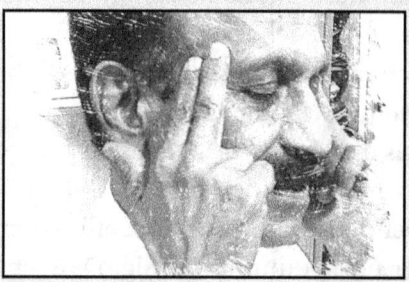

2) Pflanzliche Heilmittel - Sie nahm eine pflanzliche Rezeptur zur Unterstützung eines gesunden Blutdrucks, die Inhaltsstoffe wie Arjuna-Rinde und indisches Wassernabelkraut enthielt, und eine pflanzliche Rezeptur zur Beruhigung des Geistes, die Inhaltsstoffe wie Wasser Ysop, Gotu Kola (indischer Wassernabel), Süßholz, und Ashwaganda (Schlafbeere/indischer Ginseng) enthielt.*

Informationen für die in diesem Buch erwähnten pflanzlichen Rezepturen (einschließlich der wichtigsten Inhaltsstoffe) befinden sich im Anhang. Bonus-Material: Um diese Marmaas vorgeführt zu sehen, besuche bitte die kostenlose Webseite MyAncientSecrets.com.

Können geklärte Butter (Ghee) & geheime Vitalpunkte auf deinem Körper deinen Blutdruck in Minutenschnelle normalisieren?

Dr. Naram sagte ihr, sie solle sich hinlegen, mit ihrem Kopf auf einem Kissen ruhend. Er trug eine kleine Menge Ghee auf den oberen Teil ihres Kopfes auf und klopfte es leicht ein, sodass das Ghee langsam in ihren Schädel eindringen konnte. Dann trug er gleichzeitig einen weiteren Klecks Ghee an jeder Schläfe auf und bewegte seine Finger in einer Kreisbewegung im Uhrzeigersinn. Als Nächstes strich er einen Tupfer Ghee in ihren Bauchnabel und dann in das Fußgewölbe beider Füße zwischen Fußballen und Ferse. Er führte den gesamten Vorgang zweimal durch.

„Dann überprüfte Dr. Naram meinen Blutdruck erneut", sagte Marianjii. „Er war um fast vierzig Punkte gesunken und lag nun bei 182/104. Dr. Naram wiederholte den Vorgang, und mein Blutdruck sank weiter auf 168/94. Er fühlte sich mit den Ergebnissen noch nicht wohl, da er wusste, dass ich eine lange Reise zurück nach New York vor mir hatte. Er wiederholte den Vorgang ein weiteres Mal, und danach war ich nahe an meinem normalen Blutdruck, 120/75."

„Wow, das ist unglaublich", sagte ich.

„Ich weiß, es mag manchen einfach oder sogar primitiv erscheinen", sagte sie, „aber diese jahrtausendealten Heilmethoden können äußerst wirksam sein. Und sie sind nicht nur für Notfälle gedacht. Das Marmaa kann, zusätzlich zu den anderen Schlüsseln des Siddha-Veda, regelmäßig durchgeführt werden, um langfristige Ergebnisse zu erzielen. Dank dieser Geheimnisse habe ich seit fast sieben Jahren und ohne die Hilfe von irgendwelchen Medikamenten einen normalen Blutdruck aufrechterhalten können."

„Können Sie mir mehr über den Ursprung von Siddha-Veda erzählen?"

„Die jahrtausendealte Heilkunst und Wissenschaft von Siddha-Veda gehört zu den ältesten und umfassendsten aufgezeichneten Formen der Medizin. Die alten Texte, die Heiltechniken und Anweisungen enthalten, werden seit Generationen von den Meisterheilern an ausgewählte Schüler weitergegeben. Das Nomadendasein der Meister spielte eine wichtige Rolle beim Sammeln von Informationen. Reisende Ärzte sind unterschiedlichen Umgebungen, Krankheiten und Kulturen ausgesetzt. Und sie lernen von den Einheimischen über ihre Heilmethoden und regionalen Heilkräuter.

Die jahrtausendealten Manuskripte wurden Dr. Naram von seinem Meister Baba Ramdas, dem damaligen Oberhaupt der Abstammungslinie, anvertraut. Er wurde 125 Jahre alt und bevor er in das nächste Leben überging, machte er Dr. Naram formell zum Oberhaupt der Linie. Zusammen mit den Manuskripten wurde Dr. Naram der Titel Siddha Nadi Vaidya verliehen, was ‚Meister der Pulsdiagnose' bedeutet.

Die Art und Weise, wie Dr. Naram meinen Blutdruck in weniger als einer Stunde ohne Medikamente gesenkt hat, ist etwas, das die meisten modernen Ärzte nicht verstehen, aber jeder, der diese Methode erlernen möchte, kann dies ganz einfach tun und von ihr profitieren."

Denen dienen, die dienen

Am selben Tag, als ich in Marianjiis Haus war, kamen zwei weitere Bekannte zu Besuch: Marshall Stackman und José Mestre. Sie waren die Mitbegründer (zusammen mit Rosemary Nulty und Nechemiah Bar-Yehuda) einer gemeinnützigen Organisation namens Serving Those Who Serve (STWS). Gemeinsam waren sie bestrebt, Feuerwehrleuten, Polizisten und anderen Ersthelfern zu helfen, die vom 11. September betroffen waren. Es stellte sich heraus, dass es eines der Treffen war, von denen ich mir wünschte, dass es viel länger gedauert hätte.

„Nachdem sich der Staub gelegt hatte, kehrten die meisten Menschen in ihr bisheriges Leben zurück", erklärte Marshall. „Aber mehr als dreißigtausend Ersthelfer hatten giftige Dämpfe eingeatmet oder sie durch die Haut aufgenommen, die sich auf ihre Lungen, ihre Verdauung, ihren Schlaf und ihren Verstand auswirkten und ihr Leben erheblich beeinträchtigten."

José sagte: „Es war meine Verbindung zu Dr. Naram, die mich auf die Idee brachte, dass seine jahrtausendealten Heilmethoden vielleicht helfen könnten, wo andere Methoden sich als unzureichend erwiesen. Ich hatte zuvor einen Workshop mit Dr. Naram besucht, der mir Klarheit darüber verschaffte, was ich mit meinem Leben anfangen wollte. Ich wusste einfach, dass ich diesen Feuerwehrleuten und Ersthelfern helfen wollte."

Er erzählte, wie diese tapferen Menschen unter einer Vielzahl von Krankheiten litten, wie Depressionen, Lungenproblemen, Posttraumatische Belastungsstörung (PTBS), schwarzen Flecken auf ihren Lungen und Gedächtnisverlust, um nur einige der Folgen zu nennen. Marshall und José zeigten mir stolz einen Stapel Briefe von Feuerwehrleuten und anderen, die von den von Dr. Naram kostenlos zur Verfügung gestellten Kräuterrezepturen profitierten.

FDNY Feuerwehrmann, der von den Kräuterrezepturen profitiert hat.

Sie erzählten mir von Virginia Brown, einer ehemaligen Beamtin der New Yorker Polizeibehörde (NYDP), die acht Monate lang am Ground Zero arbeitete, während die Trümmer weggeräumt wurden. Sie half in einer sogenannten Trauma-Einheit und unterstützte die Sicherheitskräfte, und obwohl sie die meiste Zeit eine Maske trug, entwickelte sie einen chronischen Husten. Ihre Lungenkapazität nahm ab, die Giftstoffe beeinträchtigten auch ihre Knochen und Gelenke, und sie konnte nicht mehr richtig schlafen. Einer der medizinischen Mitarbeiter erzählte ihr von dem STWS-Programm, und sie zögerte nicht eine Sekunde. Nachdem sie die Kräuter zwei Jahre lang eingenommen hatte, war ihr Arzt völlig erstaunt von ihren Ergebnissen.

Sie zeigten mir einen Brief von ihr: „Es gibt viele Polizisten und andere Mitarbeiter von Ground Zero mit ähnlichen Problemen, die sich im Laufe der Zeit verschlimmert haben. Viele sind sogar daran gestorben. Ich kenne einige, die an Krebs, Emphysemen und verschiedenen Lungenkrankheiten erkrankten, die nicht mehr weggingen. Aber meine Lungenkapazität hat sich verbessert. Der Arzt war absolut erstaunt. Auch meine Knochen wurden besser, anstatt sich zu verschlechtern! Ich glaube wirklich, dass die Kräuterrezepturen von Dr. Naram bedeutend dazu beigetragen haben. Denn bei denen, die ich kenne und die sie nicht genommen haben, verschlimmerten sich die Zustände. Obwohl ich jetzt pensioniert bin, nehme ich die Kräuter immer noch ein und insgesamt habe ich das Gefühl, dass sie auf positive Weise zu meiner Gesundheit beitragen. Ich schlafe viel besser und mein ganzer Körper reguliert sich erheblich besser. Ich bin so dankbar für dieses Geschenk."

Als ich zuhörte, fand ich die Geschichte wunderschön, und aufgrund der Dinge, die ich bereits gesehen hatte, wollte ein Teil von mir glauben, es sei alles wahr. Mir war natürlich klar, dass Geschichten wie diese nur anekdotisch sind, und ich wollte mehr Beweise diesbezüglich haben. Vielleicht hatte sich ihr Gesundheitszustand aus anderen Gründen gebessert. Ich fragte: „Gibt es stichhaltige Beweise dafür, dass es die Kräuter waren, die ihr geholfen haben? Sicherlich hat die Regierung den Helden vom 11. September die bestmögliche medizinische Versorgung gewährt. Könnte es nicht sein, dass es etwas ganz anderes war das ihr tatsächlich geholfen hat?"

„Es gab keinen Mangel an Fürsorge oder Hilfe für diese Menschen", sagte José.

„Medizinisches Personal tauchte von überall her auf, um Unterstützung zu leisten. Sie gaben ihr Bestes, aber die Menschen haben trotzdem gelitten. Während viele andere Methoden nicht ausreichten, um ihnen zu helfen, wirkten die Kräuter von Dr. Naram Wunder."

„Überzeugen Sie sich selbst", sagte Marshall. Er überreichte mir einen von Fachkollegen begutachteten Artikel, der in einer medizinischen Fachzeitschrift (*Alternative Therapies in Health and Medicine*) veröffentlicht wurde und eine Studie zu den Ersthelfern des 11. September 2001 enthielt, die an dem von STWS gesponserten Pilotprogramm teilnahmen. „Die Studie wurde von zwei hoch angesehenen Ärzten durchgeführt, die die Erfahrungen von Feuerwehrleuten und anderen Ersthelfern dokumentierten, die Dr. Narams pflanzliche Rezepturen im Vergleich zu konventionellen medizinischen Behandlungen verwendeten.

Den Forschern zufolge erfuhren diejenigen, die die Kräuter einnahmen, ‚signifikante Verbesserungen'. Dagegen konnte unter konventioneller medizinischer Behandlung keine Verbesserung bei ‚dieser mit hohem Risiko behafteten, Giftstoffen ausgesetzten Bevölkerung' beobachtet werden, insbesondere ‚bei spezifischen Symptomen wie Husten, Schwierigkeiten bei der Atmung, Müdigkeit, Erschöpfung, Unwohlsein, Schlafstörungen und anderen Symptomen'. Der Bericht hob hervor, dass es keine negativen Nebenwirkungen der Kräuter gab, mit Ausnahme eines kleinen Prozentsatzes, der zu Beginn einige Tage lang leichte Magenbeschwerden hatte.

Die Teilnehmer der Studie sahen eine signifikante Verbesserung bei zuvor ungelösten medizinischen Symptomen; sie brauchten keine Inhalatoren mehr, ihr Schlaf verbesserte sich erheblich, ihr Immunsystem verbesserte sich, der Husten hörte auf, Zysten verschwanden, schwarze Flecken auf den Lungen verschwanden, das Gedächtnis verbesserte sich, Depressionen und Müdigkeit nahmen ab, sie hatten mehr Energie und Hoffnung keimte wieder in ihnen auf.

„Wir haben viele ähnliche Geschichten", sagte Marshall. „Sagenhafte 98% der Teilnehmer an der Studie sagten, dass sie das Kräuterprogramm einem Freund mit ähnlichen Symptomen empfehlen würden. Und das haben sie getan. Das Programm wächst stark und deshalb wollten wir mit Marianjii sprechen. Wir müssen herausfinden, wie wir mehr Kräuter bekommen können und wie wir sie regelmäßig bekommen."

„Normalerweise sprechen wir über Krisen in Entwicklungsländern", fügte José hinzu, "wenn zum Beispiel Menschen in Indien oder Afrika hungern, und die Vereinigten Staaten oder Europa kommen und helfen dort. Dies ist eines der ersten Beispiele, von denen ich weiß, wo jemand aus einem so genannten Entwicklungsland zu einer Weltmacht wie den Vereinigten Staaten kommt und eine so wundervolle und großartige humanitäre Arbeit leistet. Dr. Naram half und hilft den Menschen in den Vereinigten Staaten während unserer Krise mit dringend benötigten Kräutern. Und das auf seine eigenen Kosten!"

Ich wollte mehr darüber hören, aber draußen hupte es. Wieder einmal wartete ein Taxi, das mich zum Flughafen bringen sollte.

Marianjii brachte mich zur Tür. Sie schaute mir in die Augen und sagte: „Ich habe das Gefühl, dass es einen Grund gibt, weshalb Sie zu uns geführt wurden. Vielleicht gibt es eine Beziehung, die schon vor Ihrer Geburt bestand. Wer weiß, vielleicht wurden wir zu Ihnen geführt, weil Sie etwas in Ihrem Leben und in unserem tun sollen."

Da ich nicht wusste, wie ich darauf reagieren sollte, dankte ich ihr für ihre Zeit und stieg in das Taxi ein. Als ich aus dem hinteren Fenster zu ihrem Haus zurückblickte, spürte ich den Unterschied in meinen Gefühlen im Vergleich zu meiner Ankunft. Ich musste über vieles nachdenken. Die Art und Weise, wie Marianjii, Marshall und José über Dr. Naram und seine Arbeit sprachen, war erfüllt von so viel offenkundiger Überzeugung, dass ich meine eigene Skepsis hinterfragen musste. Meine Begegnung mit ihnen brachte mich dazu, über meine eigenen Überzeugungen nachzudenken, z.B. darüber, welche Nahrungsmittel gut für mich waren, wie lange es überhaupt für jemanden möglich war zu leben, und warum ich gerade jetzt lebte. Vielleicht waren meine Überzeugungen ja begrenzt und basierten auf Fehlinformationen. Und vielleicht hielten sie mich von etwas Besserem in meinem Leben ab.

Zu sehen, wie diese Methoden bei anderen Menschen funktionieren, war in der Tat bemerkenswert, aber ich hatte Vorbehalte. Ich dachte immer noch, der Erfolg von Dr. Narams Behandlung sei auf eine Art Placebo-Effekt zurückzuführen. Oder vielleicht lag es an einem Trick, der nur Dr. Naram zur Verfügung stand. Ich wollte mehr erfahren.

> *„Ich habe das Gefühl, dass es einen Grund gibt, weshalb Sie zu uns geführt wurden."*
> –Marianjii

Können geklärte Butter (Ghee) & geheime Vitalpunkte auf deinem Körper deinen Blutdruck in Minutenschnelle normalisieren?

Deine Notizen

Um den Nutzen, den du aus der Lektüre dieses Buches ziehen wirst, zu vertiefen und zu vergrößern, nimm dir jetzt ein paar Minuten Zeit und beantworte die folgenden wichtigen Fragen:

Warst du in deinem Leben etwas ausgesetzt, das körperlich, geistig und/oder emotional toxisch war?

_____

_____

_____

_____

Warum, glaubst du, wurdest du zu diesem Buch über jahrtausendealte Heilmethoden geführt?

_____

_____

_____

_____

Welche anderen Einsichten, Fragen oder Erkenntnisse kamen dir beim Lesen dieses Kapitels in den Sinn?

_____

_____

_____

KAPITEL 7

Ein Moment, der mein Leben für immer veränderte

Den Ort, an dem du dich gerade befindest, hat Gott für dich auf einer Karte eingekreist.
–Hafiz

Utah

Als ich das Haus meiner Eltern in Midvale, Utah, erreichte, begrüßte mich mein Vater an der Tür. Der Duft von selbstgebackenem Brot, das meine Mutter gerade aus dem Ofen geholt hatte, stieg mir in die Nase. Sie begrüßte mich herzlich von der Küche aus, bevor sie zu den vielen Aufgaben auf ihrer To-do-Liste zurückkehrte. Ich konnte deutlich erkennen, dass beide sehr erleichtert waren, dass ich da war. Als ich meinem Vater in die Augen sah, bemerkte ich, dass sich hinter seinem sanften Lächeln eine tiefe Besorgnis verbarg. Auf dem Weg in sein Büro erkannte ich an seinem Gang, dass er Schmerzen hatte.

Als er die Tür hinter uns schloss, setzte ich mich auf den Stuhl vor seinem Schreibtisch, während er sich seitlich davon hinsetzte. Es herrschte eine lange Pause, in der er einfach nur auf den Boden starrte. Er schien zu überlegen, wie und wo er anfangen sollte.

Er hob langsam seinen Kopf und begegnete meinem besorgten Blick.

„Ich habe es deiner Mutter noch nicht gesagt", begann er, „und deinen Brüdern und Schwestern auch noch nicht." Es gab eine lange Pause, als er seinen Blick wieder auf den Boden richtete. Er runzelte die Stirn und sein Gesicht spiegelte seine tiefe Verstörung wider. Meine Augen weiteten sich vor Sorge und Unsicherheit erfasste mich. Er hob seinen Kopf und nahm nur für den Bruchteil einer Sekunde Blickkontakt mit mir auf, bevor er seinen Blick schnell in den leeren Raum neben mir richtete. Er hob seine rechte Hand an die Stirn und rieb sie langsam mit seinen Fingern. Obwohl seine Hand sein Gesicht teilweise vor mir verdeckte, sah ich, wie seine Augen sich mit Tränen füllten. Er kämpfte um Worte. Schließlich sagte er: „Ich weiß nicht einmal, ob ich diese Woche überleben werde."

Ich öffnete meinen Mund, aber ich fand keine Worte, während ich ihm schockiert zusah, wie er sich die Tränen aus den Augen wischte. *Hatte ich ihn richtig verstanden?* Seine Worte trafen mich vollkommen unvorbereitet und ich fühlte mich, als hätte mir jemand einen unerwarteten Schlag in die Eingeweide verpasst. Mein Kopf begann sich zu drehen. Alles, was mir vor diesem Treffen noch durch den Kopf gegangen war, verschwand augenblicklich in der Ferne, versank in völliger Bedeutungslosigkeit. Mein Herz klopfte. Ich durfte meinen Vater nicht verlieren. *Ich war noch nicht bereit. Nicht so schnell. Nicht auf diese Weise.* Ich musste mehr wissen.

„Was ist los, Papa?"

„Ich weiß nicht, wie ich dir das erklären soll." Er hatte Mühe, mir seinen Zustand zu beschreiben, und ich hatte Mühe, ihm zuzuhören. „Mein ganzer Körper schmerzt so sehr, als hätte mich jemand gegen die Wand geschlagen. Nachts liege ich wach und leide so sehr, dass…" Wieder runzelte er die Stirn und sein Gesicht verkrampfte sich, als sein Blick auf den Boden fiel.

„Was, Papa?"

Mit noch immer auf den Boden gerichteten Augen neigte er den Kopf langsam von einer Seite zur anderen und sagte: „Ich weiß, dass kein Sohn dies jemals von seinem Vater hören sollte, aber ich habe so große Schmerzen, dass ich ehrlich gesagt nicht weiß, ob ich den nächsten Morgen überhaupt noch erleben will."

Seine Worte lagen wie ein großer Fels auf meinem Herzen. Mein Vater war immer ein positiver Mensch. Er sprach selten über seine Herausforderungen, und wenn, dann immer mit einem Hauch von Optimismus - dass die Dinge besser würden, oder dass er gute Leute hätte, die ihm halfen. Ich hatte ihn noch nie einen so düsteren Satz wie diesen sagen hören. Und ich konnte meine Gefühle nicht mehr im Zaum halten.

Mein Vater schaute auf, als ich mir die Tränen wegwischte, die mir über die Wangen liefen. Er legte seine rechte Hand sanft auf meine Schulter.

Ich litt noch immer unter dem Verlust meiner Schwester während meiner Kindheit und konnte den Gedanken nicht ertragen, meinen Vater auch noch zu verlieren. Ich war immer davon ausgegangen, dass er auf meiner zukünftigen Hochzeit sein würde und meinen zukünftigen Kindern Geschichten vorlesen würde. Es gab so viele Fragen, die ich ihm nie gestellt hatte und Dinge, die ich nie mit ihm gemacht hatte, weil ich annahm, dass dafür noch Zeit wäre. War es möglich, dass ich jetzt nur noch ein paar kostbare Tage mit ihm hatte?

Während meine Gedanken wild durcheinander schossen, versuchte ich mich wieder auf das zu konzentrieren, was in diesem Moment am wichtigsten war. Ich riss mich lange genug zusammen, um zu fragen: „Wie kann ich dir helfen, Papa?"

„Ja, ich brauche deine Hilfe, mein Sohn", sagte er. „Du warst immer verantwortungsbewusst und ich muss jemanden wissen lassen, wo meine Aufzeichnungen, Konten und Passwörter sind. Für den Fall, dass ich eines Morgens nicht mehr lebe, möchte ich nicht, dass deine Mutter mit Chaos oder losen Enden zu kämpfen hat."

Er sprach mit Bedacht und bewahrte seine Fassung, aber es war klar, dass er erschöpft und deprimiert war. Als er die Schublade seines Schreibtisches öffnete, um den Ordner mit seinen Passwörtern herauszuholen, bemerkte ich etwas anderes dahinter. Normalerweise lag auf seinem Schreibtisch ein Stapel von Papieren. Er sammelte sie für seinen Traum, ein Buch zu schreiben, das sein Lebenswerk umfassen sollte. Nun waren sie beiseite gepackt und in den Schreibtisch verfrachtet worden. Ein Schuhkarton mit verschiedenen Medikamenten stand nun an ihrem Platz.

„Clint, im Moment bist du der Einzige, zu dem ich etwas sage, weil ich nicht will, dass sich die anderen Sorgen machen, aber ich muss alles in Ordnung bringen."

Ich wollte nicht akzeptieren, was er über das Ende seines Lebens sagte, aber ich wusste, dass das Notieren seiner Passwörter seinem Seelenfrieden helfen würde. Ich hörte ihm so gut ich konnte zu.

Dann begann ich, ihn erneut zu befragen. „Welche Behandlungen bekommst du? Es muss doch noch mehr geben, was wir für dich tun können!"

„Ich bin bei vier hochqualifizierten Ärzten in Behandlung, die alles versuchen, was ihnen einfällt. Zwei der vier Spezialisten sagten mir erst diesen Monat, dass sie nicht wüssten, was sie sonst noch für mich tun könnten. Sie sagten, sie hätten alles ausprobiert, was sie wüssten und jetzt gingen ihnen die Ideen aus. Die beiden anderen haben auch nicht mehr viel Hoffnung."

Mein Vater hatte jahrelang gelitten, aber da er sich nie beklagte, hatten wir keine Ahnung, dass es so schlimm um ihn bestellt war. Er war einundsiebzig, aber als er fünfundzwanzig war, wurde bei ihm rheumatoide Arthritis diagnostiziert, gegen die er starke Medikamente bekommen hatte. Die Nebenwirkungen verursachten andere ernsthafte Probleme und er wurde zu anderen Ärzten geschickt, die ihm weitere Medikamente verschrieben. Jetzt nahm er zwölf Medikamente gegen eine Litanei von Dingen, darunter hohes Cholesterin, Bluthochdruck, Brustschmerzen, Beinschmerzen, Diabetes, Schlafprobleme, Magen-Darm-Probleme, unerträgliche Arthritisschmerzen, niedrige Energie, zunehmende Depression und schwindendes Erinnerungsvermögen - der Beginn einer frühen Demenz. Seine eigene Mutter litt an schwerer Alzheimer-Krankheit, und er befürchtete, dass sie auch bei ihm so stark ausbrechen würde. Darüber hinaus hatte er zwei Stents im Herzen und es war von einer Bypass-Operation die Rede gewesen.

Da ich keine andere Lösung hatte, sagte ich mit einem Gefühl der Verzweiflung: „Papa, ich habe dir nicht viel über meine Reise nach Indien erzählt. Kann ich dir mehr darüber erzählen, was ich dort erlebt habe?"

Ich hatte ihm vorher nicht viel erzählt, weil ich mir selbst keinen Reim darauf machen konnte. Aber jetzt erzählte ich meinem Vater alle Geschichten, an die ich mich erinnerte und die ihm vielleicht Hoffnung geben könnten, dass Heilung möglich war.

„Außerdem möchte ich dir zum Vatertag etwas schenken", sagte ich und holte tief Luft. „Ich möchte dir ein Flugticket kaufen, damit du Dr. Naram treffen kannst, wo auch immer er sich als Nächstes aufhält."

Ich dachte, die Möglichkeit, Dr. Naram zu sehen, würde meinem Vater Hoffnung machen, doch stattdessen wirkte er müde und abgespannt. Bei so viel Schmerzen in seinem Körper erschöpfte ihn allein der Gedanke ans Fliegen. Zudem konnte er sich einfach nicht vorstellen, dass ihm jemand helfen könnte, indem er lediglich seinen Puls berührte. Und vor allem, weil selbst umfangreiche medizinische Tests und eine Betreuung durch die besten Ärzte ihm nicht helfen konnten.

„Ich habe bereits alternative Therapien ausprobiert", sagte er. „Homöopathie, Reflexzonenmassage, Akupunktur, chinesische Medizin und vieles mehr. Sie alle versprachen großartige Ergebnisse, aber in meinem Fall haben sie nie viel Linderung gebracht. Eigentlich möchte ich nur, dass du dir merkst, wo meine Passwörter sind."

„Papa, vertrau mir in dieser Sache einfach. Können wir es wenigstens versuchen?" Die Spannung, die ich fühlte, muss wohl in der Intensität meiner Bitte deutlich geworden sein.

„An diesem Punkt", sagte er und zwang sich zu einem Lächeln, „ist die gute Nachricht, dass ich zumindest nichts zu verlieren habe."

Kalifornien

Zurück in der Stadt der Engel

Die Wahrheit war, dass ich gar nicht wusste, ob Dr. Naram meinem Vater helfen konnte. Aber ich wusste nicht, an wen ich mich sonst wenden sollte. Ohne Zeit zu verlieren, ging ich sofort online, fand Dr. Narams Terminplan, rief die genannte Telefonnummer an und buchte einen Termin in Los Angeles für meinen Vater.

Als wir ankamen, wartete bereits eine Menschenmenge auf Dr. Naram. Mehrere Dutzend Menschen füllten gerade Papiere aus oder warteten darauf, dass ihre Namen aufgerufen wurden. Mein Vater sah müde und blass aus von der Reise und sein ganzer Körper schmerzte. Die Wartezeit, so wurde mir gesagt, betrug irgendetwas zwischen drei und sechs Stunden.

Aufgrund einer Veranstaltung, bei der Dr. Naram am Vortag eine Rede gehalten hatte, waren sogar noch mehr Leute als sonst anwesend. Ich war überrascht von anderen zu hören, dass er, während er auf der Bühne stand, sechs Minuten lang stehende Ovationen erhielt. Während mein Vater und ich warteten, kam ab und zu jemand aus der Konsultation mit Dr. Naram und ging auf mich zu.

Sie fragten mich: „Sind Sie Dr. Clint?"

„Ja, aber ich bin kein Mediziner. Ich bin ein Universitätsforscher", stellte ich dann klar.

„Dr. Naram bat mich, Ihnen meine Geschichte zu erzählen."

Ich fragte nach ihrem Namen und wir sprachen darüber, was sie zu Dr. Naram führte. Ich war wieder einmal überrascht, dass Menschen aus der ganzen Welt angereist waren, um von ihm behandelt zu werden. Ich sah Menschen fast jeder ethnischer Herkunft, religiöser Zugehörigkeit und sozioökonomischem Status.

Mein Vater sah zu müde aus, um sich an den Gesprächen zu beteiligen, und so redeten wir in einer Ecke des Zimmers oder auf dem Flur. Zwischen den Gesprächen ging ich zurück zu meinem Vater, um ihm davon zu berichten, was ich gelernt hatte.

Eine Patientin, die ihre erste Konsultation hatte, erzählte, wie Dr. Naram, ohne dass sie überhaupt ein Wort sagte, alles beschrieb, was mit ihr nicht in Ordnung war. Dazu gehörte auch, dass er ein Problem mit zwei ihrer Wirbel erkannte. Sie zeigte mir medizinische Berichte und CT-Bilder ihrer Wirbelsäule, die bestätigten, was er in ihrem Puls identifizierte. Ein anderer Mann war erstaunt, wie Dr. Naram nur vom Fühlen seines Pulses von seiner Zuckerkrankheit und Herzblockade wusste. Dr. Naram prognostizierte innerhalb eines Zehntel-Punktes genau, wie hoch sein Blutzuckerspiegel war, und beschrieb genau, wie blockiert seine Arterie war. Ein Hotelbesitzer aus der Gegend sagte mir, er habe eine schwere Glutenunverträglichkeit. Bevor er Dr. Naram traf, bereitete ihm das Essen von Lebensmitteln, die Gluten enthielten, unglaubliche Schmerzen. „Jetzt kann ich ohne Probleme eine ganze Pizza essen und ein paar Bier trinken."

Ich war neugierig, was all diese Menschen - insbesondere die Amerikaner - dazu veranlasst hatte, für diese alternative Heilmethode offen zu sein. Ich fragte Dr. Giovanni, von dem ich wusste, dass er von Dr. Naram in Indien ausgebildet worden war. Er stellte meine Formulierungen in Frage und sagte, er wisse nicht, warum Dr. Narams Ansatz als ‚alternativ' bezeichnet wurde, da er tausende von Jahren älter sei als die westliche Medizin! Er sagte, wenn überhaupt, dann sollte das, was Dr. Naram und andere traditionelle Heiler taten, als das Original betrachtet werden, und die westliche Medizin sollte die Alternative sein. Er bevorzugte den Begriff ‚komplementäre Heilung', da diese Modalitäten nicht im Konflikt stehen müssten.

Während ich mit Dr. Giovanni sprach, sah ich, wie sich mein Vater auf seinem Stuhl hin und her bewegte, da das Sitzen offensichtlich unbequem für ihn war.

Als ich hörte, welches Vertrauen dieser Arzt in Dr. Narams Methode hatte, vertraute ich ihm etwas an, das mich beunruhigte. „Ich weiß, dass Dr. Naram bei den meisten Menschen genau beschreibt, welche Probleme sie haben, wenn er ihren Puls berührt. Aber ich habe auch mit anderen gesprochen, die sagten, er habe etwas Wichtiges übersehen, als er ihren Puls fühlte, was sie enttäuschte."

„Mit wie vielen Leuten haben Sie denn insgesamt gesprochen?"

„Bis zu diesem Zeitpunkt, in Indien und hier, vermutlich etwa einhundert."

„Und von diesen Leuten haben wieviele gesagt, dass er etwas übersehen hat?"

Nach reiflicher Überlegung antwortete ich: „Vielleicht zwei oder drei."

„Erstens, ist es nicht bemerkenswert, dass seine Erfolgsquote so hoch ist? Nach Ihrer Stichprobengröße ist das eine Genauigkeit von 97 bis 98 Prozent. Das auch noch in einem kurzen Zeitraum und bei einer so großen Bandbreite von Problemen. Wussten Sie, dass wir Ärzte in der westlichen Medizin selbst nach umfangreichen Tests oft nicht in der Lage sind, die Ursache des Problems zu identifizieren? Beispielsweise können wir durch Messung des Blutdrucks feststellen, dass Bluthochdruck besteht, aber nur in etwa 20 Prozent der Fälle können wir die Ursache ermitteln. Das bedeutet, dass wir in 80 Prozent der Fälle einfach nur unsere beste Vermutung anstellen und Medikamente

> *„Wie kann man jahrtausendealte Heilmethoden als ‚alternativ' bezeichnen, wenn sie Tausende von Jahren älter sind als die westliche Medizin? Wenn überhaupt, dann könnte man sie als ‚komplementäre Heilung' bezeichnen, da diese Modalitäten überhaupt nicht miteinander in Konflikt stehen müssen."*
>
> –Dr. Giovanni

verschreiben, um den Bluthochdruck zu kontrollieren. Wenn die Medikamente zu viele Nebenwirkungen verursachen, testen wir ein anderes Medikament, um zu sehen, ob es besser wirkt. Ich sage nicht, dass Dr. Naram perfekt ist, oder dass er keine Fehler macht. Wie bemerkenswert seine Fähigkeiten auch sind, er ist immer noch ein Mensch wie wir auch. Ich erkenne nur an, dass der Prozentsatz der Fälle extrem hoch ist, in denen es ihm gelingt, das Kernproblem richtig zu erkennen und den Menschen zu helfen von ihren Krankheiten zu genesen, wenn sie seinen Rat befolgen.

Sie sollten außerdem wissen, dass Dr. Naram ein anderes Denkmuster und Vokabular zur Beschreibung von Problemen verwendet als die westliche Medizin. Er hat eine jahrtausendealte Methode, um Krankheiten oder was er eher als Mangel an Gesundheit bezeichnen würde, zu verstehen und zu klassifizieren. Einige Leute haben mich im Laufe der Jahre ebenfalls gefragt, warum er etwas in ihrem Puls übersehen hat. Doch als ich zurückging, um mir Dr. Narams Notizen anzusehen, stellte ich fest, dass er das Kernproblem aus der Sicht seiner jahrtausendealten Heilkunde tatsächlich korrekt identifizierte, auch wenn er die Krankheit nicht nach dem westlichen Wörterbuch benannte. Zum Beispiel gibt es in seiner Abstammungslinie kein Problem, das man Krebs nennt. Sie sehen Krebs nicht als das Problem. Was wir Krebs nennen, sehen sie als ein Symptom eines tieferen Ungleichgewichts, das sie *Tridosha* nennen. Diese Meisterheiler verwenden ausgeklügelte, erprobte Methoden, um dieses Ungleichgewicht zu beheben, und über Jahrtausende gewonnene Erfahrungen zeigen, dass dieses Ungleichgewicht und die daraus resultierenden Symptome dann langsam nachlassen und ganz verschwinden können."

Ich verstand nicht ganz, was er mir sagte, also stellte ich noch mehr

Fragen. Aber mehr noch als seine Antworten war es sein Selbstvertrauen, das einige meiner Bedenken zerstreute. Ich suchte nach so viel Bestätigung wie möglich, dass ich nicht verrückt war, meinen Vater hierher zu bringen. Jedes Mal, wenn ich zurückging, um mich neben meinen Vater zu setzen, zwang er sich zu einem Lächeln, bevor er sich wieder auf seinem Stuhl wand. Dieses Mal brachte ich ihm ein Glas Wasser. Mit zitternden Händen nahm er es dankbar entgegen.

Weitere Patienten kamen auf mich zu, die in Indien, Pakistan und Bangladesch geboren wurden, jetzt aber in den Vereinigten Staaten lebten. Ich hörte nicht nur von ihren Erfahrungen mit Dr. Naram, sondern erfuhr auch viel mehr darüber, wie ihr Leben aussah. Eine Mutter erzählte mir: „Mein Mann und ich kamen in der Hoffnung nach Amerika, dass es unseren Kindern zugutekommen würde. Es brach mir das Herz, als meine Kinder das Interesse an unserer Kultur, unserem Glauben und unseren Traditionen verloren. Stattdessen wurden sie süchtig nach ihren Telefonen und Computern und interessierten sich mehr für ihre Freunde als für die Schule." Sie befürchtete, ihre Kinder würden mit der Tradition brechen und sich im Alter nicht mehr um sie und ihren Mann kümmern.

Es gab eine Gruppe junger Menschen aus Indien und Pakistan, die jetzt in Kalifornien studierten und arbeiteten. Verschiedene Umstände führten sie schließlich zu Dr. Naram und sie baten ihn um Hilfe.

„Junge Menschen wie wir haben oft mit unserer Identität zu kämpfen", sagte mir ein junger Mann. „Wir haben das Gefühl, dass wir zu keiner der beiden Kulturen gehören." Selbst wenn sie von den besten Universitäten Amerikas aufgenommen wurden, fühlten sich einige von Drogen, Alkohol, Sex angezogen, oder von Beziehungen zu Menschen, die ihren Eltern nicht gefielen. Dadurch fühlten sie sich von ihren Familien distanziert. „Wir haben oft Mühe, eine anständige Arbeit zu finden, werden in niedrigeren Positionen gehalten und müssen aufgrund unseres Aufenthaltsstatus härter arbeiten, dazu noch für weniger Lohn und weniger Respekt." Es machte mich traurig zu hören, dass junge Frauen manchmal von ihren Arbeitgebern um sexuelle Gefälligkeiten gebeten wurden, einfach um den Arbeitsplatz zu behalten, der es ihnen erlaubt, im Land zu bleiben.

Eine Schülerin sagte: „Ich bin gestresst wegen der Schule und meinen Beziehungen und esse Dinge, die mir nicht guttun. Bei mir wurde ein hormonelles Ungleichgewicht diagnostiziert und ich nahm sehr viel an Gewicht zu. Dann bekam ich Akne und andere Hautprobleme. Vor ein paar Jahren arbeitete ich als Model für verschiedene Zeitschriften, jetzt will ich nicht einmal mehr ausgehen. Ich fühle mich nicht wohl in meiner Haut und habe Angst, dass ich so wie ich jetzt bin, nie heiraten werde.

In meiner Frustration habe ich angefangen, mit meinen Eltern und meiner Herkunft zu hadern. Ich stehe unter dem Druck, perfekt zu sein, obwohl ich nicht perfekt bin." Ich erkannte mich in ihren Worten. Denn auch ich spürte den Druck perfekt sein zu müssen, wohl wissend, dass ich es nicht war.

Dann inspirierte mich die Geschichte eines jungen Anwalts. Seine Eltern stammten aus Indien. Sie zogen in die Vereinigten Staaten, als er noch sehr jung war, so dass er keine starke Verbindung zu Indien verspürte. In gewisser Weise schaute er tatsächlich auf die Kultur seiner Eltern herab. „Während meines Jurastudiums", sagte er, „entwickelte ich ein Problem namens Vitiligo, bei dem sich weiße Flecken auf der Haut ausbreiten. Es begann zuerst auf meinen Armen, dann auf meinen Händen und im Gesicht. Viele junge Menschen mit dieser Krankheit kämpfen mit ihrem Selbstwertgefühl und befürchten, dass es ihre Heiratsfähigkeit beeinträchtigen könnte. Es gab keine westlichen Behandlungen, die dies heilen konnte. Daher erschien es mir auch eher unwahrscheinlich, dass mir Dr. Naram helfen könnte."

Samir, ein junger Anwalt aus Boston, der Vitiligo überwunden hat.

Aber Samir versuchte es trotzdem. „Meine normale Hautfarbe kam zunächst langsam wieder zurück, doch zwei Jahre später waren alle weißen Flecken verschwunden! Es gibt viele Amerikaner indischer Herkunft wie mich, die größtenteils in Amerika aufgewachsen sind und keinen großen Respekt vor unserer indischen Kultur haben. Die Methoden von Dr. Naram", sagte er, „haben mich auf mehr als eine Weise verändert.

Wenn ich mir nicht die Zeit genommen hätte, es selbst zu erleben, hätte ich nicht daran geglaubt." Als er erkannte, dass die Lösung für dieses Problem nicht irgendwo in der westlichen Medizin lag, sondern von einem indischen Spezialisten der jahrtausendealten Heilkunde kam, „gewann ich mehr Respekt für meine Kultur, mein Erbe und meine Herkunft, als ich es sonst getan hätte."

> *„Hätte ich mir nicht die Zeit genommen, es selbst zu erleben, hätte ich nicht an die jahrtausendealten Heilmethoden geglaubt. Ich gewann mehr Respekt für meine Kultur, mein Erbe und meine Herkunft, als ich es sonst getan hätte."*
> –Samir

Als Nächstes kam ein junges, hübsches muslimisches Paar auf mich zu. „Wir verließen unser Heimatland, um in Amerika zu leben, in der Hoffnung auf mehr Frieden und Möglichkeiten", erzählte mir der Ehemann. „Dann kamen wir hier an und mussten feststellen, dass uns viele Menschen schlecht behandelten, weil sie befürchteten, wir seien Terroristen. Wir arbeiteten hart daran, neue Freunde zu gewinnen und zu zeigen, dass es im wahren Islam um Frieden geht. Wir kamen in der Hoffnung nach Amerika, eine Familie zu gründen und Kinder großzuziehen, aber dieser Traum zerschlug sich bald." Die Ärzte diagnostizierten bei dem jungen Mann eine Azoospermie, was bedeutete, dass seine Spermienzahl gleich Null war.

„Wir haben es sechs Jahre lang versucht", sagte er mir. „Wir gingen zu so vielen Spezialisten und investierten nahezu achtzigtausend Dollar in verschiedene Möglichkeiten ein Kind zu bekommen, aber die westliche Medizin hatte keine Lösung für uns. Das hat uns finanziell und emotional ausgelaugt. Wir waren verzweifelt. Dann trafen wir Dr. Naram. Wir befolgten alles genau so, wie er es uns für eine tiefgreifende Heilung auftrug. Ein Jahr später ließ ich mich testen, und meine Spermienzahl betrug fünf Millionen. Die Ärzte sagten, es sei ein Wunder, und fragten sich, ob der erste Test korrekt gewesen sei." Er zeigte mir die medizinischen Berichte von vorher und nachher. „Innerhalb von zwei Jahren wurde meine Frau schwanger." Seine Stimme barst vor Emotionen, als er sprach. „Und heute sind wir nur gekommen, um Dr. Naram unser Baby zu zeigen und uns

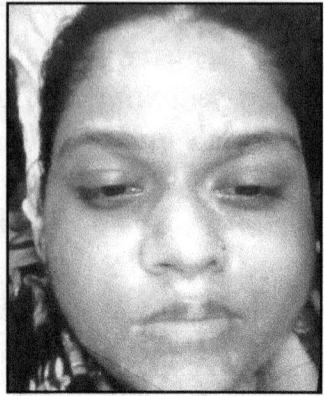 

Links: Eine Frau mit Vitiligo (seit 10 Jahren). Rechts: Die gleiche Frau nur ein paar Monate nach der Behandlung von Dr. Naram - seinen empfohlenen Kräutern und der empfohlenen Ernährung.

Meine Notizen

Jahrtausendealte Heilgeheimnisse für schöne Haut*

1) Marmaa Shakti – Drücke 6 Mal am rechten Ringfinger auf beiden Seiten des oberen Knöchels. Das Ganze mehrmals am Tag wiederholen.

2) Pflanzliche Heilmittel - Samir benutzte eine Creme und nahm einige Kräutertabletten für die Haut ein, die Inhaltsstoffe wie Neem (Niembaum), Kurkuma, Kokosnussöl, Indisches Basilikum und schwarzen Pfeffer enthielten.*

3) Ernährungs-Geheimnisse - Iss nur Lebensmittel, die glutenfrei, milchfrei und zuckerfrei sind.

*Informationen für die in diesem Buch erwähnten pflanzlichen Rezepturen (einschließlich der wichtigsten Inhaltsstoffe) befinden sich im Anhang. Bonus-Material: Um weitere Geheimnisse für schöne Haut zu entdecken, besuche bitte die kostenlose Webseite, MyAncientSecrets.com.

herzlich bei ihm zu bedanken." Er bemerkte die Tränen auf den Wangen seiner Frau und streckte die Hand aus, um sie zu umarmen und ihr sanft den Rücken zu streicheln, während beide gemeinsam ihr Wunderbaby betrachteten.

Ein Sikh namens Gurcharan Singh, der einen Turban und einen langen Bart trug, kam ebenfalls zu mir. Er erzählte mir, dass er sich in Bakersfield, Kalifornien, politisch engagiert habe. Seiner Meinung nach gehören Sikhs zu den am meisten missverstandenen Menschen in Amerika. Dieser Mann hatte das starke Gefühl, dass Dr. Naram sie verstand. „Dr. Naram hat mir, meiner Familie und meinen Freunden geholfen, viele verschiedene Herausforderungen zu überwinden, wie hohen Cholesterinspiegel, Arthritis, Diabetes, Bluthochdruck und hormonelles Ungleichgewicht." Aus Dankbarkeit veranlasste er, dass der Bürgermeister von Bakersfield, Kalifornien, Dr. Naram eine Auszeichnung für seine Unterstützung und seinen Beitrag für die Sikh-Gemeinschaft überreichte. „Wussten Sie, dass Yogi Bhajan Singh, der vielleicht bekannteste Sikh der Welt, einer von Dr. Narams Patienten ist?"

Dr. Naram mit Yogi Bhajan Singh & H.H. Hariprasad Swamiji.

Ich war sehr an dem interessiert, was Gurcharan und andere berichteten, weil ich wissen wollte, ob Dr. Naram meinem Vater tatsächlich helfen konnte. Als ich das erste Mal nach Indien ging, war das Verhältnis zwischen meiner Skepsis und meiner Neugier etwa 80 zu 20 Prozent. Jetzt hatte ich genug Beweise dafür, dass es den meisten Menschen besser ging, aber ich wusste nicht, in welchem Verhältnis das zu dauerhaften Veränderungen führte. Ich wusste auch nicht, ob die Heilung der Möglichkeit zuzuschreiben war, dass Dr. Naram sie einfach davon überzeugt hatte, dass es ihnen besser gehen würde, und es deshalb auch so kam. An diesem Punkt, nachdem ich zahlreiche bemerkenswerte Fälle gesehen und gehört hatte, würde ich sagen, dass meine Skepsis auf etwa 50 Prozent gesunken war. Zwar fühlte ich mich immer noch zurückhaltend, aber die anderen 50 Prozent waren eine Mischung aus wachsender Neugier und wilder Hoffnung. Ich hoffte, dass das, was Dr. Naram tat, ein vorhersehbarer Weg war, Menschen zu heilen, oder zumindest meinem Vater helfen könnte. Doch während ich mit jedem Erfahrungsbericht hoffnungsvoller wurde, wurden die Schmerzen meines Vaters immer schlimmer. Ich buchte ein Zimmer im Hotel, damit sich mein Vater ausruhen konnte, bis er an der Reihe war.

Ein heilungsbedürftiger Heiler

Als ich zurückkehrte, kam ein älterer, fit aussehender bärtiger Herr auf mich zu. Mit einem warmen, festen Händedruck stellte er sich als Rabbiner Stephen Robbins vor. Abgesehen davon, dass er Rabbiner und Kabbalist war - ein Anhänger einer alten jüdischen spirituellen Tradition - war er auch klinischer Psychologe. Er war Mitbegründer der Akademie für jüdische Religion in Kalifornien, des ersten transkonfessionellen Seminars der Westküste.

Einige Jahre zuvor hatte Stephen aufgrund einer Reihe von Krankheiten mehrere Nahtoderfahrungen. Vor der Krankheit war er gesund und athletisch und konnte 140 kg stemmen. Dann begann eine Muskeldystrophie seine Muskelmasse zu zerstören. Ärzte verabreichten ihm massive Dosen von Kortison, was eine schreckliche Osteoporose verursachte. Darüber hinaus bekam er eine Grippe, seine Lungen kollabierten – zweimal. Beide Male war er klinisch tot und wurde wiederbelebt. Seine verschiedenen Gesundheitskrisen störten die Funktion seines Hypothalamus, der Hypophyse und des gesamten endokrinen Systems so sehr, dass er kein Testosteron oder Wachstumshormon (HGH) mehr selbst produzierte, was dazu führte, dass sich seine Zellen nicht regenerieren konnten.

„Ich habe alles versucht, aber nichts hat funktioniert", erklärte Stephen. „Die Medikamente und Behandlungen hielten mich kaum am Leben. Im Jahr 2005 zog ich mir eine weitere Lungenentzündung zu und meine Lungen kollabierten erneut."

Stephen verbrachte mehrere Wochen im Krankenhaus, bevor er in der Lage war, wieder selbstständig zu atmen. Gerade als er sich darauf vorbereitete, nach Hause zu gehen, erkrankte er an einem schweren Fall von Gürtelrose, die seinen Rücken in Mitleidenschaft zog. Die Gürtelrose beeinträchtigte die Nerven auf der rechten Seite seines Oberkörpers so stark, dass er die ganze Zeit unter entsetzlichen Schmerzen litt.

„Ich hatte Nervenschmerzen, die sich wie Blitze anfühlten, die von vorne nach hinten und von hinten nach vorne schossen, und litt unter Hautschmerzen, die sich anfühlten, als hätte jemand Säure auf die Haut geschüttet. Meine Muskeln schmerzten so sehr, dass sie Spasmen verursachten, die nicht nur die Atmung erschwerten, sondern es fast unmöglich machten, zu funktionieren.

„Nachdem ich sieben Monate lang Methadon und Schmerzmittel genommen hatte, konnte ich nicht mehr klar denken und fühlte mich, als würde ich für den Rest meines Lebens dahinvegetieren. Die Ärzte wussten nicht, was sie noch tun sollten."

Die Dinge wurden immer schlimmer, bis ein Freund Stephen ermutigte, einen Termin bei Dr. Naram zu buchen.

„Das ganze Konzept, eine Person in nur wenigen Augenblicken diagnostizieren zu können, erscheint nach westlichem Verständnis absurd, da wir so von dem westlichen Modell von Bluttests, MRTs und medizinischen Fachspezialisten überzeugt sind. Dr. Narams Modell der Heilung basiert jedoch nicht auf Krankheit, sondern darauf, gesund zu sein. Es ist ein völlig anderer Ansatz, bei dem dein Körper, dein Geist und deine Seele an einer tiefgreifenden Heilung teilhaben können."

Er sah mir tief in die Augen und sagte: „Seit meinem sechszehnten Lebensjahr bin ich Rabbiner und Heiler, und jetzt, mit einundsechzig

Jahren, treffe ich zum ersten Mal in meinem Leben mit Dr. Naram jemanden, bei dem ich problemlos einfach so loslassen und mich in fremde Hände begeben konnte, um Heilung zu erfahren. Es war ein tiefgreifender Moment."

Ich fragte mich, inwieweit seine Erfahrungen für meinen Vater relevant sein könnten und hörte aufmerksam zu. Stephen kam in Dr. Narams Klinik in Indien in einem Rollstuhl an. Er war schwach und verzweifelt. Er musste synthetisches HGH mitbringen, nur um am Leben zu bleiben, und gab seinem Gastgeber die Anweisung, dass es unbedingt gekühlt werden müsse. Unglücklicherweise zerstörte sein Gastgeber versehentlich den gesamten Vorrat, indem er ihn in die Gefriertruhe legte. Stephen war am Boden zerstört. Er rief seine amerikanischen Ärzte an, um eine Lösung zu finden, aber sie konnten nichts tun. Er wandte sich an Dr. Naram.

Dr. Naram bereitete für ihn eine spezielle Mischung aus Heilkräutern zur Regenerierung von HGH und Wiederherstellung seines Testosteronspiegels zu, die auf den Prinzipien seiner jahrtausendealten Abstammungslinie basierte.

„Ich hatte keine andere Wahl, also folgte ich genau seinen Anweisungen. Am Ende der ersten Woche brauchte ich keinen Rollstuhl mehr und fühlte mich von Tag zu Tag stärker. In der dritten Woche machte ich einen Bluttest, um zu sehen, was passiert war und was ich

Rabbiner Stephen Robbins mit Dr. Naram.

als das Wunder aller Wunder betrachte. Nach all diesen Traumata zeigten die neuen Bluttests etwas Bemerkenswertes. Zum ersten Mal seit Jahren produzierte mein Körper sein eigenes menschliches Wachstumshormon - und das auf einem Niveau, das dem von Menschen entsprach, die viel jünger waren als ich! Zuvor nahm ich auch synthetisches Testosteron ein, aber jetzt hat mein Körper wieder selbstständig Testosteron produziert. Meine Schilddrüse arbeitet wieder fast normal. Meine Bauchspeicheldrüse war, Gott sei Dank, normal. Meine Thymusdrüse und mein Immunsystem werden durch die Heilkräuter unterstützt und funktionieren gut.

Die Heilung ging weiter und als ich aus dem Flugzeug stieg, erkannte mich meine Frau nicht wieder. Ich hatte fünfzehn Kilo abgenommen und hatte viel mehr Kraft. Sie sagte, ich sähe aus wie bei unserem ersten Treffen vor dreißig Jahren. Auch mein Haar war dunkler und dicker. Es war einfach unglaublich."

In der Zwischenzeit konnte der Rabbiner auch in sein geliebtes Fitnessstudio zurückkehren. Um seine Worte zu beweisen, rollte er seinen Ärmel bis zur Schulter hoch und beugte seinen jetzt festen Bizeps. Ich konnte nicht anders, als mit ihm zu lächeln. Dieses Bild eines begeisterten Rabbiners, der mir seinen gebeugten Bizeps mit einer kindlichen Freude in den Augen zeigt, wird mir für immer in Erinnerung bleiben.

Ich fragte mich, wie ich meinem Vater Stephens Heilungsgeschichte beschreiben könnte. Ich fragte ihn: „Wie beschreiben Sie jemandem, der das alles nicht versteht und vielleicht denkt, dass Ihre Erlebnisse, Ihre Erfahrungen abwegig klingen?"

„Es gibt mehrere Möglichkeiten, die Wahrheit zu finden", antwortete er. „Es gibt keine ‚schlechte Medizin', aber es gibt die falsche Medizin, die zur falschen Zeit und auf falsche Weise angewendet wird. Dr. Naram bietet heilende Unterstützung in einer Weise, die Körper, Geist und Seele dabei unterstützt, tiefgreifend zu heilen. Viele der Formeln von Dr. Naram sind ‚Anti-Aging-Formeln', obwohl ich diesen Begriff nur ungern verwende. Es geht mehr um die Erhaltung der Jugendlichkeit. Meiner Erfahrung nach helfen die Heilkräuter dem Körper, Energie auf gesunde und nicht auf selbstzerstörerische Weise zu produzieren und zu verbrennen. Es ist erstaunlich, wieviel Kraft und Energie ich durch ihre Einnahme bekomme."

> *„Die Weisheit des Siddha-Veda ist tiefgründig und versteht das menschliche Wesen in seiner Gesamtheit; nicht wie wir das heute in wissenschaftlichen, westlichen Begriffen beschreiben, sondern wie es gemäß der jahrtausendealten Wissenschaft verstanden wird."*
>
> –Rabbi Robbins

Er schloss mit den ergreifenden Worten: „Die Weisheit des Siddha-Veda ist tiefgründig, und das nicht nur, weil sie viele Jahrtausende alt ist. Nur weil etwas alt ist, heißt das noch lange nicht, dass es wahr oder weise ist. Ich kenne einige alte Menschen, die sehr töricht sind, und es gibt bestimmte alte religiöse Überzeugungen, die sehr destruktiv sind. Aber Siddha-Veda beruht auf Weisheit, einer tiefgründigen Weisheit, die das menschliche Wesen in seiner Gesamtheit versteht; nicht wie wir das heute in wissenshaftlichen, westlichen Begriffen beschreiben, sondern wie es gemäß der jahrtausendealten Wissenschaft verstanden wird. Die Prinzipien führen zu einer tiefgreifenden Heilung, und sie sind das Ergebnis jahrtausendelanger Erfahrung und Praxis."

Nicht alle waren glücklich

Nachdem ich mich bei Rabbi Robbins bedankt hatte, ging ich zurück in den Warteraum, um zu sehen, wann sie meinen Vater aufrufen würden. Der Raum war in Aufruhr, ein Mann schrie: „Ich will nicht warten!" Die Spannung im Raum stieg an. „Wissen Sie, wer ich bin?", fragte er. „Ich bin einer der ersten Inder, der von Forbes anerkannt wurde; ich habe Millionen an die medizinische Fakultät der Universität von Kalifornien, Los Angeles (UCLA) gespendet. Ich will nicht warten.

Die anderen Wartenden wollten ihn zuerst nicht vorlassen, nur weil er reich und aufdringlich war, aber um weiteren Ärger zu vermeiden, manövrierten ihn die Angestellten so schnell wie möglich zu Dr. Naram. Dr. Naram erzählte mir später, was genau passiert war.

Meine Notizen

Drei Jahrtausendealte Heilgeheimnisse zur Unterstützung eines gesunden Hormonspiegels bei Männern (z.B. HGH oder Testosteron)**

1) Pflanzliche Heilmittel - Stephen nahm einige Kräutertabletten ein, die zur Unterstützung der gesunden Funktion der Hormone entwickelt wurden und Inhaltsstoffe wie Sesamsamen, Tribulus, Guduchi, Ashwaganda-Wurzeln (Schlafbeere), indisches Kudzu-Rhizom und Samen der Samtbohne (Mucuna Pruriens) enthielten.**

2) Marmaa Shakti: Drücke auf dem linken Unterarm, auf der Seite des kleinen Fingers, vier Fingerbreit unterhalb des Handgelenks 6 Mal. Wiederhole das Ganze mehrmals am Tag

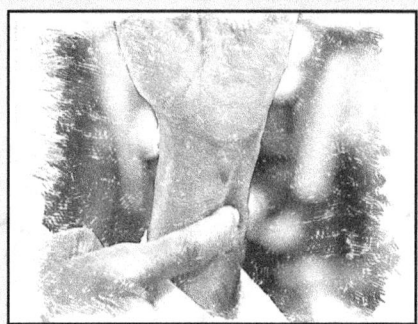

3) Hausmittel - Dr. Narams Geheimes Hausmittel des Maharadschas: Mische und nimm morgens als erstes folgendes ein: 3 Mandeln (über Nacht eingeweicht, dann Schale abziehen), 3 Datteln, 3 Kardamomschoten (über Nacht eingeweicht, dann innere Samen herauskratzen), 3 Teelöffel Fenchel, 1/4 Teelöffel Brahmi-Pulver, 1/4 Teelöffel Ashwaganda-Pulver, 1/2 Teelöffel Samtbohnen-Pulver, 1/2 Teelöffel Shatavri-Pulver, & 1 Teelöffel geklärte Butter (Ghee).

4) Ernährung - Dr. Naram empfiehlt, saure und fermentierte Lebensmittel zu meiden.

*Informationen für die in diesem Buch erwähnten pflanzlichen Rezepturen (einschließlich der wichtigsten Inhaltsstoffe) befinden sich im Anhang. Bonus-Material: Um weitere Geheimnisse über die Gesundheit und Potenz von Männern zu entdecken, besuche bitte die kostenlose Webseite MyAncientSecrets.com.

Dr. Naram las seinen Puls und listete seine Gesundheitsprobleme auf, von denen das frustrierendste eine eingefrorene Schulter war, die starke Schmerzen verursachte. Der Mann hatte jede andere Art von Behandlung bereits versucht, ohne Erfolg. Ganz gleich, wie viel er derangesehenen medizinischen Fakultät gespendet hatte, die Ärzte konnten ihm nicht helfen. Er begann die Hoffnung zu verlieren, dass er jemals die volle Beweglichkeit seines Armes wiedererlangen würde.

Dr. Naram versicherte ihm, dass es ein Heilmittel gäbe, und fragte ihn unverblümt: „Die Frage ist, welchen Preis sind Sie bereit zu zahlen?"

Der Mann war nicht überrascht. Mit seinem gesunden Arm zog er sein Scheckbuch heraus und unterschrieb einen Blankoscheck. „Ich habe schon so viel Geld für die beste medizinische Versorgung ausgegeben, ohne Ergebnis. Wenn Sie das in Ordnung bringen, können Sie Ihren Preis nennen. Wie viel wollen Sie haben? Zehntausend, zwanzigtausend, fünfzigtausend?"

Dr. Naram lächelte und sagte ruhig: „Für alles gibt es einen Preis; manchmal zahlen wir mit Geld, manchmal zahlen wir in Form von Zeit oder Arbeitsleistung. Dieses Mal können Sie den Preis nicht mit Geld bezahlen. Meine Frage an Sie lautet: 'Welchen Preis sind Sie bereit zu zahlen?'"

Der Mann sah verwirrt aus. „Ich habe Ihnen bereits gesagt, dass ich jeden Preis zahlen werde, wenn Sie es in Ordnung bringen. Was immer es kostet. Ich zahle jeden Preis!"

Dr. Naram sah ihn direkt an und sagte: „Gut. Wenn Sie tun wollen was auch immer nötig ist, dann... werden Sie warten?"

„Wie meinen Sie das?"

„Das ist der Preis, den Sie heute zu zahlen haben", erklärte Dr. Naram. „Sie sagten, Sie würden alles tun, jeden Preis bezahlen; jetzt frage ich Sie, werden Sie warten?"

Zögernd stimmte er zu, wollte es aber genauer wissen. Dr. Naram sagte: „Heute möchte ich, dass Sie warten." Er hielt inne, um nachzudenken, und sagte dann: „Sechs Stunden."

„Kann ich in mein Zimmer gehen und schlafen, und dann zurückkommen?" fragte er.

> „Welchen Preis sind Sie bereit zu zahlen?"
> –Dr. Naram

„Sicher, gehen Sie und warten Sie sechs Stunden, dann kommen Sie zurück, und erst dann werden wir sehen, ob ich Ihnen helfen kann."

Verwirrt, aber beruhigt, verließ der Mann Dr. Narams Büro.

Wenige Augenblicke später wurde der Name meines Vaters aufgerufen; sie sagten, er sei gleich an der Reihe, also ging ich schnell, um ihn zu holen.

Sechs lange Minuten

Mein Vater ging behutsam mit mir vom Hotelzimmer den Flur zum Konferenzbereich entlang zu Dr. Narams Tür. Als wir draußen warteten, gab er zu, dass er nicht wusste, wie er anfangen sollte, Dr. Naram alles zu erklären, was er gesundheitlich durchgemacht hatte. Er hatte beobachtet, wie Menschen in Dr. Narams Büro ein- und ausgingen und nur fünf oder sechs Minuten darin verbrachten. Papa zeigte mir die Seite mit der Liste seiner Medikamente und sagte: „In dieser kurzen Zeit kann ich nicht einmal die ganze Liste vorlesen."

Ich hatte Dr. Naram eine Nachricht geschickt, dass ich meinen Vater mitbringen würde, ihm aber nichts über seinen Zustand gesagt. Ich vermute, ich wollte ihn wohl testen. Obwohl ich schon viele erstaunliche Fälle gehört und gesehen hatte, fragte sich ein Teil von mir immer noch: *War das ganze eine Täuschung?*

Ich sah zu, wie mein Vater langsam in den Raum ging, leicht gebückt und sichtlich mit Schmerzen. Dr. Naram begrüßte ihn mit einem breiten Lächeln, während ich ängstlich draußen wartete.

Obwohl es mir wie eine Ewigkeit vorkam, öffnete sich nur etwa sechs Minuten später die Tür und ich war überrascht von dem was ich sah. Mein Vater sah nicht nur anders aus, er ging auch anders. Sein Haupt war erhobener, er hielt sich aufrechter und hatte einen Ausdruck von Erstaunen in seinen Augen.

„Woher wusste er das?", fragte mein Vater. „Das war wirklich bemerkenswert."

„Was ist passiert? Was wusste er?" fragte ich.

„Ich brauchte ihm nichts zu sagen. Dr. Naram legte seine Finger auf mein Handgelenk und beschrieb meine Situation in Minutenschnelle prägnanter und genauer, als ich es je könnte. Selbst wenn ich meine vier Ärzte im gleichen Raum gehabt hätte, um über meinen Fall zu sprechen, was nie passieren würde, hätten sie meine verschiedenen Diagnosen nicht so präzise beschreiben können, wie Dr. Naram es gerade getan hat."

Ich hörte zu, ohne zu wissen, was ich sagen oder wie ich meine Gefühle verarbeiten sollte. Mein Vater sagte: „Er fragte auch nach meinem Beruf. Er schien aufrichtig interessiert zu sein und sagte mir, es sei eine wichtige Arbeit, die ich tun müsse und für die ich leben müsse. Die ganze Sache war sehr ermutigend! Ich weiß noch nicht, was ich davon halten soll, aber jetzt werden wir wohl sehen, was daraus wird." Er schaute sich um und fragte: „Was mache ich als Nächstes?"

Ich war erstaunt, welch positive Wirkung es auf meinen Vater hatte, vollkommen verstanden zu werden. Er hatte bedeutend bessere Laune und fing sogar an zu glauben, dass er geheilt werden könnte. Als ich ihn in diesem Zustand der Vorfreude sah, stockte mir der Atem. Ich versuchte, es zu verbergen, aber innerhalb weniger Augenblicke wechselte mein Zustand von nervös zu hoch erfreut und wieder zurück zu nervös.

Ironischerweise, genau in dem Moment, als mein Vater anfing, Hoffnung zu schöpfen, fühlte ich Verunsicherung. *Habe ich meinen Vater getäuscht und ihm falsche Hoffnungen gemacht? Hatte Dr. Naram wirklich eine Lösung für ihn? Habe ich das Beste für meinen Vater getan, oder vergeudete ich die letzten Tage seines Lebens mit der Suche nach einer nicht existierenden Heilung?*

Deine Notizen

Um den Nutzen, den du aus der Lektüre dieses Buches ziehen wirst, zu vertiefen und zu vergrößern, nimm dir jetzt ein paar Minuten Zeit und beantworte die folgenden wichtigen Fragen:

Welchen Preis bist du bereit, für das, was du willst, zu bezahlen (in Bezug auf Zeit, Energie, Anstrengungen, Geld, Disziplin, usw.)?

_____

_____

_____

_____

Warum lohnt es sich für dich, diesen Preis zu bezahlen?

_____

_____

_____

_____

Welche anderen Einsichten, Fragen oder Erkenntnisse kamen dir beim Lesen dieses Kapitels in den Sinn?

_____

_____

_____

KAPITEL 8

Der Jungbrunnen

Es gibt einen Jungbrunnen: Es ist dein Verstand, deine Talente, die Kreativität, die du in dein Leben und in das Leben der Menschen, die du liebst, einbringst. Wenn du lernst, diese Quelle anzuzapfen, hast du das Alter wirklich besiegt
–Sophia Loren

Los Angeles, Kalifornien

Nachdem mein Vater in sein Hotelzimmer gegangen war, um sich auszuruhen, kam einer von Dr. Narams Mitarbeitern zu mir und sagte: „Dr. Naram möchte mit Ihnen sprechen. Haben Sie ein paar Minuten Zeit?"

Dr. Naram begrüßte mich mit einem breiten Lächeln. „Wie geht es Ihnen?" fragte er. Vor ihm stand eine Schüssel mit Mungbohnensuppe.

Ich dankte ihm dafür, dass er meinen Vater so gut verstanden hatte und für die Hoffnung, die ihm das gab. Ich wollte allerdings auch meine Besorgnis zum Ausdruck bringen, aber bevor ich etwas sagen konnte, begann Dr. Naram: „Ihr Vater ist erstaunlich, nicht wahr? Er ist ein sehr guter Mann – nun verstehe ich auch, woher Sie das haben. Er hat eine wichtige Aufgabe was die Kinder angeht und ich denke, wir können ihm helfen. Es gibt noch Arbeit in diesem Leben, die er erledigen muss."

Ich fragte ihn direkt: „Glauben Sie, dass es tatsächlich Hoffnung für ihn gibt? Sagen Sie mir bitte die Wahrheit."

„So wie ich die ganze Sache sehe, hat Ihr Vater zwei Möglichkeiten. Er kann so weitermachen und noch ein paar Monate mit starken Schmerzen leben, bevor er stirbt. Oder er kann seinen Kurs ändern, indem er die sechs Schlüssel des Siddha-Veda zur tiefgreifenden Heilung nutzt. Wenn er das tut, könnte er noch viele Jahre voller Flexibilität und Energie in geistiger Frische leben. Was ist Ihnen lieber?"

„Natürlich die zweite Option. Aber wie?" fragte ich, überrascht von dem Vertrauen, das Dr. Naram in die Prognose meines Vaters setzte.

„Erinnern Sie sich, wie ich meinem Meister begegnet bin?" fragte Dr. Naram.

„Ja, wie könnte ich das vergessen?"

„Wie viele Tage hat mir mein Meister gesagt, dass ich morgen wiederkommen soll?"

„Hundert Tage."

„Ja, hundert Tage oder drei Monate. In diesen drei Monaten saß ich nicht einfach nur herum. Ich habe recherchiert, so wie Sie es jetzt tun. Ich habe mit Patienten über ihre Probleme gesprochen. Ich sah Menschen, die an Diabetes, Arthritis, Herzproblemen, Nierenproblemen, Osteoporose, verschiedenen Krebsarten, Leberproblemen und vielen anderen Krankheiten litten. Ich sprach mit Menschen, die nach Monaten oder Jahren zurückkamen, nachdem sie das getan hatten, was Baba Ramdas ihnen aufgetragen hatte, und sah bei ihnen große Veränderungen als direkte Folge einer tiefgreifenden Heilung. Erinnern Sie sich, wie alt mein Meister war?" Bevor ich antworten konnte, sagte er: „Einhundertfünfzehn Jahre! Ich war sehr neugierig darauf, was er anders als die anderen machte und so verbrachte ich die letzten sechsunddreißig Jahre damit, die Geheimnisse meines Meisters zu erlernen und sie zu nutzen, um Menschen zu helfen. Möchten Sie wissen, was seiner Ansicht nach das Geheimnis des Jungbrunnens ist?"

Ich nickte. Wer würde das nicht wissen wollen?

Langsam fuhr er fort: „Ich weiß nicht genau, warum ich Ihnen das erzähle, Clint, aber ich habe das Gefühl, dass Sie vielleicht ein Instrument sein werden, um vielen anderen zu helfen."

Ich wusste nicht, wie ich darauf reagieren sollte. Während ich einerseits dabei war, ihm und allem, was er sagte, Glauben zu schenken, hatte ich Angst, ob ich vielleicht am Ende entdecken würde, dass er ein Schwindler war und die Hoffnungen der Verzweifelten ausnutzte. Je näher ich ihm kam und je mehr ich anfing, ihn zu mögen, desto zurückhaltender wurde ich in gewisser Hinsicht. Wenn er ein Schwindler wäre, würde ich dann letztendlich seine ‚Klinik' ein für alle Mal entlarven? Würde ich, anstatt ihm bei der Förderung seiner jahrtausendealten Heilmethode zu helfen, dazu beitragen, andere Menschen vor ihm zu schützen?

Das jahrtausendealte Geheimnis des Jungbleibens

Dr. Narams Gesicht zeigte einen tiefen inneren Frieden und beindruckende Zuversicht, als er mir direkt in die Augen sah. Er sagte mir, dass mit diesen Geheimnissen jeder in jedem Alter vitale Gesundheit, unbegrenzte Energie und Seelenfrieden erfahren kann. Er sagte: „Zuerst müssen Sie eine klare Vorstellung davon haben, was

Dr. Naram mit einem 139 Jahre jungen, geliebten Meister im Himalaya.

‚Jugend' bedeutet. Nur dann kann man das Geheimnis erfahren, wie man jung bleibt."

Während Dr. Naram fortfuhr, nahm er Bilder heraus, um sie mir zu zeigen. „Hier ist ein Bild des lieben Babaji, einer der Brüder meines Meisters. Er lebt im Himalaja - und ist 139 Jahre jung."

Er zog ein weiteres Foto heraus. „Hier ist Sadanand Gogoi, der mit fünfundsechzig Jahren Mr. India wurde! Das ist sein Körper jetzt, im Alter von siebzig Jahren."

Ich starrte den muskulösen Körper an, der aussah, als gehöre er jemandem in den Vierzigern.

Dr. Naram sagte: „Er nutzt die jahrtausendealten Geheimnisse

Sadanand Gogoi mit 75 Jahren, fünfmaliger Mr. India-Sieger.

zum Aufbau von Körper, Muskeln und Geist, ohne seine Nieren zu schädigen. Der Traum dieses Mannes, nachdem er Mr. India gewonnen hatte, ist es, beim Mr. Universe Wettbewerb mitzumachen!"

Dr. Naram schaute sich liebevoll ein anderes Bild an und erzählte mir von Kusum Atit, die jetzt sechsundachtzig Jahre ‚jung' war. Sie war eine seiner ersten Patientinnen. Als sie im Alter von sechsundfünfzig Jahren zu ihm kam, konnte sie nicht laufen, hatte hohen Blutdruck, Osteoporose, Arthritis und eine Hüftoperation war geplant.

„Was, glauben Sie, geschah als sie begann, die Geheimnisse des Jungbrunnens zu nutzen?"

Kusum, 86, tanzt nach der Heilung ihrer Arthritis vor Freude.

Ich zuckte die Achseln.

„Die Frau, die vorher nicht einmal laufen konnte, gewann den ersten Preis bei einem Tanzwettbewerb in Mumbai", sagte er triumphierend. „Ich war so glücklich. Ich empfand eine Freude, das können Sie sich nicht vorstellen!"

Er zeigte mir ein anderes Bild von seinem Meister. „Das war, als er 115 Jahre jung war. Ich war gesegnet, dass ich zehn Jahre mit ihm verbringen durfte, bevor er seinen Körper verließ. Er starb im Alter von 125 Jahren. Während meiner gesamten Ausbildung vertraute er mir viele Geheimnisse, Weisheiten, tiefe Einsichten und Wahrheiten an. Nun möchte ich sie mit Ihnen teilen."

Er fragte mich: „Was bedeutet ‚Jugend' für Sie, Clint? Woher wissen Sie, ob eine Person jung oder alt ist?"

Ich äußerte ein paar Ideen: „Ihr Aussehen vielleicht? Ihr Geisteszustand? Die Qualität ihrer Haut oder ihrer Haare?"

Dr. Naram lächelte: „Mein Meister sagte, ein Mensch kann zwanzig Jahre alt oder hundert Jahre jung sein. Wie kann eine Person mit zwanzig Jahren alt sein und eine andere mit hundert Jahren jung?"

„Wie?"

„Es hängt alles von der *Flexibilität* ab," sagte er. „Jemand kann mit zwanzig Jahren alt sein, wenn er körperlich steif, geistig unbeweglich und emotional versteinert ist. Oder ein Mensch kann hundert Jahre jung sein, wenn er körperlich flexibel, geistig wach, lernwillig und emotional voller Liebe ist. Interessant, finden Sie nicht auch?"

Ich brauchte einen Moment, um das zu verstehen. „Bei der ‚Jugend' geht es also um Flexibilität – in Geist, Körper und Emotionen?"

Er sagte: „Ja, Clint, ganz genau so ist es! So versteht meine Abstammungslinie die Jugend."

Ich wollte das richtig verstehen. „Also besteht das Geheimnis, in jedem Alter jung zu sein einfach darin, zu lernen flexibel zu sein?"

Er nickte und fügte hinzu, dass Jugend in jedem Alter möglich ist, wenn der Lebensstil mit dem eigenen inneren Wesen übereinstimmt. „‚Junge' Menschen sind voller Hoffnung, ‚alte' Menschen verlieren die Hoffnung. Schauen Sie sich die Nachrichten an. Alles dreht sich um Angst, Katastrophen, darum, dass eine ‚harte Zeit kommen wird'. So viele Menschen stellen sich schreckliche Dinge vor, die in der Zukunft kommen könnten, und das macht sie dann ängstlich. Durch Erfahrungen, die sie in ihren Leben gemacht haben, sind sie oft verletzt, ängstlich, untröstlich und verschlossen. In jedem Alter jung zu sein, bedeutet, voller Hoffnung für die Zukunft zu bleiben, Hoffnung für sich selbst, Hoffnung für die Menschheit. Und so kann man ‚jung' sein, auch mit 115."

Dr. Naram mit seinem geliebten Meister und Lehrer, Baba Ramdas.

Dr. Naram fuhr fort: „Der letztendliche Zweck der jahrtausendealten Heilgeheimnisse, die mein Meister mich gelehrt hat, ist erstens, den Menschen zu helfen, ihre Gesundheit und Flexibilität in Körper, Geist, Emotionen und Seele zu erhalten oder zu verbessern. Die jahrtausendealten Hilfsmittel bieten die Möglichkeit, um tiefgreifende Heilung zu erfahren und sich in jedem Alter jung zu fühlen. Zweitens gibt diese Transformation den

Menschen die Kraft und Energie zu entdecken, was sie sich in ihrem Leben am meisten wünschen. Sie lernen, wie sie sich auf ihr inneres Wesen und den Zweck ihres Lebens ausrichten können."

„Also, wenn das Ihre Definition von Jugend ist", sagte ich, „dann bin ich mir immer noch nicht im Klaren darüber, wie jemand ein so hohes Alter erreichen kann."

„Die meisten Menschen können mehr als hundert Jahre leben, wenn sie es wollen. Alles, was man braucht, sind die sechs Schlüssel des Siddha-Veda für eine tiefgreifende Heilung."

„Was sind diese sechs Schlüssel?", fragte ich.

Er sagte: „Sie haben bereits einige der Schlüssel bei meiner Arbeit gesehen. Lassen Sie uns mal schauen, wie viele Sie identifizieren können."

„Ich denke, einer der Schlüssel müssen die Hausmittel sein. Wie die Zwiebelringe, die meine Kopfschmerzen gelindert haben. Das Geheimnis ist dann, dass alles ein Medikament oder ein Gift sein kann, wenn man weiß, wie es anzuwenden ist."

„Ja, sehr gut, Clint! Und erinnern Sie sich an das geheime Hausmittel für unbegrenzte Energie in jedem Alter, das ich Ihnen während unseres Gesprächs gegeben habe?"

„Nein." Dr. Naram gab mir erneut das Rezept für den ‚Superenergie-Trank' - ein Hausmittel, das sein Meister benutzte, um sich noch im Alter von 115 Jahren jung zu fühlen. Dieses Mal nahm ich es ernster.

„Hat der zweite Schlüssel mit den Kräuterformeln zu tun?"

„Ja", antwortete er. „Mein Meister brachte mir die Geheimnisse bei, wie man die Kräuter nach den überlieferten jahrtausendealten Verfahren anbaut, erntet, zubereitet und kombiniert, damit sie eine tiefgreifende Heilung hervorrufen. Auf diese Weise werden sie zu Heilkräutern."

Als er von Heilkräutern sprach, dachte ich an die Tabletten, die zu Hause in einer Schublade verstaubten, da ich sie nach nur zwei Tagen der Anwendung weggelegt hatte. Ich machte mir eine mentale Notiz, dass ich mehr über sie herausfinden wollte.

„Marmaa ist der dritte Schlüssel des Siddha-Veda", sagte er. Ich schrieb es auf, obwohl ich immer noch nicht genau wusste, was das wirklich war und wie es funktionierte.

> **Meine Notizen**
>
> **Dr. Narams Geheimrezept für Superenergie***
>
> Hausmittel:
>
> 1) Weiche die folgenden Inhaltsstoffe über Nacht in Wasser ein:
>
>   3 Rohe Mandeln
>   3 Hülsen Kardamom (oder etwa 30 Samen)
>   3 Teelöffel Fenchelsamen
>
> 2) Morgens hinzufügen:
>
>   3 Datteln (und wenn man mag, 3 Aprikosen, 3 Feigen),
>   1/4 Teelöffel Zimt
>   1/4 Teelöffel Brahmi-Pulver
>   1/4 Teelöffel Ashwaganda-Pulver
>   1 Teelöffel geklärte Butter (Ghee)
>   2 Fäden Safran
>
> 3) Die Mandel- und Kardamonschalen abziehen und entsorgen (die Kerne werden freigesetzt)
>
> 4) Mische oder mahle alle Zutaten zusammen mit heißem Wasser und genieße.
>
> *Bonusmaterial: Um zu sehen, wie dies gemacht wird, schau dir bitte die Videos auf der kostenlosen Webseite MyAncientSecrets.com an.

„Was sind denn die anderen drei Schlüssel?" fragte ich.

„Ich werde sie Ihnen später erklären. Jetzt muss ich erst die anderen Patienten sehen, die noch warten. Warum kommen Sie nicht heute Abend vorbei, wenn ich mit den Terminen fertig bin, und werden selbst Zeuge einer Marmaa-Sitzung?"

Ich willigte ein, zurückzukommen, dann brachte ich meinen Vater zum Flughafen.

Als wir am Eingangsbereich des Flughafens standen, umarmte ich meinen Vater herzlich. Wir blickten beide mit vorsichtiger Hoffnung in die Zukunft. Er war felsenfest entschlossen, alles zu tun, was Dr. Naram ihm vorschlug - die Ernährung, die Kräuter, alles. Es gab jedoch eine Empfehlung, die ihn einschüchterte. Dr. Naram hatte ihn eingeladen, für einige tiefgreifende Behandlungen namens Panchakarma in seine Klinik in Indien zu kommen.

Bevor er ging, fragte mein Vater: „Willst du wissen, warum ich wirklich mit dir nach L.A. gekommen bin?"

Ich zuckte die Schultern. „Nicht um Dr. Naram zu sehen?"

„Nein", schüttelte er den Kopf. „Ich dachte nicht, dass er mir helfen könnte. Ich bin gekommen, weil ich mir Sorgen darüber gemacht habe, worauf du dich da eingelassen hast."

> *„Jugend ist ein Zustand, der in jedem Alter erreicht werden kann, wenn jemand körperlich flexibel, geistig wach, lernwillig und emotional voller Liebe ist."*
> -Baba Ramdas (Dr. Narams Meister)

Er umarmte mich fest, schaute mir dann tief in die Augen und sagte: „Lass uns von hier aus nach vorne schauen und sehen was passiert... aber was auch immer es ist, ich hoffe, du weißt, wie sehr ich dich liebe."

Deine Notizen

Um den Nutzen, den du aus der Lektüre dieses Buches ziehen wirst, zu vertiefen und zu vergrößern, nimm dir jetzt ein paar Minuten Zeit und beantworte die folgenden wichtigen Fragen:

Was bedeutet ‚Jugend' für dich? Was sind die Vorteile, sich in jedem Alter jung zu fühlen?

_____

_____

_____

_____

Wenn es bei ‚Jugend' um ‚Flexibilität' geht, in welchen Bereichen deines Lebens könntest du flexibler sein?

_____

_____

_____

_____

Welche anderen Einsichten, Fragen oder Erkenntnisse kamen dir beim Lesen dieses Kapitels in den Sinn?

_____

_____

_____

_____

KAPITEL 9

Moderne medizinische Wunder durch eine jahrtausendealte Wissenschaft?

*Es gibt nur zwei Möglichkeiten, sein Leben zu leben.
Die eine ist, als ob nichts ein Wunder wäre.
Die andere ist, als ob alles ein Wunder wäre.*
–Albert Einstein

Nachdem ich meinen Vater zum Flughafen gebracht hatte, kehrte ich zu Dr. Narams Marmaa-Sitzung ins Hotel zurück. Ich war froh, als ich sah, dass Dr. Giovanni auch dort war. Obwohl es bereits nach Mitternacht war, betrat Dr. Naram den Raum mit einer unglaublich erfrischenden Vitalität. Wäre ich nicht den ganzen Tag dort gewesen, hätte ich nie vermutet, dass er an diesem Tag schon über hundert Menschen gesehen hatte. Er sah aus, als würde er gerade erst anfangen.

Nachdem er mehrere Personen begrüßt hatte, ging er in die Mitte des Raumes und fragte: „Für wie viele von Ihnen ist dies Ihre erste Erfahrung mit Marmaa?"

Fast alle hoben die Hand.

„Okay, also was ist Marmaa? Es ist eine jahrtausendealte Wissenschaft der tiefgreifenden Transformation, die auf allen Ebenen von

> *„Diese jahrtausendealte Wissenschaft hat nichts mit Religion zu tun. Wie Elektrizität funktioniert sie einfach, unabhängig von Religion oder Glauben. Sie ist universell."*
>
> –Dr. Naram

Körper, Geist, Emotionen und Seele wirkt."

Dr. Naram sagte, wir könnten mehr über diesen Ansatz zur Heilung im Mahabharata lesen, einem der wichtigsten epischen Sanskrit-Texte des alten Indiens. Laut den Aufzeichnungen gab es einen großen Krieg, der nichts mit modernen Konflikten gemein hat. Dieser Krieg hatte feste Regeln. Er begann und endete zu einer bestimmten Tageszeit. Während die Soldaten das Dharma oder die Pflicht hatten zu kämpfen, bestand das Dharma der Heiler aus der Linie von Dr. Naram darin zu heilen. Für sie war es nicht wichtig, ob der Soldat ein guter oder ein schlechter Soldat war - sie halfen den Menschen, egal wer sie waren und egal auf welcher Seite sie kämpften.

„Die Heiler meiner Abstammungslinie hatten keine Feinde, so wie wir keine Religion haben. Unsere ‚Religion' ist es, der Menschheit einfach zu helfen."

Er beschrieb, wie diese Meister jeden Tag nach Beendigung der Kämpfe auf das Schlachtfeld gingen, um zu sehen, wer nicht laufen konnte, wer von Pfeilen getroffen worden war, oder wer von einem Elefanten gefallen war und sich einen Knochen gebrochen hatte. Oft halfen sie, indem sie Marmaa, eine jahrtausendealte Wissenschaft, einsetzten, um sofortige Linderung zu bringen.

„Heutzutage gibt es keinen Mahabharata-Kampf, aber meine Aufgabe ist es, Sie wieder fit zu machen, damit Sie Ihre Aufgabe im Leben erfüllen können, was immer sie auch sein mag."

Um diese jahrtausendealte, außergewöhnliche Wissenschaft zu verstehen, erklärte Dr. Naram, sollten wir wissen, dass sie nichts mit Religion zu tun hat. „Stellen Sie sie sich wie Elektrizität vor", sagte er. „Man schaltet das Licht an, und es funktioniert einfach, egal welcher Religion oder Weltanschauung man folgt oder angehört. Den Lampen ist es egal, ob Sie Muslim, Christ, Hindu oder Atheist sind. Die Schlüssel meiner Abstammungslinie sind ebenfalls universell. Das heilende Instrument der Marmaa kann jedem helfen, der chronische und akute Probleme hat, wie Rückenschmerzen, Steifheit, Nackenschmerzen, eingefrorene Schultern, eingeklemmte Nerven, Ischias, Knöchel- und Knieschmerzen oder sogar die Unfähigkeit zu gehen."

„Ob Sie es glauben oder nicht", sagte er, „innerhalb von ein paar Minuten berührt Marmaa die subtilen Energiepunkte und beginnt, die Blockade zu lösen.

> *„Am meisten profitieren Sie von den jahrtausendealten Heilmethoden, wenn Sie sich zuerst darüber klar werden: ‚Was wollen Sie!'"*
> –Dr. Naram

Man beginnt, Ergebnisse zu sehen und weniger oder keine Schmerzen zu verspüren. Wie viele von Ihnen haben Schmerzen?"

Die meisten Menschen im Raum hoben ihre Hand.

„Ich werde Ihnen einige Marmaas beibringen, die Sie zu Hause auch ganz einfach selbst anwenden können. Einige Marmaas können allerdings nur von mir angewendet werden, oder von jemandem, den ich ausgebildet habe."

„Was auf den ersten Blick wie Magie aussehen mag, ist eine Wissenschaft. Um von diesem jahrtausendealten Prozess zu profitieren, muss man sich darüber klar werden, was man will. Was wollen Sie - von Ihrem Körper, von Ihrem Verstand, von Ihren Emotionen, von Ihrem Leben? Was aber, wenn Sie nicht wissen, was Sie wollen?" Er hielt inne, während einige im Publikum den Kopf schüttelten.

„Nun, wenn Sie es nicht wissen, hier ist das Marmaa, um zu entdecken, was Sie wollen. Schließen Sie Ihre Augen. Stellen Sie sich einen weißen Bilderrahmen über Ihrem rechten Auge vor. Drücken Sie dann sechsmal auf die Spitze Ihres rechten Zeigefingers. Dann fragen Sie sich: ‚Was will ich?' und achten Sie darauf, welches Bild in Ihrem weißen Rahmen erscheint."

Ich nahm ein Video auf, als Dr. Naram das Verfahren demonstrierte. Ich war skeptisch, da ich nicht glaubte, dass mir ein Druck auf meinen Finger Klarheit über irgendetwas verschaffen würde. Aber als ich dachte, dass niemand hinsah, drückte ich den Punkt auf meinem eigenen Finger, nur für den Fall, dass es helfen würde. Außer dass ich spürte, wie ich meinen Finger drückte, war ich mir nicht bewusst, dass irgendetwas anderes passierte.

„Die meisten von Ihnen machen es nicht korrekt. Wann immer Sie Marmaas machen, sitzen Sie bitte in Ihrer Power-Position – stellen Sie beide Füße fest auf den Boden und halten Sie den Rücken gerade."

Ich saß gebückt mit verschränkten Beinen, also setzte ich mich aufrecht hin und stellte meine Füße auf den Boden. Dr. Naram wartete, bis alle diese Position eingenommen hatten, und fuhr dann fort: „Jetzt kommt ein sehr wichtiger Punkt. Das ‚Wollen' in Ihnen muss ein positiver Anker sein. Es darf nichts sein, was Sie nicht wollen oder was Sie vermeiden wollen. Lassen Sie mich Ihnen ein sehr eindrückliches Beispiel geben."

Träume in die Wirklichkeit umsetzen

„Meine Mutter konnte nicht laufen. Sie hatte Arthritis, Osteoporose und degenerative Gelenke", sagte Dr. Naram. „Da sie nicht aufstehen konnte, konnte sie auch nicht zur Toilette gehen und musste eine Bettpfanne benutzen. Das war vor dreißig Jahren. Ich war bereit, ein guter indischer Junge zu sein, zu Hause zu bleiben und sie jeden Tag zu pflegen und zu füttern. Aber sie wollte nicht, dass wir beide unser Leben so verbringen.

Dr. Naram mit seiner geliebten Mutter.

Ich entschied mich, die jahrtausendealten Methoden bei ihr anzuwenden", so Dr. Naram weiter. „Ich sagte mir, wenn ich damit nicht einmal meiner eigenen Mutter helfen kann, was sind sie dann wert?"

„Lassen Sie mich ein großes Geheimnis mit Ihnen teilen, das mein Meister mich

> „Die Qualität Ihres Lebens hängt von der Qualität Ihrer Fragen ab."
>
> –Dr. Naram

gelehrt hat. Die Qualität Ihres Lebens hängt von der Qualität Ihrer Fragen ab. Die meisten von uns stellen die falschen Fragen. Ich habe immer gefragt: ‚Warum bin ich dick?' Mein Meister sagte: ‚Schreckliche Frage, Dr. Naram.' Ich war auf das fokussiert, was mir nicht gefiel. Er sagte mir, dass sich wirkungsvolle Fragen auf das konzentrieren, was ich gerne möchte, und nicht auf das, was ich nicht will. Daher drückte ich die Spitze des rechen Zeigefingers meiner Mutter und fragte: ‚Mama, was willst du?'

Sie antwortete: ‚Ich will keine Schmerzen mehr.' Ein negativ formuliertes ‚Verlangen' zu haben, funktioniert nicht gut."

Während er sich an den Kopf fasste, sagte Dr. Naram: „Es gibt etwas, das als Bewusstsein bekannt ist." Dann zeigte er in die Nähe seines Herzens, „Und dann gibt es das Unterbewusstsein." Danach zeigte er auf eine Stelle über sich: „Und dann gibt es das Überbewusstsein."

„Es ist dieses Überbewusstsein, das Sie leiten kann, wenn Sie wissen, wie Sie darauf zugreifen können. Wenn Sie einen klaren Kanal öffnen, erhalten Sie eine klare Antwort auf ihre Frage. Marmaa ist eine Wissenschaft, die alle Kräfte des Bewusstseins stimuliert und für Sie arbeiten lässt. Und eines der Geheimnisse ist, sich dabei auf ein positives Bild zu konzentrieren, auf etwas das Sie wollen, und nicht auf ein negatives Bild von dem, was Sie nicht wollen."

Als Dr. Naram erneut den Marmaa-Punkt des rechten Zeigefingers seiner Mutter drückte, stellte er ihr die Frage: „Mami, was würdest du tun, wenn du keine Schmerzen mehr hättest?"

Sie sagte: „Ich würde wieder laufen."

Dr. Naram erklärte, dass man die Zukunft gestalten und die Vergangenheit loslassen muss. Das ist eines der wichtigen Prinzipien - die Zukunft zu erschaffen, die Zukunft zu sehen, die Vergangenheit hinter sich zu lassen und gleichzeitig die Gegenwart nicht aus den

Augen zu verlieren. Die Realität von Dr. Narams Mutter in diesem Moment war, dass sie nicht gehen konnte. Sie hatte Arthritis und Osteoporose und sogar Spezialisten sagten ihr, sie werde nicht mehr gehen können. Dr. Naram sagte erneut: „Aber das Wichtigste war: Was wollte sie?" Dr. Naram erzählte uns, dass er seine Mutter bat, ihre Augen zu schließen, sobald sie sich dieses schöne und positive Bild vorstellen konnte. Er drückte einen weiteren Marmaapunkt weiter unten auf ihrem Finger und fragte: „Wenn du wüsstest, dass du wieder gehen kannst, wohin würdest du gehen?"

Sie antwortete: „Ich würde gerne ins Himalaya-Gebirge gehen."

Jedes Mal, wenn sie ihm antwortete, lobte Dr. Naram sie, indem er „sehr gut" sagte und sechsmal auf einen Marmaapunkt in der Nähe ihres Herzens klopfte. Er brachte sie dazu, sich einen weißen Rahmen über ihrem rechten Auge vorzustellen und fragte: „Kannst du dich selbst sehen, wie du im Himalaya läufst?"

Sie nickte, „Ja." Er antwortete: „Sehr gut", und klopfte erneut auf den Marmaapunkt in der Nähe ihres Herzens.

> *„Konzentrieren Sie sich auf das, was Sie wollen, nicht auf das, was Sie nicht wollen."*
> –Dr. Naram

In diesem Moment wurde Dr. Narams Vater, der zuschaute, sehr wütend. „Was für ein Unsinn! Bist du verrückt geworden? Warum machst du deiner Mutter falsche Hoffnungen? Deine Mutter kann nicht mal laufen. Das weißt du doch. Warum redest du vom Himalaya? Vergiss den Himalaya. Sie kann nicht mal auf die Toilette gehen. Sie muss am Knie und an der Hüfte operiert werden, und du redest Unsinn über den Himalaya. Sie kann nicht laufen! Warum kannst du das nicht verstehen?", schrie er.

Dr. Naram fuhr fort: „Ich sagte mit ruhiger Stimme zu meinem Vater: ‚Wichtig ist nur, was deine Frau, meine Mutter, will. Nicht das, was du glaubst, was sie will!' Mein Vater war ein außerordentlich strenger Mann. Es war das erste Mal, dass ich mich gegen ihn auflehnte.

Mein Vater antwortete: ‚Sie ist eine Idiotin; sie weiß nicht, was sie will. Sie weiß nicht, dass sie nicht laufen kann.'"

Das war zu viel für Dr. Naram. Er schaute seinen Vater direkt an und sagte mit einer Entschlossenheit in der Stimme, die einen Tiger in vollem Lauf zum Stillstand gebracht hätte: „Raus hier. Sie hat sich dafür entschieden. Es ist ihr Leben und ihre Wahl."

Daraufhin warf sein Vater die Hände in die Luft und verließ den Raum.

Dr. Naram sagte: „Mein Vater war so wütend auf mich, weil er

Meine Notizen

Dr. Narams Geheimrezept für gesunde, flexible Gelenke*

1) Hausmittel - Mische die folgenden Zutaten und nimm sie morgens als erstes ein:

½ Teelöffel Bockshornklee-Pulver,

½ Teelöffel Kurkumapulver,

¼ Teelöffel Zimtpulver,

½ Teelöffel Ingwerpulver,

1 Teelöffel Ghee (geklärte Butter)

2) Marmaa Shakti - Zähle auf der Handfläche deiner linken Hand zwischen Mittel- und Ringfinger 4 Finger nach unten und drücke diesen Punkt 6 Mal, viele Male am Tag.

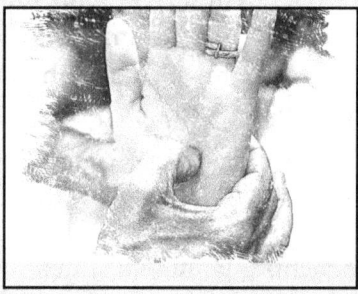

3) Pflanzliche Heilmittel - Dr. Narams Mutter benutzte eine Creme und nahm einige Tabletten zur Unterstützung gesunder Gelenke ein, die Inhaltsstoffe wie Cissus Quadrangularis, indischen Weihrauch (Boswellia Serrata), Mönchspfeffer-Blätter, Ingwer und Guggul Harz enthielten.*

Bonusmaterial: Um mehr über alte Geheimnisse für Gelenke zu erfahren, besuche bitte die kostenlose Webseite MyAncientSecrets.com.

glaubte, ich würde meine Mutter betrügen, indem ich ihr falsche Hoffnungen machte."

Obwohl ich es nicht laut aussprach, verstand ich die Zweifel von Dr. Narams Vater total. Ich fragte mich, ob die neue Hoffnung, die mein Vater schöpfte, sich auch in positiven Ergebnissen widerspiegeln würde oder ob sie nur zu einer weiteren Enttäuschung führen würde.

Dr. Naram beschrieb die Erstellung eines Plans für seine Mutter. Er beriet sich mit seinem Meister, welche tiefgreifenden Heilgeheimnisse ihr helfen könnten, wieder laufen zu können. Sein Meister sagte ihm: „Es gibt zwei Dinge zu bedenken: das eine ist das Heute und das andere die Zukunft. Es ist wichtig, die heutige Situation zu sehen, sich aber nicht davon abhalten zu lassen, daran zu glauben oder zu sehen, dass die Dinge in Zukunft viel besser sein können. Bleiben Sie nicht in der Realität stecken, die Sie heute wahrnehmen. Jede Reise beginnt mit einem einzigen Schritt. Machen Sie also diesen ersten Schritt, dann einen weiteren und so weiter. Und bald werden Sie vielleicht überrascht sein, wo Sie enden werden."

Dr. Narams Mutter nahm einige Jahre lang bestimmte Kräuter ein, änderte ihre Ernährung und drückte regelmäßig auf die Marmaapunkte, während sie sich ihren Traum als erfüllt vorstellte.

Dann, eines Tages, nachdem sie jahrelang mit Disziplin an ihrem Plan für tiefgreifende Heilung zusammengearbeitet hatten, erhielt Dr. Naram einen Anruf von ihr. „Pankaj, ich habe es geschafft! Ich bin hier im Himalaya, ich bin wirklich hier."

Sie schaffte es wirklich bis zu dem Tempel, den sie so gerne besuchen wollte, und kampierte auf einem der Gipfel. „Obwohl sie mit siebenundsechzig Jahren noch bettlägerig war, erfüllte sie sich ihren Traum und wanderte mit zweiundachtzig Jahren im Himalaya-Gebirge", sagte Dr. Naram. Während andere auf Pferden ritten oder von starken Männern auf ‚Balkies' getragen wurden, ging sie zu Fuß. Mit einer kleinen Flasche Wasser in der Hand wurde sie von anderen viel Jüngeren zu Pferd überholt, die fragten: „Was für einen geizigen Sohn hast du, der dir kein Geld für ein Pferd zum Reiten gibt, arme alte Frau? Wenn dein Sohn kein Pferd für dich bezahlen will, können wir für dich bezahlen."

Sie sagte: „Nein, mein Sohn kann mir ein Pferd bezahlen, aber ich möchte lieber zu Fuß gehen. Er ist ein prächtiger Sohn, weil er mir das Geschenk des Laufens zurückgegeben hat."

„Das war einer der glücklichsten Tage meines Lebens." Mit feuchten Augen und einem breiten strahlenden Lächeln erzählte Dr. Naram: „Sie sagte mir: ‚Ich segne dich, Pankaj. Teile diese alten Geheimnisse mit allen, so dass du anderen wie mir helfen kannst.'" Alle im Raum applaudierten. „Der Segen meiner Mutter bedeutete alles für mich."

Während er die Geschichte erzählte, dachte ich über die Verfassung meines Vaters nach und darüber, was für ihn möglich sein könnte. Ich dachte auch an meine Mutter. Ich liebte sie, aber ich verstand sie nicht. Das führte manchmal zu Konflikten. Als ich Dr. Narams Geschichte hörte, fragte ich mich:

> *Was hat sich meine Mutter in ihrem Leben am meisten gewünscht? Welchen Traum würde sie gerne Wirklichkeit werden lassen?*
>
> *Und was würde sich mein Vater am meisten wünschen, wenn es ihm jemals besser ginge? Was war sein Traum?*

Dr. Naram lächelte breit und sagte: „Mein Meister hat mir ein unbezahlbar wertvolles Geheimnis beigebracht - dass alle Frauen intelligent, und alle Männer Idioten sind, mich eingeschlossen." Er lachte. „Wissen Sie, was Shakti ist? Shakti ist eine göttlich-weibliche, schöpferische Kraft. Mein Meister lehrte mich jahrtausendealte Geheimnisse, wie jede Frau *Shakti* in sich selbst entwickeln kann. Für Männer gilt, dass sie nur intelligent sind, wenn sie Frauen respektieren. Dann kommt Shakti auch zu ihnen. Womit wir wieder bei dem sind, was Sie wollen."

Dr. Naram kehrte in die Mitte des Raumes zurück und begleitete alle bei den Schritten, die er auch mit seiner Mutter gemacht hatte, um eine klare Vorstellung davon zu bekommen, was sie wollten.

„Aber wie funktioniert das?", fragte jemand. Ich hatte mich in dem Moment tatsächlich dasselbe gefragt.

Dr. Naram lächelte und antwortete: „Gute Frage. Bewusst oder unbewusst, wir sind alle programmiert. Unser Unterbewusstsein ist von unseren Eltern programmiert worden: wie wir denken, wie wir sprechen und was wir tun sollen. Wir werden auch von der Schule, von unserer Gesellschaft, von Zeitungen und jetzt vom Internet programmiert. Die Frage ist also, können wir uns so umprogrammieren, dass wir eine gute Gesundheit, gute Vitalität, gute Beziehungen und finanzielle Freiheit haben? Die Antwort lautet: Ja! Marmaa ist eine Wissenschaft, die uns hilft, uns selbst umzuprogrammieren, um unser Leben auf unseren wahren Zweck auszurichten. Nicht nur Schmerzen können verschwinden, sondern Sie können auch erreichen, was immer Sie erreichen wollen."

Ist das wirklich wahr?

Hat mich meine Vergangenheit programmiert, an bestimmte Dinge zu glauben oder in bestimmter Weise zu handeln?

Wenn ja, steht diese Programmierung im Konflikt mit meinem Lebenszweck?

Dr. Naram sagte: „Wenn man entdeckt, was man will, wird es vom bewussten Verstand in das Unterbewusstsein und dann in das Überbewusstsein übertragen. Das ist der Moment der Schöpfung, der Kreation. Sie ist mächtiger als alles, was Sie sich vorstellen können. Ich habe es über eine Million Mal getan. Das ist mein Job, meine Arbeit, meine Mission, meine Leidenschaft. Ich kann nur wenige Dinge, aber die kann ich sehr gut. Marmaa ist eines davon. Und eine der bewährten und wirksamen Anwendungen von Marmaa ist es, Ihnen zu helfen, herauszufinden was Sie wollen."

Dann hielt er inne, als wolle er noch etwas Wichtiges hinzufügen. „Ich kann helfen, die Blockaden zu beseitigen, aber Sie müssen eine klare Vorstellung davon haben, was Sie wollen, welches Ergebnis Sie in Ihrem Leben, in Ihrer Zukunft haben wollen. Das müssen sie selbst machen. In gewisser Weise bin ich wie eine Hebamme. Ich helfe Ihnen bei der Geburt, aber das Kind wird von Ihnen geboren. Nun, wer möchte zuerst?"

Meine Notizen

Dr. Narams Marmaa-Shakti-Geheimnisse zur Entdeckung deiner Wünsche*

1) Schließe deine Augen und stelle dir einen weißen Rahmen vor deinem rechten Auge vor.

2) Drücke 6 x auf den oberen Teil des rechten Zeigefingers und frage dich: „Was will ich?"

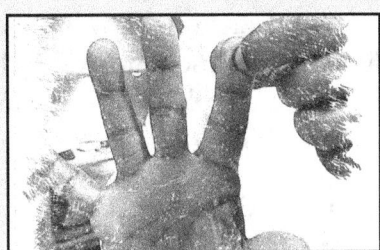

3) Erlaube allen Gedanken, Gefühlen oder Bildern zu dir zu kommen. Schreibe auf, was auch immer passiert. Klopfe mit der geöffneten rechten Handfläche 6 x auf die linke Seite deiner Brust und sage: „Sehr gut."

4) Drücke auf deinem rechten Zeigefinger den zweiten (oder mittleren) Teil des Fingers 6 x und frage dich: „Wenn ich das habe, was werde ich dann tun?"

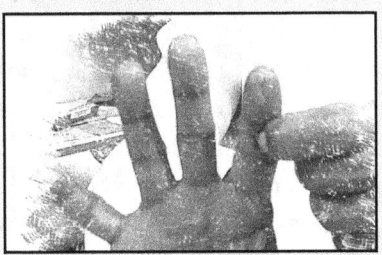

5) Erlaube allen Gedanken, Gefühlen oder Bildern zu dir zu kommen. Schreibe auf, was auch immer passiert.

6) Klopfe mit der geöffneten rechten Handfläche 6 x auf die linke Seite Ihrer Brust und sage: „Sehr gut.""

*Bonusmaterial: Um diese Techniken auf Video zu sehen, besuche bitte die kostenlose Webseite MyAncientSecrets.com. (Mehr hierzu in Kapitel 14.)

Sie können die alte Version Ihrer Frau nicht zurückbekommen

Viele Hände schnellten nach oben, und Dr. Naram wählte Teresa, eine Frau aus Kanada, die im Rollstuhl saß. Ich hatte sie und ihren Ehemann Vern an diesem Tag schon kennengelernt. Sie schienen mir an diesem Ort das unpassendste Paar zu sein. Teresa war hinreißend und intelligent. Vern sah aus, als gehöre er auf das Titelblatt einer Jagd- oder Angelzeitschrift und nicht in eine alternative Heilsitzung.

Sie waren beide etwas übergewichtig und ich fragte mich, wie sich ihre Behinderung auf ihre Beziehung auswirkte. Aus meiner Sicht sah es so aus, als hätten sie eine so tiefe Verbindung, von der die meisten Menschen nur träumen. Obwohl Vern ihre ganze Ehe damit verbrachte, sich um sie zu kümmern, sagte er mir, dass sie diejenige war, die sich um ihn kümmerte. Ihre Kommunikation war voller Liebe und Respekt und sie konnten die Hände nicht voneinander lassen. Sie waren einfach absolut bezaubernd.

Es war Verns tiefe Liebe zu Teresa, die ihn inspirierte, alles zu versuchen und zu unternehmen, um ihr zu helfen. Sie hatten bereits eine Menge Dinge versucht, von denen er hoffte, sie würden ihr helfen, aber leider bisher ohne Erfolg. Seine unerschütterliche Liebe brachte ihn dazu, mit seiner Frau den weiten Weg von Kanada nach L.A. zu kommen, um möglicherweise eine Heilung durch diese jahrtausendealten Methoden zu erfahren. Zuvor hatte ich Vern mehrmals Dr. Naram anflehen hören: „Bitte, bitte tun Sie etwas, um meiner Frau zu helfen." Sie warteten voller Erwartung fast acht Stunden lang in der Klinik auf ihren Termin. Nun sah ich zu, wie Vern Teresa half, als sie sich abmühte, aus dem Rollstuhl aufzustehen. Er stützte sie, während sie mit einer Krücke in jeder Hand zur Mitte des Raumes humpelte. Ihre Füße waren nach innen gebogen, und sie konnte ihre Knie nicht beugen, so dass ihr Gang eher ein Watscheln war. Sie verlagerte ihr Gewicht auf eine Seite ihres Körpers und schwenkte dann ihre Hüften, um ihr anderes Bein nach vorne zu bringen.

Dr. Naram führte sie durch denselben Prozess, den er mit seiner Mutter durchlaufen hatte, und fragte Teresa, was sie wollte. Sie war sich sicher, dass sie ohne Krücken gehen wollte. Sobald sie es sich in ihrem Kopf vorstellen konnte, bat Dr. Naram sie, sich auf ein Laken auf den Boden zu legen. Sie konnte sich nicht ohne Hilfe hinlegen und war äußerst besorgt, dass sie nicht wieder hochkäme. Dr. Naram versicherte ihr, dass alles in Ordnung sei, und Vern kam, um ihr zu helfen. Als Teresa auf dem Rücken lag, bat Dr. Naram Vern, sie genau zu beobachten. Er nahm ein Maßband, hielt ein Ende an ihren Bauchnabel, und maß dann den Abstand zu ihrem rechten Zeh. „Wie lang ist das?" fragte Dr. Naram Vern.

„Es sieht aus wie… 92,5 Zentimeter."

Dann hielt Dr. Naram das Maßband ans Ende ihres linken Zehs. „Wie lang ist das?"

„Das sind 100 Zentimeter."

„So, also ein Unterschied von etwa 7,5 Zentimetern! Ich habe vergessen, Ihnen zu sagen", sagte er zu allen Anwesenden im Raum, "ein wichtiger Nebeneffekt des Besuchs hier ist, dass nach einer Marmaa-Sitzung Hormone freigesetzt werden, die Sie sehr, sehr glücklich machen können. Wenn Sie sich also nicht glücklich fühlen wollen, kommen Sie bitte nicht hierher."

Alle lächelten, besonders Teresa.

„Jetzt bitte umdrehen." Er deutete ihr an, sich auf den Bauch zu drehen.

Sie tat sich schwer, aber mit Beharrlichkeit schaffte sie es schließlich.

Er drückte seine Finger in einem leichten und sanften Muster auf ihren Rücken und klopfte sechsmal auf verschiedene Stellen. Es sah aus, als spiele er auf einem Klavier. Er bat Dr. Giovanni, das Hemd von ihrem unteren Rücken zu heben und etwas Creme auf ihre Haut zu tupfen, welche bei einem Prozess namens *dard mukti* (ausgesprochen *dart'muk'ti*) helfen sollte. Dard kann mit ‚Schmerz' übersetzt werden und mukti bedeutet ‚Freiheit von'. Diese Creme wurde nach den jahrtausendealten Prinzipien entwickelt, um verschiedene Arten von Muskel- oder Gelenkbeschwerden zu lindern. Dr. Naram rieb sie in einer kreisenden Bewegung ein und sagte ihr dann, sie solle sich wieder umdrehen.

War das alles?, fragte ich mich. *Wie konnte etwas, das so schnell und sanft war, überhaupt etwas bewirken?*

Teresa drehte sich auf den Rücken, und Dr. Naram maß ihre Beine erneut.

„Wie lang ist es nun rechts?", fragte Dr. Naram.

„96,5 Zentimeter", sagte Vern.

„Und links?"

„Auch 96,5 Zentimeter", antwortete Vern fassungslos.

Dr. Naram erklärte ihr, wie sie nach diesem Marmaa gehen sollte; und zwar sollte sie sechs Schritte nach vorne gehen, beginnend mit dem rechten Fuß. Teresa stand mit etwas Unterstützung auf — ihre Krücken lagen noch auf dem Boden — und wir alle sahen mehr als gespannt dabei zu. Vern stand in der Nähe, um sie aufzufangen, falls sie fallen sollte. Aber Dr. Naram sagte ihm, er solle weiter weg gehen. Er ließ sie die Augen wieder schließen und bat sie sich vorzustellen, wie sie lief. Er drückte weitere Punkte hinter jedem Knie, klopfte ihr dann auf den Rücken und sagte: „Gehen Sie jetzt zu Ihrem Mann." Sie machte tatsächlich zum ersten Mal seit Jahren einen Schritt ohne Krücken! Dann machte sie einen weiteren, langsam aber gerade. Sie wackelte, aber sie bewegte sich weiter. Als sie dann bei Vern ankam, umarmten sich beide überglücklich. Alle im Raum applaudierten. Alle außer Vern, dessen Mund und Augen vor Erstaunen weit geöffnet waren, als er sie zärtlich umarmte.

„Wie fühlen Sie sich jetzt?", fragte Dr. Naram Teresa.

Sie antwortete: „60 bis 70 Prozent besser."

„Wirklich?" fragte Vern. Sie nickte begeistert.

Dr. Naram mit Teresa und Vern nach ihrem Marmaa-Shakti-Erlebnis.

Dr. Naram sagte: „Sehr gut. Wenn Sie jetzt etwas tun sollten - etwas, das Sie schon lange nicht mehr getan haben? Was wäre das?"

Teresa antwortete: „Selbst das bloße Hinsetzen und Aufstehen war unmöglich."

Dr. Naram ließ sie die Augen schließen und sich vorstellen, wie sie sich hinsetzt und ohne die Hilfe ihres Mannes leicht und problemlos wieder aufstehen kann.

„Ich habe die physische Blockade entfernt, aber jetzt müssen Sie die Blockade in Ihrem Glaubenssystem entfernen. Können Sie sich selbst sehen, wie Sie sich hinsetzen und wieder aufstehen?"

„Ja."

„Sehr gut. Dann machen Sie es jetzt!"

Sie setzte sich unbeholfen hin, dann strauchelte sie ein wenig, versuchte es erst auf die eine, dann auf die andere Weise, und dann funktionierte es. Sie stand ganz alleine auf.

Vern sagte: „Das ist das erste Mal seit über sieben Jahren, dass sie das geschafft hat." Alle applaudierten.

Dr. Naram sagte zu Vern: „Jetzt haben Sie eine neue Frau. Jeden Morgen werden Sie sie glücklich und begeistert sehen. Kommen Sie nicht zu mir zurück und beklagen sich, dass Ihre Frau jetzt zu jung und energiegeladen ist! Sagen Sie nicht: ‚Geben Sie mir meine alte Frau zurück.' Das ist jetzt nicht mehr möglich!"

„Vielen, vielen herzlichen Dank", sagte Teresa mit Tränen in den Augen. Sie ging ohne Krücken zu Dr. Naram und umarmte ihn herzlich. Tränen der Freude flossen über ihre Wangen, als ihr Mann seine langen Arme um beide legte, sie eng an sich drückte und ihre Stirn küsste. Einen Moment lang dachte ich, er würde auch Dr. Narams Stirn küssen.

Dr. Naram sagte ihr: „Dieses Gefühl oder diese Fähigkeit wird bleiben. Vor allem, wenn Sie zusätzlich zu den Kräutern und Ernährungsempfehlungen in den nächsten Monaten und Jahren für drei oder vier weitere Marmaas vorbeikommen. Und dieses hier können Sie regelmäßig zu Hause machen." Dr. Naram zeigte allen ein Marmaa, welches sie zu Hause anwenden konnten, um ihren tiefgreifenden Heilungsprozess zu unterstützen.

Dr. Naram bat Teresa noch einmal, auf und abzugehen. Sie tat es, und alle brachen in Applaus aus. Wir konnten den deutlichen

Unterschied sehen. Das war das erste Mal in meinem Leben, dass ich so etwas gesehen habe, und ich wusste nicht, wie ich damit umgehen sollte. Die einzigen Geschichten, die ich je über verkrüppelte oder gelähmte Menschen gehört hatte, die geheilt wurden und dann wieder gehen konnten, hatten mit Jesus zu tun. Obwohl dies wie ein Wunder aussah, steckte doch eine jahrtausendealte Wissenschaft dahinter, erklärte Dr. Naram. „Manchmal sind die Ergebnisse unmittelbar, wie bei Teresa", sagte er. „Aber manchmal brauchen sie Jahre der Geduld und Ausdauer, um sich zu manifestieren, wie bei meiner Mutter. Auch wenn die Zeitdauer unterschiedlich lang sein mag, sind die Ergebnisse einer tiefgreifenden Heilung vorhersehbar."

Dann wandte er sich an uns alle und sagte: „Das ist real. Eine echte Steifheit und Hemmung blockierte ihre Fähigkeit zu laufen. Physischen, mentalen oder emotionalen Stress abzubauen ist eine phänomenale Erfahrung. Es ist schwierig, eine so große Veränderung in einem so kurzen Moment zu verstehen. Was tun Sie, wenn Sie so lange im Dunkeln waren und dann das Licht angeht? Es mag am Anfang verwirrend sein, aber es ist real. Soll ich Ihnen erzählen, was ich tue und wie es funktioniert?" Alle nickten.

Blockaden und Durchbrüche

„Lassen Sie mich mit einer Metapher beginnen. Im Leben, in jedermanns Leben, gibt es Blockaden. Sie können körperlich, emotional, in Beziehungen, spirituell oder finanziell sein. Wenn wir blockiert sind, bleiben wir stecken, das Leben bleibt stecken und fängt an zu stinken. Wir können fünf oder zehn Jahre an dieser Stelle verbringen und dabei wenig oder keine Fortschritte machen. Wir fragen uns: ‚Warum geht es nicht weiter?' Die Antwort lautet: Es gibt eine Blockade."

Dr. Naram schnappte sich einen Stuhl und stellte ihn in die Mitte des Raumes. „Nehmen wir an, dieser Stuhl ist eine Blockade. Wenn ich von hier aus zu Ihnen gehen will, Dr. Clint, kann ich es nicht, weil es eine Blockade gibt. Nun, welche Möglichkeiten habe ich? Ich kann um die Blockade herumgehen, unter ihr hindurch oder über sie hinweg..."

„Sie können die Blockade entfernen", rief Teresa.

„Genau! Wir wissen, dass es im Leben Blockaden gibt, aber die meisten Menschen wissen nicht, was für eine Blockade es ist. Wie lange gibt es diese Blockade schon? Wie stark ist sie? Mit Hilfe des Puls-Lesens und der Marmaas kann ich erkennen, um was für eine Blockade es sich handelt."

Dr. Naram fuhr spielerisch fort: „Sie stellen die Frage: ‚Oh, Frau Blockade, wer bist du?'" Während er sprach, zog er einen Zettel aus seiner Tasche. „Und angenommen, diese Blockade sagt, dass sie aus einem einfachen Stück Papier besteht." Er demonstrierte, wie er das Papier mit Leichtigkeit zerriss und hindurchging.

„Das war einfach. Aber das Leben ist nicht immer so einfach. Angenommen, sie sagt mir, dass sie aus Holz ist. Welche Werkzeuge brauche ich, um sie zu entfernen?"

Die Leute riefen Ideen in den Raum: Säge? Axt? Feuer?

„Es gibt also verschiedene Werkzeuge, die eingesetzt werden können. Ergibt das einen Sinn?"

Die meisten Leute nickten.

„Nehmen wir nun an, sie ist aus Stahl. Brauchen wir nun andere Instrumente?"

Die Leute nickten.

„In ähnlicher Weise gibt es also verschiedene Marmaas und andere Instrumente, um sicherzustellen, dass die ganze Blockade verschwindet. Man kann sich die Blockade auch als eine Tür vorstellen, für die man nur die richtigen Schlüssel finden muss, um sie aufzuschließen, zu öffnen und dann hindurchzugehen. Für Gelenkschmerzen, wie meine Mutter sie hatte, gibt es zum Beispiel das Heilmittel Ghee (geklärte Butter). Wenn eine Tür knarrt, was tun wir dann? Wir ölen die Tür. So können wir Ghee fragen: ‚Oh liebes Ghee, wer bist du?' Dann antwortet das Ghee: 'Ich öle und verjünge. Ich reduziere oder balanciere Vata, Pitta und Kapha. Ich bringe die Haut ohne Make-up zum Strahlen, besänftige Emotionen, verbessere Schlaf und helfe Gelenken, reibungslos zu funktionieren.' Ghee ist magisch. Mein Meister sagte mir einmal, dass ich niemals etwas stehlen sollte, doch wenn ich etwas stehlen müsste, dann Ghee. Er sagte nicht, ich solle stehlen, sondern betonte nur, wie wichtig Ghee ist."

„Ganz gleich, welcher Art die Blockade ist, es gibt sechs Schlüssel zur tiefgreifenden Heilung, mit denen man sie beseitigen und das

Meine Notizen

Magische Kraft von Ghee (geklärte Butter)*

Unter anderem kann Ghee dabei helfen

- ✓ den Körper, Geist und Emotionen zu ölen und verjüngen;
- ✓ Vata, Pitta und Kapha auszugleichen;
- ✓ die Haut ohne Make-up strahlen zu lassen;
- ✓ Emotionen zu besänftigen;
- ✓ den Schlaf zu verbessern;
- ✓ dass die Gelenke reibungslos funktionieren;
- ✓ und vieles, vieles mehr.

Zwei Hausmittel mit Ghee, damit du dessen Wert in deinem Leben nutzen kannst:

1) Zur Unterstützung der Gelenke, Haut, Verdauung und Gehirnleistung nimm morgens (auf nüchternen Magen) und abends 1 Teelöffel Ghee ein.

2) Für einen erholsamen Schlaf: Nimm mit den Fingerspitzen von Zeige- und Mittelfinger etwas Ghee auf und massiere es in kreisförmigen Bewegungen im Uhrzeigersinn in deine Schläfen ein. Drücke mit dem Zeigefinger genau 6 Mal auf die Schläfen.

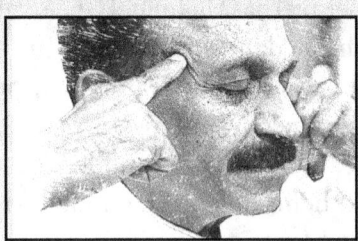

*Bonusmaterial: Um ein Rezept für die Herstellung von Ghee nach einem speziellen, jahrtausendealten Verfahren und interessante wissenschaftliche Studien darüber zu sehen, wie der Verzehr moderater Mengen von Ghee den Cholesterinspiegel offenbar nicht erhöht, besuche bitte die kostenlose Webseite MyAncientSecrets.com.

System wieder ins Gleichgewicht bringen kann. Viele Menschen versuchen, eine Abkürzung zu nehmen, oder einen Notbehelf zu finden, auf der Suche nach der billigsten oder schnellsten Lösung. Normalerweise funktioniert das nicht. Im Gegenteil, es kann alles noch schlimmer machen!"

„Wie meinen Sie das?", fragte Teresa.

„Lassen Sie mich Ihnen ein praktisches Beispiel geben. Mein Vater hatte hohen Blutdruck und Diabetes - das liegt in meiner Familie. Was machen die meisten Menschen? Sie nehmen ein Medikament, das die Symptome unterdrückt, anstatt die Blockade, die Ursache des Problems zu beseitigen. Das Medikament befreit Sie nicht vom Diabetes oder Bluthochdruck oder was auch immer das Problem ist, es ist immer noch da. Alles, was Sie tun, ist die Symptome zu unterdrücken und das endet oft mit Nebenwirkungen."

Dr. Giovanni ergriff das Wort und fügte einen Punkt hinzu: „Als allopathischer Arzt hatte ich ähnliche Situationen mit vielen Patienten, die moderne Medikamente einnahmen."

„Bitte, was bedeutet ‚allopathischer Arzt'?", fragte Teresa.

„Gute Frage. ‚Allopathie' oder ‚allopathische Medizin' ist eine andere Bezeichnung für die westliche moderne Medizin. Ich wurde an einer modernen medizinischen Universität in Italien zu einem allopathischen Arzt ausgebildet, und während ich diese Art moderner Medikamente verabreichte, wurde mir klar, dass ich den Patienten nicht dabei half, das Problem, die Blockade, zu lösen. Ich habe nur den Schmerz betäubt oder die Symptome unterdrückt. Allopathie ist gut, aber die moderne Medizin ist nicht die letzte Instanz. Sie leistet bei vielen Dingen gute Arbeit, aber letztlich tragen Sie die Verantwortung für Ihren Körper und Ihre Gesundheit. Fragen Sie sich, welche Nebenwirkungen die Behandlungen, die man Ihnen verschreibt, haben könnten, z.B. welche negativen Folgen die Medikamente oder die Operation auch haben könnten? Recherchieren Sie, ob Sie andere Optionen haben? An der modernen allopathischen Medizin oder anderen Heilungswegen ist nichts auszusetzen. Es ist Ihre Entscheidung. Stellen Sie nur sicher, dass Sie genügend Fragen stellen, um die Auswirkungen jeder Option zu kennen, damit Sie die richtige Wahl für sich treffen können."

Dr. Naram wandte sich an mich, obwohl er zu allen sprach. „Meine beiden Onkel wussten nicht, dass sie eine Wahl hatten. Sie bekamen starke Medikamente gegen Bluthochdruck und Diabetes, bis sie als junge Menschen an einem Schlaganfall, Nierenversagen und Hirnschäden starben. Als mein Vater, mit dem ich mein ganzes Leben lang Schwierigkeiten hatte, das sah, sagte er: „Nein, ich will keine Abkürzung nehmen, die nur die Symptome unterdrückt. Pankaj, kannst du mir bitte helfen? Ich möchte einen Weg finden, gesund zu werden, den Diabetes und Blutdruck umzukehren und wieder stark zu werden." Als die jahrtausendealten Heilmethoden bei ihm funktionierten, war er wieder frustriert. Diesmal sagte er: ‚Warum bist du deinem Meister nicht zehn Jahre früher begegnet? Warum hast du mich nicht schon früher davon überzeugt, dass das funktionieren könnte? Ich hätte so viel Leid vermeiden und so viel mehr tun können!'" Dr. Naram lachte, als er sich daran erinnerte.

„Um das zu erreichen, musste mein Vater die Blockade vollständig entfernen, und dafür brauchte er die richtigen Schlüssel. Ohne Pillen und ohne Operation haben meine Meister erfolgreich Blockaden entfernt, die alles Mögliche verursachen, von Bluthochdruck, Diabetes und Autismus bis hin zu Krebs und Depressionen."

„Was sind die sechs Schlüssel für eine tiefgreifende Heilung?" fragte Teresa.

„Sehr gute Frage. Einer davon ist Marmaa. Ein anderer sind die Hausmittel. Je nachdem, wie man gewisse Dinge verwendet, können sie entweder Medizin oder Gift sein. Ein anderer Schlüssel ist die Ernährung: das Wissen, welche Nahrungsmittel entweder Blockaden schaffen oder helfen, diese zu beseitigen. Wenn Sie schnellere und tiefgreifendere Heilung wollen, gibt es bestimmte Heilkräuterformeln, die gemäß der jahrtausendealten Wissenschaft zur Heilung von Menschen unglaublich wirkungsvoll sind. Sie sind nicht für eine kurzfristige, sondern für eine langfristige Lösung gedacht. Sie sind sehr sicher und wirken auf subtile, aber tiefgreifende Weise, indem sie die grundlegenden Probleme angehen. Sie beseitigen Blockaden und bringen den Körper ins Gleichgewicht, so dass er wieder auf natürliche Weise so arbeiten kann, wie er sollte."

Die Erklärung in Bezug auf Blockaden war einfach genug, aber ich verstand immer noch nicht, wie diese jahrtausendealte Wissenschaft dazu beitragen konnte, so viele Probleme zu lösen, die die westliche Wissenschaft anscheinend einfach unterdrückte.

"Shakti ist unser Wort für ‚Kraft', die göttliche Kraft, Dinge zu tun oder Dinge zu schaffen. Sie ist bereits in Ihnen. Marmaa dringt tief hinein und hilft, sie herauszuholen. Der Heiler ist nur eine Hebamme, aber Sie bringen Ihr eigenes Kind zur Welt. Marmaa arbeitet mit den anderen Schlüsseln, so dass Sie strahlende Gesundheit erfahren können. Jeden Tag danke ich meinem Meister, dass er sie mir beigebracht hat."

Shakti ist Kraft, die bereits in Ihnen steckt. Marmaa dringt tief hinein und hilft, sie herauszuholen. Der Heiler ist nur eine Hebamme, aber Sie bringen Ihr eigenes Kind zur Welt. "
–Dr. Naram

Dr. Naram fuhr fort, eine Person nach der anderen mit Marmaa Shakti zu behandeln. Schließlich war nur noch eine Person übrig - der wohlhabende Mann mit der eingefrorenen Schulter, der gebeten worden war, sechs Stunden auf seinen Termin mit Dr. Naram zu warten.

Entfernen der schmerzverursachenden Blockaden

Als Dr. Naram zu Beginn der Marmaa-Sitzung den Raum betrat, sah ich, wie dieser Mann aufstand und zu ihm ging. Ich hörte zufällig, wie Dr. Naram ihn erneut leise fragte, wie sehr er sich Erleichterung von seiner eingefrorenen Schulter wünschte und welchen Preis er zu zahlen bereit war.

„Ich habe Ihnen doch schon gesagt, dass ich bereit bin, jeden Preis zu zahlen, aber Sie wollten mein Geld nicht haben."

Dr. Naram sagte: „Ja, weil man das nicht mit Geld erkaufen kann. Ich bin sehr stolz auf Sie, dass Sie den Preis in Form von Zeit bezahlt haben. Für eine tiefgreifende Heilung müssen Sie den Preis in Form von Dienstleistung bezahlen. Sie werden der Letzte sein, dem ich heute Abend helfe, und Sie werden zuerst allen anderen hier dienen." Seine Frau sah vollkommen schockiert aus. Wir alle sahen mit Erstaunen zu, wie ihr Mann die ganze Zeit anderen Menschen mit ihren Schuhen half, ihnen Wasser holte, das Maßband hielt und wirklich Wege fand, denen zu helfen, die vor ihm an der Reihe waren. Es war fast zwei Uhr morgens, und alle anderen waren bereits gegangen, als Dr. Naram ihm endlich seine volle Aufmerksamkeit schenkte.

Dr. Naram führte bei ihm zwei verschiedene Marmaas durch. Beim ersten bat er den Mann, genau wie bei Teresa, sich auf den Boden zu legen. Für das zweite Marmaa bat er ihn, sich rückwärts auf einen Stuhl zu setzen. Bevor Dr. Naram mit dem zweiten Marmaa begann, bat er den Mann, den Arm mit der eingefrorenen Schulter so hoch wie möglich zu heben. Er konnte ihn nur auf Schulterhöhe bewegen, bevor er „Aua!" rief.

Auf die Frage, wie lange er dieses Problem schon habe, antwortete der Mann, dass es schon viele Jahre waren. Dr. Naram wollte wissen, ob er seinen Arm 15 Zentimeter höher heben wolle. Der Mann nickte und sagte, das würde ihm sehr gefallen.

Dr. Naram bat ihn, die Augen zu schließen und sich vorzustellen, wie er seinen Arm 15 Zentimeter höher hebt. „Können Sie vor ihrem geistigen Auge sehen, wie Sie Ihren Arm 15 Zentimeter höher heben?" fragte er.

Er bejahte mit leiser Stimme.

Dr. Naram tippte dem Mann auf die Stirn und sagte: „Sehr gut." Er drückte auf einige Punkte, richtete den Hals des Mannes aus und bewegte den Arm zurück, bis ein leises Geräusch zu hören war. Dr. Naram bat ihn, den Arm zu heben, was er auch tat. Er kam zu dem Punkt, an dem zuvor der Schmerz eingesetzt hatte. Sein Gesichtsausdruck spiegelte seinen Widerstand und erwarteten Schmerz wider. Dieser Blick verwandelte sich zu einem Ausdruck reiner Überraschung, als sein Arm weiter nach oben ging. Er sah mit uns zusammen staunend zu, wie sein Arm kerzengerade über seinen Kopf ging und nun voll beweglich war.

Der Mann brachte seinen Arm nach unten und versuchte, ihn wieder anzuheben, um sicherzugehen, dass er nicht träumte. Wieder volle Bewegungsfreiheit. „Ich kann es nicht fassen, ich kann es einfach nicht fassen", wiederholte er. Erstaunt über die Veränderung ging seine Frau zu ihm und umarmte ihn. Es war nicht nur das Fehlen von Schmerzen. Die Aufregung und Wut ihres Mannes hatten sich in Güte, Freundlichkeit und Dankbarkeit verwandelt.

Ich fragte mich, auf wie vielen Ebenen der Heilung Dr. Naram arbeitete und wie diese tiefgreifende Heilung über das körperliche Leiden oder die körperliche Manifestation hinausging.

Jede Erfahrung an diesem Abend vertiefte in mir das Gefühl von Ehrfurcht über die Möglichkeiten der Marmaas. Als ich Zeuge so vieler verschiedener Beispiele der Transformation wurde, veränderten sich auch meine Gedanken. Ich fragte mich nicht länger, ob dass alles real war, sondern verspürte vielmehr Neugier, wie dieses jahrtausendealte Heilsystem funktionierte. Ich fragte mich: *Würde das bei meinem Vater funktionieren?*

Eine unerwartete Einladung

Nach dem Ende der Marmaa-Sitzung fragte ich Dr. Naram, ob ich ihm einige der Videoaufnahmen zeigen könnte, die ich tagsüber gemacht hatte. Als er sah, wie die einzelnen Personen über ihre Erfahrungen berichteten, wurde sein Lächeln noch breiter als sonst.

Ich sah, wie emotional er wurde, als er ihre Geschichten hörte. „Jetzt können Sie vielleicht anfangen zu verstehen, warum ich meine Arbeit liebe und weshalb ich nachts so gut schlafen kann," sagte er leise.

Er sah mich direkt an und fragte: „Clint, wissen Sie, was Sie wirklich auszeichnet, was eine Ihrer größten Stärken ist?"

Ich war verblüfft. Wir kannten uns noch nicht so gut. Wie konnte er meine Stärken kennen?

„Was?", fragte ich.

„Sie haben eine Ausstrahlung, die es den Menschen erlaubt, sich zu öffnen."

Komplimente zu erhalten ist nichts, womit ich gut umgehen kann, deshalb wusste ich nicht, wie ich darauf reagieren sollte.

„Wirklich?", antwortete ich leise.

"Ja, ich habe Sie beobachtet und ich habe Sie getestet. Ich habe Leute gebeten, mit Ihnen zu sprechen und danach zurückzukommen, um mir Bericht zu erstatten."

Ich wusste nicht, was ich davon halten sollte. Er wollte mich testen? Ich dachte, ich würde ihn auf die Probe stellen, doch nun wurde mir plötzlich klar, dass er mich ohne mein Wissen oder meine Erlaubnis auf die Probe gestellt hatte. Gleichzeitig war ich neugierig, warum er sich offenbar genug Gedanken über mich machte, dass er mich überhaupt ‚testen' wollte, und was ihm die Ergebnisse seiner ‚Tests' zeigten.

Er fuhr fort: „Ihr Wesen, wer Sie sind, erlaubt es den Menschen, sich zu öffnen und ihr Leben und ihre Erfahrungen zu teilen."

Es herrschte eine unbehagliche Stille. Ich versuchte zu antworten, aber es kam nichts heraus. So hatte ich mich selbst noch nie gesehen.

Dann sah er mich wieder an. „Wohin gehen Sie von hier?"

„Ich gehe zurück zu meiner Postdoktorandenstelle und Forschung in Finnland".

Dr. Naram sagte: „Gut. Ich gehe auch sehr bald nach Europa. Ich werde Deutschland, Italien und Frankreich besuchen. Möchten Sie etwas Erstaunliches sehen?

„Was haben Sie im Sinn?"

„Können Sie mich in Europa treffen?" Er zog seinen Terminplan heraus.

Ich schaute auf meinen eigenen Terminplan und sah, dass ich einige Termine frei hatte, während er in Italien war. So neugierig ich auch war, ich wusste nicht, wie mein Interesse an dem, was er tat, in den Rest meines Lebens passen sollte. Und die Wahrheit war, dass ich, obwohl ich hoffte, dass es meinem Vater helfen würde, immer noch Zweifel daran hatte, weil es so vielem widersprach, was mir seit meiner Jugend beigebracht worden war.

Dr. Naram bemerkte mein Zögern. „Wenn Sie kommen, werden Sie eine der erstaunlichsten Erfahrungen Ihres Lebens machen."

Deine Notizen

Um den Nutzen, den du aus der Lektüre dieses Buches ziehen wirst, zu vertiefen und zu vergrößern, nimm dir jetzt ein paar Minuten Zeit und beantworte die folgenden wichtigen Fragen:

Wie viel Prozent deiner Zeit konzentrierst du dich auf das, was du nicht willst, im Vergleich zu dem, was du willst?

_____

_____

_____

Folge dem in diesem Kapitel beschriebenen Prozess um herauszufinden, was du willst. Nachdem du auf den Marmaa-Punkt gedrückt und die Frage gestellt hast, was kam dir als erstes in den Sinn? Was willst du?

_____

_____

_____

Was wirst du tun, wenn du es erreicht hast?

_____

_____

_____

Welche anderen Einsichten, Fragen oder Erkenntnisse kamen dir beim Lesen dieses Kapitels in den Sinn?

_____

_____

_____

KAPITEL 10

Kann eine Frau über 50 in den Wechseljahren noch ein Kind bekommen?

In einem Zwiespalt zwischen dem Herzen und dem Verstand, folge dem Herzen.
–Swami Vivekananda (indischer Mystiker, 1863-1902)

Mailand, Italien

Ich hatte ein gesegnetes Leben. Meine Eltern hatten nie viel Geld, aber zum Glück konnte ich ein Stipendium erhalten, eine Arbeit finden und viel reisen. Meine Seele wurde schon immer vom Reisen angezogen. Auf die Frage, warum mir das Reisen so gut gefiel, antwortete ich: „Ich fühle mich einfach lebendig, wenn ich sehe, wie Menschen auf der ganzen Welt ihr Leben auf unterschiedliche Weise leben." Und das ist wahr. Ich bin bestrebt herauszufinden, was meine eigene menschliche Natur ist und was mir anerzogen wurde, was mein kultureller Hintergrund ist. Das Eintauchen in andere Kulturen ist der schnellste Weg, um zu entdecken, was ich nicht sofort an mir selbst erkennen konnte.

Was ich den Leuten nicht sagte — und damals auch nicht bewusst verstand — war, dass Reisen auch ein bequemer Weg war, um mich von den Ängsten über meine Vergangenheit und Zukunft abzulenken.

Es lenkte mich von meinem eigenen Unbehagen und meinen empfundenen Unzulänglichkeiten ab.

Italien war einer meiner absoluten Lieblingsorte. Und das aus guten Gründen: das Eis, die Pizza, die Kunstwerke, das Eis, die Sprache, die Pasta, das Eis, die Schokolade, die Menschen... habe ich das Eis schon erwähnt?

Ich flog von Helsinki nach Mailand und nahm von dort den Bus zum Hauptbahnhof. Stattliche Marmorbögen, robuste Statuen, aufwendige, leidenschaftliche Gemälde, köstliche Gerüche und lebhaftes Stimmengewirr hießen mich in Italien willkommen. Dr. Giovanni hatte ein Auto geschickt, um mich abzuholen. Während ich wartete, sah ich ein kleines rotes Cabriolet vorfahren.

„Ciao!", sagte der Fahrer, ein freundlicher Italiener, der sich als Luciano vorstellte. Er hatte einen großen Schnurrbart, der an den Spitzen gekräuselt war, sprach mit einem harten italienischen Akzent, trug eine gelbe Sportjacke, Hosenträger und einen Hut mit weißer Krempe. Er reichte mir eine Narzisse und sagte: „Buongiorno! Herzlich Willkommen in Mailand!"

Seine melodiöse Art zu sprechen klang, als würde er jeden Augenblick anfangen zu singen. Ich bedankte mich bei ihm und bald waren wir auf dem Weg zu dem Ort, wo ich die nächsten Nächte verbringen würde. Er sprach nicht viel Englisch und ich sprach noch weniger Italienisch, aber irgendwie verstanden wir uns.

Wir fuhren an prunkvoll verzierten Kirchen, belebten Cafés und einem malerischen Park vorbei, der eine schlossähnliche Struktur mit einem sprudelnden Springbrunnen in der Mitte hatte. Wir kamen an einem charmanten, ruhig gelegenen Haus mit weißen Säulen an, an dessen Wänden sich grüne Pflanzen rankten. In diesem bescheidenen, gemütlichen Haus warteten köstliche Früchte, dunkle Schokolade und heißer Kräutertee auf mich. Als es Zeit zum Schlafen war, waren alle meine Sinne vom schönen Italien durchdrungen.

Kannst du in deinen Achtzigern ein besseres Sexualleben haben als frisch Vermählte?

Früh am nächsten Morgen machte ich mich auf den Weg zu der Klinik, in der Dr. Naram seine Patienten sah. Ich wurde in einen

Raum geführt, den ich für Interviews nutzen konnte. Ich stellte meine Videokamera auf und richtete mich dort ein. Mir wurde bewusst, dass das Aufzeichnen von Erfahrungen und Hintergrundgeschichten der Patienten, was in Indien als Geschenk für Dr. Naram begonnen hatte, sich bei meinem Besuch in Los Angeles in ein Bemühen verwandelt hatte, mehr Informationen und Beweise zu sammeln, die meinem Vater helfen könnten. In Italien war es das erste Mal, dass ich mich beim Dokumentieren der medizinischen Fallgeschichten als halbamtlicher Teil des Teams fühlte. Selbst wenn ich mich nur ehrenamtlich engagierte, hatte ich das Gefühl, dass das, was ich tat, mehr Wert haben könnte, als ich ursprünglich angenommen hatte.

Dr. Naram erschien mit einer so unglaublichen Vitalität und einem Gefühl der Ehrfucht, als sei dies der erste Tag seines Lebens, alles neu und farbenfroh.

Er begrüßte mich, fragte nach meinem Vater und sagte mir, wie froh er sei, dass ich gekommen war.

Dr. Giovanni begrüßte mich mit einem Kuss auf beide Wangen und einer festen Umarmung. Er hielt meine beiden Arme mit seinen Händen so fest, dass ich nicht wusste, wohin ich gehen sollte. Er blickte mir mit einem warmen Lächeln in die Augen. Normalerweise war es mir unangenehm, jemandem so lange in die Augen zu schauen, aber das Gefühl seiner Liebe und Güte ließ meine Unbehaglichkeit dahinschmelzen und ich überließ mich dem Augenblick. Es bedurfte keiner Worte, um seine Gefühle auszudrücken, und es war sehr schön zu wissen, dass er sich wirklich darüber freute, dass ich ihm in seinem Heimatland Gesellschaft leisten konnte.

Der Warteraum begann sich zu füllen. Während die Leute hereinströmten und ich Zeuge der intensiven Schmerzen wurde, die viele durchlitten, verblasste mein traumhafter Zustand langsam und ich vergaß, dass ich mich an einem solch schönen Ort befand.

Eine ältere Frau mit entstellten Fingern und Händen kämpfte sich schwerfällig mit ihrer Gehhilfe in den Raum. Ein anderer Mann atmete schwer und mühsam mit Hilfe einer Sauerstoffflasche, die sein Sohn trug. Eine Frau mit Tränen in den Augen hielt ihr Baby im Arm, aber ich konnte nicht erkennen, warum sie weinte. Eine andere junge Mutter kam mit zwei Kindern herein: eines mit Down-Syndrom und das andere mit einem schweren Hautproblem.

Zu dieser Zeit war der Zustand der Wirtschaft in Italien alles andere als rosig. Viele Geschäfte wurden geschlossen, und etwa zwanzig Prozent der jungen Erwachsenen waren arbeitslos. Die konventionelle Gesundheitsfürsorge wurde von der Regierung übernommen, aber die Versicherungspläne deckten die jahrtausendealten Heilmethoden nicht ab, so dass die Menschen sie aus eigener Tasche bezahlen mussten. Die Beratung von Dr. Naram kostete sie etwa siebzig Euro, plus etwa zwei bis fünf Euro pro Tag für die Kräuter, die sie danach erhielten. Doch Tag für Tag warteten die Menschenmengen begierig darauf, ihn zu sehen.

Ich war sehr neugierig, warum so viele Italiener Schlange standen, um Dr. Naram zu sehen. Was hatte sie dazu inspiriert, zu ihm zu kommen?

Die erste Person, die mir Dr. Naram vorstellte, war ein junger Mann, der neunzehn Jahre zuvor, damals noch ein Kleinkind, zu ihm gekommen war. Die Ärzte hatten seinen Eltern damals mitgeteilt, dass seine Nieren unterentwickelt waren und versagten, dass er eine Dialyse brauchte und bald eine Transplantation benötigen würde. Er hatte eine polyzystische Nierenerkrankung, und die meisten Menschen mit dieser Erkrankung haben im Leben große Schwierigkeiten. Nach Jahren, mit Dr. Narams Hilfe, zeigten Tests, dass seine Nieren wieder normal funktionierten, ohne dass eine Dialyse oder eine Transplantation erforderlich war!

„Letztes Mal fragte er mich, ob er eine Freundin haben könnte", sagte Dr. Naram. „Ich sagte: ‚Natürlich, warum nicht?' Er sagte: ‚Aber Dr. Naram, ich habe ein Nierenproblem.' Ich sagte: ‚Nein, du hattest ein Nierenproblem.'" Er lachte vor Freude über das Ergebnis.

Dr. Giovanni sagte mir: „Die Gesundheit dieses Jungen ist bemerkenswert; er sieht sehr gut aus. Der Junge erzählte uns stolz, dass er jetzt eine Freundin hat!"

Dann kam ein älteres Ehepaar herein, beide waren über 80 Jahre alt und unterhielten sich in typisch italienischem Überschwang, der ansteckend war. Sie konnten nicht viel Englisch sprechen, aber eine Frau in der Klinik übersetzte netterweise für mich. Ich war ziemlich schockiert, als sie mir mitteilten, dass nicht nur ihre altersbedingten Gelenkschmerzen fast verschwunden und ihre Verdauung besser geworden sei, sondern dass sie auch etwas erlebten, wovon die meisten Menschen, die nur halb so alt waren wie sie, nur träumen konnten. Sie sagten, sie hätten ein besseres Sexualleben als frisch Vermählte! Die ältere Frau teilte mir alle Einzelheiten mit, die ich gar nicht wissen wollte, aber das hielt sie nicht ab. Sie erzählte mir, wie sie Trockenheit und Schmerzen in ihrer Vagina empfunden hatte. Sie hatte keine Lust zu küssen oder umarmt zu werden und ging ihrem Mann aus dem Weg, der ebenfalls Probleme hatte. „Jetzt können wir die Hände nicht mehr voneinander lassen! Ich liebe es, ihn zu berühren, und ich liebe es, wenn er mich berührt!"

Sie sagte, dass die von Dr. Naram verschriebene Ernährung, die Kräuter und das Hausmittel, die Dr. Naram verschrieben hatte, ihren Hormonspiegel verbesserten und die Lubrikation auf natürliche Weise erhöhten, so dass sie in jedem Aspekt ihres Lebens mehr Freude empfand. Dann sagte sie etwas, und die Übersetzerin riss überrascht die Augen auf und lachte. Nach einer kurzen Pause zum Luftholen übersetzte sie es. Diese ältere Frau hatte gerade mit großer Inbrunst erklärt, dass sie nun mindestens dreimal pro Woche Sex hatte.

Ich konnte nicht anders, als auch zu lachen. Es war peinlich, diese Großmutter über Sex reden zu hören, aber ihr Enthusiasmus gab dem Ganzen ein Gefühl von Unschuld und Charme. Sie wusste sogar genau, wann ihr Mann morgens am wahrscheinlichsten eine Erektion haben würde, damit sie für ihn bereit sein konnte.

„Was nützt es mir, wenn ich nur Pasta und Pizza essen kann, aber meinen Mann nicht als Liebhaber genießen kann? Wir sind verliebter denn je und lieben es, es einander offen zu zeigen!" Ich bin sicher, dass ich rot geworden bin und hoffte inständig, dass mein Lächeln dies verbergen würde.

Ihre Geschichte faszinierte mich, weil einige meiner Freunde in den Zwanzigern und Dreißigern bereits Probleme mit erektiler Dysfunktion hatten, was ihr Selbstvertrauen verständlicherweise beeinträchtigte. Sie fühlten sich machtlos und irgendwie verlegen. Und hier waren ein siebenundachtzigjähriger Mann und eine einundachtzigjährige Frau, die mehrmals pro Woche Sex hatten!

Älteres italienisches Ehepaar, verliebt und in der Lage, es in jeder Hinsicht auszudrücken.
Das Foto wurde von Fabio Floris und Andrea Pigrucci aufgenommen.

Nach der Menopause noch ein Kind bekommen?

Nach diesem Gespräch kam Dr. Naram, um mir zu sagen, dass ich mit einer Frau namens Maria Chiara sprechen müsse. Maria war eine große Frau mit dunklem Haar und hellen Augen. Sie erzählte mir, wie sie drei Jahre zuvor zum ersten Mal zu Dr. Naram kam.

„Dr. Naram fragte mich: ‚Was wollen Sie?' Ich sagte ihm, dass ich meine Periode zurückhaben möchte, damit ich noch ein Kind bekommen kann. Ich wusste, dass ich das Unmögliche verlangte, aber ich wollte es trotzdem."

„Zu diesem Zeitpunkt war ich bereits in den Wechseljahren und hatte seit drei Jahren keine Periode mehr," sagte sie. „Als die Wechseljahre begannen, fühlte ich mich deprimiert und hatte Stimmungsschwankungen. Ich hatte überall Schmerzen und konnte nicht schlafen. Mein ganzer Körper fühlte sich heiß an und ich litt an Hitzewallungen. Nachts musste ich das Fenster öffnen, weil ich sehr stark schwitzte. Ich versuchte zu schlafen, wechselte meine Kissen, die Laken und Position, aber ich konnte einfach nicht einschlafen. Ich war so müde und hatte Verdauungsstörungen, Völlegefühl, und Krämpfe.

Kann eine Frau über 50 in den Wechseljahren noch ein Kind bekommen? 173

Dr. Naram lacht vor Überraschung und Freude, als diese ältere Italienerin die jugendliche Erfahrung ihres neuen Lebens beschreibt.
Das Foto wurde von Fabio Floris und Andrea Pigrucci aufgenommen.

Meine Vagina war sehr trocken und ich hatte keine Libido. Meine Haut wurde richtig rau - ich war eine alte Frau. Dann begannen die Schwindelanfälle, die ganze Welt begann sich zu drehen. Ich musste mehrmals am Tag und in der Nacht auf die Toilette gehen. Um dem abzuhelfen, musste ich Binden tragen. Ich bekam Rückenschmerzen und meine Knochen fingen an komische Geräusche zu machen, von denen meine Ärzte mir sagten, es sei Osteoarthritis. Ich fühlte mich alt. Und das Schlimmste von allem war, dass mir an den seltsamsten Stellen Haare wuchsen. Aber nun habe ich einen neuen Freund, der jünger ist als ich und obwohl wir einige Herausforderungen meistern müssen, habe ich den großen Wunsch, ein Kind mit ihm zu haben."

„Ihr Fall erinnerte mich an eine andere Frau, die einmal kam", sagte mir Dr. Naram. „Sie erzählte mir, Jesus erschien in ihrem Traum und sagte ihr, Dr. Naram könne ihr helfen, aus den Wechseljahren herauszukommen. Überrascht sagte ich dann zu ihr: ‚Jesus mag in deinem Traum erschienen sein, aber er ist nicht in meinem Traum erschienen.'" Dr. Naram lachte. Während er dieser Frau half, entdeckte Dr. Naram Geheimnisse, die seiner Meinung nach auch Maria helfen konnten.

Bei ihrem ersten Besuch hatte Dr. Naram Maria erklärt, „Sie sind eine sehr gute Frau. Das Problem sind nicht Sie. Es sind Ihre

Hormone, die Ihre Hitzewallungen, das Völlegefühl, die Wut und den Zorn verursachen. Ihr Freund mag denken, dass Sie eine wütende Frau sind, aber das sind Sie nicht. Er wird nicht ganz verstehen, was ich damit meine. Vielleicht fühlen Sie sich schuldig und verwirrt, aber in diesem Falle sind es Ihre unausgeglichenen Hormone, die dieses Chaos verursachen, nicht Sie selbst."

Er warnte Maria, dass die Geheimnisse auch einige Nebenwirkungen haben könnten, z.B. dass mehr junge Männer sie begehren würden. „Mein ursprünglicher Meister, Jivaka, behandelte Amrapali, die mit sechzig Jahren als die schönste Frau der Welt galt und immer wieder jüngere Männer anzog. Sogar der fünfunddreißigjährige König, der bereits eine jüngere Frau hatte, wollte sie heiraten.

Ich kann nicht versprechen, dass Sie ein Baby bekommen werden", sagte er ihr, „aber diesen jahrtausendealten Geheimnissen zufolge kann ich Ihnen definitiv helfen, jünger auszusehen und sich jünger zu fühlen. Und wir können sehen, was noch alles damit einhergeht. Sind Sie bereit, dieses Risiko einzugehen?"

„Und was passierte dann?", fragte ich.

Sie erzählte mir, dass sie die Ernährungsumstellung gewissenhaft befolgte und etwa ein Jahr lang alle Hausmittel und Kräuter einnahm. Mit einem riesigen Lächeln voller Glückseligkeit sagte sie mir: „Jetzt bin ich sechsundfünfzig Jahre alt, und mein Menstruationszyklus hat wieder begonnen!"

Auch Dr. Giovanni konnte nicht umhin zu lächeln und fügte hinzu, dass er am Erfolg zweifelte, als Dr. Naram drei Jahre zuvor mit Maria sprach. Er hatte gesehen, wie jüngere Patientinnen in die Wechseljahre kamen und ihren Zyklus zurückbekamen, aber nie eine Frau in ihrem Alter. „Vom medizinischen Standpunkt aus gesehen", sagte er, „war dies beispiellos und erstaunlich."

Maria fügte hinzu: „Ich kann jetzt ein Kind bekommen. Ich fühle mich wie im Himmel!"

Ich fragte sie: „Haben Sie einen Ausweis, zum Beispiel Ihren Führerschein, dabei?"

Mit einem breiten Lächeln holte Maria ihre Handtasche hervor, zeigte mir ihr Foto und das Geburtsdatum auf ihrem Führerschein und sagte: „Die Kräuter haben mir geholfen, jünger auszusehen und mich jünger zu fühlen. Jeder, den ich treffe, schätzt, dass ich um die vierzig Jahre alt bin. Sogar mein Freund wird eifersüchtig, wenn mich jüngere Männer anschauen. Ich bin stolz darauf, wie ich mich jetzt fühle."

Dr. Giovanni fügte hinzu: „Ich bin sehr stolz auf sie, weil sie einen so starken Glauben und Wunsch hatte. Selbst wenn die meisten Menschen glauben, dass man in den Wechseljahren nicht schwanger werden kann, glaubte Maria daran, dass sie es kann. Sie hat für sich selbst einen anderen Weg gewählt. Sie hielt sich an die Ratschläge und hat dadurch etwas Bemerkenswertes erreicht."

Als Dr. Naram diese Kommentare hörte, sagte er: „Mein Meister, wo auch immer er ist, muss sich so gut fühlen, dass die jahrtausendealten Heilgeheimnisse, die er mir gegeben hat, Maria helfen. Sie verwirklicht ihre Träume! Clint, darf ich Ihnen einen ähnlichen Fall vorstellen?"

Ich nickte.

„Es gibt noch eine andere Frau aus Paris, die ich Ihnen vorstellen möchte. Hélène kam zu mir, als sie fast fünfzig Jahre alt war. Ihre Periode hatte sechs Jahre zuvor aufgehört, doch als ich sie fragte: ‚Was wollen Sie?', sagte sie zu mir: ‚Ich möchte wirklich ein Kind haben.' An diesem Punkt sagte ich: ‚Sehr gut'. Dr. Giovanni, der damals bei mir war, sagte: ‚Was meinen Sie damit?', und zog mich zur Seite. Er sagte: ‚Dr. Naram, Sie verstehen nicht. Sie ist seit sechs Jahren in den Wechseljahren! Es gibt keine Möglichkeit, dass sie ein Kind bekommen kann. Warum sollten wir ihr falsche Hoffnungen machen?' Ich sagte ihm, es ginge nicht darum, was er wollte oder für möglich hielt, sondern darum, was diese wunderbare Frau wollte. Ich gab ihr all die jahrtausendealten Geheimnisse, die Hausmittel, die Kräuterrezepturen, die Ernährung, alles. Und sie war sehr diszipliniert. Mit großer Geduld und Ausdauer hielt sie sich genau an die Ratschläge."

„Dann bekam ich, ob Sie es glauben oder nicht, einen Anruf von ihr. Sie war so glücklich und als ich fragte, warum, sagte sie, dass sie jetzt Krämpfe bekomme. Ist es nicht erstaunlich, dass sie so aufgeregt über die Krämpfe war? Ich sagte ihr, das sei ein gutes Zeichen und sie solle so weitermachen. Ein paar Monate später rief sie mich wieder an. Sie sagte: ‚Dr. Naram, ich hatte wieder meine Periode als wäre ich 20!' Das war ein feierlicher Moment für uns beide - ich kann es nicht in Worte fassen. Ich wollte tanzen und weinen. Es funktionierte!

Sie war aufgeregt, dass sie jetzt ein Baby bekommen konnte", sagte er, „aber es gab noch ein anderes Problem. Ich fragte: ‚Was für ein Problem?' Sie sagte: ‚Dr. Naram, ich habe keinen Freund!'" Dr. Narams Augen waren weit geöffnet, als er diesen Teil der Geschichte erzählte. „Selbst dieses Hindernis hielt sie nicht davon ab, denn sie wusste genau, was sie wollte. Sie fand ihren eigenen Weg und wurde durch eine künstliche Befruchtung schwanger. Als ich das nächste Mal nach Paris kam, brachte sie ihre gesunde, liebenswerte kleine Tochter mit! Sie sagte, es sei ein Wunder sowohl der jahrtausendealten als auch der modernen Wissenschaft. Sie können sich nicht vorstellen, welche Freude und Befriedigung ich empfand, als ich sah, wie ihr Traum mit diesem wunderschönen Baby, das sie nun in den Armen hielt, wahr geworden war! Es war besser, als einen Nobelpreis zu gewinnen."

Dr. Naram drückte seine Dankbarkeit für seinen Meister aus, der ihn diese jahrtausendealte Wissenschaft gelehrt hat, sowie für den Glauben und die Ausdauer dieser Frau, die so erstaunliche Ergebnisse erzielte. Er war begeistert von der Kraft der Kräuterrezepturen und der einfachen Hausmittel, die er ihr gab, wie zum Beispiel Kreuzkümmelpulver, schwarzes Salz, Alaun (Phitkari), Ajowanpulver, Asafoetida, Fenchel, und Dillsamenpulver, „Fenchel ist der beste

Dr. Naram in Paris mit Hélène, 52, und ihrem wunderschönen Mädchen. Sie wollte nicht erkannt werden, daher machten wir das Bild unkenntlich, aber da dieses Bild so viel Freude enthielt, stimmte Sie zu, dass es in diesem Buch erscheinen sollte.

Freund einer Frau. Er unterstützt auf natürliche Weise einen hohen Östrogen- und Progesteronspiegel."

Dr. Naram betonte, dass sein Meister ihn gelehrt hat: „Wenn du einen brennenden Wunsch hast, gepaart mit großem Glauben, Hingabe und Disziplin, dann ist alles möglich."

> „Fenchel ist der beste Freund einer Frau. Er unterstützt auf natürliche Weise einen hohen Östrogen- und Progesteronspiegel."
> –Dr. Naram

So viele Fragen schwirrten durch meinen Kopf, vor allem zu den Methoden, die er benutzte, um die Ergebnisse zu erzielen, die ich bei meiner Arbeit in Indien, den Vereinigten Staaten und nun in Italien gesehen hatte. Während meine Skepsis vorher etwa bei 80 oder 90 Prozent lag, war sie jetzt auf etwa 30 Prozent gesunken. Meine Neugier und offenen Fragen nahmen etwa 65 Prozent ein. Die verbleibenden 5 Prozent waren ein neu gewachsenes Vertrauen in diese jahrtausendealten Heilmethoden, das sich langsam in mir breitmachte.

„Wie haben Sie diesen Frauen geholfen, nach der Menopause wieder ihre Periode zu bekommen?", fragte ich Dr. Naram. „Und was genau haben Sie getan, um diesem älteren Paar zu helfen, wieder so jugendlich aktiv wie Frischvermählte zu werden?"

„Wollen Sie das wirklich wissen?", fragte mich Dr. Naram.

„Ja!", sagte ich.

> „Wenn Sie einen brennenden Wunsch haben, gepaart mit großem Glauben, Engagement und Disziplin, dann ist alles möglich."
> –Baba Ramdas
> (Dr. Narams Meister)

„Nun, ich möchte wirklich, dass Sie es wissen. Von meinem Herzen zu Ihrem Herzen, Clint, ich möchte, dass Sie wissen, wie das funktioniert."

„Dann sagen Sie es mir bitte."

„Dafür müssen Sie morgen wiederkommen."

---

*Bonusmaterial: Dr. Naram meinte, sei es hilfreich, dir mehr Kontext und Unterstützung zu geben, um Amrapalis geheimes Heilmittel zu entdecken und herauszufinden, wie dieses ältere Ehepaar so jusng geblieben ist. Siehe dazu bitte den Anhang und die kostenlosen Videos auf der Webseite MyAncientSecrets.com..

Deine Notizen

Um den Nutzen, den du aus der Lektüre dieses Buches ziehen wirst, zu vertiefen und zu vergrößern, nimm dir jetzt ein paar Minuten Zeit und beantworte die folgenden wichtigen Fragen:

Welche brennenden Wünsche hast du in deinem Herzen, auch wenn manche dieser Wünsche anderen unerreichbar erscheinen mögen? (Wenn du weder dich noch deine Wünsche als richtig oder falsch, gut oder schlecht, erreichbar oder unerreichbar einschätzt und es dir egal ist, was andere darüber denken, entdeckst du dann Dinge, die *du* wirklich willst?)

_____

_____

_____

_____

Welche anderen Einsichten, Fragen oder Erkenntnisse kamen dir beim Lesen dieses Kapitels in den Sinn?

_____

_____

_____

_____

KAPITEL II

Ein geheimer Ernährungsplan, um 125 Jahre oder länger zu leben?

Der Arzt der Zukunft wird keine Medizin verschreiben, sondern das Interesse seiner Patienten auf die Pflege des eigenen Körpers, Ernährung, Ursachen und Verhütung von Krankheiten lenken.
–Thomas Jefferson (3. Präsident der Vereinigten Staaten von Amerika, & Hauptverfasser der Unabhängigkeitserklärung)

Am nächsten Tag sprach ich mit Simone Rossi Doria, dem Mann, der für Dr. Naram die Logistik der Tour koordinierte. „Italien war das erste Land außerhalb Indiens, in dem Dr. Naram sein jahrtausendealtes Heilungssystem mit anderen teilte. Das ist nun schon über fünfundzwanzig Jahre her", sagte er stolz. Fast hundert Menschen besuchten Dr. Naram an dem Tag, als ich in seiner Klinik in Mailand war. Woher wussten all diese Italiener von ihm? „Mundpropaganda, E-Mail-Listen und Zeitungsartikel haben viel dazu beigetragen, die Informationen zu verbreiten", erzählte mir Simone.

Er teilte mir mit, dass Tausende und Abertausende von Italienern aus mehr als sechzig Städten bereits von den Kliniken von Dr. Naram profitierten. Dr. Naram hat mehrere italienische Ärzte in

Dr. Giovanni, Dr. Naram und Simone vor dem Vatikan.

den jahrtausendealten Methoden ausgebildet, und alles begann mit Simones Schwester Susi.

Später am Tag traf ich Susi und ihre Mutter während einer Pause. Sie war eine nachdenkliche Frau, die dank ihrer Reiselust und ihrer Offenheit für das Leben viel erlebte. Pucci, ihre Mutter, war voller Energie, enthusiastisch, lebhaft und ausdrucksstark. Ursprünglich aus England stammend, hatte Pucci einen Italiener geheiratet und lebte schon so lange in Italien, dass sie fließend italienisch sprach.

Susi und Dr. Narams Vater hielten sich 1987 zur gleichen Zeit im Sathya Sai Baba Ashram in Indien auf. Eines Tages ging Dr. Naram dorthin, um seinen Vater zu besuchen. Eine Gruppe von Italienern interessierte sich für ihn und seine Arbeit und Susi übersetzte für sie. Als sie ihn bat, ihren Puls zu überprüfen, diagnostizierte er ein Leberproblem und sagte ihr, sie habe Hepatitis A. Sie glaubte ihm nicht und bestand darauf, dass sie sich gut fühle. Zehn Tage später färbten sich ihre Augen gelb.

Susis Mutter sagte: „Sie dachte, sie hätte eine Lebensmittelvergiftung, weil sie kurz vorher Fisch gegessen hatte. Sie unterzog sich einem Bluttest, der bestätigte, dass sie tatsächlich Hepatitis A hatte. Sie konnte es nicht glauben, dass Dr. Naram schon lange vor dem Test davon wusste, indem er einfach ihren Puls fülte. Wie konnte er das wissen?"

Susi erklärte, wie sie rückblickend die Methode verstand. „Anstatt einen Bluttest zu machen und eine Untersuchung durchzuführen, kann er die Signale in Ihrem Puls ablesen. Durch die Pulsdiagnose ist Dr. Naram in der Lage zu verstehen, was mit Ihrem Körper nicht stimmt. Ich weiß, dass viele Ärzte dem skeptisch gegenüberstehen, aber ich habe viele gesehen, die zu Dr. Naram gegangen sind und die gleiche Erfahrung gemacht haben. Nachdem sie ihn getroffen hatten, ließen sie Bluttests und andere Untersuchungen vornehmen, die bestätigten, was er nur durch die Pulsdiagnose bereits diagnostiziert hatte. Es dauert viele Jahre, diese Fähigkeit zu beherrschen, denn es ist sowohl eine Kunst als auch eine Wissenschaft. Mit ihrer Hilfe kann man erfahren, in welchem Verhältnis Vata, Pitta und Kapha zueinanderstehen. Sie können fühlen, ob ein Ungleichgewicht besteht. Wenn Sie tiefer gehen, können Sie verstehen, ob es eine Blockade gibt und wo sie sich befindet."

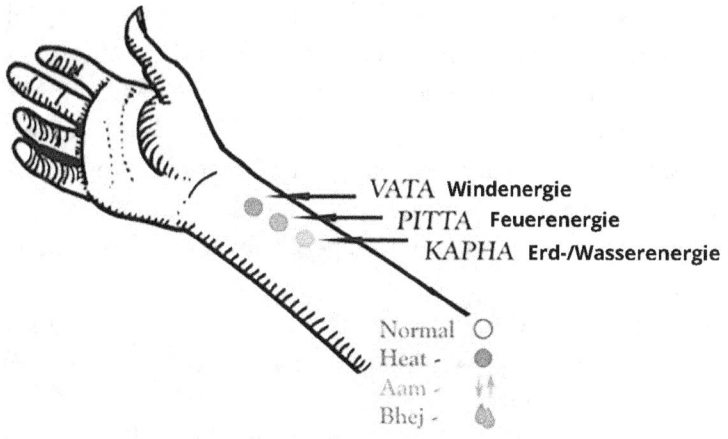

Diagramm einiger der Grundelemente, die bei der Pulserfassung erkannt werden können. Die Stärke, das Muster und die Geschwindigkeit des Pulses in jedem Punkt weisen auf mögliche Ungleichgewichte und Blockaden im System der Person hin. Diese Blockaden und Ungleichgewichte korrelieren mit physischen, mentalen und/oder emotionalen Problemen, mit denen die Person konfrontiert ist oder in Zukunft wahrscheinlich konfrontiert werden wird.

Dr. Giovanni hatte mir bereits das Konzept der Doshas erklärt. Nachdem ich meine eigenen Nachforschungen angestellt hatte, wusste ich, dass Susi über die elementaren Aspekte des Körpers sprach, auf denen sowohl die siddha-vedischen als auch die ayurvedischen Heilungsansätze basieren. Vata ist die Windenergie, Pitta ist Feuerenergie, und Kapha ist Wasser-/Erdenergie. Die Konstitution jedes Menschen ist unterschiedlich, je nachdem, welche Qualität oder Kombination von Qualitäten vorherrscht. Je nachdem, wie sie sich im Puls manifestieren, können Ungleichgewichte erkannt und Krankheiten diagnostiziert werden.

Susi sollte am nächsten Tag nach Hause fliegen, aber Dr. Naram und seine Frau Smita überzeugten sie, in ihrem Haus zu bleiben, da sie zu schwach zum Fliegen war. Dies gab ihr die Gelegenheit, ihre Ernährung umzustellen und die Kräuterrezepturen einzunehmen, die Dr. Naram für sie kreiert hatte.

Obwohl die meisten Menschen viele ihrer Probleme bewältigen können, ohne irgendwo hingehen zu müssen, gibt es in extremen Fällen, oder wenn jemand schnellere Fortschritte anstrebt, die Möglichkeit sich für *panchakarma* (ausgesprochen *pan'tscha'kar'ma*) oder *asthakarma* (ausgesprochen *asch'ta'kar'ma*) zu entscheiden. Beides sind aus mehreren Prozessen bestehende Reinigungsmethoden zum Wiederaufbau der Kernsysteme des Körpers. *Karma* bedeutet ‚Aktion' oder ‚Tätigkeit', und *Pancha* bedeutet ‚fünf'. Panchakarma besteht aus fünf Schritten, um Giftstoffe aus dem Körper zu entfernen. Beim Asthakarma gibt es acht Schritte, also drei zusätzliche Schritte, um den Körper von innen heraus zu reinigen, von Giftstoffen zu befreien und wieder ins Gleichgewicht zu bringen.

Als Susi erzählte, dass sie in Indien von Dr. Naram und seiner Frau Smita so gut versorgt worden war, dachte ich an meinen Vater. Zwei Wochen zuvor hatte ich ihn angerufen und erfahren, dass er seine Kräuterrezepturen erhalten hatte. Allein durch die Umstellung seiner Ernährung und die regelmäßige Einnahme der Kräuter hatte er etwas weniger Schmerzen und mehr Energie, und das gab ihm viel Hoffnung. Er überraschte mich, als er sagte: „Sohn, ich glaube, ich fange an, mich mit dem Gedanken an einen Flug nach Indien anzufreunden." Daraufhin buchte ich sofort seinen Flug und seinen Platz in der Ayushakti-Klinik in Mumbai für die von Dr. Naram empfohlenen einmonatigen Panchakarma-Behandlungen. Etwa zur gleichen Zeit, als ich in Italien ankam, landete mein Vater in Indien. Der Flug war hart für ihn. Er war sehr schwach als er in Mumbai aus dem Flugzeug stieg. Zwei nette muslimische Herren, die mit ihm geflogen waren, hielten seine Arme, um sicherzustellen, dass er nicht umfiel. Als ich seine E-Mail erhielt, in der er mir mitteilte, dass er sich wie von Engeln umsorgt fühlte und sich in der Klinik eingelebt hatte, war ich dankbar. Trotzdem war ich darüber besorgt, wie sich sein Zustand weiter entwickeln würde.

In Italien hörte ich Susi aufmerksam zu, als sie mir erzählte, dass es ihr nach nur wenigen Wochen der Behandlung, der speziellen Ernährung und den Kräutern von Dr. Naram bereits so viel besser ging, dass sie sich fit genug für den Heimweg fühlte. Als sie wieder in Italien ankam, zeigte ihr erster Bluttest etwas Bemerkenswertes: Ihre Leber war gesund.

„Meine Ärzte in Italien sagten mir, dass der Körper normalerweise mehrere Monate braucht, um sich von dieser Art der Lebensmittelvergiftung zu erholen", sagte sie.

„Ich wurde nach einem Monat erneut getestet. Als die Ärzte sahen, dass meine Leber einwandfrei funktionierte, waren sie schockiert. Ich erzählte ihnen von Dr. Narams tiefgreifenden Methoden der Heilung, seinen jahrtausendealten Formeln, den pflanzlichen Nahrungsergänzungsmitteln und Ernährungsempfehlungen, und sie wollten mehr darüber erfahren."

Um ihm für seine Hilfe zu danken, bat Susi Dr. Naram, ein Seminar über seine Heilmethoden in Italien abzuhalten. Es dauerte eine Weile, bis er Zeit fand, aber dank ihrer hartnäckigen Bitten willigte er ein. Dr. Naram und seine Frau Smita kamen am 4. Mai 1988, seinem Geburtstag, in Italien an.

Von Indien nach Italien

Als Dr. Naram kam, um sich eine Mungbohnensuppe zu holen, sah er uns. Susi sagte: „Wir erzählen Clint gerade von Ihrem ersten Besuch in Italien, Dr. Naram."

Dr. Naram lachte und sagte: „Es war mein erster Besuch in Europa, und im Vergleich zu Indien kam mir alles seltsam vor. Niemand sprach Englisch und als ich auf dem von Susi veranstalteten Seminar zu reden begann, schauten mich alle komisch an."

Dr. Naram das erste Mal in Italien, mit seiner Frau Smita (2.v.l.), Susi (li.) und Simone Rossi Doria (re.) (1988)

Während Susi übersetzte, fragte Dr. Naram das Publikum, ob jemand schon einmal von Siddha-Veda oder Ayurveda gehört habe. Niemand hob die Hand. Er fragte, ob sie interessiert seien, mehr darüber zu erfahren, und wieder hob niemand die Hand. Das machte ihn leicht nervös, und so stellte er eine andere Frage: „Wie viele von Ihnen sind daran interessiert, hundert Jahre alt zu werden?" Nur eine Person hob die Hand. Dr. Naram war verzweifelt, aber Susi ermutigte ihn, seine persönliche Heilungsgeschichte zu erzählen, und das tat er auch. Dr. Naram sprach über die Begegnung mit seinem 115 Jahre jungen Meister und wie ein Teil seines Geheimnisses für ein langes Leben darin bestand, Käse, Tomaten, Weizenprodukte und Alkohol zu meiden.

Die Menge fing an zu toben. Ein Mann stand auf und rief: „Was? Kein Wein, kein Käse, keine Nudeln? Das ist nicht akzeptabel!" Ein anderer fügte hinzu: „Das ist unmöglich! Ich esse jeden Tag Käse, Nudeln und Pizza! Und ich trinke Wein."

Als Dr. Naram die Geschichte erzählte, stellte er seine Mungbohnensuppe ab, so dass er mit beiden Händen gestikulieren konnte, während er mit einem halbitalienischen Akzent sprach, was urkomisch war. Er verstand die italienische Kultur jetzt besser und konnte über die prekäre Situation damals lachen.

„Ich hatte Indien zum ersten Mal verlassen, um meine Geheimnisse weiterzugeben, und es schien, als ob niemand wirklich daran interessiert war. Ich sprach ihre Sprache nicht, aber ich merkte, dass das, was ich erzählte, nicht funktionierte, und mein Herz wurde schwer." Er sah mich an und fragte: „Sagen Sie, Clint, was würden Sie jetzt tun?"

Ich schüttelte ahnungslos den Kopf.

„Heute kann ich darüber lachen, aber damals fand ich das nicht lustig. Ich war völlig verwirrt und fragte mich, ob es ein Fehler gewesen war, nach Italien zu kommen. Ich beschloss, über meinen Meister zu sprechen, zeigte Bilder und erzählte ihnen die Geschichte, wie ich ihn getroffen und mit ihm studiert hatte. Und ob Sie es glauben oder nicht, es geschah so etwas wie ein Wunder. Ich sprach etwa anderthalb Stunden lang, dann hörte ich auf zu reden und wartete. Dann hob eine Person ihre Hand und fragte: ‚Wann können Sie meinen Puls lesen?'"

Dr. Naram fragte: „Wie viele von Ihnen möchten, dass ich Ihren Puls lese?" Zur Überraschung von Dr. Naram und Susi hoben die meisten Leute im Raum die Hand.

„Am ersten Tag meldeten sich sechzehn Personen zu einer Pulsdiagnostik an. Durch Mundpropaganda kamen am zweiten Tag zweiunddreißig Personen, und am dritten Tag waren es sogar vierundsechzig Personen, die eine Pulsdiagnose haben wollten."

Dr. Naram wollte eigentlich nur für zwei Tage in Italien sein, aber am Ende blieb er für sechs Tage und selbst das reichte nicht aus, um alle zu sehen. Deshalb luden sie ihn ein, wiederzukommen und in anderen Städten zu sprechen.

„Das ist jetzt mehrere Jahrzehnte her. Seitdem habe ich hier Tausende Menschen diagnostiziert und viele Ärzte ausgebildet, wie Dr. Giovanni, Dr. Lisciani, Dr. Chiromaestro, Dr. Lidiana, Dr. Alberto, Dr. Antonella, Dr. Catia, Dr. Guido und Claudio. Das Leben so vieler Menschen ist besser geworden. Sie sind gesünder und glücklicher."

Dr. Naram erzählte mir von Alexander aus Deutschland, der nach Italien reiste, um ihn zu treffen. Alexander brachte noch andere mit. Bald mussten sie einen Bus mieten, bis Dr. Naram schließlich Alexanders Einladung, nach Deutschland zu kommen, annahm. Dann folgten Einladungen nach Frankreich, in die Schweiz, nach

Österreich, Holland, Großbritannien, in die Vereinigten Staaten, nach Kanada und in viele andere Länder.

„Als mein Meister mir half zu entdecken, dass meine Mission darin bestand, dieses jahrtausendealte Heilungssystem in jedes Haus, in jedes Herz auf der Erde zu bringen, habe ich es nicht geglaubt. Damals hatte ich nicht einen einzigen Patienten.

Aber als diese Bewegung der tiefgreifenden Heilung in Europa startete, war ich hoffnungsvoll, dass mein Meister etwas sah, das ich nicht sah. Und es ging einfach weiter. Die stille Revolution der tiefgreifenden Heilung war ein Funke, der sich nun in ein Feuer verwandelt hat."

Susi ergänzte: „Dr. Naram lehrt Sie, wie Sie Ihren Körper pflegen, bevor Sie krank werden, wie Sie sich richtig ernähren, welche pflanzlichen Kräuterergänzungen Sie einnehmen und welchen Lebensstil Sie einhalten sollten: richtiges Schlafen, Bewegung, Tagesablauf und wie Sie sich Zeit für Gebet oder Meditation nehmen. Wenn Sie wissen, was Sie tun und was Sie nicht tun sollen, werden Sie gar nicht erst krank. Das ist die wahre Kraft des Siddha-Veda."

Dr. Naram sagte: „Susi hat Ihnen einige sehr wichtige Geheimnisse verraten. Gestern fragten Sie, wie ich Frauen geholfen habe, ihre Periode wiederzubekommen, oder was ich dem Ehepaar gegeben habe, um ihre strahlende Jugend wieder zu erlangen, korrekt?"

Ich nickte.

> „Meine Mission ist es, dieses jahrtausendealte Heilungssystem in jedes Haus und in jedes Herz zu bringen."
> –Dr. Naram

„Sie hat es Ihnen gerade erklärt! Mein Meister lehrte mich, wie die Anwendung der sechs geheimen Schlüssel des Siddha-Veda zu einer tiefgreifenden Heilung führen. Wissen Sie jetzt, welches die sechs Schlüssel sind?"

Ich begann nervös zu werden und fragte mich, ob dies ein weiterer Test sei. „Sie erzählten mir von Hausmitteln, pflanzlichen Heilmitteln und Marmaa."

„Und was sind die anderen drei?"

Glücklicherweise war Susi so begierig darauf sie aufzuzählen, dass ich nicht raten musste: „Ernährung, Panchakarma oder Asthakarma und Lebensstil."

Bild aus dem Oggi Magazin von Dr. Naram und einige der italienischen Ärzte, die er ausgebildet hat.

Dr. Naram fuhr fort: „Diese mächtigen, jahrtausendealten Heilungsschlüssel werden von unserer Siddha-Veda-Linie, unserer ‚Denkschule' benutzt, um Resultate zu erzielen, die für die moderne Welt wie Wunder aussehen. Aber sie basieren auf altbewährten Prinzipien und Prozessen und führen zu vorhersehbaren, langfristigen, nebewirkungsfreien Ergebnissen. Diese Schlüssel halfen meinem Meister, 125 Jahre jung zu bleiben. Es geht nicht um eine schnelle Lösung, sondern um eine tiefgreifende Heilung."

Ich fand es faszinierend, dass einer seiner Hauptschlüssel zur Heilung die Ernährung war. „Aber warum ist Ernährung ein ‚Geheimnis'?" fragte ich. „Jeder Mensch nimmt schliesslich Nahrung zu sich."

Susi sagte: „Vielleicht ist es eines der ‚Geheimnisse', welches sich die ganze Zeit direkt vor der eigenen Nase befindet, ohne dass man es wahrnimmt, bis jemand einen darauf hinweist."

Dr. Naram fügte hinzu: „Ja, alle Menschen müssen essen. In der Regel wissen sie aber nicht, welche Nahrungsmittel eine vitale Gesundheit, unbegrenzte Energie und Seelenfrieden erzeugen und welche Nahrungsmittel ihre Gesundheit beeinträchtigen, ihnen Energie entziehen und bei ihnen Angst und negative Emotionen erzeugen.

Kennen Sie die Nahrungsmittel, die für den einen Körper Medizin sein können und für einen anderen Körper giftig sind? Kennen Sie die Nahrungsmittel, die Ihr Gehirn nähren, Ihre Gedächtnisleistung steigern und positive Emotionen fördern?"

Ich schüttelte zu jeder Frage den Kopf. Er ergänzte, „Wissen Sie, zu welchen Tageszeiten Sie am besten essen sollten, wie viel Sie essen sollten, oder welche Nahrungsmittel Sie miteinander kombinieren können und welche nicht? Wissen Sie, welche Nahrungsmittel Ihre Immunität stärken können, damit Sie nicht krank werden, oder welche Nahrungsmittel Ihr Agni (Verdauungsfeuer) oder Bala (Lebensenergie) vermindern? Wissen Sie, welche Nahrungsmittel Sie vermeiden sollten, wenn Sie eine Krankheit überwinden wollen, und welche Nahrungsmittel Ihre tiefgreifende Heilung fördern? Wenn man diese Geheimnisse kennt und sie anwendet, kann man jemandem helfen, nach der Menopause wieder eine Periode zu haben, Hepatitis zu überwinden, die Nieren zu regenerieren, ein autistisches Kind dabei zu unterstützen, wieder gesund zu werden, oder sogar mit über 80 Jahren noch kräftig, aktiv und jung zu sein!"

„Es gibt so viele verschiedene Philosophien über Lebensmittel", sagte ich. „Woher weiß ich, wer Recht hat?"

„Clint, mein Meister hat mich das folgende Geheimnis gelehrt: Sorgen Sie sich nicht darum, wer Recht hat. Konzentrieren Sie sich nur auf das, was funktioniert."

Susi fügte hinzu: „Ja, es gibt viele verschiedene Theorien darüber, was eine gesunde Ernährung ist, was man essen sollte und was nicht, aber es gibt nur sehr wenige, die bei den Menschen, die sie befolgen, zu dieser Art von Langzeitergebnissen führen."

Dr. Naram sagte: „Ich habe von meinem Meister wertvolle Ernährungsgeheimnisse gelernt, die das Leben eines jeden Menschen verändern können. Sie können zumindest das Leben derjenigen verändern, die sich mehr als nur eine ‚kurzfristige Lösung' für einen insgesamt ungesunden Lebensstil wünschen. Diese Geheimnisse sind Gold wert für diejenigen, die eine langfristige, ungiftige, tiefgreifende Heilung wünschen."

„Und welche Ernährungs-Geheimnisse haben Sie von Ihrem Meister gelernt?" fragte ich.

"Sehr gute Frage. Ich wollte herausfinden, was er tat, um über

100 Jahre alt zu werden und sich noch immer so jung zu fühlen. Was hat er anders gemacht als die meisten Menschen, die mit 50 Jahren anfangen, sich alt zu fühlen? Was empfahl er anderen, die solch erstaunliche Ergebnisse in ihrem Leben erzielten, die sie definitiv nicht durch eine dieser schnellen Lösungsmethoden erreichten? Einer der größten Unterschiede, so lehrte er mich, lag dabei in unseren Essgewohnheiten."

„Ja, aber was hat er Ihnen über Lebensmittel beigebracht?"

Dr. Naram sah mich direkt an. „Er lehrte mich, dass man seine Zukunft ändern kann, wenn man seine Ernährung ändert."

Das war in der Tat eine kraftvolle Aussage. Ich wollte die Zukunft für mich und meinen Vater ändern, war mir aber nicht sicher, welche Nahrungsmittel wir ändern mussten. „Ja", sagte ich, „ich glaube Ihnen. Aber was genau sollte ich essen, und was sollte ich vermeiden?"

„Das ist eine Milliarden-Euro-Frage", sagte Dr. Naram, als er seine Suppe aufgegessen hatte und langsam zur Tür ging. „Ich muss jetzt wieder zu meinen Patienten gehen, aber ich bin sehr froh, dass Sie diese Frage stellen. Wenn Sie lernen, welche Lebensmittel Sie essen und welche Sie meiden sollten, kann das Ihr Leben verändern. Sie werden verstehen, was Sie krank macht, was Sie gesund macht, was hilft, Sie tiefgreifend zu heilen und was Ihnen helfen kann, auch über 100 Jahre hinaus mit strahlender Gesundheit, unbegrenzter Energie und mit Seelenfrieden zu leben."

„Bitte, Dr. Naram, sagen Sie mir, was ich tun muss. "

„Kommen Sie morgen wieder."

Damit verließ er den Raum um seine nächsten Patienten zu sehen.

Auch Susi und ihre Mutter wurden zurück in den Klinikbereich gerufen, um zu helfen, und so ich wurde mit meinen Gedanken allein gelassen. Ich dachte über die Gespräche mit meinem Vater nach. Noch bevor er nach Indien ging, hatte er auf Empfehlung von Dr. Naram grosse Veränderungen in seiner Ernährung vorgenommen. Die typische Ernährung meines Vaters bestand die meiste Zeit seines Lebens aus Müsli mit Milch oder Speck und Eiern zum Frühstück. Zum Mittagessen aß er Käsesandwiches mit Weizenbrot und Kartoffelchips. Zum Abendessen aß er Fleisch mit Kartoffeln und trank ein Glas Milch. Dies waren genau die Nahrungsmittel, die Dr. Naram empfahl, zu vermeiden. Zuerst fragte sich mein Vater, was er

> *„Wenn Sie Ihre Ernährung ändern, können Sie Ihre Zukunft ändern."*
> –Dr. Naram

denn noch essen konnte. Trotzdem stellte er seine Ernährung von Grund auf um. Er aß keine Weizen- und Milchprodukte mehr und kaum noch Fleisch. Stattdessen begann er gekochtes grünes Blattgemüse und viel Mungbohnensuppe zu essen.

Obwohl es anfangs eine Herausforderung für ihn war, fand er bald Befriedigung in den anderen Lebensmitteln, die er nie zuvor in Betracht gezogen hatte. Glücklicherweise entdeckte er, dass es eine große Vielfalt an schmackhaften, gesunden Lebensmitteln gab, von denen er gar nicht wusste, dass es sie gab, und von denen viele sogar leicht zuzubereiten waren. Mein Vater fand schnell Ersatz für seine alten Lieblingsspeisen und neue Rezepte, die ihm genauso gut schmeckten. An der Spitze stand Dr. Narams Geheimrezept für Mungbohnensuppe. Sie war reich an Proteinen, reduzierte Entzündungen, lieferte viel Energie und gab ihm trotzdem ein Gefühl der Leichtigkeit. Wir erfuhren auch, dass derselbe Verdauungsprozess, der für die Verstoffwechselung der Mungbohnen erforderlich ist, dem Körper half, unerwünschte Giftstoffe auszuscheiden. Die Meister von Dr. Naram, die über 100 Jahre alt wurden, aßen Mungbohnen und viel Ghee. Er hatte meinem Vater ein von den alten Meistern überliefertes Rezept zur Herstellung von köstlichem Ghee gegeben. Dr. Naram nannte Ghee ‚magisch', weil es so wirkungsvoll ist und dabei hilft, alle drei Doshas auszugleichen.

Warten Sie, was meinen Sie mit ‚keine Pizza'?

Obwohl ich es genoss, Susi von ihren Erfahrungen berichten zu hören, stolperte mein Verstand über den Teil, in dem sie sagte, dass Dr. Naram den Leuten empfahl, keine Pizza, Pasta, Käse, Weizen und Milchprodukte mehr zu essen. Ich liebte dieses Zeug auch. Was wäre das Leben ohne Pizza? Und wie stand es mit Gelato? Warum hielt Dr. Naram diese Lebensmittel für ein Problem?

Ich stellte einige Nachforschungen an und fand Arbeiten von Dr. Joel Fuhrman, Dr. Baxter Montgomery und mehreren anderen

Meine Notizen
Dr. Narams wunderbares Mungbohnensuppen-Rezept*

Die Heilkraft von Mungbohnen (manchmal Mung genannt):

Sie sind nahrhaft, haben entgiftende Wirkung und helfen, alle 3 Doshas (Lebenselemente) auszugleichen. Sie helfen bei der Beseitigung von Aam (Toxizität), das sich im Laufe der Zeit aufgrund schlechter Ernährung, fehlender Bewegung und eines sitzenden Lebensstils im Körper festsetzt.

Viele der Zutaten können online oder in asiatischen/indischen Lebensmittelgeschäften gekauft werden.

Zutaten:
- 1 Tasse ganze grüne getrocknete Mungbohnen - über Nacht eingeweicht
- 2 Tassen Wasser + 1½ Teelöffel Salz
- 1 Esslöffel reines Ghee (geklärte Butter) oder Sonnenblumenöl
- 1 Teelöffel schwarze Senfkörner
- 2 Prisen Hing (im Westen Asafoetida genannt)
- 1 Lorbeerblatt
- ½ Teelöffel Kurkumapulver
- 1 Teelöffel Kreuzkümmelpulver
- 1 Teelöffel Korianderpulver
- 1 Messerspitze schwarzer Pfeffer
- 1½ Teelöffel frischer Ingwer, fein gehackt
- ½-1 Teelöffel oder 1 Zehe frischer Knoblauch, fein gehackt
- 2 weitere Tassen Wasser nach dem Kochen der Bohnen hinzufügen (für die Suppe)
- 3 Stück Kokum (Indischer Butterbaum)
- Salz, je nach Geschmack beim Servieren

Falls gewünscht: 1 Tasse geschälte, gehackte Karotten; 1 Tasse gewürfelter Sellerie

ZUBEREITUNG:

1. Spüle die Mungbohnen ab, um alle Rückstände zu entfernen und weiche sie dann über Nacht in Wasser ein.
2. Die Mungbohnen abtropfen lassen, die angegebene Menge Wasser und Salz hinzufügen und dann in einem Schnellkochtopf kochen, bis sie weich sind. Die Garzeit beträgt je nach Schnellkochtopf etwa 25 Minuten. (Die Bohnen müssen aufgebrochen sein).

> 3. In einem regulären Kochtopf dauert es etwa 40-45 Minuten, bis die Bohnen vollständig gekocht sind. Zum Kochen bringen, dann auf kleine Flamme stellen bei geschlossenem oder mit leicht geöffnetem Deckel. Nach 25 Minuten Kokum, Möhren und Sellerie hinzufügen.
> 4. Während die Bohnen kochen, erhitze nach etwa 20 Minuten das Öl oder Ghee in einem separaten tiefen Topf bei mittlerer Hitze, bis es geschmolzen ist. Dann die Senfkörner hinzufügen.
> 5. Wenn die Samen zu platzen beginnen, füge Hing, Lorbeerblatt, Kurkuma, Kreuzkümmel, Koriander, Ingwer, Knoblauch und eine Messerspitze schwarzen Pfeffer hinzu und rühre alles vorsichtig um, wobei es gut vermischt werden soll.
> 6. Drehe die Hitze schnell auf die niedrigste Einstellung. Etwa 10 Minuten köcheln – dabei nicht anbrennen lassen.
> 7. Gib die gekochten Bohnen mit 2 weiteren Tassen frischem Wasser in den Topf mit den siedenden Zutaten.
> 8. Zum Kochen bringen und weitere 5-10 Minuten köcheln lassen. Guten Appetit!
>
> Kann mit Basmatireis serviert werden.
>
> *Bonusmaterial: Um zu sehen, wie man dieses Mungbohnensuppen-Rezept auf verschiedene köstliche Arten zubereitet, und um weitere schmackhafte Rezepte und Ernährungsgeheimnisse zu erfahren, besuche bitte die kostenlose Webseite MyAncientSecrets.com

amerikanischen und europäischen Ärzten zu diesem Thema. Ihre Studien beantworteten einige meiner Fragen. Sie enthüllten eine wachsende Anzahl unbestreitbarer Beweise für die Vorteile einer pflanzlichen Ernährung. Zum Beispiel dokumentierten einige ihrer Forschungen die Auswirkungen einer pflanzlichen Ernährung auf Menschen mit schweren Herzproblemen und verstopften Arterien. Westliche Ärzte setzen in der Regel einen Stent ein, um das Gefäß zu öffnen, oder schaffen chirurgisch einen Bypass um die Blockade herum. Mein Vater hatte bereits zwei Stents und mehrere Empfehlungen für eine Bypass-Operation. Forschungen haben gezeigt, dass Menschen durch die Umstellung auf eine pflanzliche Ernährung und mehr Bewegung die Menge an Plaque in ihren Arterien verringern und in einigen Fällen sogar vollständig beseitigen könnten.

Dr. Naram hatte gesagt: „Wenn Sie Ihre Ernährung ändern, können Sie Ihre Zukunft ändern."

Könnte es sein, dass Lebensmittel tatsächlich einen so großen

Einfluss auf unser Leben haben? Hat das, was wir in den Mund nehmen, einen so großen Einfluss auf unsere Gesundheit? Für andere mag der Zusammenhang offensichtlich erscheinen, aber für mich war das alles neu.

Kann deine Ernährung dein Gedächtnis verbessern?

In einer der Kliniken in Italien traf ich einen Anwalt namens Steven, der unter Hautallergien und Asthma litt. Er erzählte mir, dass sowohl seine Mutter, sein Vater als auch sein Bruder Ärzte waren. Daher dachte er, sie hätten sicher eine Lösung für sein Problem. Leider konnten sie keine Lösung finden, ihm zu helfen. Alles, was sie versuchten, hatte schreckliche Nebenwirkungen. Dr. Naram war der erste, der ihm zu verstehen half, dass sein Asthma nicht in den Lungen, sondern in seiner Verdauung begann. Steven lernte, was er essen und was er vermeiden sollte, und welche Hausmittel und Kräuterergänzungen er einnehmen sollte. Er sagte, sein ganzes Leben veränderte sich zum Positiven, als die Hautallergien und das Asthma verschwanden. Es war ein angenehmer Nebeneffect, dass sich auch sein Gedächtnis verbesserte.

„Als ich Dr. Naram kennenlernte", erklärte Steven, „war ich im ersten Jahr meines Jurastudiums und studierte dicke und komplizierte juristische Bücher, mit Tausenden von Fällen, die es zu lesen galt. Es fiel mir sehr schwer, mich darauf zu konzentrieren. Dr. Naram gab mir Ernährungsempfehlungen und besondere Hausmittel, um mein Gedächtnis zu verbessern. Das half mir einfacher zu lernen und mich zu erinnern. Meine Testergebnisse verbesserten sich bedeutend. Mein Gehirn kam zur Ruhe, wodurch es leichter wurde, mich zu konzentrieren und Dinge zu behalten. Das half mir an der Universität besser voranzukommen."

Steven bemerkte: „Dr. Narams Gedächtnis ist ebenfalls sehr erstaunlich. Er erinnert sich an das, was ich ihm vor all den Jahren gesagt habe, obwohl er seither Tausende von Patienten gesehen hat. Ich sehe ihn an und merke, wie sein Verstand funktioniert. Es scheint, als würde die Zeit für ihn überhaupt nicht vergehen!"

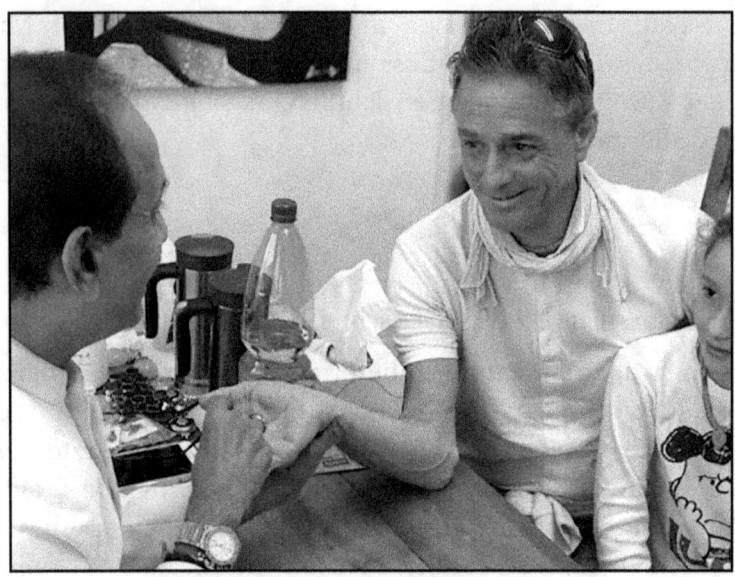

Steven lässt seinen Puls von Dr. Naram messen.

Steven vertraute mir an, dass er sich nicht immer genau an die Ernährungsempfehlungen hielt, aber dass er sehr dankbar dafür war, zu wissen, dass er, wenn er sich krank fühlte, die Ursache kannte und wusste, wie er sie rückgängig machen konnte. Er sagte, als er noch nicht über dieses Wissen verfügte, konnte er nicht wählen, gesund zu sein. Jetzt hat er die Wahl..

Lebensmittel-Geheimnisse, die dir die meisten Meister nicht verraten werden

Gerade als ich dachte, ich würde anfangen, den Zusammenhang zwischen Ernährung und Gesundheit zu verstehen, verwirrte mich Dr. Naram vollkommen. Während einer Pause sagte er mit der Aufregung eines Kindes, das den Weihnachtsmann treffen sollte: „Clint, kommen Sie, begleiten Sie mich und Dr. Giovanni!"

„Wohin?" fragte ich.

„In die beste Pizzaria in ganz Italien!" „In die beste Pizzaria in ganz Italien!"

> **Meine Notizen**
> **Zusätzliche Jahrtausendealte Heilgeheimnisse zur Verbesserung deines Gedächtnisses***
>
> Marmaa Shakti – An der äußeren Unterseite deines linken Daumens, drücke diesen Punkt 6 Mal (mehrmals am Tag)
>
>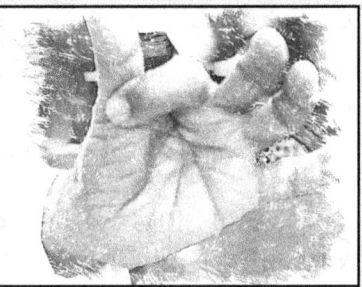
>
> *Bonusmaterial: Um dieses Marmaa vorgeführt zu sehen und weitere Geheimnisse zur Verbesserung des Gedächtnisses zu erfahren, besuche bitte die kostenlose Webseite, MyAncientSecrets.com.

Als ich ihn damit aufzog, dass er Pizza essen wollte, lächelte er. „Mein Meister sagte mir, ich solle mich emotional nie so versteifen, dass ich austrockne. Es stimmt, dass Pizza nicht gut für meinen Körper ist, aber sie ist sehr gut für meine Emotionen. Die Frage ist also: Wie können wir gelegentlich dieses Essen genießen, ohne dass es unserer Gesundheit schadet?"

Das war eine gute Frage. Ich hörte aufmerksam zu.

„Wenn Sie diese Nahrungsmittel täglich oder sogar wöchentlich essen, erzeugen sie Giftstoffe in Ihrem Körper, die nicht gut für Ihre Verdauung sind. Dann müssen Sie für einen langen Zeitraum auf sie verzichten, damit Ihr Körper sich reinigen und wieder ins Gleichgewicht kommen kann. Ich halte das ganze Jahr über eine sehr strenge Diät ein, aber einmal im Jahr, wenn ich in Italien bin, möchte ich die beste Pizza genießen. Deshalb bereite ich meine Verdauung tagelang vorher vor, indem ich nur Mungbohnensuppe esse und Kräuter einnehme, die mir bei der Verdauung helfen und keine Giftstoffe aufbauen. Danach folge ich wieder meiner Routine.

Auf diese Weise kann ich Nahrung für meine Emotionen essen, ohne dass mein Körper darunter leidet."

Er wusste genau, in welches Restaurant er gehen wollte. Nachdem er mehr als zwanzig Jahre lang nach Italien gekommen war, entschied er nach seinem Geschmackssinn, in welchem Restaurant es für ihn ‚die beste Pizza der Welt' und das leckerste Eis gab. Während wir unser Essen genossen, wollte er sicherstellen, dass ich verstand, dass Menschen wie seine Mutter oder mein Vater, die im Prozess sind eine Krankheit zu überwinden, solche Dinge nicht verdauen konnten. Sie mussten sich unbedingt diszipliniert verhalten, wenn es darum ging, Lebensmittel zu essen, die für sie gesund waren.

Er erklärte, dass unser Körper eine Pufferzone hat, die sich mit der Zeit abnutzt. Auch wenn das Essen von Junkfood über Jahre hinweg keine Auswirkungen auf junge Körper zu haben scheint, geht eines Tages, wenn wir dreißig, vierzig oder fünfzig sind, etwas schief. Die Menschen denken, es handele sich schlicht und einfach um einen unumkehrbaren Alterungsprozess, der nur mit Medikamenten behandelt werden kann, deren Nebenwirkungen zu anderen Krankheiten führen können, die noch mehr Medikamente erfordern. Diese Probleme werden in Wirklichkeit nicht durch das Altern verursacht, sondern durch die Anhäufung von *aam* oder Giftstoffen aus der Nahrung und der Umwelt, die schließlich Entzündungen, Blockaden und Ungleichgewichte verursachen.

Dr. Naram gab einen zusätzlichen Klecks scharfer Soße auf seine Pizza und nahm einen Bissen, als Dr. Giovanni mir erzählte, er habe auf die harte Tour gelernt, dass dasselbe Lebensmittel für eine Person Medizin und für eine andere Person Gift sein kann.

„Als ich zum ersten Mal sah, wie Dr. Naram scharfe Soße verwendete, dachte ich, das sei gut für die Gesundheit. Also begann ich, viel scharfe Soße zu verwenden. Bald darauf ging es mir richtig schlecht. Ich wusste nicht, dass scharfe Soße gut für ihn war, weil sie wie eine Medizin wirkt, da er überwiegend *Kapha* (Wasser/Erd-Dosha) ist, aber für mich war sie wie ein Gift. Ich hatte bereits eine Menge *Pitta* (Feuer-Dosha) in meinem

> „Dasselbe Lebensmittel kann für eine Person eine Medizin sein, und für eine andere ein Gift sein."
> –Dr. Giovanni

Dr. Naram erklärte, wie und wann man sogar Dinge wie Pizza genießen kann.

Körper, und die scharfe Soße führte deshalb zu einer Überlastung." Er lachte und erinnerte sich an diese schmerzlich gelernte Lektion. Ich lächelte und war dankbar, dass er sie mir erzählte, bevor ich den gleichen Fehler beging.

Als ich den köstlichen Käse und die knusprige Kruste genoss, fing ich an, die Philosophie von Dr. Naram endlich zu begreifen: Wenn die Menschen die Prinzipien verstehen, was Gesundheit verschafft und was Krankheit und Leiden verursacht, dürfen sie nicht vergessen, dass man das Leben auch genießen muss. Wenn man zu strikt und steif wird, was nützt es dann zu leben? Dr. Narams Meister brachte ihm bei, wie man herausfindet, was man will, es erreicht, und dann genießt. Der letzte Teil — es zu genießen — war entscheidend.

Ich werde nie vergessen, wie glücklich Dr. Naram aussah, als er seine Pizza aß.

Deine Notizen

Um den Nutzen, den du aus der Lektüre dieses Buches ziehen wirst, zu vertiefen und zu vergrößern, nimm dir jetzt ein paar Minuten Zeit und beantworte die folgenden wichtigen Fragen::

Auf welche Weise könnte deiner Meinung nach eine Umstellung deiner Ernährung deine Zukunft verändern? (Wenn du deine Ernährung positiv umstellen würdest, wie könnte sich das auf deinen Verstand, deinen Körper, deine Gefühle und Beziehungen auswirken?)

_____

_____

_____

_____

_____

Welche anderen Einsichten, Fragen oder Erkenntnisse kamen dir beim Lesen dieses Kapitels in den Sinn?

_____

_____

_____

_____

_____

*Bonusmaterial: Einen ausführlicheren Leitfaden zu Dr. Narams allgemeinen Ernährungsempfehlungen sowie zu seinen Geheimnissen darüber, wann und wie sehr du gelegentlich bei einer Diät ‚schummeln' kannst, so, dass es sich nicht negativ auf deine Gesundheit auswirkt, findest du auf der kostenlosen Webseite MyAncientSecrets.com.

KAPITEL 12

Helfen die jahrtausendealten Geheimnisse auch bei Tieren?

Es sind nicht immer Menschen, die uns die Liebe lehren.
-Autor unbekannt

Dr. Giovanni verbrachte einen Großteil seines Tages mit Übersetzungen für Dr. Naram. Nachdem alle anderen bereits weg waren, traf ich ihn spät in der Nacht und fragte ihn, wie es zur Zusammenarbeit mit Dr. Naram gekommen war.

Dr. Giovanni absolvierte sein Medizinstudium an der Universität von Bologna, der ältesten medizinischen Fakultät Europas. Ich wollte wissen, was einen brillanten Mediziner wie ihn dazu bewogen hat, mehr als siebzehn Jahre lang eine jahrtausendealte indische Behandlungsform zu studieren.

Dr. Giovanni sagte mir, es sei ganz einfach. Die Lösungen, die die allopathische Medizin bot, machten ihn unzufrieden und er wollte mehr für seine Patienten tun. Daher begann er, nach alternativen Medikamenten und Behandlungen zu suchen. 1984 hörte er während einer Reise nach Indien von Dr. Naram und wusste sofort, dass er etwas Aussergewöhnliches gefunden hatte.

„Als ich anfing, bei Dr. Naram zu studieren, wandte ich sowohl die westliche Medizin als auch Siddha-Veda gemeinsam an. Mit

Dr. Naram mit einem seiner liebsten Studenten, Dr. Giovanni Brincivalli, MD..

der Unterstützung eines Professors meiner medizinischen Fakultät führte ich meine eigenen Forschungen über die Anwendung dieser jahrtausendealten Methoden bei Fällen von extremer Angst und Depression durch. Nachdem ich einige Jahre bei Dr. Naram studiert und erstaunliche Ergebnisse gesehen hatte, begann ich, diese jahrtausendealte Wissenschaft exklusiv bei all meinen Patienten anzuwenden."

„Wie hat sich das Ihrer Meinung nach auf Ihre medizinische Praxis ausgewirkt?", fragte ich.

„Zum einen muss ich nie mehr Antibiotika oder entzündungshemmende Medikamente verschreiben. Ich sehe die gleichen Fälle, die jeder Hausarzt sieht, und ich kann bei jedem die tiefgreifenden Heilgeheimnisse nutzen, die ich von Dr. Naram gelernt habe. Die Resultate sind sehr, sehr überzeugend. Die Menschen bringen mittlerweile auch ihre Haustiere mit. Die Geheimnisse, die Dr. Naram mir beigebracht hat, wirken auch bei ihnen. Mittlerweile bin ich überrascht, wenn wir keine Ergebnisse sehen. Aber dann spreche ich mit Dr. Naram und er findet in den jahrtausendealten Manuskripten etwas, das selbst in diesen seltenen Fällen hilft."

Dr. Giovanni arbeitet derzeit in über zwanzig Städten Italiens. „Die Menschen kommen aus verschiedenen Gründen zu mir. Es bringt mir so viel Befriedigung und inneren Frieden, wenn ich ihnen mit diesen wundervollen Lösungen helfen kann."

Er beschrieb seine Arbeit in einem psychiatrischen Krankenhaus in Italien. „Ich war verzweifelt, wenn ich Patienten sah, die depressiv, suizidgefährdet, schizophren waren oder Mordabsichten hatten und in Zimmern eingesperrt waren. Manchmal wurden sie mit Ketten gefesselt, damit sie sich und andere nicht verletzen konnten. Um das Problem zu unterdrücken wurden unter Drogen gesetzt und liefen wie Zombies herum, ohne Hoffnung auf irgendeine Heilung. Wenn sie zur Toilette gingen und die Fesseln abgenommen wurden, gingen zwei große, kräftige Wärter mit, die sie beaufsichtigten und sicherstellten, dass sie nicht versuchten wegzulaufen. Das war erschütternd."

Dr. Giovanni beschrieb seine Neugier, als eine verzweifelte Familie ihre schizophrene Tochter zu Dr. Naram brachte. Nachdem er Fälle wie diese im Krankenhaus gesehen hatte, war er neugierig, wie Dr. Naram ihre Behandlung angehen würde. „Als sie das erste Mal kamen, hatten die Eltern ihr starke Medikamente verabreicht, um sie ruhig zu stellen und kontrollieren zu können. Sie war träge und lethargisch und hatte starke Stimmungsschwankungen. Einmal packte sie plötzlich alle Papiere, die auf dem Tisch lagen, und zerriss sie."

Nach sechs Monaten der Behandlung durch Dr. Naram änderte sich ihre Situation dramatisch. Ihre Medikation war um die Hälfte reduziert worden und sie lächelte wieder öfter. Sie war bewusster, präsenter, wacher und freudiger.

„Eine solche Verbesserung haben wir im Krankenhausumfeld nie gesehen, geschweige denn erwartet. Mich beeindruckte auch, wie sehr es die Lebensqualität für die ganze Familie positiv verändert hat. Das war wirklich inspirierend und wundervoll zu sehen. Als ich Dr. Naram fragte, wie das funktionierte, sagte er mir, dass 90 Prozent unserer Probleme von emotionalen Wunden oder Traumata aus der Kindheit herrühren. Dann lehrte er mich die jahrtausendealten Methoden, um diese Wunden zu heilen. In den letzten 17 Jahren habe ich wieder und wieder gesehen, wie sie selbst in den extremsten Fällen funktionierten."

> *„Neunzig Prozent unserer Probleme sind auf emotionale Wunden oder Traumata aus der Kindheit zurückzuführen."*
> –Dr. Naram

Wieder schweiften meine Gedanken zu meiner Schwester ab, die mit Depressionen gekämpft und sich schließlich das Leben genommen hatte. Ich war noch nicht bereit, mit Dr. Giovanni darüber zu sprechen, aber ich fragte mich, ob Dr. Naram in der Lage gewesen wäre, ihr zu helfen. Alles, was die Ärzte damals tun konnten, war, ihr Medikamente zu geben, die nicht wirkten.

Dr. Giovanni beschrieb einen anderen Fall, den er gleich zu Anfang mit Dr. Naram sah und der einen tiefen Eindruck bei ihm hinterließ. Ein Mann, der drei schwerwiegende Arterienverschlüsse im Herzen hatte, litt unter Atemnot und konnte nur wenige Schritte ohne Schmerzen in der Brust gehen. „Ich habe dieses Thema an der medizinischen Fakultät studiert. Laut westlicher Medizin gibt es keine gute Möglichkeit, arterielle Verschlüsse rückgängig zu machen. Wir können nur einen Stent einsetzen und das Blutgefäß erweitern oder eine Bypass-OP vornehmen. Die Kardiologen sagten diesem Mann, er solle sich sofort operieren lassen, da er ein hohes Risiko für einen massiven Herzinfarkt habe. Der Mann weigerte sich und kam zu Dr. Naram. Nachdem er dreieinhalb Monate lang dem Rat von Dr. Naram gefolgt war, zeigten seine Verfassung und die anschliessenden Tests, dass sich die Blockaden auflösten." Dr. Giovannis Stimme verriet, wie sehr ihn dieses Ergebnis beeindruckt hatte.

„Ich war inspiriert", erinnerte sich Dr. Giovanni, „denn ich hätte das nie für möglich gehalten. Dieser Mann durchlief einen kraftvollen, jahrtausendealten Prozess tiefgreifender Heilung. Er machte Panchakarma, nahm pflanzliche Heilmittel und hielt sich an seinen Ernährungsplan. Er übernahm die Verantwortung für sein Leben, änderte seine Gewohnheiten und aß Mungbohnen und viel Gemüse."

Dr. Giovanni sah mich an und sagte: „Ich bin sehr stolz auf Sie, dass Sie all dem gegenüber aufgeschlossen sind."

Alle Hunde kommen in den Himmel, aber warum früher als nötig?

Ich fühlte mich inspiriert, meine immer wieder aufkommenden Zweifel auszusprechen und fragte Dr. Giovanni: „Glauben Sie, dass es möglich ist, dass es hierbei einen Placebo-Effekt geben könnte? Dass die Menschen sich plötzlich besser fühlen, weil sie fest daran glauben, dass die Ernährung oder die Heilmittel wirken werden?"

Dieses bengalische Königstigerweibchen konnte nicht schwanger werden, bis Dr. Naram ihren Puls fühlte und ihr bestimmte Kräuter und Nahrungsmittel gab. Bald darauf brachte sie drei gesunde Tigerbabies zur Welt.

Dieses Krokodil war äußerst aggressiv, der Zoo wusste nicht warum... Durch die Pulsdiagnose entdeckte Dr. Naram, dass es sich um ein Verstopfungsproblem handelte. Nachdem ihm die richtigen Kräuter gegeben worden waren, war das Krokodil sehr glücklich!

Dr. Giovanni sagte: „Gute Frage, Clint. Sehen Sie sich zunächst einmal Rabbat an, die im Koma lag und wieder gesund wurde. Wie könnte das Placebo gewesen sein? Dann schauen Sie sich an, wie Dr. Naram auch Tieren hilft. Ich habe gesehen, wie er viele Tiere behandelt hat, darunter auch Elefanten, Hunde, Pferde, Eulen, Kängurus, Krokodile und Katzen. Glauben die Tiere daran, dass es ihnen durch seine Behandlung besser gehen wird? Trotzdem heilen die jahrtausendealten Methoden auch Tiere. Durch seine Stiftung sponsert Dr. Naram viele Tierheime, in denen sie auch die natürlichen Kräuterheilmittel einsetzen, um Hunden auf der Straße und anderen verwundeten oder kranken Tieren zu helfen. Haben Sie heute Paula getroffen?

„Ja", antwortete ich.

Am Nachmittag war ich überrascht, als eine vierundsechzigjährige Frau namens Paula mit ihren beiden Hunden ankam. Sie war sehr emotional als sie mir erzählte, dass vor Jahren einer ihrer Hunde, ein schwarzer Labrador, krank war und so starke Schmerzen hatte, dass er nicht mehr laufen konnte. Der Tierarzt konnte nicht helfen, und sie trug sich mit dem Gedanken, ihn einschläfern zu lassen. Paula wusste nicht, wie sie mit den Folgen der Entscheidung, ihren geliebten Hund töten zu lassen, umgehen sollte. Er hatte so große Schmerzen, dass sie nicht wusste, was sie sonst tun sollte. Als sie an jenem Morgen joggte, erfuhr sie von einem Freund, dass Dr. Naram in Italien war. Sie fuhr sofort nach Hause, lud ihren Hund ins Auto und fuhr stundenlang, um ihn zu sehen.

 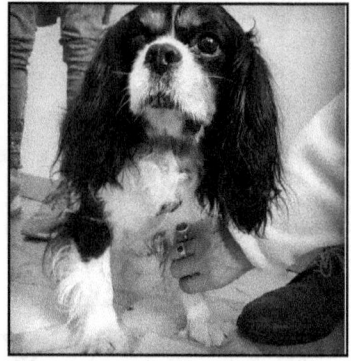

Dr. Naram & Dr. Giovanni fühlen den Puls bei Hunden.

„Ich war verzweifelt", sagte Paula zu mir. „Dr. Naram nahm seinen Puls und erklärte mir genau was los war: Mein Hund war voller aam (Giftstoffe) und hatte Osteoporose. Ich tat alles, was er mir sagte. Ich gab ihm die speziellen Kräuterrezepturen und die eingeschränkte Diät, und nach nur einer Woche sprang er wieder ins Auto! Er ist gesprungen! Er hinkte nicht mehr und drei weitere wundervolle Jahre war er vollkommen gesund. Ich habe das Gefühl, dass Tiere viel reiner sind, vielleicht weil sie nicht so denken wie Menschen. Vielleicht wirken die Heilmittel bei ihnen schneller als bei uns. Ich weiß es nicht, aber genau das ist passiert. Selbst als er älter wurde, war er immer noch stark und gesund, bis er eines Tages friedlich zu Hause starb."

Bienen helfen?

Dr. Giovanni erzählte mir noch eine andere Geschichte über eine Freundin von ihm, die Imkerin war. Ein zerstörerischer Parasit infizierte ihre Bienen mit einem Virus. Sie hörten auf Honig zu produzieren und starben langsam aus. Um die Parasiten zu töten, setzten andere Imker giftige Dämpfe ein, die leider auch viele Bienen töteten. Die Bienen, die das überlebten, waren voller Chemikalien, die die Qualität ihres Honigs massiv beeinträchtigte. Da sie den Honig selbst aßen und ihn auch verkaufen wollten, strebten die Frau und ihre Familie eine chemiefrei Lösung an. Sie riefen bei Dr. Giovanni an.

„Ich ging hin, um mir die Bienen anzuschauen und hatte zunächst keine Ahnung, wie ich ihnen helfen sollte", erklärte er. „Wie fühlt man den Puls der Bienen, ohne gestochen zu werden?" Er lächelte und ich lachte als ich mir vorstellte, wie er versucht, den Puls einer Biene zu finden. Dr. Giovanni zeigte mir den Marmaa-Punkt zur Stärkung der Immunität bei Menschen und fragte mich dann: „Aber wie macht man das für die Bienen?"

Ich stellte einige Nachforschungen an und fand heraus, dass diese Infektion die Bienen schwächt. Sie fliegen nicht mehr, und manche Bienen verlieren ihre Körperhaare. Gesunde Bienen fangen

> **Meine Notizen**
> **Jahrtausendealte Heilgeheimnisse zur Stärkung deines Immunsystems***
>
> Marmaa Shakti – Die Spitze des Mittelfingers deiner rechten Hand 6 Mal drücken (mehrmals am Tag)
>
>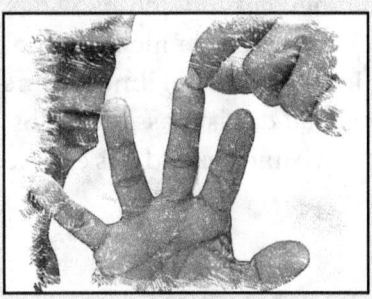
>
> *Bonusmaterial: Für ein kraftvolles Hausmittel, das dabei half, das Immunsystem der Bienen zu stärken und den Virus zu besiegen, schau dir den Anhang an und besuche auch die kostenlose Webseite, MyAncientSecrets.com.

dann an, mit den kranken Bienen zu kämpfe da sie die Bienen ohe Haare nicht mehr als Bienen ihres eigenen Stocks erkennen. Das brachte mich auf eine Idee."

Dr. Giovanni erinnerte sich daran, dass Dr. Naram sein eigenes Haar wieder wachsen ließ. Er entdeckte auch, welche Kräuter die Immunität stärken. Zusammen mit der Imkerin zerkleinerte er einige von Dr. Narams Kräutertabletten zur Stärkung der Immunität und zum Haarwuchs und mischte sie mit einem kräftigen Hausmittel, das Honig enthielt. Dann fütterten sie die Bienen damit.

Kurze Zeit später erhielt Dr. Giovanni einen Anruf von der Imkerin. „Die Haare der Bienen fangen an nachzuwachsen! Sie sehen jetzt viel stärker und gesünder aus." Langsam stieg die Bienenpopulation wieder an und sie produzierten reichlich Honig. Um den Moment und diesen besonderen Honig, den die Bienen produzierten, zu ehren, nannte sie ihn *Ancient Secret Honey*. Die Imkerin war der Ansicht, dass der natürliche Bio-Honig die Immunität und Ausdauer der pflanzlichen Heilmittel, die sie den Bienen gab, beinhaltete.

Helfen die jahrtausendealten Geheimnisse auch bei Tieren? 207

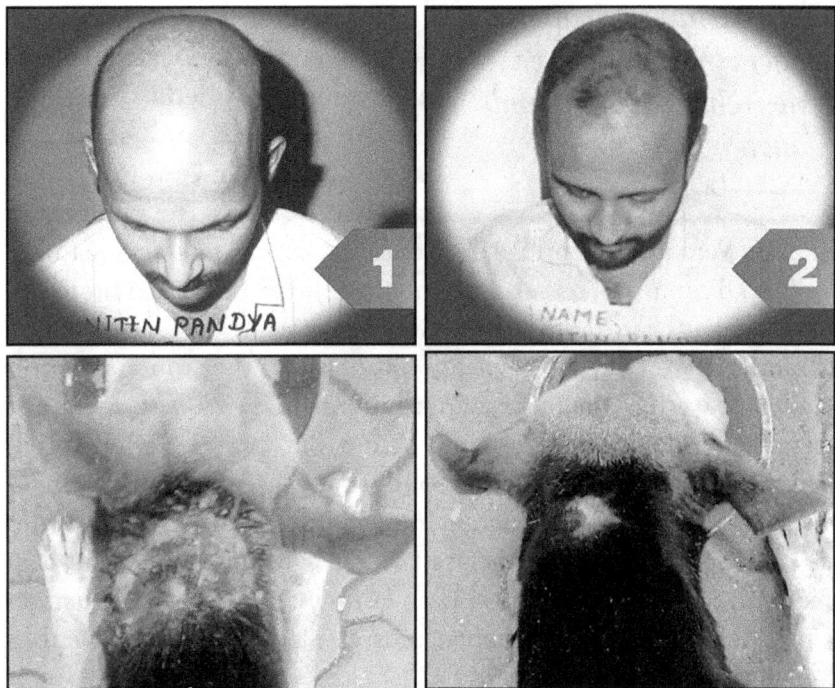

In dem Wissen, dass Dr. Naram vielen Menschen wie diesem Mann und diesem Hund half, ihre Haare nachwachsen zu lassen, nutzte Dr. Giovanni diesen Weg, um auch den Bienen zu helfen.

Als ich das später mit Dr. Naram diskutierte, sagte er mir: „Ob Sie es glauben oder nicht, diese jahrtausendealten Heilgeheimnisse wirken bei Menschen, Tieren und auch bei Pflanzen. Denn wir sind alle ein Teil der Natur, für die die gleichen Prinzipien gelten."

Das berührte mich. In den Nachrichten hatte ich Berichte über schwindende Bienenpopulationen auf der ganzen Welt gesehen, die ernüchternde Fragen über die langfristigen Auswirkungen auf den globalen Weiterbestand stellten, wenn die Bienen als Bestäuber verschwinden würden. Ich wünschte mir, dass mehr Menschen wie Dr. Giovanni diese Praktiken studieren und anwenden würden.*

Sogar Bienen wurde mit den jahrtausendealten Heilgeheimnissen geholfen..

> *Diese jahrtausendealten Heilgeheimnisse wirken bei Menschen, Tieren, und auch bei Pflanzen.*
> –Dr. Naram

„Welchen Rat geben Sie anderen, die diese jahrtausendealte Heilmethode erlernen wollen?"

„Clint, das ist ein ständiger Prozess,", sagte Dr. Giovanni. „Man braucht ein offenes Herz und einen offenen Verstand. Wenn Sie einfach Dinge lernen wollen, die Ihnen helfen können, ist das sehr gut möglich. Jeder Mensch auf diesem Planeten kann jahrtausendealte Geheimnisse lernen, die sein Leben verändern, wenn er sie gewissenhaft befolgt. Aber um ein wahrer Heiler zu werden, bedarf es einer inneren Entwicklung, nicht nur technischen Wissens. Dr. Naram betont, ein wahrer Heiler zu sein bedeutet nicht nur zu wissen, sondern dieses Wissen auch anzuwenden, und, was noch wichtiger, es geht um die Entwicklung des eigenen Selbst. Wenn Sie auch mit Tieren arbeiten, merken sie, dass diese ihr Wesen besonders spüren können. Um den Seinszustand eines Meisterheilers zu erreichen, müssen Sie dem Prozess Ihr ganzes Leben widmen."

Er erklärte mir, dass der schwierigste Teil darin besteht, dass die meisten Menschen süchtig nach ihren Gewohnheiten sind. „In Italien zum Beispiel denken viele, dass eine ‚gute Ernährung' aus Nudeln, Käse und Wein besteht. Wenn sie dann krank werden, wollen sie eine schnelle Lösung mit Tabletten haben. Das ist ihre Wahl. Aber was ist der Preis dafür? Die Pillen haben ernsthafte, langfristige Nebenwirkungen.

Wenn Menschen den alternativen Weg einer tiefgreifenden Heilung wählen, müssen sie den Preis in Form einer gewissen Disziplin, Geduld, Ausdauer und Entschlossenheit zahlen, um ihre Gewohnheiten zu ändern. Als Folge davon erfahren sie langfristig tiefgreifende Heilung und Seelenfrieden. Jeder kann entscheiden welchen Preis er bereit ist zu zahlen."

Dr. Giovanni machte eine Pause, damit ich seine Worte verarbeiten konnte. Ich verstand, was er damit meinte. Hatte ich nicht die vielen Menschen in der Klinik gesehen – meinen Vater eingeschlossen – und ihren Erzählungen gelauscht?

„Was inspiriert Menschen dazu, ihre Gewohnheiten und ihr Leben so zu ändern, dass sie tiefgreifende Heilung erfahren können? Zuerst brauchen sie den Glauben oder das Vertrauen in den

Heiler, um seinem Rat lange genug zu folgen, um den Unterschied zu bemerken. Wenn sie anfangen, Ergebnisse zu sehen, machen sie noch lange weiter und beginnen, anderen davon zu erzählen. Diese Entscheidung für eine tiefgreifende Heilung ist nachhaltig. Für die meisten erfordert sie einen dauerhaften Perspektivenwechsel, der oft schwerfällt."

Seine Worte brachten mich dazu, über meinen Vater und einige unserer jüngsten Gespräche nachzudenken. Unsere Vorstellungen über so grundlegende Dinge wie die Frage, welche Nahrungsmittel gut für uns sind, änderten sich. Für meinen Vater war es eine große Veränderung, eine umfassende Entgiftungsbehandlung in Indien durchzuführen. Ich fragte mich immer noch: *Würden diese Veränderungen in einem solch extremen Fall wie mein Vater letztlich ausreichen, seinen Zustand zu verbessern?* Es stand eine Menge auf dem Spiel. Mein Vater investierte viel Geld, Zeit, Mühe und Hoffnung in die Umstrukturierung seines Lebens, damit er jeder Empfehlung nachkommen konnte, die Dr. Naram ihm gab. Meine Befürchtung war, dass er entmutigt sein würde, wenn die Behandlung keinen Erfolg zeigen würde. Ich befürchtete, dass er in eine tiefere Depression fallen würde und sich wieder auf seinen Tod vorbereiten würde.

„Um ein wahrer Heiler zu werden, bedarf es einer inneren Entwicklung, nicht nur technischen Wissens."
–Dr. Giovanni

Die Gespräche mit den Patienten, die durch Dr. Narams Methoden geheilt wurden, gaben mir Vertrauen, dass es sich um ein bewährtes altes System handelt, das funktioniert. Aber würde es auch bei meinem Vater funktionieren?

Eine ungewöhnliche Nachricht von meinem Vater

Am folgenden Nachmittag machte ich einen Spaziergang durch das Stadtzentrum von Mailand. Ich freute mich, als ich eine kostenlose W-LAN Verbindung für mein Handy fand. Als ich meine E-Mail öffnete, sah ich, dass ich eine Nachricht von meinem Vater erhalten hatte.

3. August 2010 - Bericht von Tag 3

Es ist 19:15 Uhr in Mumbai, 6:45 Uhr in Utah. Ich bin am Ende meines zweiten Behandlungstages, habe mich eingelebt und fühle mich ein wenig wohler. Im Vergleich zu Salt Lake City sind die Lebensgwohnheiten hier in Mumbai doch sehr unterschiedlich. Mein heutiges Essen bestand aus einem Teller mit Papaya-Stücken zum Frühstück und einer Schüssel Mungbohnensuppe zum Mittag- und Abendessen. Die Aktivitäten des Tages bestanden aus Yoga von 7.30 Uhr bis 8.30 Uhr, einem Treffen mit Dr. Swapna, einem der angesehenen Ärzte hier in der Ayushakti-Klinik und einer weiteren Vollmassage mit einer warmen, körnigen Substanz, bei der ich mich kräftig geschrubbt fühlte. Ich stelle mir vor, es ist so ähnlich wie das, was ein Auto fühlen muss, wenn es aus der Autowaschanlage kommt; nur dass nach dem Abreiben eine Substanz an einem kleben bleibt, die man drei bis vier Stunden lang nicht abwaschen darf. Ich muss noch meine kalte Dusche für den Tag nehmen. Darüber hinaus habe ich die zwanzig verschiedenen pflanzlichen Mittel zu mir genommen, die ich morgens und abends einnehmen soll. Infolgedessen sind die meisten der Bauch- und Brustschmerzen, die ich hatte, verschwunden — ich schätze, dass in der Mungbohnensuppe und in Scheiben geschnittener Papaya nicht viel enthalten ist, was das Verdauungssystem angreift. Eigentlich ist das Essen sogar lecker, und ich scheine auch nicht viel mehr als das haben zu wollen. Die Menge ist auch ausreichend. Das Restaurant serviert mir alles, was ich möchte, aber das ist alles, was ich mir heute gewünscht habe.

Ich las seine E-Mail, als ich unter dem Bogen eines weitläufigen Brunnens in der Mitte eines offenen Platzes saß. Mein Vater machte Yoga? Allein der Gedanke brachte mich zum Lächeln. Ich lächelte noch mehr, als ich las, dass er anfing, sich besser zu fühlen.

Er sagte auch, eine seiner Lieblingsbeschäftigungen sei es, in der Klinik interessante Menschen aus Kenia, England, Deutschland und anderen Ländern zu treffen. Eine Frau, die an Multipler Sklerose litt und bereits zwanzig Jahre lang nicht mehr laufen konnte, hinterließ einen großen Eindruck bei ihm. Mit der Hilfe von Dr. Naram verlor sie über 25 Kilo und konnte nun eine Stelle beim Roten Kreuz in

Deutschland antreten. Ihr Wunsch, ihren Körper in einen so guten Zustand zu bringen, dass sie wieder gehen konnte, war der Anlass für ihren Besuch in Indien. Mein Vater beschrieb sein Gefühl, als er ihr bei ihren ersten Schritten zusehen durfte.

Später an diesem Abend rief ich meinen Vater über Skype an, um noch mehr von ihm zu hören. Er erzählte mir, dass sein Körper, als er mit den Behandlungen begann, so angespannt war, dass die Massagen weh taten. Als ich ihn fragte, ob er dort Spaß hatte, lachte er und sagte: „Ich bin nicht sicher, ob ‚Spaß' das richtige Wort ist, aber ich bin sehr dankbar dafür."

Er erklärte, dass die ersten Phasen der Behandlung darauf ausgerichtet waren, Giftstoffe aus seinem Körper zu entfernen, was Zeit und Geduld erforderte. Die nächsten Schritte sollten ihm dann helfen, seinen Körper wieder aufzubauen.

Auch wenn mein Vater sich noch nicht großartig fühlte, tröstete ihn das Zusammensein mit den anderen Patienten und deren Geschichten darüber hinweg. Gutes, gesundes Essen und eine halbwegs vorhersehbare Routine machten die Sache für ihn ebenfalls etwas einfacher. Insgesamt klang er hoffnungsvoll. Das Gefühl, dass er etwas zur Ruhe kam, half mir, einige Bedenken auszuräumen und mich entspannter zu fühlen.

Angesichts der guten Nachrichten von meinem Vater und all der Geschichten, die Dr. Giovanni und andere an diesem Tag mit mir geteilt hatten und die nun in meinem Kopf schwirrten, fragte ich mich wieder, warum nicht mehr Menschen von den tiefgreifenden Heilungsmöglichkeiten des Siddha-Veda wussten.

Inzwischen hatte ich schon so viele Menschen und Tiere getroffen, deren Leben sich durch Dr. Naram und seine Hilfe verändert hatten. Ich dachte auch darüber nach, wie ich mich selbst verändert hatte. Mein Wesen veränderte sich, ich fühlte mich geerdet und innerlich ausgeglichen. Ich wusste nicht, wie oder warum, aber ich fühlte mich besser in meiner Haut und auch mein Leben schien ausgewogener. Anstatt zu fragen, „Funktioniert das?" und „Wie kann jemand an dieses Zeug glauben?", lauteten meine Fragen nun, „Wie funktioniert das?" und „Warum wissen nicht mehr Menschen, dass es das gibt?"

Bei so vielen Beweisen verschwand der Skeptiker in mir immer mehr in den Hintergrund, während ich immer hoffnungsvoller wurde, dass dies wirklich ein solider, vorhersehbarer Ansatz zur Heilung war. Wenn das der Fall war, warum fiel es dann vielen Menschen so schwer, sich für diesen Ansatz zu entscheiden und ihm dann zu folgen? Warum ist es eine solche Herausforderung, Veränderungen vorzunehmen, die unserer Gesundheit zugutekommen? Warum mussten die meisten Menschen, die zu Dr. Naram kamen, einen Punkt der Verzweiflung erreichen, bevor sie erkannten, dass es eine gesündere, bessere Art zu leben gab? Und warum war es so schwer, ungesunde Gewohnheiten zu überwinden?

Deine Notizen

Um den Nutzen, den du aus der Lektüre dieses Buches ziehen wirst, zu vertiefen und zu vergrößern, nimm dir jetzt ein paar Minuten Zeit und beantworte die folgenden wichtigen Fragen::

Welche alten Wunden gibt es, die wahrscheinlich heute noch offen sind?

_____

_____

_____

Nach welchen alten Gewohnheiten bist du ‚süchtig', die dich wahrscheinlich von dem abhalten, was du dir am meisten wünschst?

_____

_____

_____

Welche Weisheiten können wir deiner Meinung nach von Tieren, Insekten und/oder Pflanzen lernen?

_____

_____

_____

Welche anderen Einsichten, Fragen oder Erkenntnisse kamen dir beim Lesen dieses Kapitels in den Sinn?

_____

_____

_____

KAPITEL 13

Lektionen der Geschichte: Die größten Entdeckungen und Hindernisse

*Ein einfacher Paradigmenwechsel genügt,
um den Verlauf deines Lebens für immer zu verändern.*
–Jeff Spires

Auf der Suche nach Antworten kontaktierte ich in meiner verbleibenden Zeit in Mailand zwei Leute. Der erste war mein Freund Dr. John Rutgers, der ein Medizinstudium absolviert hatte, aber auch viele Formen der Alternativ- und Komplementärmedizin studiert hatte. Ich hatte ihn einige Jahre zuvor kennengelernt und gehört, wie er von einigen bemerkenswerten Heilerfahrungen mit alternativer Medizin berichtete.

Ich war gerne mit John zusammen, aber um ehrlich zu sein, fand ich seine Perspektiven etwas... na ja, exzentrisch. Ich muss zugeben, dass meine damaligen Ansichten über Gesundheit meine Sichtweise einschränkten, da ich alle Meinungen, die nicht zum generellen Trend passten, als nicht beachtenswert abtat. Seit ich Dr. Naram getroffen hatte, hatte sich mein Blickwinkel enorm erweitert. Mein sogenannter exzentrischer Freund John war plötzlich jemand, für dessen wertvolle Erkenntnisse ich damals einfach noch nicht bereit war. Ich hatte das Gefühl, dass er mir helfen könnte, einige Dinge zu verstehen, und

Heiße italienische Schokolade... Lecker!

fragte ihn, ob er Zeit für einen Skype-Anruf hätte.

Um eine gute Internet-Verbindung zu gewährleisten, ging ich zu einem Café, das in einem malerischen Teil der Stadt lag. Das Café bot nicht nur eine stabile W-LAN Verbindung, sondern auch eine heiße Schokolade, die auf der Zunge zerschmolz. Mit meiner Internetverbindung und der leckeren heißen italienischen Schokolade vor mir erzählte ich John einige Dinge, die ich in den Kliniken von Dr. Naram in Indien, Kalifornien und Italien gesehen und gehört hatte. Er war aufrichtig interessiert und angesichts meiner Flut von Fragen und Zweifeln, schätzte ich sein Interesse und Engagement sehr.

„Warum hat man bei all dem Geld, das in amerikanischen medizinischen Forschungsuniversitäten ausgegeben wird, noch nicht entdeckt, wie man all die Dinge tut, die Dr. Naram macht? Wenn diese Art von Heilung möglich ist und diese Menschen lebensverändernde Ergebnisse erleben, warum wissen sie dann nicht mehr über diese Art von Medizin? Warum gibt es einen Widerstand dagegen?"

John hielt einen langen Moment inne. „Fangen wir mit dem großen Ganzen an. Seit den Anfängen der Menschheit wurde versucht, Wege zu finden, um Dinge zu erklären, die scheinbar außerhalb unserer Kontrolle liegen — Stürme, Wechsel der Jahreszeiten, Hungersnöte, aber auch Krankheiten und Leiden. Ereignisse, die die Landwirtschaft und Menschenleben beeinflussten, schufen ein großes Bedürfnis nach Ordnung. Dadurch hatten wir mehr Kontrolle über den Ausgang dieser Ereignisse, was wiederum unsere Überlebenschancen erhöhte. Ergibt das für dich einen Sinn?"

„Ich denke schon."

„Nimm die alten Zivilisationen. Sie blickten zum Himmel hinauf und sahen Sterne und Planeten am Nachthimmel, die sich in einer Weise bewegten, die sie nicht erklären konnten. Sie stellten sie sich als Götter vor, die die Elemente auf der Erde, wie das Wetter oder die

Gesundheit einer Person abhängig von ihrer Laune oder Stimmung kontrollierten. Man erfand Geschichten über diese Himmelskörper, um einfache, sonst unerklärliche Ereignisse zu erklären, was dazu beitrug, der Welt um sie herum einen Sinn zu verleihen.

Tatsächlich ist es die gleiche treibende Kraft wie in der Wissenschaft", fuhr John fort. „Während Wissenschaft und Religion manchmal im Widerspruch zueinander zu stehen scheinen, sind sie in Wirklichkeit Ausdruck desselben Wunsches nach Ordnung in unserem Leben."

Während meiner Kindheit spielte der Glaube eine große Rolle in meinem Leben, doch dann verlagerte ich als Universitätsforscher meinen Schwerpunkt auf die Wissenschaft. Persönlich hatte ich nie das Gefühl, dass Wissenschaft und Glaube im Widerspruch zueinander standen. Im Gegensatz zu einigen Menschen, die ich kannte, hatte ich allerdings auch nie in Erwägung gezogen, Wissenschaft und Glaube auf dieselbe Stufe zu stellen.

John erklärte weiter: „Sobald wir Menschen einen Glauben finden, der unserem Verstand einen Sinn für Ordnung, Bedeutung und Vorhersehbarkeit gibt, und dieser Glaube unsere Neugierde entfesselt, wird es schwierig, unsere Meinung zu ändern, egal, welche gegenteiligen Beweise vorhanden sind. Wir sammeln so viele Beweise, wie wir können, um unsere Überzeugung zu untermauern, und gleichzeitig ignorieren, fürchten oder verwerfen wir jeden Beweis, der sie in Frage stellt. Wie oft besuchen Menschen zum Beispiel eine Kirche, der sie nicht angehören, oder lesen ein Buch von einem Schriftsteller, dessen politischer Standpunkt ihren eigenen in Frage stellt?"

„Nicht oft", gab ich zu.

„Ganz genau. Das menschliche Gehirn fürchtet Unordnung und Unsicherheit, deshalb versucht es, sich neuen Ideen zu widersetzen, um die Ordnung aufrechtzuerhalten. Tatsächlich schränken wir uns durch diesen Mechanismus ein. Er wird zu einer Hürde für neue Ideen, von denen wir profitieren könnten. Nehmen Sie den Fall Galilei - er war ein Italiener. Weißt du etwas über ihn?"

Ich schaute aus dem Fenster des Cafés auf die andere Seite der charmanten italienischen Straße. Mein Blick fiel auf die Wäsche, die zum Trocknen zwischen den Gebäuden hing. „War Galileo nicht bekannt für seine Entdeckung, dass sich die Erde um die Sonne dreht und nicht umgekehrt?"

„Eigentlich war es Kopernikus, der dies mithilfe mathematischer Formeln in den 1500er Jahren entdeckte, aber niemand schenkte dieser Entdeckung zu diesem Zeitpunkt viel Aufmerksamkeit. Achtzehnhundert Jahre vor Kopernikus stellte der griechische Philosoph Aristoteles die Vorstellung in Frage, dass Planeten und Sterne nur umherwandernde Götter seien. Stattdessen schlug er vor, dass sie Objekte oder Kugeln seien, die sich auf einer festen Bahn um die Erde drehen, was die Menschen akzeptierten. Im Jahr 1609 benutzte Galileo das Teleskop, um den Nachthimmel zu beobachten und kam zu der Schlussfolgerung, dass Kopernikus Recht hatte: Nicht alles dreht sich um die Erde."

Als ich auf die Straße vor dem Café blickte, fragte ich mich, wie dieses Viertel in Mailand in den 1600er Jahren wohl aussah. Die Straßen aus Kopfsteinpflaster und die altertümlich anmutenden Gebäude machten es mir leicht, mich in diese Zeit hineinzuversetzen. John fuhr fort: „Galileo veröffentlichte seine Ergebnisse nicht wie üblich in Latein, sondern auf italienisch, damit die Massen sie lesen konnten. Latein war nur für Akademiker zugänglich. Er lieferte Beweise dafür, dass der bisherige Glaube über die Erde falsch war. Mit einem genaueren

Porträt von Galileo Galilei, Justus Sustermans, 1636. Quelle: Wikimedia

Verständnis unseres Sonnensystems könnte vieles verbessert werden, unter anderem der Kalender, das Verständnis der Jahreszeiten und so weiter. Wie, glaubst du, haben die Menschen darauf reagiert?"

„Ich glaube, es fiel den Menschen schwer, das zu akzeptieren", sagte ich. „Ich erinnere mich, in der Schule gelernt zu haben, dass der damalige Papst ihn zum Hausarrest verurteilte." Ich dachte darüber nach, was Dr. Giovanni gesagt hatte: immer, wenn eine neue Sichtweise präsentiert wird, ist es für die Menschen schwierig, ihre alte Perspektive zu verändern.

„Warum, glaubst du, waren die Akademiker, die Kirche, das wissenschaftliche Establishment seiner Zeit und sogar der Papst so besorgt darüber, dass Galileo ihren Glauben in Frage stellte, dass die Erde der Mittelpunkt des Universums sei?"

Während ich den letzten Schluck meiner fantastischen heißen Schokolade trank, versuchte ich mir vorzustellen, warum sie solch eine Haltung einnehmen würden. „Ich habe keine Ahnung", sagte ich. „Warum?"

„Zum Teil, weil sich das menschliche Gehirn gegen Unordnung sträubt. In diesem Fall fürchteten sich die Menschen vor einer Idee, die in Widerspruch zu dem stand, was scheinbar belegt war. Forscher bezeichnen dies als ‚Denk- oder Bestätigungsverzerrung' (confirmation bias), und es ist einer der schlimmsten Fehler, den wir machen können - etwas zu ignorieren, einfach weil es im Widerspruch zu dem steht, was wir glauben, bereits zu wissen."

„Das verstehe ich", sagte ich und berichtete von meinem anfänglichen Widerstand gegen Dr. Naram und seine Arbeit. „Tatsächlich kämpfe ich immer noch. Das ist der Grund, weshalb ich dich angerufen habe."

„Es ist nicht so," fuhr John fort, „dass die Menschen niemals akzeptieren werden, was Dr. Naram tut. Tatsächlich entdecken immer mehr Mediziner den Wert und Nutzen von Meditation, Yoga und

> „Man kann nicht sagen, *Fussball sei kein Sport, nur weil man sich dort* nicht an die Baseball-Regeln hält. Dr. Naram spielt nur nicht dasselbe Spiel, das westliche Ärzte spielen, was aber nicht bedeutet, dass das, was er tut, keinen Wert hat."
> –Dr. John Rutgers

pflanzlicher Ernährung. Aber die Allgemeinheit hat es noch nicht akzeptiert, denn es kostet Zeit und Geld, Forschung zu betreiben und Ergebnisse zu verbreiten. Vor allem, weil die Paradigmen des westlichen Wissenschaftsmodells noch nicht verstehen, wie die traditionellen, jahrtausendealten Heilwissenschaften funktionieren und auch nicht wissen, wie man ihre Wirkung messen soll."

„Was meinst du mit Paradigmen", fragte ich.

„Nehmen wir an, du spielst Fussball, und ein paar Baseballspieler kommen vorbei und sagen dir, dass du ja gar keinen richtigen Sport betreibst, weil du dich nicht an die Regeln ihres Sports hältst. Um ihre Aussage zu rechtfertigen, weisen sie darauf hin, dass du keinen Schläger benutzt und dass der Ball viel zu groß ist und das falsche Profil hat. Die Wahrheit ist, dass du dich nur nicht an die Baseballregeln hälst, weil du Fussball spielst. Genauso hat die westliche wissenschaftliche und medizinische Sichtweise bestimmte festgelegte Annahmen, die nur eine gewisse Perspektive erlaubt. Das führte zu großartigen Entdeckungen, verstellte aber gleichzeitig die Sicht auf andere wichtige Dinge. Das bedeutet natürlich nicht, dass andere Formen der Wissenschaft oder Studien nicht nützlich sind. Dr. Naram spielt nur nicht dasselbe Spiel, das westliche Ärzte spielen, was aber nicht bedeutet, dass das, was er tut, keinen Wert hat."

Er gab mir eine weitere Analogie: „Man kann einen Fisch nicht mit einem Vogel vergleichen und sagen, der eine ist ja viel besser als der andere - sie machen einfach unterschiedliche Dinge. Du kannst einen Fisch nicht danach beurteilen, wie gut er fliegen kann."

„Ich verstehe diese Analogie, vielen Dank", sagte ich. „Aber ist Wissenschaft nicht jenseits von Kultur?"

„Tatsächlich haben die Wissenschaften, wie auch Kulturen, ihre eigenen Annahmen und Regeln dafür, was gewisse Dinge bedeuten und was wichtig ist. Wie dein Erlebnis mit den Kopfschmerzen und den Zwiebelringen. Das westliche Modell würde ein Experiment aufstellen, um zu prüfen, ob Zwiebelringe tatsächlich Kopfschmerzen lindern. In einer Doppelblindstudie wüssten weder Ärzte noch Patienten, wer das Placebo (Zuckerpille), ein bewährtes Schmerzmittel, oder die neue Substanz - in deinem Fall Zwiebelringe - erhält. Dann würde man schauen, ob die Patienten, die die Zwiebelring-Behandlung erhielten, andere Ergebnisse hatten. Verstehst du?"

Ich nickte.

„Und wenn sie nicht beweisen können, dass es signifikante Unterschiede zwischen den Zwiebelringen und dem Placebo gibt, würde eine traditionelle wissenschaftliche Studie feststellen, dass diese traditionelle Form der Heilung nicht wirksam ist."

„Willst du damit sagen, die moderne Wissenschaft konnte nicht nachweisen, dass dieses Zeug besser als ein Placebo ist?" fragte ich.

„All dies beweist nur, dass ihre Testmethoden noch nicht effektiv genug sind, um die Wirksamkeit von Heilungsmodalitäten und -verfahren außerhalb ihres eigenen Paradigmas aufzuzeigen. Dr. Naram sagte dir ja bereits, dass es viele verschiedene Arten von Kopfschmerzen gibt und dass Zwiebeln bei einer dieser Arten besonders nützlich sind. Er personalisiert die Behandlung auf der Grundlage von Dingen, die er im Puls fühlen kann, was moderne westliche medizinische Geräte bei weitem so nicht erkennen können. Während die westliche Wissenschaft oftmals sagt: ‚Du hast Kopfschmerzen, hier ist deine Pille,' klingt es so, als ob Dr. Naram ziemlich genau unterscheidet, welche Art von Kopfschmerzen du hast, sich dann deine persönliche Konstitution ansieht, um aus einer Vielzahl von Heilmitteln das für dich passende herauszusuchen."

„*Man kann einen Fisch nicht mit einem Vogel vergleichen und sagen, der eine ist ja viel besser als der andere – sie machen einfach unterschiedliche Dinge.*"
–Dr. John Rutgers

Langsam begann ich zu verstehen. „Da Dr. Naram nicht eine Krankheit behandelt, sondern eine individuelle Behandlung für den Patienten als Ganzes vornimmt, werden die gebräuchlichsten Methoden der Validierung im westlichen wissenschaftlichen Paradigma nicht in der Lage sein, sie zu messen?"

„Genau", sagte John. „Aber mir fällt auf, dass die weisesten Ärzte mit brillantem Verstand und offenem Herzen, die den Menschen wirklich helfen wollen, langsam aufwachen. Der Hippokratische Eid, keinen Schaden anzurichten, ist ein Eid, den alle frisch ausgebildeten Ärzte zu Beginn ihrer Karriere leisten. Im Lichte dieses Eides sehen viele weise Ärzte, dass im Vergleich zu den natürlichen,

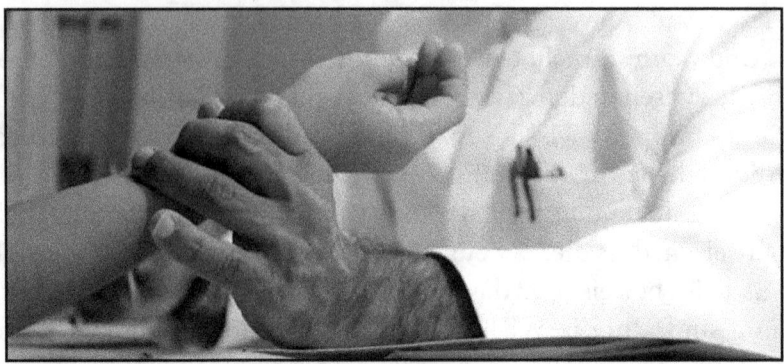

Dr. Naram fühlt den Puls, wodurch er subtile Ungleichgewichte und Blockaden erkennen kann, die sich auf das körperliche, geistige und emotionale Wohlbefinden auswirken.

jahrtausendealten Heilmethoden ihre derzeitigen Methoden der Medizin den Patienten schaden könnten. Dann fangen sie an, sich den anderen komplementären Möglichkeiten der Hilfe und Heilung zu öffnen. Die größten Entdeckungen werden immer von Menschen gemacht, die bereit sind, sich etwas Neuem und Unbekanntem zu öffnen. Ansonsten widersetzen sich die meisten Menschen gewöhnliche neuen Überzeugungen, bis ihre anderen Möglichkeiten versagt haben."

"Das stimmt", sagte ich. „Viele Menschen kommen zu Dr. Naram als ein letzter Ausweg. Sie kommen weil sie krank sind und nicht um zu verhindern, dass sie die Krankheit, an der sie leiden, überhaupt bekommen — was er, wie er sagt, mit seinen Techniken erreichen kann. Wenn das stimmt, würde ihnen eine Menge Unannehmlichkeiten und Schmerz erspart bleiben, bevor die Probleme überhaupt anfangen. Warum konzentriert sich die westliche Medizin dann nicht ausführlicher auf die Prävention von Krankheiten?"

John erklärte, „Seit Anbeginn der Zeit hat jede Kultur nach der Quelle der Jugend, des Wohlbefindens und der Heilung gesucht. Menschen gingen schon immer zu Schamanen und Medizinmännern und -frauen, um Hilfe und Lösungen zur Erhaltung der Gesundheit oder zur Überwindung von Krankheiten zu erhalten, von denen einige wirksamer sind als andere. Es ist wichtig zu verstehen, wie die westliche Medizin zur ‚westlichen' Medizin wurde."

Plötzlicher Lärm vor dem Fenster veranlasste mich, hochzuschauen.

Ich sah eine Gruppe von Schulkindern vorbeigehen, die sich lebhaft unterhielten. Ich konzentrierte mich wieder auf John, als er begann, eine kurze und faszinierende Geschichte der westlichen Medizin, so wie wir sie kennen, zu erzählen.

„Lange Zeit", erklärte er, „praktizierten Ärzte in den Vereinigten Staaten eine Kombination von Heilmodellen, darunter Naturheilkunde, Homöopathie, Hydrotherapie und Thomsonian Medicine (benannt nach Samuel Thomson, einem amerikanischen Kräuterheilkundler im 19. Jh, Anm. des Übersetzers), die sich stark auf Kräuterheilmittel der amerikanischen Ureinwohner und Schwitzbäder stützte. Im Jahre 1910 wurde dann eine Studie durchgeführt, um festzustellen, welcher Heilungsansatz am wirksamsten war. Die Ergebnisse führten daraufhin zur Schließung von 120 medizinischen Fakultäten, so dass nur noch 32 übrigblieben. So, wie die Dinge in dem Bericht gemessen wurden, fand man das beste Modell an der Johns Hopkins Universität. Es wurde unter dem Begriff ‚Allopathie' bekannt, der griechische Wurzeln hat und ‚anderes Leiden' bedeutet. Im Wesentlichen beschreibt dies die Praxis der Heilung durch Gegensätze. Wenn jemand einen schlimmen Husten hat, gibt man ihm ein Mittel, um den Husten zu unterdrücken.

Der monetäre Zufluss von reichen Geldgebern, die versuchten, die Medizin in Amerika zu standardisieren, kombiniert mit deren Vorliebe für Allopathie, führte zu einer großen Veränderung der Politik und entsprechender Regulierung in der Medizin. Dieser Wandel hatte einige positive

Hippokrates, griechischer Arzt, der als ‚Vater der Medizin' bezeichnet wird. Kupferstich von Peter Paul Rubens, 1638. Mit freundlicher Genehmigung der National Library of Medicine.

Auswirkungen, wie die Ausrottung der Kinderlähmung und einen Rückgang von Quaksalberarzneien. Er führte aber auch zu bedeutenden Einschränkungen und zur systematischen Unterdrückung wirksamer Formen der ganzheitlichen Heilung, die nicht in dieses Muster passten."

Ich hatte noch nie etwas davon gehört. Ich rutschte unruhig auf meinem Stuhl hin und her und stellte Johns Worte in Frage. „Sieh mal, selbst mit seinen Schattenseiten wird unser westliches Medizinsystem von Menschen auf der ganzen Welt geschätzt. Es muss einfach wirksamer sein als andere Methoden."

„Betrachte es mal so", antwortete John. „Wenn das derzeit vorherrschende Modell der Allopathischen Medizin wirklich überlegen ist, wenn es darum geht, Gesundheit, Wohlbefinden und Langlebigkeit zu begreifen, warum ist dann die Lebenserwartung von Ärzten niedriger als die des Durchschnittsmenschen? Und warum ist die Selbstmordrate unter Ärzten so hoch? Und warum werden gleichzeitig so viele Männer, Frauen und Kinder in der westlichen Gesellschaft immer fettleibiger und depressiver? Warum sehen wir mehr Krankheiten und nicht weniger? Ich stimme zu, dass es Fortschritte gibt, aber es scheint mir auch, dass das vorherrschende Paradigma etwas übersieht oder vermissen lässt."

Später, als ich darüber nachdachte, was John gesagt hatte, wurde mir klar, wie viel von dem, was er mir sagte, auf das zutraf, was Dr. Naram tat. Die Menschen hatten ihre eigenen Vorstellungen und Philosophien über Ernährung: was man essen konnte, was gut war und was nicht, was sie krank machte und was sie tun mussten, um gesund zu bleiben. Diese Überzeugungen gaben ihnen ein Gefühl der Sicherheit. Und wenn jemand diese Überzeugungen in Frage stellte, war es schwierig, die Perspektive zu verändern, es sei denn, sie waren verzweifelt und mussten nach einer anderen Lösung suchen.

Ich musste über vieles nachdenken. Jahrelang glaubte ich, anderen Glaubenssystemen gegenüber aufgeschlossen zu sein. Ich liebte es, auf meinen Reisen tief in sie einzutauchen. Jetzt wurde mir klar, wie fest meine Glaubenssysteme verankert waren. Ich akzeptierte viele Dinge als wahr, nur weil sie mir so beigebracht worden waren. Ich glaubte aufrichtig daran, dass Amerika und Europa die besten Mediziner der Welt hatten. Ich hatte nie in Betracht gezogen, dass unser medizinisches System Lücken hatte oder dass fundamentale Bestandteile zum Verständnis und zur Förderung von Gesundheit, Wohlbefinden und Langlebigkeit fehlen könnten. Ich war verblüfft. Wem konnte ich vertrauen, wenn ich eine effektive Gesundheitsversorgung brauchte?

Während einer Reise in Mexiko hatte ich Ludwig Max Fischer (bekannt als Max) kennengelernt, ein Universitätsprofessor aus Deutschland, der in Toronto lebt. Er verbrachte einen Großteil seines Lebens damit, alte Heiltraditionen auf der ganzen Welt zu erforschen. Ich war sofort fasziniert von seiner Sichtweise über Themen, die ich nur schwer verstehen konnte. Ich wandte mich bei meiner Recherche auch an Max und fragte ihn, ob ich ihn anrufen könne. Er machte dort weiter, wo John aufgehört hatte.

„Was trieb Sie an, diesen Bereich zu erforschen?" fragte ich ihn.

„Als ich ein junger Professor war, hatte ich Bauchschmerzen, die ganze eineinhalb Jahre lang andauerten." Mit einem sanften deutschen Akzent hatte Max Stimme eine warme, beruhigende Art, die mir das Gefühl gab, mit einem weisen Großvater zu sprechen. „Ich ging zu Ärzten in ganz Europa und den Vereinigten Staaten. Ich erhielt eine Behandlung nach der anderen, doch nichts half. Im Gegenteil, einige der Nebenwirkungen waren schrecklich." Es wurde so schlimm, dass er die meiste Zeit bettlägerig war.

„Aus Verzweiflung traf ich mich mit einem traditionellen fernöstlichen Heiler. Er sagte mir, dass die Elemente in meinem System unausgewogen seien: ‚Zu viel Holz in deinem Körper', sagte er.

Ich erinnere mich, dass ich damals dachte: ‚Das kann doch nicht sein Ernst sein! Ich habe kein Holz gegessen.' Für meine akademisch geschulten Ohren klang das einfach lächerlich. Aber aus Verzweiflung folgte ich dem Rat des Heilers und war überrascht, wie schnell es mir wieder besser ging."

„Das ist erstaunlich", sagte ich.

„Das Erstaunliche dabei ist", antwortete Max, „dass ich gemischte Gefühle darüber hatte, obwohl ich meine Gesundheit wiedererlangte. Auf der einen Seite war ich dankbar, dass der Rat funktionierte. Auf der anderen Seite war ich frustriert. Ich war zu stolz um zuzugeben, dass meine westliche Ausbildung mich im Stich gelassen hatte. Es dauerte eine Weile, meine Gefühle zu verarbeiten, aber auf meiner Suche nach der Wahrheit begann ich daraufhin ein lebenslanges Studium alter Heiltraditionen auf der ganzen Welt."

Ich war fasziniert von dem, was Max sagte. Er fuhr fort: „Erst später verstand ich, wie dieser Heiler mein Problem so schnell analysiert und gelöst hat. Ich erkannte, dass wir in der modernen westlichen Medizin alles zu einem Kampf machen. Wir bekämpfen Krankheiten, wir bekämpfen Bakterien, wir bekämpfen Krebs. Im fernöstlichen System und in anderen alten Traditionen geht es nicht darum, zu kämpfen, sondern darum, das Gleichgewicht durch Reinigung wiederherzustellen. Große Heiler dieser alten Traditionen sind geschickt darin, Ungleichgewichte zu erkennen und Heilmittel zu verschreiben, um das System zu reinigen und wieder ins Gleichgewicht zu bringen."

„Wenn diese alten Formen der Heilung so wirksam sind", fragte ich, „warum werden sie von so vielen angesehenen Menschen verharmlost oder abgelehnt? Als ich versuchte, einem befreundeten Arzt aus Amerika zu erzählen, was ich in Indien gesehen habe, sagte er sofort, dass diese Kräuter und alten Methoden nicht wissenschaftlich bewiesen seien."

Max hörte aufmerksam zu und antwortete nachdenklich: „Ich glaube, es ist arrogant von uns im modernen westlichen System, automatisch einen anderen Ansatz als ‚nicht

Professor Dr. Ludwig Max Fischer.

wissenschaftlich bewiesen' abzutun. Das bedeutet lediglich, dass er nicht in unsere begrenzte und relativ junge Tradition der ‚modernen' Medizinwissenschaft passt, die es erst seit wenigen hundert Jahren gibt. Das Konzept der ‚allopathischen' Medizin gibt es erst seit 1810.

„Im Gegensatz dazu sind so viele der so genannten ‚alternativen' Wissenschaften von großen Gelehrten über Tausende von Jahren verfeinert worden. Sie haben dabei viele Variablen in Betracht gezogen, die unsere Wisschenschaftler heute noch gar nicht berücksichtigt haben und von denen viele mit unseren medizinischen Instrumenten nicht gemessen werden können."

Während Max sprach, dachte ich daran, wie Dr. Naram viele seiner Gespräche damit begann, sich auf seine ununterbrochene Abstammungslinie zu beziehen, die über 2.500 Jahre zurückreicht. Ich musste zugeben, um so lange Bestand zu haben, mussten sie etwas absolut richtig machen.

„Unsere Perspektive ist auch sehr reduktionistisch", fuhr Max fort. „Damit meine ich, dass wir die Dinge in Bestandteile zerlegen. Zum Beispiel zerlegt die westliche Medizin eine Person in einzelne Teile und betrachtet dann nur diese Teile. Wir berücksichtigen in unseren Überlegungen nur die Dinge, die wir auch messen können. Wir verlassen uns in erster Linie auf die Erfassung statischer Daten zu diesen einzelnen Körperteilen und stellen sie dann in Diagrammen und Grafiken dar. Und wenn wir nicht finden, was wir suchen, gehen wir davon aus, dass das Nichtvorhandensein von Beweisen ein Beweis für das Nichtvorhandensein ist - aber das ist nicht der Fall!

Im Gegensatz dazu betrachten die alten Heiltraditionen das ganze System. Sie verstehen, wie ein Teil alle anderen Teile beeinflusst und wie man sie alle ins Gleichgewicht bringt."

Max sagte, dass einige fernöstliche Traditionen anerkennen, dass bestimmte Weisheiten und bestimmtes Wissen nicht in einem Buch festgehalten, in einem Kurs gelehrt oder mit Instrumenten gemessen werden können. Es kann nur durch eine direkte Übertragung von einem Meister an einen Schüler erlernt und weitergegeben werden. Sie erkennen an, dass in der kollektiven Weisheit und Erfahrung von Meistern einer Abstammungslinie, die sich über Tausende von Jahren entwickelt hat, große Macht enthalten ist. Das schien zweifellos bei Dr. Naram und der Linie der Heiler, der er angehörte, der Fall zu sein."

Ich dachte daran, was John darüber gesagt hatte. Dr. Naram passte in keine der Kategorien, auf die sich die Menschen in der heutigen Welt beziehen. Für Dr. Naram geht es nicht darum, alt oder modern, westlich oder fernöstlich, homöopathisch oder allopathisch, ayurvedisch oder chinesisch oder sonst etwas zu sein. Es geht um tiefgreifende Heilung und herauszufinden, was funktioniert.

„Sie waren neugierig in Bezug auf Dr. Naram, weil Sie die Ergebnisse seines Ansatzes gesehen haben, richtig?" fragte mich Max.

Ich stimmte zu.

> „Die meisten Menschen haben keine Ahnung, wie Elektrizität funktioniert, aber wenn sie ein Licht inmitten eines dunklen Hauses sehen, gehen sie gewöhnlich darauf zu. Dr. Naram ist ein Licht, von dem so viele Menschen in ihren dunkelsten Stunden angezogen werden. Sie wissen vielleicht nicht, wie es funktioniert, aber ein brennender Wunsch nach Gesundheit hat sie zu ihm geführt."
> –Dr. Ludwig Max Fischer

„Die meisten Menschen haben keine Ahnung, wie Elektrizität funktioniert, aber wenn sie ein Licht inmitten eines dunklen Hauses sehen, gehen sie gewöhnlich darauf zu."

Ich lächelte über diese wundervolle Analogie.

„Obwohl Leute wie Dr. Naram mit Regeln und grundlegenden Strukturen arbeiten, die die meisten von uns nicht verstehen, können wir seine Fürsorge und Hingabe für die Patienten sehen. Er ist ein Licht, von dem so viele Menschen in ihren dunkelsten Stunden angezogen werden. Sie wissen vielleicht nicht, wie es funktioniert, aber ein brennender Wunsch nach Gesundheit hat sie zu ihm geführt. Es gibt ein buddhistisches Sprichwort: ‚Wenn der Schüler bereit ist, erscheint der Lehrer'. In ähnlicher Weise glaube ich, dass der Heiler erscheint, wenn der Patient offen und bereit ist."

Dank der Gespräche mit John und Max spürte ich eine Veränderung in mir, so, wie sich tektonische Platten neu ausrichten. Sie halfen mir zu verstehen, dass Dr. Naram eine wirkliche Wissenschaft mit festen, beständigen Prinzipien benutzte, die ihm halfen, Probleme zu sehen und zu lösen, die die westliche Medizin noch nicht verstand. Obwohl sie sehr hilfreich waren, forderten mich diese Erkenntnis auch heraus. Könnte es sein, dass das, was ich mein ganzes Leben lang als wahr angesehen hatte – nämlich, dass die westliche Medizin das Beste war, was den Menschen in Zeiten einer Krankheit zur Verfügung stand, um gesund zu werden - nicht die absolute Wahrheit war, sondern lediglich ein Glaube, den ich hatte? Konnte es sein, dass unser medizinisches System Lücken hatte und Bestandteile fehlten, die für das Verständnis und die Förderung von Gesundheit, Wohlbefinden und Langlebigkeit von grundlegender Bedeutung sind?

Deine Notizen

Um den Nutzen, den du aus der Lektüre dieses Buches ziehen wirst, zu vertiefen und zu vergrößern, nimm dir jetzt ein paar Minuten Zeit und beantworte die folgenden wichtigen Fragen:

Hast du in deinem Leben an Dinge geglaubt, bei denen du später herausgefunden hast, dass sie nicht wahr sind? Was waren diese Dinge?

_____

_____

_____

_____

Fallen dir Momente ein, in denen du für etwas bereit warst (z.B. eine Lektion, Heilung), und als du wirklich bereit warst, tauchte sie plötzlich auf?

_____

_____

_____

_____

Welche anderen Einsichten, Fragen oder Erkenntnisse kamen dir beim Lesen dieses Kapitels in den Sinn?

_____

_____

_____

_____

KAPITEL 14

Geheimnisse zur Entdeckung deines Lebenszwecks

Der Sinn des Lebens besteht darin, deine Gabe zu finden.
Der Zweck des Lebens ist, sie zu verschenken.
–Pablo Picasso

In Mailand gibt es eine berühmte gotische Kathedrale, die Duomo genannt wird. Sie ist eine der größten Kathedralen Italiens, und jedes Mal, wenn Dr. Naram in der Stadt war, besuchte er sie. Als Simone, Dr. Narams Koordinator im Land, uns durch die überfüllten Straßen in Richtung des Duomo fuhr, dachte ich darüber nach, wie und in welchem Tempo sich meine Sicht auf die Welt und auf mich selbst veränderte. Etwas in mir kämpfte und ich konnte nicht verstehen, warum ich keine Ruhe fand und weiter den richtigen Weg suchte.

„Erinnern Sie sich an die drei größten Ziele in diesem Leben, die es laut meiner Abstammungslinie gibt?", fragte mich Dr. Naram erneut aus, als wir nebeneinander auf dem Rücksitz von Simones Auto saßen.

Ich versuchte, mich zu erinnern. „Erstens: Zu wissen, was man will; zweitens: Das zu erreichen, was man will; und drittens: Zu genießen, was man erreicht hat?"

„Absolut korrekt. Siddha-Veda ist eine Denkschule, die dabei auf körperlicher, geistiger und emotionaler Ebene hilft." Er lächelte, während er redete.

„Kann ich Ihnen ein unschätzbares Geheimnis verraten, das mein Meister an mich weitergegeben hat?", fragte Dr. Naram. „Hier geht es darum, zu entdecken und zu erreichen, was man sich im Leben wünscht. Sie werden nie erraten, wie ich das herausgefunden habe. Eines Tages fragte mich mein Meister: ‚Was wollen Sie?', worauf ich antwortete: ‚Ich weiß es nicht.' Dann machte er mir ein großes Geschenk, indem er mir das geheime Marmaa zeigte. Es ist derselbe Marmaa-Punkt, den ich bei meiner Mutter gedrückt habe, um herauszufinden, was sie wollte."

Dr. Narams Meister sagte ihm, er solle die Augen schließen, sechsmal auf den Marmaa-Punkt an der Spitze seines rechten Zeigefingers drücken und dann still sein. Nach einiger Zeit gab er Dr. Naram eine Reihe von Fragen zum Nachdenken. Dr. Naram betonte ausdrücklich die Bedeutung und den Wert dieser Fragen und wie sehr sie mein Leben verändern könnten.

„Das sind die Milliarden-Euro-Fragen, die Sie sich stellen können, um Ihren Lebenszweck zu entdecken:

> *Wenn Sie nur noch sechs Monate zu leben hätten, was würden Sie am liebsten tun oder sein?*
> *Wenn Sie wüssten, dass Sie nicht scheitern könnten, was würden Sie am liebsten tun oder sein?*
> *Wenn Sie zehn Millionen Euro auf der Bank hätten und nie wieder arbeiten müssten, was würden Sie am liebsten tun oder sein?"*

Während Simone unser Auto durch die Straßen Mailands schlängelte, schrieb ich die Fragen auf und fühlte ein vertrautes Unbehagen. Selbst wenn ich den Mut hätte, sie zu stellen, würde ich dann überhaupt Antworten erhalten? An den meisten Tagen hatte ich keine Ahnung, was ich in meinem Leben tun oder sein wollte, im starken Gegensatz zu diesem Mann, der immer sehr konzentriert und präsent war.

Dr. Naram fuhr fort: „Meine Antwort auf die Frage meines Meisters war: ‚Ich möchte ein bedeutender Heiler sein.' Er sagte mir: ‚Je klarer die Ziele sind, desto größer sind die Chancen, sie zu erreichen.' Dann gewann ich mehr Klarheit, indem er mir half, ein bestimmtes Bild in meinem Kopf zu kreieren. Er drückte verschiedene Marmaa-Punkte an meinen Fingern, während er mir zusätzliche Fragen stellte."

„Was meinen Sie mit ‚bedeutender Heiler'?", fragte ihn Baba Ramdas.

„Je klarer die Ziele sind, desto größer sind die Chancen, sie zu erreichen."
–Baba Ramdas
(Dr. Narams Meister)

Dr. Naram antwortete: „Ich möchte der beste Pulsdiagnostiker und Heiler auf diesem Planeten sein, ein Meister dieser jahrtausendealten Heilgeheimnisse."

Sein Meister ermutigte ihn mit den Worten: „Sehr gut, Pankaj. Schreib es auf."

Dr. Naram sagte mir: „Obwohl ein Teil dieses Wunsches aus Ego und Furcht kam, wollte ich meinem Vater und allen anderen beweisen, wie wertvoll ich bin, aber mein Meister hat mich weder herausgefordert noch davon abgehalten, zu träumen. Ganz im Gegenteil, er hat mich dazu ermutigt! Dann stellte er mir eine weitere schwierige Frage: ‚Und woran erkennst du, dass du der Beste bist?'"

Dr. Naram machte eine kurze Pause, sah mich an und sagte dann: „Bitte verstehen Sie mich richtig, das, was ich Ihnen jetzt erzähle, hat nichts mit meinem Ego zu tun. Es geht jetzt nicht um mich oder darum, Sie zu beeindrucken, sondern darum, Sie zu inspirieren, darüber nachzudenken, was möglich ist. Da Sie aufrichtige Fragen stellen und versuchen, mehr über Ihr Leben zu erfahren, möchte ich, dass Sie Erfolg haben. 1982 warf mich mein Vater nach einem Streit aus unserem Haus. Ich hatte weniger als einen Dollar in meiner Tasche. Ich war wütend, einsam, verwirrt, frustriert, deprimiert und nicht bei bester Gesundheit. Ich wusste nicht, wo ich in dieser Nacht hingehen oder schlafen sollte. Es war meinem Meister zu verdanken, dass ich schließlich herausfand, wer ich war und was ich war und was ich mit meinem Leben anfangen kann.

Dr. Naram sagte, sein Meister habe ihn weiter gefragt: „Woran erkennst du, dass du der beste Pulsheiler bist?"

„Wenn ich hunderttausend Menschen behandelt habe, werde ich es wissen."

„Und weiter?"

> ### Meine Notizen
>
> **Ein zusätzliches Marmaa Shakti Geheimnis, um darüber klar zu werden, was du willst* (Fortsetzung von Kapitel 9, Seite 151)**
>
> 7) Am unteren Teil des Zeigefingers deiner rechten Hand - diesen Punkt 6 Mal drücken
>
>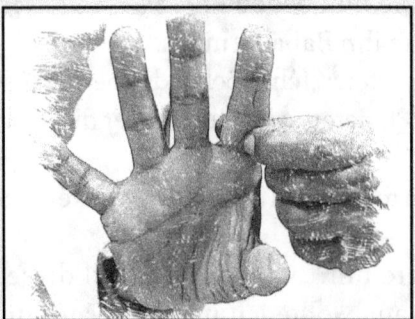
>
> 8) Frage dich selbst, „Wie würde es sich anfühlen, wie würde es sein, wenn ich das hätte, was ich mir wünsche?"
>
> 9) Notiere die Antworten, die du erhältst, und stelle weitere präzise Fragen, solange, bis das Bild vollkommen klar für dich ist.
>
> *Bonusmaterial: Dr. Naram führt diese Schritte mit dir zusammen durch. Schau dir hierzu das Video auf der kostenlosen Webseite MyAncientSecrets.com an.

„Ich werde es wissen, wenn Leute aus sechs Ländern kommen, um mich zu sehen."

„Fantastisch, jetzt schreib es auf. Was noch?"

„Ich werde der Beste sein, wenn Mutter Teresa zu mir kommt und sagt: ‚Dr. Naram, Sie leisten die großartigste Arbeit auf diesem Planeten.'"

„Sehr gut. Was noch?"

„Ich werde es auch wissen, wenn Seine Heiligkeit, der Dalai Lama, kommt und mich bittet, seinen Puls zu lesen."

Dr. Naram hielt inne und sagte: „All diese Wünsche kamen in mein Herz, bevor ich auch nur einen einzigen Patienten hatte. Ich hatte nur einen Traum. Mein Meister war ermutigend, aber als ich es meinen Freunden und meiner Familie erzählte, lachten sie mich aus. Sie konnten nicht verstehen, warum so viele Menschen zu mir kommen sollten oder warum der Dalai Lama oder Mutter Teresa an meiner Pulsdiagnostik interessiert sein sollten."

"Wenn jemand einen Traum hat, unterstütze ihn, anstatt ihn zu sabotieren", sagte Dr. Naram. „Ich hätte meinen Traum in diesem Moment fast aufgegeben. Aber mit der Ermutigung meines Meisters begann ich den Prozess, ein Heiler zu werden."

„Es begann langsam, aber das Tempo nahm zu und wurde schneller und schneller und schneller. Mein Ziel war es, Menschen aus sechs Ländern zu behandeln und jetzt sind schon Menschen aus mehr als hundert Ländern gekommen, denen ich helfen konnte. Seine Heiligkeit der Dalai Lama kam viele Male, um mir seinen Puls zu zeigen. Auch Mutter Teresa kam in meine Klinik und umarmte mich."

„Wie fühlte sich das an?"

„Es war als würden mich tausend Mütter umarmen. Als sie jedoch ihre Arme um mich schlang, fragte sie: ‚Dr. Naram, sind Sie schwanger?' Ich war schockiert. Ich wusste nicht, was sie meinte, bis sie mir sagte, dass sie überrascht sei, wie dick ich war. Damals war ich sehr übergewichtig, ich wog 100 Kilo. Ihre Frage half mir, meine eigene Doppelmoral zu erkennen. Ich versuchte, anderen Gesundheit zu bringen, war aber zu beschäftigt, mich selbst gesund zu machen. Sie schockierte mich so sehr, dass ich begann, die Manuskripte zu studieren, welche die jahrtausendealten Geheimnisse zur Gewichtsabnahme enthielten. Ich verlor fast 50 Kilo."*

Dr. Naram sagte, dass Mutter Teresa ihn nach dieser ersten Begegnung häufig anrief. Sie fragte ihn, ob er auch den Menschen helfen würde, die sie betreute. "Mutter Teresa liebte die Menschen wirklich, und deshalb wollte sie, dass sie geheilt werden", sagte Dr. Naram. Als sie voller Liebe versuchte, ihnen mit den besten modernen Methoden zu helfen, die aber nicht funktionierten oder unangenehme Nebenwirkungen hatten, nahm sie sich das persönlich zu Herzen. Als sie dann Dr. Naram zu Hilfe rief und sah, wie Menschen mit so vielen

---

*Bonusmaterial: Um die jahrtausendealte Methode zu entdecken, mit der Dr. Naram auf gesunde Weise Gewicht verlor und die Tausenden von Menschen auf der ganzen Welt geholfen hat, schaue dir bitte die Videos auf der kostenlosen Webseite MyAncientSecrets.com an.

Mutter Teresa erhielt 1985 von Präsident Ronald Reagan die Freiheitsmedaille. Quelle: Wikimedia.

Problemen wieder gesund wurden, sagte sie gespielt wütend zu ihm: „Warum haben Sie mich nicht dreißig Jahre früher getroffen? Wir hätten so vielen Menschen helfen können."

Sie erkannte, dass Dr. Naram über Werkzeuge verfügte, die den Menschen halfen, ihre Leiden auf sichere, ungiftige und langfristige Weise aufzulösen. Dr. Naram sagte, es sei einer der glücklichsten Tage seines Lebens gewesen, als Mutter Teresa sagte: „Dr. Naram, Ihre Arbeit ist die wunderbarste und reinste Form der Heilung auf diesem Planeten. Ich liebe Sie, lassen Sie uns miteinander arbeiten."

Dr. Naram sagte: „Du kannst Menschen lieben, aber wenn du nicht die richtigen Werkzeuge oder Methoden hast, um ihnen zu helfen, dann fühlst du Frustration und Schmerz. Vor allem, wenn du versuchst, ihnen zu helfen, und deine ‚Hilfe' nur noch mehr Probleme verursacht. Ich bin so dankbar, dass mein Meister mir diese sechs jahrtausendealten Werkzeuge weitergegeben hat, die tiefgreifende Heilung bringen. Und ich bin dankbar, dass Mutter Teresa mir gezeigt hat, dass sie eine wahre Erweiterung der Liebe sind."

Dr. Naram zog etwas unter seinem Hemd hervor, um es mir zu zeigen. Um seinen Hals, unter seiner weißen Jacke und nahe an seinem Herzen hingen mehrere bedeutungsvolle Gegenstände. Da waren Ketten aus Mala- und Rudraksha-Perlen, die sein Meister ihm geschenkt hatte; eine Kette aus muslimischen Gebetsperlen, die ihm eine fromme muslimische Frau gegeben hatte, nachdem Dr. Naram ihr das Leben rettete; ein heiliges Medaillon, das ihm ein großer Sikh-Meister geschenkt hatte; und eine von Papst Johannes Paul II. gesegnete Halskette mit einem Kreuz Christi, die Mutter Teresa ihm geschenkt hatte.

„Hier ist sie. Ich wollte, dass Sie das kostbare Geschenk sehen, das sie mir gegeben hat, Ich werde meine Zeit mit Mutter Teresa immer in Ehren halten." Er nahm den Anhänger in seine Hand und drückte ihn liebevoll, als wolle er ihn mit der Hand umarmen, und sagte: „Aber kommen wir noch einmal auf den Punkt zurück. Hier geht es um Sie. Wenn Sie aufrichtig daran glauben, wenn Sie entdecken, was Sie sich von Ihrem Leben wünschen, dann können diese Dinge geschehen. Sobald Sie diesen Traum oder diesen brennenden Wunsch entdecken, möchte ich Ihnen nach und nach die Werkzeuge geben, die mein Meister mir gegeben hat: die Werkzeuge, um diesen Traum aus Ihrem Überbewusstsein in Ihr Unterbewusstsein und in Ihr Bewusstsein zu bringen, damit dieser Traum in diesem Leben Wirklichkeit werden kann."

Ich hielt das in meinen Notizen fest, weil ich mich daran erinnern wollte, aber auch, weil ich ihm nicht in die Augen sehen konnte, während er mich mit so viel Intensität und Fürsorge ansah. Zu jenem Zeitpunkt in meinem Leben war ich verunsichert. Ich wollte glauben, dass ich Klarheit erlangen könnte, wollte aber auch nicht enttäuscht sein, falls dies nie passieren sollte.

Dr. Naram wiederholte mit Nachdruck: „Das Wichtigste ist, zu wissen, was man will, zu erreichen, was man will, und dann zu genießen, was man erreicht hat."

Ich fragte: „Wie mache ich das?"

Streben Sie niemals nach Geld; Streben Sie nach Höchstleistung

Dr. Naram sagte: „Ich möchte, dass Sie an einer *Yagna* teilnehmen."

Eine Yagna ist eine Zeremonie oder ein Prozess mit einem bestimmten Ziel. Er sagte, im Mittelpunkt dieses Prozesses stehe die

> *„Entdecken Sie für sich selbst: Wer bin ich? Wo gehe ich hin? Und wie komme ich schneller und sicherer weiter voran, so dass ich ein erfülltes Leben habe?"*
> –Dr. Naram

Selbstfindung, indem man sich fragt: „Wer bin ich? Wo gehe ich hin? Und wie komme ich schneller und sicherer weiter voran, so dass ich ein erfülltes Leben habe?" Es war kein großes Rätsel, warum er meine Teilnahme vorschlug.

„Als ersten Schritt werde ich Dr. Giovanni bitten, Ihnen zu zeigen, welche Nahrungsmittel Sie essen sollten, um Ihren Körper und Ihren Geist zu nähren und gesund zu halten und bewusst, konzentriert und voller Energie zu sein, damit Sie Ihre Träume verwirklichen können."

In diesem Augenblick fand Simone einen Parkplatz. Bevor wir aus dem Auto stiegen, um in die Duomo Kathedrale zu gehen, drehte sich Dr. Naram zu mir um.

„Clint, mein Meister offenbarte mir etwas, das ich nun an Sie weitergeben möchte." Mit einer Intensität, die ich nie vergessen werde, sagte er: „Jagen Sie niemals Geld hinterher. Ich möchte, dass Sie Ideen nachjagen, großartigen Ideen nachjagen, und ich möchte, dass Sie großen Träumen nachjagen und sie verwirklichen. Jagen Sie nicht nach Erfolg. Streben Sie stattdessen nach Höchstleistung."

Er erklärte mir, sollte ich meinen Herzenswunsch entdecken und ihm folgen, würde auch die Leidenschaft folgen. Dr. Naram fuhr fort: „Wenn man voller Leidenschaft ist und nach Höchstleistungen strebt, stellt sich der Erfolg ganz natürlich ein. Hinreichend Geld wird folgen, und wichtige Dinge in Ihrem Leben werden geschehen."

„Was zum Beispiel?", fragte ich.

„Sie werden glücklich und zufrieden sein. Sie werden schließlich Erfüllung finden."

Ich schrieb dies schnell in mein Notizbuch, bevor wir aus dem Auto ausstiegen. Als wir unter dem wunderschönen Eingang der Kathedrale hindurchgingen, sagte Dr. Naram zu mir: „Wenn Sie das tun, werden die Menschen Sie wirklich hören, wenn Sie sprechen. Sie werden Sie wahrnehmen und Sie werden großen Einfluss haben. Ob Sie es glauben oder nicht, jeden Tag beeinflusst jeder von uns andere Menschen auf positive oder negative Weise. Wenn Sie entdecken, was Sie wollen, erreichen, was Sie wollen, und das Erreichte genießen, entwickeln Sie sich zu einer Persönlichkeit, von der eine große Wirkung ausgeht. Sie beginnen die Welt auf positive Weise zu beeinflussen.

Sie werden dazu beitragen, dass diese Welt ein gesünderer und glücklicherer Ort zum Leben ist."

> „Streben Sie niemals nach Geld. Erstreben Sie Ideen, großartigen Ideen; erstreben und verwirklichen Sie große Träume."
> –Baba Ramdas
> (Dr. Narams Meister)

Dr. Naram blieb stehen, schaute mich direkt an und sagte: „Clint, wissen Sie, warum ich mich für Sie interessiere?"

Ich schüttelte den Kopf, und verlagerte mein Gewicht auf das andere Bein. So im Mittelpunkt der Aufmerksamkeit zu stehen, weckte wieder einmal Unbehagen in mir, aber ich war neugierig zu erfahren, warum er so viel Zeit mit mir verbrachte „Weil Sie aus ‚Seva' heraus agieren. Ihr Handeln zeigt, dass Sie wirklich dienen wollen; Ihrem Vater, und jedem, dem Sie begegnen. Es scheint nur, dass Sie nicht so genau wissen, wo Sie am besten dienen können. Ich glaube, Sie werden eine Rolle dabei spielen, die Welt zu einem besseren Ort zu machen. Warum sind Sie sonst hier? Ich möchte, dass Sie Ihre Rolle erkennen, was immer sie auch sein mag."

Mit jedem Satz, den er sprach, schlug mein Herz schneller.

„Bevor ich meine Bestimmung fand", fuhr Dr. Naram fort, „leitete mich mein Meister an, zehn Tage in Stille zu verbringen. Dies ist eines der aufschlussreichsten und wertvollsten Dinge, die man im Leben tun kann."

Er sagte, dass nur sehr wenige Menschen so lange in Stille verbringen, aber er tat dies regelmäßig und betrachtete es als einen der wichtigsten und aufschlussreichsten Teile seiner Weiterentwicklung.

Als wir unseren Weg fortsetzten, fragte er mich: „Warum trinken die Menschen? Warum rauchen die Menschen? Oder

> „Wenn Sie entdecken, was Sie wollen, erreichen, was Sie wollen, und das Erreichte genießen, entwickeln Sie sich zu einer Persönlichkeit, von dem eine große Wirkung ausgeht - Sie beginnen, die Welt auf positive Weise zu beeinflussen."
> –Dr. Naram

Dr. Naram mit Dr. Giovanni mit Blick auf den Dom.

werden süchtig nach Essen oder Filmen oder was auch immer? Sie wollen weglaufen; sie wollen sich nicht mit ihrem Innern auseinandersetzen. Sie sind in ihrem Unbehagen nicht geduldig genug, um die tieferen Schichten ihres Seins zu entdecken."

Es wurde mir klar, dass ich in meiner Angewohnheit, vor mir selbst davonzulaufen, feststeckte. Nicht durch Drogen oder Alkohol, sondern durch Arbeit, Reisen und Unterhaltung. Ich sah, wie sogar mein Dienst für andere eine willkommene Ablenkung von dem Unbehagen war, mit mir selbst allein zu sein. Mir wurde klar, dass ich nicht wusste, wer ich war und dass ich nicht wusste, wie ich mit mir und meinen Gedanken lange genug allein sein konnte, um es herauszufinden. Ich hatte eine vage Vorstellung davon, wer ich war, aber sie war getrübt und basierte hauptsächlich auf meiner Vermutung, wie andere mich sahen. Um mein Unbehagen zu mindern, arbeitete ich härter oder feierte ausgelassen - oder ich versuchte, mich mit einer neuen Beziehung oder dem neuesten elektronischen Spielzeug abzulenken. Der Nervenkitzel dieser Momente verpuffte schnell, und die wieder

> *„Sich für eine Zeit der Stille zu entscheiden, ist eines der einsichtsreichsten und wertvollsten Dinge, die man im Leben tun kann."*
> –Dr. Naram

einschleichende Leere machte mir deutlich, dass mir etwas fehlte, dass es mehr geben musste.

Als wir draußen standen und zum Dom hinaufblickten, schloss Dr. Naram mit den Worten: „Es gibt viele solcher Geheimnisse. Wann immer Sie wieder nach Indien kommen, sollten Sie sich in die Stille begeben. Ich kann Ihnen einige Fragen geben, die Sie sich stellen können. Aber zuerst sollten Sie sich in die vollkommene Stille begeben."

Ich wusste, dass es wirklich wichtig war, aber ich war frustriert, weil ich nicht wusste, was ich außer Zuhören noch tun konnte. Theorie ist eine Sache, meine alltägliche Realität war eine andere. Wie konnte ich all das, was ich in meinen Notizen festgehalten hatte, in eine tatsächlich gelebte Erfahrung umsetzen? Wie konnte ich das, was Dr. Naram mir offenbart hatte, in meinem täglichen Leben anwenden?

Deine Notizen

Um den Nutzen, den du aus der Lektüre dieses Buches ziehen wirst, zu vertiefen und zu vergrößern, nimm dir jetzt ein paar Minuten Zeit und beantworte die folgenden wichtigen Fragen:

Schließe deine Augen, drücke den Marmaa-Punkt am Endglied deines rechten Zeigefingers und stelle dir der Reihe nach die folgenden Fragen. Schreibe dir nach jeder Frage die ersten Gedanken/Ideen auf, die dir kommen.

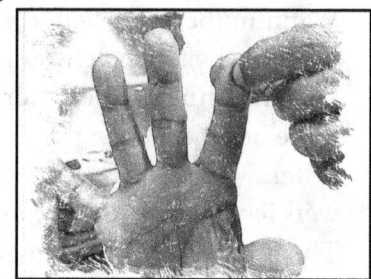

Wenn du nur noch sechs Monate zu leben hättest, was würdest du am liebsten tun oder sein?

_____

_____

_____

Wenn du wüsstest, dass du nicht scheitern könnest, was würdest du am liebsten tun oder sein?

_____

_____

_____

Wenn du zehn Millionen Euro auf der Bank hättest und nie wieder arbeiten müsstest, was würdest du am liebsten tun oder sein?

_____

_____

_____

Welche anderen Einsichten, Fragen oder Erkenntnisse kamen dir beim Lesen dieses Kapitels in den Sinn?

_____

_____

_____

KAPITEL 15

Elefanten, Pythons und unbezahlbare Momente

Es geht nicht darum, wie viel man tut, sondern darum, wie viel Liebe man in das Tun legt.
- Mutter Teresa

Mumbai, Indien

Nach meiner Zeit in Italien flog ich nach Indien, um bei meinem Vater sein zu können.

Als ich in der Klinik ankam, war ich hocherfreut zu sehen, dass er aktiv war. Er strahlte in einer Weise, wie ich ihn schon lange nicht mehr gesehen hatte. Andere Patienten erzählten mir von der Verwandlung, die sie seit seiner Ankunft erlebt hatten. Er lächelte und sagte, dass er, obwohl sein Körper noch etwas Ruhe brauchte, bemerkte, dass einige seiner Probleme langsam verschwanden. Er freute sich darauf, nach Hause zu reisen und sich dort erneut testen zu lassen.

Während der kurzen Zeit, die ich mit meinem Vater in Indien verbrachte, lud uns Dr. Naram in sein Haus ein. Wir wurden von seiner Frau Smita begrüßt, die alle Kliniken in Indien leitete, einschließlich der Panchakarma-Abteilung, in der meinem Vater geholfen wurde. Sie hieß uns in ihrem Haus herzlich willkommen. Als wir das Haus betraten, sahen wir Dr. Narams zehnjährigen Sohn Krushna, der eine riesige Python in den Händen hielt.

Selbst in der kurzen Zeit mit Krushna konnte ich erkennen, dass er etwas Besonderes war. Anstatt wie viele andere Kinder seines Alters nach seinem Handy oder Videospielen süchtig zu sein, war Krushna vollkommen präsent und aufmerksam. Obwohl er der Sohn einer berühmten Person war, war er bodenständig, bescheiden und liebevoll. Alle wollten gerne um ihn herum sein, weil es sich so gut anfühlte, in seiner Gegenwart zu sein.

„Möchten Sie sie halten?", fragte er mich. Obwohl es zunächst beängstigend war, faszinierte es mich, die Beschaffenheit, das Gewicht und die Kraft der Schlange zu spüren. Ich versuchte ruhig zu bleiben, während sich ihr Körper durch meine Hände bewegte und sich in meinen Armen bis zu meinem Hals hochschlägelte. Als ich sagte, dass es genug sei, entwirrte Krushna sie von meinem Körper.

Nachdem wir eine köstliche Mahlzeit mit Mungbohnensuppe und Gemüse gegessen hatten, informierte uns jemand, dass ein Elefant vor dem Haus war. Wir gingen hinaus und fütterten ihn mit Kürbissen aus dem Garten. Als er uns mit seinem Rüssel die Nahrung aus den Händen riss, war ich erstaunt über die schiere Größe dieses erstaunlichen Tieres. Nach einer Weile gab Dr. Naram dem Elefanten eine Anweisung. Mit seinem Rüssel nahm der Elefant

Mein Vater und ich in Indien, mit Laxmi, dem Elefanten.

eine Blumengirlande aus Dr. Narams Hand und hängte sie meinem Vater um den Hals. Das Lächeln auf dem Gesicht meines Vaters war unbezahlbar.

Nach dem wundervollen Erlebnis mit dem Elefanten stellte ich Dr. Naram ein paar Fragen über den Prozess, den mein Vater durchmachte, und über die Dinge, die mir immer noch Sorgen bereiteten. Vielleicht war ich überfürsorglich, aber das hielt mich nicht davon ab, mich über die Sicherheit und Wirksamkeit dessen zu erkundigen, was mein Vater durchlief und einnahm. Als Dr. Naram meine Ungeduld bezüglich einiger Probleme, die mein Vater noch immer hatte, spürte, erläuterte er: „Clint, das ist keine Schnellreparatur. In manchen Situationen kann die Heilung unmittelbar erfolgen, aber in den meisten Fällen braucht Heilung mit den jahrtausendealten Methoden eine gewisse Zeit, um Menschen auf tiefgreifende Weise zu heilen. Sie können nicht schwanger sein und Ihrem Arzt sagen, dass Sie das Kind nach zwei Monaten bekommen möchten, wenn es neun Monate dauert. Manche Dinge brauchen einfach die erforderliche Zeit, Mühe und Energie, ob es uns gefällt oder nicht. Mein Meister hat mich eine sehr wichtige Sache gelehrt: ‚Es braucht Zeit, sich selbst und andere zu heilen.'"

Obwohl ich das absolut verstand, war ich auf die Ergebnisse meines Vaters gespannt. Ich machte mir Sorgen, dass er einen so ungewohnten Prozess durchlief. Ich befragte Dr. Naram über die Sicherheit der pflanzlichen Präparate, die mein Vater nach seiner Abreise aus Indien weiterhin einnehmen sollte. Dr. Naram sagte: „Anstatt Ihnen all Ihre wichtigen Fragen zu beantworten, wie wäre es, wenn Sie in die Fabrik gehen würden, wo sie hergestellt werden?"

> *„Dies ist keine Schnellreparatur. Heilung mit jahrtausendealten Methoden braucht eine gewisse Zeit, um Menschen auf tiefgreifende Weise zu heilen. Mein Meister hat mich eine sehr wichtige Sache gelehrt: Es braucht Zeit, sich selbst und andere zu heilen."*
> –Dr. Naram

Ein Pseudo-Wissenschaftler?

Nachdem ich meinen Vater zum Flugzeug, das ihn nach Hause bringen würde, begleitet hatte, verbrachte ich meine letzten Tage in Indien damit, die Orte und Labors zu besuchen, in denen Dr. Narams Kräuter hergestellt und getestet wurden. Ich stellte sicher, dass ich überall unangemeldet ankam.

Ich war sehr beeindruckt, wie sauber und ordentlich alles war. Ich fand jemanden, der sich bereit erklärte, mir eine Führung zu geben. Ich musste meine Hände desinfizieren und Schuhüberzieher und ein Haarnetz tragen. Alles war sehr modern; allein die Ausrüstung für die Normierung und Prüfung muss Hunderttausende von Euro gekostet haben. Die Einrichtung der gesamten Anlage hatte definitiv Millionen gekostet und entsprach dem Industriestandard CGMP (current good manufacturing practice), (Anm. des Übersetzers: Aktuelle Gute Herstellungspraxis). Nach der Hälfte meines Rundgangs verband mich einer der Verwalter telefonisch mit Dr. Naram. Ich schätzte aufrichtig, was ich sah und teilte ihm mit, wie beeindruckt ich war. Was er tat, schien Weltklasse zu sein. Dr. Naram sagte schnell: „Oh nein, das ist nicht gut genug. Mein Meister sagte mir, wir müssen das Beste der Welt schaffen. ‚Weltklasse' ist nicht gut genug. Wenn Sie etwas sehen, das wir verbessern können, lassen Sie mich das bitte sofort wissen."

Er fuhr fort: „Können Sie sich vorstellen, dass ich am Anfang die Rezepte in meiner eigenen Küche zubereitet habe? Wir haben einen langen Weg hinter uns. Und auch heute noch stelle ich sicher, dass jede Formel, die wir herstellen, mit der gleichen Liebe hergestellt wird, die eine Mutter empfindet, die ihr eigenes Baby füttert."

Nach dem Rundgang traf ich mich mit zwei Wissenschaftlern, die jahrzehntelang mit Dr. Naram zusammengearbeitet hatten, Dr. Pujari und Guy Kavari. Dr. Pujari zeigte mir stolz den Testbereich des Labors. „Wir stellen sicher, dass jede Tablette oder Lotion sicher und frei von Bakterien und Schwermetallen ist." Er beschrieb, wie detailliert und gewissenhaft sie darauf achteten, dass jeder Behälter mit Kräutern in Bezug auf Qualität und Kontaminationsfreiheit standardisiert

> „Mein Meister sagte mir, ‚Weltklasse' ist nicht gut genug. Wir müssen das Beste der Welt schaffen."
> –Dr. Naram

war. Sie sagten, dass die alten Meister betonten, dass die Dinge im Einklang mit der Natur zu halten sind und die ganze Pflanze zu verwenden ist, anstatt nur Wirkstoffe zu extrahieren. Er sagte, manchmal seien die Menschen besorgt, weil zwei Flaschen desselben Kräuterzusatzes unterschiedliche Farben haben können. Er erklärte, da keine künstlichen Chemikalien oder Farbstoffe verwendet werden, könne der natürliche Farbunterschied in denselben Pflanzen dazu führen, dass verschiedene Chargen derselben Formel einen leicht unterschiedlichen Farbton haben. So wie zwei Brokkolistangen in einem Lebensmittelmarkt auch unterschiedliche Grüntöne haben können, obwohl beide frisch sind. „Dieser Farbunterschied", sagte er mir, „ist ein Zeichen dafür, dass alles vollkommen natürlich ist."

Dr. Pujari sagte mir, da er in pharmazeutischer Forschung ausgebildet worden sei, habe er überhaupt nicht an die alte Heilkunde geglaubt. Darum führte er seine eigenen Tests durch und die Ergebnisse bewiesen die Wirksamkeit dieser Kräuter und Methoden.

Guy Kavari erklärte, dass es kurz nach Beginn seiner Zusammenarbeit mit Dr. Naram offensichtlich war, dass es in Indien, im Ayurveda oder im Westen keinen Kodex oder keine Datenbank für die Kräuter und Verfahren gab, an deren Anwendung Dr. Naram interessiert war. Sie bauten ein neues Labor, testeten mühsam Hunderte von Kräutern, dokumentierten ihre Eigenschaften und erschufen ihre eigene Bibliothek.

Als ich Guy fragte, wie er Dr. Naram als Person beschreiben würde, sagte er, ohne zu zögern: „Zwei Worte: humanitär und genial." Es überraschte mich, dass er dies so schnell und selbstbewusst sagte.

„Warum?", fragte ich.

Er sagte mir, die meisten Leute in dieser Branche wollten einfach nur die Kosten senken, so dass sie die billigsten Rohprodukte und die schnellsten Verarbeitungsmethoden bekämen. Dr. Naram hingegen wollte die höchste Qualität, unabhängig von Preis und Zeitaufwand.

„Ist das der Grund, warum seine Kräuter teurer sind als die meisten anderen Kräuterzusätze?", fragte ich.

Guy erklärte, dass er die Kosten für die Herstellung der pflanzlichen Produkte und auch den Verkaufspreis kennt. „Es gibt kaum einen Gewinn für Dr. Naram. Deswegen nenne ich ihn einen Wohltäter der Menschen."

„Und warum Genie?", fragte ich.

„Vor Jahren, noch bevor die Regierungen Indiens oder Amerikas sich überhaupt Gedanken über Schwermetalle machten, bestand Dr. Naram darauf, dass alle von ihm entwickelten Produkte schwermetallfrei sein müssten. Deshalb suchte sein Team von Anfang an nach den besten Rohstoffen und innovativen Verfahren, um sicherzustellen, dass jedes Produkt frei von Schwermetallen ist, unabhängig von den Kosten oder dem erforderlichen Aufwand.

Später erzählte ich Dr. Naram von meinen Erfahrungen in der Fabrik. Er erzählte mir, wie dankbar er für die Menschen war, die ich getroffen hatte. Sie stellten sicher, dass die alten Schritte zur Verarbeitung befolgt wurden. Sie garantierten auch, dass jede Formel die höchsten Standards moderner nutrazeutischer Tests bestand.

Dr. Naram sprach auch von den Problemen, Meinungsverschiedenheiten und Schwierigkeiten, die er oft hatte, wenn er mit einem neuen Wissenschaftler zusammenarbeitete. Die Prozesse, die sein Meister und die jahrtausendealten Texte überlieferten, unterschieden sich gewaltig von dem, was an den heutigen Universitäten gelehrt

Dr. Naram in einer ländlichen Gegend, in der Kräuter gesammelt werden, mit einer Pflanze, die einen Saft hat, der Schmerzen lindert und die Immunität stärkt.

oder verstanden wurde. Die Wissenschaftler verstanden nicht, dass Dr. Naram darauf bestand, dass vor und während der Herstellung der Kräuter bestimmte Mantras gesprochen wurden, oder warum Pflanzen und Wirkstoffe nur auf bestimmte Weise und zu bestimmten Zeiten kombiniert werden sollten. Vor allem, wenn es länger dauerte und mehr kostete, als wenn man den einfacheren Weg nehmen würde.

Im Fall von Guy Kavari kam es zum Konflikt, als Dr. Naram sagte, dass ein bestimmtes Kraut, das starke Blutungen während der Menstruation von Frauen lindert, nur um Mitternacht bei Vollmond geerntet werden darf. Guy hielt dies für Unsinn und teilte dies Dr. Naram mit. Er sagte, dass er als Wissenschaftler nicht an Märchen glaubte und sich weigerte, dieses Kraut um Mitternacht zu ernten.

„Sie sind eigentlich gar kein Wissenschaftler", antwortete Dr. Naram. „Sie sind ein Schwindler."

Guy war vollkommen überrascht davon und verteidigte sich: „Ich bin ein Wissenschaftler, deshalb glaube ich diesen Unsinn nicht."

„Sie sind ein Pseudo-Wissenschaftler, der etwas für bewiesen hält, was er nicht versteht", sagte Dr. Naram. „Wenn Sie ein echter Wissenschaftler wären, wüssten Sie, dass Sie eine Hypothese, aber keine Erklärung haben und würden diese Hypothese auf ihre Richtigkeit überprüfen,"

Guy sah dies als eine Herausforderung, die er nicht ablehnen konnte. Er begann eine umfangreiche Studie, um Dr. Naram das Gegenteil zu beweisen. Er erntete dieses spezielle Kraut zu verschiedenen Tageszeiten, auch um Mitternacht bei Vollmond, wie von Dr. Naram angeordnet. Dann testete er die Wirksamkeit des Wirkstoffs im Labor. Er nahm die verschiedenen Proben, wandte sie gemäß der Formel an und gab sie Frauen, die Probleme mit ihrer Menstruation hatten.

Die Ergebnisse waren für Guy schockierend. Die Potenz der Kräuter, die um Mitternacht bei Vollmond geerntet wurden, war fast zwanzigmal höher als die des exakt gleichen Krauts, wenn es tagsüber geerntet wurde. Wenn diese Kräuter in das Kräuterergänzungsmittel eingefügt und Frauen gegeben wurden, die es benötigten, waren die Ergebnisse deutlich besser. Von diesem Moment an befolgte Guy das Verfahren zur Ernte der Kräuter und des Mischens der Formeln exakt, wie es in den jahrtausendealten Heil-Manuskripten beschrieben war. Im Labor entdeckte er weitere faszinierende Ergebnisse, die seiner Ausbildung zuwiderliefen. Zu seiner Überraschung verringerte sich auch der Ranzigkeitsgrad und die Haltbarkeit nahm zu, wenn man den genauen Angaben in den jahrtausendealten Texten folgte.

Meine Fragen bezüglich der Sicherheit der Kräuter waren zu meiner Zufriedenheit geklärt. Gleichzeitig fühlte ich mich von den Menschen, die mit so viel Leidenschaft und Exzellenz arbeiteten, inspiriert.

Beunruhigende E-Mail von meinem Vater

Von Indien aus flog ich über Thailand nach China, da ich eingeladen war, auf einer akademischen Konferenz einen Vortrag zu halten. Ich war von Professoren und Studenten umgeben, die über die verschiedenen Entwicklungen von Technologien sprachen und wie sie sich auf die Bildung auswirken würden. Nachdem ich Zeit mit Dr. Naram verbracht hatte, war die Rückkehr in mein ‚normales' Leben gelinde gesagt befremdlich.

Die Art und Weise, wie ich die Welt und mich selbst sah, hatte sich deutlich verändert. Als ich versuchte, anderen etwas von meinen Erlebnissen zu berichten, warfen sie mir oft einen ungläubigen Blick zu, der das Gespräch beendete. Ich kam zu dem Entschluss, dass es nicht meine Aufgabe war, jemanden von irgendetwas zu überzeugen. Meinem Vater ging es besser und das war alles, was für mich zählte.

Als ich in China ankam, schickte ich meiner Mutter und meinem Vater eine E-Mail, um sie wissen zu lassen, dass es mir gut ging und fragte sie, wie es ihnen ging. Innerhalb eines Tages erhielt ich eine beunruhigende Nachricht von meinem Vater.

10. September 2010

Hallo, mein Sohn,
du erstaunst mich immer wieder. Du sprichst von einer Übernachtung in Bangkok und davon, nach China zu reisen, bevor du wieder in das nächste Land reist, als hättest du die Nacht in dem Hotel bei uns in der Nähe verbracht und wärst auf dem Weg zu unserem Haus in Salt Lake City.

Ich versuche, mich von meiner Reise nach Indien zu erholen. Nach meiner Heimkehr fühlte ich mich vollkommen kraftlos und müde. Ich war nicht in der Lage, viel zu tun. Danke, dass du uns deinen Zeitplan mitgeteilt hast. Wann sprichst du das nächste Mal mit Dr. Naram? Ich habe einige Fragen, auf die du vielleicht Antworten erhalten könntest. Ich verstehe nicht, was in meinem Körper vor sich geht.

Ich schließe dich in meine Gebete ein, dass deine Reise sicher und für alle Beteiligten fruchtbar ist.

Ich liebe dich sehr,
Papa

Ich antwortete ihm schnell mit den Kontaktinformationen für Dr. Narams Zentrale, die ihn verbinden würde. Ich spürte, wie die unbehagliche, stille Traurigkeit zurückkam und mich wieder umhüllte. Hatten Dr. Naram und die jahrtausendealten Heilmethoden meinen Vater nach all der Zeit, den Kosten und der Mühe, die er aufgewendet hatte, im Stich gelassen?

Deine Notizen

Um den Nutzen, den du aus der Lektüre dieses Buches ziehen wirst, zu vertiefen und zu vergrößern, nimm dir jetzt ein paar Minuten Zeit und beantworte die folgenden wichtigen Fragen:

Nenne ein oder zwei Dinge, die alles verändern würden, wenn du sie in deinem Leben mit noch mehr Exzellenz ausüben würdest:

_____

_____

_____

Welche schönen Dinge in deinem Leben sind das Ergebnis von Geduld und Disziplin?

_____

_____

_____

Welche anderen Einsichten, Fragen oder Erkenntnisse kamen dir beim Lesen dieses Kapitels in den Sinn?

_____

_____

_____

KAPITEL 16

Ein unerwartetes neues Problem

Sag nicht „Es ist Morgen" und entlasse ihn mit einem Namen von gestern.
Betrachte ihn, als sei es das erste Mal. Empfange ihn wie ein neugeborenes Kind, das keinen Namen trägt.
—Rabindranath Tagore

Nach der Konferenz in China kehrte ich nach Finnland zurück, um meine Arbeit an der Universität von Joensuu (der späteren Ostfinnischen Universität) zu fortzusetzen. Ich lebte in einer kleinen, schneebedeckten Stadt unweit der russischen Grenze. Obwohl ich eine tiefe Verbundenheit mit Finnland, den Menschen und meiner Arbeit hatte, spürte ich nach der beunruhigenden E-Mail meines Vaters das dringende Bedürfnis, ihn zu sehen. Dieses Gefühl verstärkte sich, als mein Vater anrief und mich fragte, wann ich wieder zu Hause sein würde, um persönlich über seine Gesundheit zu sprechen. Er erwähnte ‚ein neues Problem'. Ängstlich und beunruhigt reiste ich so schnell wie möglich nach Hause zu meinen Eltern.

Als ich vor der Tür meines Elternhauses stand, fragte ich mich, was mein Vater wohl besprechen wollte. Es war mehr als sechs Monate her, dass ich ihm Dr. Naram in LA zum ersten Mal vorgestellt hatte. Ging es ihm jetzt besser? Würde ich eine Veränderung bei ihm feststellen? Oder hatte ich ihn umsonst um die halbe Welt geschickt? Hatte er noch Schmerzen? Hatte es sich vielleicht sogar verschlimmert? Erst ein halbes Jahr zuvor sagte er mir, dass er den nächsten Morgen vielleicht nicht mehr erleben würde. Die Erinnerung an den Schock war noch frisch und setzte mir immer noch zu.

Mein Vater begrüßte mich an der Tür mit einem Blick, den ich nicht deuten konnte. Wir gingen in sein Büro und saßen auf denselben Stühlen, auf denen wir das letzte Mal auch gesessen hatten. Nur dieses Mal schaute er nicht auf den Boden. Dieses Mal brach er den Blickkontakt zu mir nicht ab.

Er holte tief Luft. „Mein Sohn, es gibt ein neues Problem." Mein Herz sank. Ich machte mich auf alles gefasst und fragte: „Was meinst du damit, Papa?"

Er zog einen Schuhkarton hinter seinem Schreibtisch hervor und öffnete ihn. Er war voll mit Pillenfläschchen. „Mein Problem ist, dass ich nicht weiß, was ich mit all diesen Pillen jetzt tun soll. Ich brauche sie nicht mehr!" Ein riesiges Lächeln erschien auf seinem Gesicht. Von den zwölf Medikamenten, die er vor seiner Indien-Reise eingenommen hatte, brauchte er jetzt nur noch eines. Ich stieß einen großen Seufzer der Erleichterung aus! Sein Lächeln war ansteckend und ich lachte erleichtert mit ihm.

Es stellte sich heraus, dass der Energiezusammenbruch, den er nach Indien erlebte, nur vorübergehend war, weil er anfing, all die vertrauten alten Nahrungsmittel zu essen, die er nicht essen sollte. Das waren also die Konsequenzen der Wahl des Essens. Als er dann die ihm empfohlenen Hausmittel einnahm und seine Ernährung wieder umstellte, ging es ihm sofort wieder besser.

Ich konnte es nicht fassen. Erst ein halbes Jahr zuvor hatte er entsetzliche Schmerzen und wusste nicht, wie lange er noch leben würde. Sein Körper war so schwach, dass selbst so einfache Dinge wie das Aufstehen aus einem Stuhl oder der Gang durch den Flur eine monumentale Herausforderung darstellten. Er war damals von einer quälenden Müdigkeit geplagt, die mich erschreckte. Sein Verstand rutschte in Richtung Alzheimer, er vergaß viele Dinge, und wenn er sprach, verlor er oft den Faden. Es war herzzerreißend zu sehen, wie er in eine schwere Depression fiel.

Jetzt, nur wenige Monate nach dem Treffen mit Dr. Naram und der disziplinierten Befolgung seines Rates, war mein Vater ein anderer Mensch. Er hatte keine Cholesterin- und Blutzuckerprobleme mehr und sein Blutdruck hatte sich normalisiert. Während des Prozesses hatte er regelmäßige Besprechungen mit seinen behandelnden Ärzten vor Ort. Sie überwachten seine Fortschritte und kamen schließlich zu der Überzeugung, dass er bestimmte Medikamente nicht mehr einnehmen musste. Als ich ihn traf, benötigte er fast keine Medikamente mehr!

Das Wichtigste für meinen Vater war jedoch, dass alle Schmerzen in seiner Brust und seinen Beinen verschwunden waren, so dass er jetzt auch keine Schmerzmittel mehr nahm. Er sagte: „Ich habe im gesamten Körper überhaupt keine Schmerzen mehr!"

Er beschrieb, dass er zwanzigmal mehr Energie hatte, sein Körper sich viel besser anfühlte und er geistig wieder voll auf der Höhe war. Er konnte wieder arbeiten und hatte das Gefühl, dadurch etwas auf dem Planeten zu bewirken. Zu sehen, wie sich mein Vater wieder nützlich und produktiv fühlte und wie er, so wie es immer seine Mission gewesen war, zum Wohl der Allgemeinheit beitrug, gab mir ein nie zuvor empfundenes Gefühl der Erfüllung.

Mama und Papa lachen wieder.

Meine Gedanken wirbelten durcheinander. Konnte das wirklich wahr sein? Was für ein heiliger Moment! Was für ein wundervolles Geschenk!

Selbst während ich dieses hier schreibe und an diesen schönen Moment zurückdenke, fließen mir Tränen der Dankbarkeit über die Wangen.

Der bedeutungsvollste Moment war, als mein Vater mir direkt in die Augen schaute und sagte: „Und jetzt habe ich eine weitere wichtige Aufgabe für dich, mein Sohn."

Der Stapel von Ordnern und Papieren mit all dem Material, das er im Laufe seines Lebens gesammelt hatte, nahm wieder seinen rechtmäßigen Platz auf dem Schreibtisch meines Vaters ein, anstatt in der hintersten Ecke der Schublade zu liegen. Erinnerst du dich an das Buch, das mein Vater schreiben wollte? Es sollte die Zusammenfassung seines Lebenswerkes werden, das Kindern dabei helfen sollte, gute Ideen zu erkennen und gute Entscheidungen zu treffen. Als er krank war und von Depressionen geplagt wurde, verlor mein Vater nicht nur die Hoffnung, sondern auch dieses Ziel aus den Augen.

Er legte seine Hand auf den Papierstapel und sagte: „Ich möchte *The Missing Piece in Education* zu Ende schreiben, und ich brauche deine Hilfe. Mein Sohn, willst du mein Co-Autor sein?"

Ich fühlte mich sehr geehrt. Obwohl ich nicht aufhören konnte zu lächeln, flossen Tränen über mein Gesicht.

„Auf jeden Fall."

Wie sehr unterschied sich dies doch von der Bitte, die er sechs Monate zuvor gestellt hatte! Ich hoffte, das Schreiben dieses Buches würde für meinen Vater heilsam sein, etwas das ihn glücklich machen und Teil seines Vermächtnisses werden würde. Ich ahnte nicht, dass es auch mich heilen würde. Aber diese Geschichte erzähle ich ein anderes Mal.

Nach der bemerkenswerten Genesung meines Vaters beschrieb ich das, was Dr. Naram für die Menschen tat als einen Ölwechsel für deren Körper. Wenn du den Filter in deinem Auto wechselst, kannst du sehen, wie viel Dreck sich in der Zwischenzeit angesammelt hat. In unserem eigenen Körper können wir die Ansammlung zwar nicht sehen, aber sie ist da. Wenn wir unseren Körper nicht reinigen und richtig pflegen, manifestiert sich diese Ansammlung als Fehlfunktion. Nachdem die Filter im Körper meines Vaters gereinigt waren, lösten sich seine Gesundheitsprobleme auf.

Ich war unendlich dankbar für Dr. Naram und dieses jahrtausendealte Heilungssystem und sah mit eigenen Augen die erstaunliche Transformation, die mein Vater durchlief. Ich versuchte Dr. Naram anzurufen, um mich bei ihm zu bedanken, konnte ihn aber nicht erreichen. Ich wusste nicht, dass während sich der Gesundheitszustand meines Vaters stetig verbesserte, Dr. Narams Vater in ein Koma fiel und für tot erklärt wurde.

Deine Notizen

Um den Nutzen, den du aus der Lektüre dieses Buches ziehen wirst, zu vertiefen und zu vergrößern, nimm dir jetzt ein paar Minuten Zeit und beantworte die folgenden wichtigen Fragen::

Wen liebst du? Weißt du, was der größte Traum deiner Lieben ist?

_____

_____

_____

_____

Wie kannst du sie unterstützen? Oder, wenn sie sich noch nicht sicher sind, was sie wollen - wie kannst du ihnen dabei helfen, es herauszufinden?

_____

_____

_____

_____

Welche anderen Einsichten, Fragen oder Erkenntnisse kamen dir beim Lesen dieses Kapitels in den Sinn?

_____

_____

_____

_____

KAPITEL 17

Abschied nehmen

Was ist das Bemerkenswerteste auf der ganzen Welt?
Dass alle Menschen sterben werden, aber niemand glaubt, dass es ihm passieren wird.
-Freie Übersetzung aus der Bhagavad Gita,
einem 5.000 Jahre alten Text

Dr. Naram wusste, dass es seinem Vater nicht gut ging. Er hatte ihn in den letzten Jahren viele Male besucht und konnte ihm immer helfen. Dieses Mal war die Prognose seines Vaters ziemlich düster. Bevor er sich auf den Weg zu seinem Elternhaus machte, lud Dr. Naram Dr. Giovanni, Luciano und Vinay ein, ihn zu begleiten. Er war sich nicht sicher, was auf ihn zukommen würde.

Als sie sein Elternhaus erreichten, wurden sie am Eingang von Dr. Narams Bruder Vidyutt, seiner Mutter, dem Rest seiner Familie und dem Arzt, der gerade den Totenschein ausfüllte, weinend begrüßt. Er kam zu spät.

„Ich will Papa sehen", sagte Dr. Naram zu seinem Bruder.

Dr. Naram ging zu dem Bett, auf dem der Körper seines Vaters lag. Er streckte die Hand aus, um das Handgelenk seines Vaters zu berühren und erschrak, als seine Finger einen sehr schwachen Puls fühlten. Sofort bat er Dr. Giovanni, das Blutdruckmessgerät zu holen und seinen Blutdruck und Puls zu testen. Die Maschine registrierte keinen Puls. Dr. Naram bat ihn, noch einmal zu testen. Dasselbe Ergebnis, kein Puls, kein Blutdruck.

Dr. Naram bat Dr. Giovanni, schnell Ingwer- und Königskümmel-Pulver aus der Küche zu holen. Jeder im Haus fragte Dr. Giovanni, warum er sie brauchte. Auch der behandelnde Arzt sah mit einem verwirrten Gesichtsausdruck auf, und die Familie erklärte ihm, dass Dr. Naram ein Pulsheiler sei. Er schüttelte den Kopf und machte mit seinem Papierkram weiter.

Dr. Naram wies Dr. Giovanni an, mit der trockenen Mischung aus Königskümmel- und Ingwerpulver die Füße seines Vaters einzureiben. Gleichzeitig trug Dr. Naram Ghee auf und drückte bestimmte Marmaa-Punkte an den Händen, Füßen, Bauch und Kopf seines Vaters. Ein paar Minuten später beugte er sich nahe an sein Ohr und sagte: „Papa, wenn du bei Bewusstsein bist, wenn du mich hören kannst und leben willst, dann hebe deine Hand, deinen Fuß oder einen Finger. Wenn nicht, werden sie jetzt deinen Körper nehmen, um dich zu verbrennen."

Sein Vater hob die ganze Hand!

Dr. Naram konnte seine Aufregung nicht zurückhalten, als er seinem Bruder erzählte, dass ihr Vater noch am Leben war. Der behandelnde Arzt war skeptisch und beschuldigte Dr. Naram, die Hand seines Vaters selbst bewegt zu haben. Alle kamen in den Raum und sahen zu, wie Dr. Naram die Prozedur wiederholte. Dieses Mal hob sein Vater sein ganzes Bein an. Der behandelnde Arzt sprang schockiert zurück.

Als ich diesem Teil zuhörte, stellte ich mir lebhaft die ganze Szene vor und musste lachen. Der Arzt dachte, es könnte sich um Totenstarre handeln, bis Dr. Naram den Vorgang fortsetzte. Dr. Narams Vater liebte den Guru Sai Baba. Dr. Naram wusste dies und bat Dr. Giovanni, dabei zu helfen, die Marmaa-Punkte zu drücken und dabei den üblichen Gruß der Sai Baba-Anhänger, „Sai Ram", auszusprechen. Von seinem Vater kam eine schwache, aber klare Antwort: „Sai Ram."

Alle waren absolut fassungslos. Mit einem großen Lächeln der Verwunderung sagte Dr. Giovanni erneut: „Sai Ram."

Ein immer lauter werdendes „Sai Ram!" kam von Dr. Narams Vater. Alle im Raum lachten vor Freude, als sie dies hörten, einige von ihnen unter Tränen.

Der Einzige, der nicht lächelte, war der Arzt. Er hatte diesen Mann für tot erklärt. Die Tinte auf der unterschriebenen Sterbeurkunde war noch feucht und nun redete er? Das ging vollkommen über seinen Verstand hinaus. Anstatt sich an diesem Abend von ihrem Vater zu verabschieden, verabschiedete sich die Familie von dem Arzt. Sprachlos verließ er das Haus.

Dr. Narams Vater war wach und bei Bewusstsein. In der folgenden Woche erholte er sich so weit, dass er sich aufsetzen, herumlaufen und mit seiner Familie sprechen konnte. Der behandelnde Arzt, der den Totenschein unterschrieben hatte, rief Dr. Narams Bruder alle paar Tage an, um sich über ‚diesen seltsamen Fall' auf dem Laufenden zu halten. Jedes Mal war er überrascht zu erfahren, dass der Patient wohlauf und noch am Leben war.

Dr. Narams Vater fühlte sich bald gut genug, um noch unerledigte Dinge abzuschließen, wichtige Dokumente zu unterzeichnen und wichtige Gespräche mit seiner Frau, seinen Kindern und Enkelkindern zu führen.

> *„Es ist wichtig, dass wir bestimmte Dinge im Leben vollenden, damit unsere Seele in Frieden ruhen kann."*
> –Dr. Naram

„Es ist wichtig, dass wir bestimmte Dinge im Leben vollenden, damit unsere Seele in Frieden ruhen kann", erklärte mir Dr. Naram.

Als ich zum Ausdruck brachte, wie bemerkenswert das war, wiederholte Dr. Naram die Worte seines Meisters: „Gib niemals die Hoffnung auf!"

Dr. Narams Vater,
Dr. Khimjibhai U. **Naram**

Meine Notizen

Jahrtausendealte Heilgeheimnisse, um jemandem im Koma zu helfen*

(Fortsetzung aus Kapitel 1)

4) Hausmittel - Mische trockenes Ingwer- und Königskümmelpulver und reibe damit die Füße der Person im Koma ein.

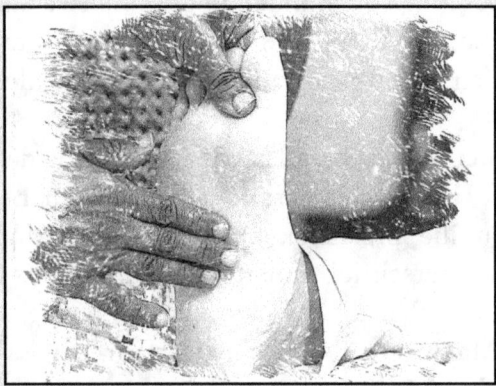

5) Marmaa Shakti - Während die in Kapitel 1 (auf Seite 15) beschriebenen Punkte gedrückt werden, sprich den Namen der Person so aus, wie es ihr am vertrautesten ist.

*Bonusmaterial: Um Dr. Giovanni & Dr. Naram über diesen Moment berichten zu hören, und damit du diese Methode noch mehr verstehst, besuche einfach die kostenlose Webseite MyAncientSecrets.com

Deine Notizen

Um den Nutzen, den du aus der Lektüre dieses Buches ziehen wirst, zu vertiefen und zu vergrößern, nimm dir jetzt ein paar Minuten Zeit und beantworte die folgenden wichtigen Fragen:

Welche Dinge würdest du gerne in deinem Leben vollenden, bevor du stirbst (z.B. dich einer gewissen Angst stellen, jemandem vergeben, etwas erreichen, jemanden um Vergebung bitten, eine Herausforderung überwinden, usw.)?

_____

_____

_____

_____

_____

Welche anderen Einsichten, Fragen oder Erkenntnisse kamen dir beim Lesen dieses Kapitels in den Sinn?

_____

_____

_____

_____

_____

KAPITEL 18

Alte Weisheiten, moderne Welt

*Jede Reise hat ein geheimes Ziel, dessen sich der
Reisende nicht bewusst ist.*
–Martin Buber

Kurz nach diesen scheinbar wunderbaren Ereignissen lud mich Dr. Naram zu einer Preisverleihung nach New Jersey ein, bei der er für die Unterstützung der Feuerwehrleute und Ersthelfer des 11. Septembers geehrt werden sollte. Während ich inmitten von Tausenden von Menschen stand, die sich angeregt unterhielten, und gemeinsam mit ihnen auf den Beginn der Zeremonie wartete, wusste ich in meinem Herzen, dass ich Dr. Naram eine dringende Frage stellen musste, die mich schon eine ganze Weile beschäftigte.

Ich lächelte, als ich Marshall und José erblickte, zwei der Gründer von Serving Those Who Serve, die ich zuvor in New York kennengelernt hatte. Sie halfen jetzt Menschen, die andere Katastrophen überlebt hatten, und hofften, dass Dr. Naram sie auch weiterhin unterstützen würde.

Dr. Naram lächelte, als er mich sah. „Clint, ich bin so froh, dass Sie kommen konnten."

Es war mir eine Ehre, dass ich an der Zeremonie teilnehmen durfte. „Sind Sie aufgeregt?", fragte ich. „Ich höre, die Gouverneurin von New Jersey ist hier, um Ihnen die Auszeichnung zu überreichen."

„Eher demütig," antwortete er.

„Wie kommt das?"

„Ich weiß, dass die ganze Macht und Stärke von meiner Abstammungslinie, den in den jahrtausendealten Texten aufgezeichneten Geheimnissen und den Lehren meines Meisters stammt. Ich bin einfach ein Übersetzer, der diese jahrtausendealten Weisheiten für die moderne Welt übersetzt. Und wo wir gerade von meinem Meister sprechen: Habe ich Ihnen schon erzählt, woher ich wusste, wie ich den Feuerwehrleuten des 11. Septembers helfen konnte?"

„Nein. Woher wussten Sie das?"

„Straßenkinder in Mumbai!"

„Straßenkinder?"

„Ja, nach den tausend Tagen der Ausbildung gab mir mein Meister einen Seva-Auftrag (ausgesprochen seh'wah), einen Auftrag, selbstlos zu dienen. Er sagte mir, dass die ersten Menschen, denen ich helfen sollte, in Dharavi waren, dem zweitgrößten Slum der Welt."

Dr. Naram beschrieb, wie er den dort lebenden Straßenkindern mit ihren schmutzigen Gesichtern und zerrissenen Kleidern begegnete. Er fühlte ihren Puls und gab ihnen Kräuter, von denen er dachte, sie würden ihnen helfen. Aber als er zurückkam, stellte er fest, dass sie ihnen nicht halfen und die Kinder immer noch an Lungenproblemen, Schlaflosigkeit, Depressionen, Angstzuständen und Husten litten. Ihr Puls zeigte immer noch eine Ansammlung von Giftstoffen in ihren Körpern. Verwirrt beriet sich Dr. Naram mit seinem Meister, der ihm sagte, er müsse mehr über diese Kinder herausfinden.

Dr. Naram ging zurück und fragte die Kinder, wo sie wohnten und arbeiteten. Er fand heraus, dass sie in einer chemischen Fabrik arbeiteten. Diese Fabrik wollte nicht in Maschinen investieren, die Chemikalien in den Wannen umrührt. Sie bezahlten stattdessen Straßenkinder, um darin herumzuschwimmen. Er war schockiert, meldete dies sofort den Behörden und ging zurück zu seinem Meister, um herauszufinden, was er sonst noch tun könnte, um diesen Kindern zu helfen.

Gemeinsam studierten sie die Manuskripte, um zu sehen, ob darin Mittel beschrieben wurden, mit denen man komplizierte Giftstoffe wie Schwermetalle aus dem Körper entfernen kann. Sie wurden ganz aufgeregt, als sie eine mögliche Lösung entdeckten. In den

Kriegen jener Zeit tauchten Soldaten die Spitzen ihrer Pfeile und Speere in chemische Gifte. Die Heiler der Siddha-Veda-Linie mussten Wege finden, wie sie den Menschen helfen konnten, die Giftstoffe auszuschwemmen. Sie identifizierten siebenundzwanzig Kräuter (darunter Kurkuma und Niembaum), die helfen könnten, giftige Schwermetalle zu entfernen. Dieses Wissen half Dr. Naram und seinem Meister, eine neue Kräuterformel zu entwickeln, um den Straßenkindern zu helfen.

„Es hat funktioniert, und den Kindern ging es viel besser! Die Giftstoffe in ihren Körpern wurden komplett eliminiert. Mein Glaube an die Prinzipien meines Meisters und diese jahrtausendealten Texte nahm zu, da sie in einem so dramatischen Fall hilfreich waren. Dann kam der 11. September, ein Ereignis, das Amerika und den Rest der Welt erschüttert hat."

Virales Foto von Straßenkindern, die mit ihren Sandalen einen ‚Selfie' machen.
Quelle: Google Images.

Als Dr. Naram gebeten wurde, den Feuerwehrleuten zu helfen, die Tag und Nacht am Ground Zero arbeiteten, wusste er, dass auch sie ähnliche Giftstoffe in ihren Körpern hatten, die durch das Einatmen der Dämpfe und Gase und den Kontakt mit so viel giftigem Schutt entstanden waren. Er wusste auch, dass die westliche Medizin noch keine Möglichkeit hatte, diese Giftstoffe zu entfernen. „Es war mir eine große Ehre, zu Diensten zu sein. Ich danke meinem Meister, dass er mich gelehrt hat, wie ich Menschen in Not so nützlich sein kann. Jeder Mensch wird tagtäglich mit giftigen Stoffen konfrontiert. Jeder atmet im täglichen Leben die Abgase von Autos und LKWs ein und isst modifizierte Lebensmittel, die oft durch sauren Regen bewässert werden. Jeder Mensch ist der Mobilfunkstrahlung ausgesetzt, isst Fleisch oder Pflanzen, die belastet sind und selbst das Sonnenlicht hat aufgrund der sich auflösenden Ozonschicht in der Erdatmosphäre eine andere Qualität. Selbst wenn wir am 11. September nicht in New York waren, brauchen wir alle diese jahrtausendealten Geheimnisse, um Umweltgifte aus unseren Körpern zu entfernen."

Obwohl das alles sehr faszinierend war, konnte ich die brennende Frage, die ich ihm stellen musste, nicht vergessen. Doch gerade als ich anfangen wollte zu sprechen, wurde Dr. Naram auf die Bühne gebeten.

Ich saß auf meinem Stuhl im Publikum und las das Programm der Veranstaltung durch. Ich las weitere Geschichten von den Feuerwehrleuten und Ersthelfern, die von Dr. Narams Hilfe profitierten. Einer von ihnen war Darren Taylor, ein Feuerwehrmann der FDNY (NewYorker Feuerwehr). Er schrieb:

„Zwei Tage nach den Anschlägen auf das World Trade Center wurde ich zum Ground Zero geschickt. Ich half bei der Leichensuche und deren Bergung,

9/11 Feuerwehrmann Darren Taylor, FDNY, benutzte die Kräuter von Dr. Naram, um Giftstoffe aus seinem Körper zu entfernen, seine Immunität zu stärken, seinen Schlaf zu verbessern und ein gesünderes und glücklicheres Leben zu führen!

sowie bei der allgemeinen Aufklärung und Brandbekämpfung. Etwa einen Monat nach Beginn der täglichen Arbeit dort, bemerkte ich langsam die Auswirkungen auf meine Gesundheit. Ich bekam häufiger Erkältungen. Manchmal wachte ich nachts mit einem Hustenanfall auf, einem sehr trockenen Husten. Ich war ein wenig deprimiert, mein Immunsystem war negativ beeinflusst. Ich fühlte mich allgemein schwächer - nicht so gesund, wie ich es normalerweise war. Als ich zum ersten Mal von diesem Programm und diesen Kräutern hörte, war ich nicht interessiert. Aber Monate, nachdem ich am Ground Zero gearbeitet hatte, verschlimmerten sich meine Symptome. Ich war zunehmend besorgt und dachte mir, ich sollte etwas Natürliches ausprobieren und ich bin froh, dass ich das getan habe. Nachdem ich die Kräuter eine Weile genommen hatte, stellte ich fest, dass meine Erkältungen und Hustenanfälle nachließen. Ich hatte wieder mehr Ausdauer. Ich fühlte mich einfach deutlich besser und war weniger deprimiert. Ich konnte wieder aktiv an meinem Leben teilnehmen und die medizinischen Sorgen hinter mir lassen. Ich konnte auch wieder besser und länger schlafen. Im Allgemeinen fühlte ich mich wirklich gut. Vielen Dank an alle für die wundervolle Arbeit, die Sie leisten. Ich wünsche mir, dass mehr Menschen davon erfahren."

Eine andere Ersthelferin berichtete, dass sie die Kräuter etwa ein Jahr lang eingenommen hatte, als etwas Erstaunliches passierte: Der Test ihrer Lungenfunktion zeigte normale Werte und zum ersten Mal seit Jahren konnte sie wieder ohne Inhalator leben. Sie schrieb:

„Es gibt auch einen weiteren angenehmen Nebeneffekt: Mit Hilfe der Kräuter konnte ich das Rauchen aufgeben. Ich konnte förmlich riechen, wie die Giftstoffe aus meinem Körper herausgesogen wurden. Selbst wenn ich davor mal ein Jahr lang nicht rauchte, hatte ich trotzdem immer irgendwie ein Verlangen danach. Ich bin mir sicher, was auch immer sich an Nikotin in meinem Körper befand, die Kräuter haben es tatsächlich geschafft, ihn davon zu befreien. Manchmal roch es beim Urinieren nach Aschenbecher. Als das passierte, fragte ich mich: ‚Wo kommt dieser Gestank auf einmal her?' Alles hat sich im Laufe des letzten Jahres so spürbar verbessert und das verdanke ich definitiv den Kräutern von Dr. Naram. Ich glaube, dass sie das Gift aus jedem Teil des Körpers entfernt haben."

Ich las noch weitere ähnliche Berichte. Ich dachte darüber nach, wie wundervoll es war, dass José dazu geführt wurde, Dr. Naram zu treffen und diese Organisation zu gründen, um den Ersthelfern des 11. Septembers zu helfen. Ich wette, als er Dr. Naram zum ersten Mal traf, hatte er noch keine Ahnung, was alles passieren würde.

Dann erinnerte ich mich zurück an Reshma und Rabbat. Als ihre Mutter Dr. Naram zum ersten Mal im Fernsehen sah, hatte sie wahrscheinlich keine Ahnung, dass sie zu einem Treffen mit ihm geführt werden würde, um das Leben ihrer Tochter zu retten. Auch Dr. Giovanni ahnte beim ersten Treffen mit Dr. Naram nicht, dass er sein ganzes Leben dem Erlernen der jahrtausendealten Heilgeheimnisse und ihrer Anwendung bei seinen Patienten widmen würde. Ich erkannte die unerwartete Führung und das Wunder dieser Dinge.

Ich erinnerte mich auch an ein Gebet, das ich als Kind gesprochen hatte, als ich mit dem Tod meiner Schwester Denise zu kämpfen hatte. Ich betete, dass Gott mich dorthin führen möge, wo ich von größtem Nutzen sein würde, um all jenen zu helfen, die unter Schmerzen litten.

Ich schloss meine Augen und in diesem Moment offenbarten sich plötzlich die mystischen Zusammenhänge zwischen all den Geschehnissen seit jenen Kindertagen. Der Tod meiner Schwester führte mich zu Gary Malkin und seinem Projekt ‚Wisdom of the World'. Um dem Projekt zum Erfolg zu verhelfen, traf ich Gail Kingsburry, und sie wiederum stellte mich Dr. Naram vor. Mein Schwärmen für Alicia führte mich dann nach Indien. Die nachlassende Gesundheit meines Vaters veranlasste mich dazu, die jahrtausendealten Heilgeheimnisse selbst zu erforschen, und so weiter. Ich war erstaunt als ich feststellte, dass die besten Dinge in meinem Leben immer dann geschahen, wenn ich versuchte, anderen zu dienen. Es war offensichtlich, dass besonders in jenen Momenten, in denen es mein Herzenswunsch war, anderen zu helfen, eine höhere göttliche Kraft mich genau dahin zu führen schien, wo für alle Beteiligten Heilung möglich war. Etwas überwältigt von der Flut von Erkenntnissen fragte ich mich, wohin mich das Leben wohl als Nächstes führen würde.

Nach allgemeinen Ansagen und Formalitäten trat die damalige Gouverneurin von New Jersey, Christine Todd Whitman, ans Mikrofon. Sie dankte Dr. Naram dafür, dass er Tausenden von

Feuerwehrleuten, Polizisten und anderen Ersthelfern des 11. Septembers geholfen hatte. Sie hielt den Preis hoch, der Dr. Naram von der Legislative des Bundesstaates New Jersey verliehen wurde, und las einen Teil der Begründung vor: „Der Senat und die Generalversammlung des Bundesstaates New Jersey freuen sich, Dr. Pankaj Naram, einen hochgeschätzten Spezialisten der jahrtausendealten Heil- und Pulsdiagnose, zu begrüßen und zu würdigen. Dr. Naram ist bekannt für seine philanthropischen Bemühungen; für seine beispielhafte Fürsorge und sein Mitgefühl für die Ersthelfer des Terroranschlags vom 11. September, für seine hervorragenden Leistungen innerhalb des Gesundheitswesens in unserer Gemeinschaft und für die weltweite Förderung seiner jahrtausendealten Heilwissenschaft."

Gouverneur Whitman las den Brief zu Ende und bat dann Dr. Naram, auf die Bühne zu kommen. Ergriffen schüttelte sie seine Hand und überreichte ihm die Auszeichnung, bevor sie ihn zum Mikrofon führte. Sein weißer Anzug stand in deutlichem Kontrast zum Hintergrund. Dr. Naram begann, auf seine eigene, besondere Art zu sprechen.

„Namaste. Die mir übergebene Auszeichnung wird mir zusammen mit den Gründern von Serving Those Who Serve - Marshall, José, Nehemiah und Rosemary verliehen. Aber die wahren Helden des Tages sind die Feuerwehrleute, die Polizisten und all die anderen, die sich in das Zentrum der Gefahr begaben und ihr Leben für andere riskiert haben. Das Mindeste, was wir tun können, ist, ihnen zu helfen, ihre Gesundheit und ihr Leben zurückzubekommen.

Dr. Naram erhält eine Auszeichnung des Staates New Jersey, die von der ehrenwerten damaligen Gouverneurin Christine Todd Whitman für die Hilfe für Tausende von 9/11-Feuerwehrleuten und Ersthelfern übergeben wird.

In meiner Abstammungslinie von Heilern betrachten wir uns nicht als Helden. In unseren Augen erweisen uns all jene, die zu uns kommen, einen Gefallen, indem sie uns erlauben, ihnen mit unseren jahrtausendealten Methoden zu helfen. Mein Meister sagte, dies sei ein Weg zur Erleuchtung. Was tun Menschen, um Glück, Erfüllung, oder etwas das wir Moksha nennen, was Erleuchtung bedeutet, zu erlangen? Einige nehmen den Weg der Meditation, andere den Weg Gebets, wieder andere den Weg des Erfolgs im Geschäftsleben oder im Kampf. In Indien nennen wir diese Pfade Karmayog, Bhaktiyog oder Gyanyog. Meinem Meister zufolge erhält man auf dem Pfad eines Heilers nur dann Erleuchtung oder Erfüllung, wenn die Patienten glücklich sind. Menschen durch Heilen zu helfen ist unsere Quelle für Erleuchtung und Glück. Wir behandeln jeden Menschen wie einen Tempel. Man kann sagen, ein Patient ist ein Tempel oder eine Kirche, eine Moschee oder ein Gurudwara. All dies sind Namen von Gotteshäusern. Mein Meister lehrte mich, dass Gott in jedem von uns wohnt, also sind auch Sie ein Tempel. Wenn das wahr ist, wann ist Gott dann glücklich? Wenn Sie den Tempel reinigen! Jeder Mensch hat viele Bereiche wie den Verstand, Gefühle und die Seele. Wenn diese gereinigt werden, erleben wir eine körperliche, geistige und emotionale Transformation. Auf diese Weise können wir im Leben alles erreichen. Ich danke meinem Meister aus tiefstem Herzen, dass er die Prinzipien der jahrtausendealten Wissenschaft, die jedem, der sie anwendet die Möglichkeit zu einer tiefgreifenden Transformation eröffnet, an mich weitergegeben hat."

Während er sprach, dachte ich an das Lächeln auf dem Gesicht meines Vaters, als er mir die Kiste mit Medikamenten zeigte, die er nicht mehr brauchte. Ich war so dankbar, dass Dr. Naram ihm geholfen hatte, die Giftstoffe aus seinem Körper zu entfernen und seine Doshas wieder ins Gleichgewicht zu bringen. Ich schmunzelte, da ich jetzt sogar wusste, was das Wort Dosha bedeutete! Ich fragte mich, welche anderen jahrtausendealten Prinzipien ich lernen könnte, die mir und anderen helfen würden. Ich dachte an das elfjährige Mädchen Rabbat, das aus dem Koma erwachte und ‚Mama' sagte und an die Tränen in den Augen ihrer Mutter. Ich dachte über den Jubel der Krankenschwester nach, als die gleiche Methode auch ihrer eigenen Schwester half. Ich dachte an Rabbiner Stephen Robbins aus

Kalifornien, der lange einen Rollstuhl brauchte und jetzt wieder im Fitnessstudio trainieren konnte, wobei er zehn Jahre jünger aussah und sich auch so fühlte. Ich erinnerte mich an den Mann mit der eingefrorenen Schulter, der wieder die volle Beweglichkeit zurückerlangte; an Dr. Giovanni und die Imkerin, die ihren Bienenstock rettete; an die Frau, die nach der Menopause ein Kind bekam und an die vielen Menschen, die mir sagten: „Dr. Naram hat mir das Leben gerettet." Ich dachte über die Menschen in Dr. Narams Fabrik nach, die die Kräuter nach traditioneller Art und Weise mit so viel Präzision und Liebe herstellten und an all die Feuerwehrleute und Polizisten, die von ihnen profitierten.

Dr. Naram fuhr fort: „Dies ist bekannt als Seva, oder selbstloser Dienst eines Heilers. Mein Meister lehrte mich, dass Seva nicht für den Patienten, sondern für den Heiler bestimmt ist. Er lehrte mich auch, dass ein Heiler sich zuerst um zwei Hindernisse, zwei Blockaden, kümmern muss, um den Menschen helfen zu können. Und was sind diese beiden Hindernisse? Ego und Angst.

Inmitten unsäglicher Gefahr haben diese großartigen Feuerwehrleute, Polizisten und all die anderen Ersthelfer des 11. Septembers beide hinter sich gelassen. Sie sind großartige Beispiele für die Art von wahrem Seva, oder selbstlosem Dienst, der Erfüllung bringt. Mein Meister lehrte mich, dass Gott in jedem von Ihnen ist. Und es ist mir eine Ehre, dem göttlichen Helden in jedem von Ihnen zu dienen, auf welche Weise auch immer es mir möglich ist."

Das Publikum brach in Ovationen aus. Als Dr. Naram von der Bühne kam, bildete sich sofort eine große Menschentraube um ihn. Mein Herz war voller Wertschätzung für ihn, seine Arbeit, für die Aufgabe, der er sein ganzes Leben widmete und die Art und Weise, wie er so viele Menschen segnete.

Während ich Dr. Naram beobachtete, ging ich in mich. Ich nahm war, dass der einstige Skeptiker in mir fast vollständig verschwunden war. Darüber hinaus fühlte ich eine neue Zielstrebigkeit und einen nie zuvor gekannten tiefen, inneren Frieden. Ich hatte diese Reise nicht geplant, aber nichtsdestotrotz hatte mich das Leben auf diesen Weg gebracht und ich spürte, dass es dafür einen Grund geben musste. Sicher, es gab noch eine Menge grauer Bereiche, viele Dinge, die ich mir noch nicht erklären konnte. Aber anstatt diese Dinge automatisch beiseite zu schieben, wurde ich offener und spürte eine nicht nachlassende Neugier auf diese Dinge. Ich verspürte den Wunsch, sie selbst auszuprobieren und herauszufinden, wie sie funktionierten.

Erst später an diesem Abend hatten Dr. Naram und ich wieder einen gemeinsamen Moment, in dem ich ihm endlich meine brennende Frage stellen konnte.

Die brennende Frage

Als sich die Menschenmasse aufgelöst hatte, gab es einen Moment der Ruhe, in dem Dr. Naram und ich auf das Auto warteten, das ihn abholen würde. Er sprach von seinem Meister und wie stolz sein geliebter Baba Ramdas jetzt wohl wäre, wenn er sehen könnte, dass die jahrtausendealten Geheimnisse so vielen Menschen auf der ganzen Welt auf solch tiefgreifende Weise helfen. „Clint, kennen Sie eines der größten Geheimnisse für Glück und Erfolg? Dankbarkeit. Zollen Sie stets all jenen Anerkennung, die Sie gelehrt haben."

Mit tiefem Gefühl sagte Dr. Naram: „Bevor mein Meister seinen Körper verließ, half er mir, mein Lebenswerk und meine Mission zu entdecken. Er lehrte mich, dass diese Mission jenseits von Nationen liegt, jenseits von Religion, jenseits von Glauben, Politik, Kasten, und Rassen. Sie ist für die gesamte Menschheit. Er sagte, das jahrtausendealte Heilsystem ist wie eine Lotusblume. Sind Sie mit der Lotusblume vertraut?"

Dr. Narams Schwester Varsha sagte mir einmal, dass Dr. Narams Vorname Pankaj übersetzt ‚Lotus' bedeutet.

„Mein Meister sagte: So wie die strahlend weiße Lotusblume aus dem dunklen Schlamm aufsteigt, um ihren Glanz und ihren Duft mit uns allen zu teilen, so müssen sich diese alten Heilgeheimnisse öffnen, um ihre tiefe heilende Schönheit und Kraft der ganzen Menschheit zu offenbaren. Es handelt sich nicht um eine

> „Eines der größten Geheimnisse für Glück und Erfolg ist - Dankbarkeit. Zollen Sie stets all jenen Anerkennung, die Sie gelehrt haben."
> –Dr. Naram

Religion oder einen Kult. Es ist einfach eine Denkschule, der jeder beitreten kann und von der jeder profitieren kann, indem er lernt, sich selbst und anderen dabei zu helfen, tiefgreifende Heilung zu erfahren. Mein Meister hat mir auch geholfen, meine Mission zu entdecken – den Wert und Nutzen dieser Geheimnisse zu bewahren, zu schützen und sie in jedes Herz und jedes Haus auf der Erde zu bringen."

Dr. Narams Meister sagte ihm, er solle wie eine Lotusblume sein.

Ich hörte ihm zu, beeindruckt von der Dankbarkeit in seiner Stimme. Da ich nicht länger warten konnte, sagte ich: „Dr. Naram, kann ich Ihnen eine wichtige Frage stellen?"

Er nickte.

„Ich bin fest davon überzeugt, dass mehr Menschen wissen müssen, dass diese jahrtausendealten Heiltechniken eine Alternative sind. Ihr Wissen und Ihre Arbeit kann so vielen Menschen auf diesem Planeten helfen. Vielleicht nutzen sie diese Heiltechniken, vielleicht auch nicht, aber zumindest wissen sie dann, dass es diese Möglichkeit gibt." Schließlich stellte ich ihm meine brennende Frage: „Wie kann ich Ihnen dabei helfen?"

Die Spannung löste sich, als Dr. Naram schmunzelte und als Antwort auf meine Frage ein leises, aber hörbares Lachen von sich gab. Ich war so verwirrt, dass sich das auf meinem Gesicht bemerkbar gemacht haben musste. Er sagte: „Danke, Clint. Ich möchte Hilfe und ich brauche Hilfe. Aber nicht von Ihnen."

Ich war schockiert und versuchte herauszufinden, ob ich ihn richtig verstanden hatte.

> *„Diese Mission der jahrtausendealten Heiltechniken ist jenseits von Nationen, jenseits von Religion, jenseits von Glauben, Politik, Kasten, und Rassen. Sie ist für die Menschheit. Es ist eine Denkschule, von der jeder profitieren kann, indem man lernt, sich selbst und anderen zu helfen, tiefer und tiefer zu heilen."*
> –Dr. Naram

Er sagte: „Ich kenne Sie jetzt, und Ihr Kopf ist viel zu voll." Er lachte wieder.

„Ich... ich verstehe nicht ganz."Dr. Naram sah mich freundlich an und sagte: „Sie kennen jetzt die sechs Schlüssel des Siddha-Veda für eine tiefgreifende Heilung. Hoffentlich verstehen Sie jeden einzelnen besser, indem Sie sie in Ihrem eigenen Leben und bei anderen anwenden und nutzen. Doch Clint, selbst wenn ich Ihnen jetzt in diesem Moment einige der anderen grundlegenden Geheimnisse erklären würde, die mein Meister mich gelehrt hat, würden Sie sie nicht richtig verstehen. Sie würden versuchen, sie mit Ihrem Verstand zu begreifen, anstatt sie mit dem Herzen zu verstehen oder sie in Ihr Wesen zu integrieren. Wie ich schon sagte, Ihr Kopf ist viel zu voll."

Ratlos fragte ich: „Was kann ich denn dann tun?"

„Ich bin bereit, auch tiefgründigere Geheimnisse mit Ihnen zu teilen, sobald Sie dazu bereit sind." Er hielt inne und fuhr dann fort: „Aber bevor Sie mir wirklich helfen können, müssen Sie zuerst etwas für sich selbst tun."

„Ich will es lernen. Ich werde alles dafür tun! Was möchten Sie? Was soll ich tun?"

Dr. Naram lächelte und sagte: „Kommen Sie morgen wieder."

Alte Weisheiten, moderne Welt 283

Deine Notizen

Um den Nutzen, den du aus der Lektüre dieses Buches ziehen wirst, zu vertiefen und zu vergrößern, nimm dir jetzt ein paar Minuten Zeit und beantworte die folgenden wichtigen Fragen:

Wofür bist du in deinem Leben am dankbarsten?

_____

_____

_____

_____

Welche Menschen in deinem Leben hast du durch eine besondere Fügung kennengelernt, an die du dich heute wenden und denen du deine Dankbarkeit ausdrücken könntest?

_____

_____

_____

_____

Welche anderen Einsichten, Fragen oder Erkenntnisse sind dir beim Lesen dieses Kapitels und bei der Fertigstellung dieses Buches gekommen?

_____

_____

_____

_____

Widmung

Ich widme dieses Buch in besonderem Gedenken
meiner Schwester Denise.
Ich werde dich immer lieben.

Ich hatte vielleicht nicht die Werkzeuge oder das Wissen, um dir
zu helfen, als du noch am Leben warst... aber ich widme dir dieses
Buch, in der Hoffnung, dass es vielen Menschen Hoffnung bringt
und sie auf einen Weg zu tiefgreifender Heilung geführt werden.

Im Gedenken an den geliebten, legendären
Meisterheiler Dr. Naram.

Ich danke Ihnen, dass Sie Ihre Lebenskraft der Meisterung und
Weitergabe dieser jahrtausendealten Heilgeheimnisse gewidmet
haben,
zum Wohle aller Menschen und aller Herzen auf der Erde

Liebe Leserin, lieber Leser,

Ich danke dir sehr herzlich, dass du mein erstes Buch gelesen und mich im ersten Jahr meiner lebensverändernden Reise mit Dr. Naram begleitet hast.

Die verbleibenden Seiten enthalten ein *Nachwort* mit den neuesten Informationen zu dem, was seitdem geschehen ist; gefolgt von den *Anmerkungen des Autors* mit Informationen über ein wertvolles Geschenk und einem *Anhang* mit einem Glossar neuer Wörter, einigen zusätzlichen jahrtausendealten geheimen Heilmitteln und anderen hilfreichen Informationen.

Doch zunächst ein kurzer Epilog.

EPILOG

Göttliche Führung, Geheimnisse zur Selbstheilung und die Prinzipien, wie Du Träume in die Realität umsetzt

Schreibe deinen Namen nicht in den Sand, die Wellen werden ihn wegspülen. Schreibe deinen Namen nicht in den Himmel, der Wind könnte ihn wegwehen. Schreibe deinen Namen in die Herzen der Menschen, denen du begegnest. Dort wird er für immer bleiben.
-Autor unbekannt

Dhaka, Bangladesch (Drei Jahre später)

Das Flugzeug landete. Dr. Giovanni und ich betraten den Flughafen, unsicher, was uns dort erwartete. Obwohl wir während der vier Jahre seit unserem ersten Treffen oft zusammen gereist sind, waren weder Dr. Giovanni noch ich jemals in Bangladesh gewesen. Unsere Beklemmung verflüchtigte sich schnell. Die Einwanderungs- und Grenzschutzbeamten waren freundlich und hilfsbereit. Ich fand heraus, dass Bangladesch 1947 als Teil Pakistans von Indien getrennt wurde, bevor es 1971 eine unabhängige Nation wurde. Seitdem hatte das Land zwei weibliche Premierministerinnen. Ich musste mich meinem eigenen Vorurteil stellen, wie ich mir ein muslimisches Land vorstellte. Während amerikanische

Medien betonten, dass einige islamische Staaten nicht zulassen, dass Frauen Auto fahren, war ich überrascht, dass hier bereits die zweite Premierministerin im Amt war. In den Vereinigten Staaten hatten wir noch keine einzige weibliche Präsidentin.

Nachdem wir unsere Taschen geholt hatten, trafen wir Kalim Hussain in der Lobby.

„*As-salaam Alaikum*", sagte er zu uns, der traditionelle Gruß in Bangladesch, der „Friede sei mit euch" bedeutet.

Bevor wir landeten, hatte ich die entsprechende Antwort gelernt: „*Wa-alaikum as-salaam*", was „Und Friede sei mit dir" bedeutet.

„Meine Tochter freut sich sehr darauf, Sie zu sehen", sagte er.

Wir verließen das Flughafengebäude und sahen mehrere Menschen, darunter eine hübsche junge Frau. Als wir näherkamen, erkannte ich ihre Augen - und ihr Lächeln. Ich starrte sie voller Bewunderung an.

„*As-salaam Alaikum*, Dr. Clint, Dr. Giovanni", sagte sie.

Rabbat war nun vierzehn Jahre alt. Ich fragte mich: *Wer war diese Person, so schön, so intelligent, so lebendig?* Sie war niemand anders als das kleine Mädchen, das im Krankenhaus von Mumbai aus dem Koma erwachte. Obwohl sich ihr Aussehen in den drei Jahren, seit wir sie gesehen hatten, völlig verändert hatte, war ihre Stimme noch dieselbe. Ihre sanfte Stimme war beruhigend für meine Ohren und meine Seele.

„*Wa-alaikum as-salaam*", antwortete ich, kaum in der Lage zu sprechen.

Ich konnte meine Augen nicht von ihr abwenden. Ihr Englisch war noch besser als damals. Sie strahlte eine unglaubliche Freundlichkeit und Zuversicht aus. Ohne zu zögern fragte ich sie, ob ich ein Foto machen dürfte. Als sie neben Dr. Giovanni stand, bemerkte ich, dass sie jetzt fast genauso groß war wie er. Ein Jahr zuvor hatte ich eine Facebook-Freundschaftsanfrage bekommen aber zunächst nicht erkannt, von wem sie kam. Ich war erfreut als ich herausfand, dass es Rabbat war! Es brachte all die Emotionen ihrer erstaunlichen Genesung zurück. *Wie interessant diese Welt ist*, dachte ich. *Wie eng verbunden wir doch alle miteinander sind.*

Als wir ins Auto stiegen, fragte ich sie: „Warum ist dein Facebook-Name Swan Bella?"

„Kennen Sie das Buch *Twilight*?" fragte sie.

„Ja."

„Das ist der Name der Hauptfigur."

„Hast du das Buch gelesen?", fragte ich.

„Nein, mir gefiel einfach der Name."

Wir lachten beide.

„Wie geht es dir jetzt?", fragte ich sie.

„Ich fühle mich stark wie ein Pferd."

Als wir bei ihr zu Hause ankamen, wurden wir von Rabbats Mutter Reshma, ihrem Bruder und mehreren Verwandten begrüßt. Reshma war überglücklich, uns willkommen zu heißen.

„In Bangladesch haben wir die Tradition, unseren Gästen etwas Süßes zu geben", sagte sie und brachte einen Teller mit einer Vielzahl von Süßigkeiten, die ich noch nie zuvor gesehen hatte.

„Wir haben auch ein Geschenk für Sie", sagte Dr. Giovanni.

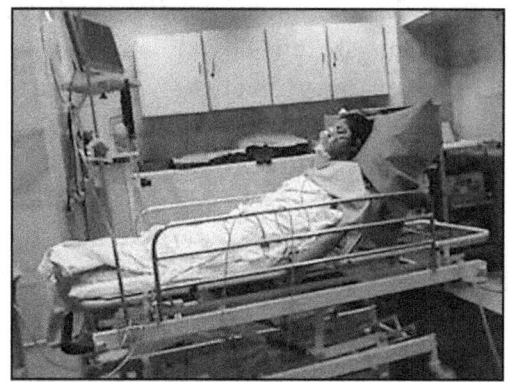

Oben: Rabbat, als wir sie das erste Mal im Krankenhaus in Mumbai trafen. Unten: Dr. Giovanni (links) und Rabbat mit ihrem Vater auf dem Flughafen in Dhaka

„Nein, das Geschenk sind Sie! Wir sind so glücklich, dass Sie gekommen sind", sagte Reshma.

Dr. Giovanni holte mehrere Armbänder und Medaillons von Dr. Naram für Rabbat und ihre Familie aus seiner Tasche.

Es gab eine fantastische Mahlzeit mit Reis und Gemüse und noch mehr Süßigkeiten. Wir unterhielten uns, wobei wir manchmal Mühe hatten, einander zu verstehen, aber wir lachten viel dabei.

Nach dem Essen gingen Rabbat und Daanish (ausgesprochen Dah'nisch), einer ihrer beiden jüngeren Brüder, mit uns zu Fuß zu ihrer Schule. Daanish hatte die gleichen dunklen Haare, funkelnden Augen und zeigte die gleiche Neugier aufs Leben wie Rabbat. Er war sehr intelligent, freundlich, aufgeschlossen und hatte eine ansteckende Begeisterung für das Leben.

Als wir zu viert durch die schmale Straße zur Schule gingen, kamen wir an Lebensmittelverkäufern und Geschäften vorbei, in denen sich Menschen in den Eingangsbereichen aufhielten. Kühe und Hühner streiften durch die Straßen und wir hielten an, um sie zu füttern. Rabbat und Daanish kauften für jeden von uns eine Kokosnuss von einem Karren, und der Verkäufer benutzte sein scharfes Messer, um sie zu öffnen. Wir tranken das süße Kokosnusswasser sie zu öffnen. Wir tranken das süße Kokosnusswasser direkt aus der Schale, und Daanish zeigte mir, wie ich das weiße Fruchtfleisch darin am besten essen konnte.

Ein paar kleine Mädchen folgten uns und ich dachte, sie könnten hungrig sein, also bot ich ihnen etwas von meiner Kokosnuss an. Sie drehten sich um und rannten so schnell sie konnten fort und verschwanden hinter einer Ecke. Einen Augenblick später sahen wir, wie sie um die Ecke lugten, uns ansahen, sich miteinander unterhielten und kicherten. Bald bemerkte ich, dass alle, an denen wir auf der Straße vorbeikamen, uns ansahen.

„Sie sind neugierig", sagte Daanish lachend. „Sie sehen nur sehr selten Ausländer."

„Woran können sie erkennen, dass wir Ausländer sind?" fragte ich.

„Sie sind so groß, und Ihre Haut ist blass. Wissen Sie, wie wir Leute wie Sie nennen?" „Wie?"

„Tote Menschen", sagte er. „Weil Ihre Haut blass ist, sieht es so aus, als seien Sie bereits tot. Sie sehen aus wie Vampire."

Das klang so lustig, dass wir alle lachen mussten.

Als wir bei der Schule ankamen, folgte uns bereits eine große Gruppe von Kindern. Um sie mit einzubeziehen, fragte ich sie mit der Hilfe von Daanish, ob sie ein Lied singen könnten. Sie fingen an, die Nationalhymne von Bangladesch zu singen. Es klang sehr harmonisch.

Weitere Kinder und einige Erwachsene versammelten sich, um zu sehen, was los war. Sobald sie ihre Nationalhymne beendet hatten, stand Dr. Giovanni auf und sang die italienische Nationalhymne. Alle liebten das Lied. Ich konnte es kaum erwarten, zu Hause anzurufen und meiner Mutter und meinem Vater von diesen wunderbaren Erfahrungen zu berichten. Ich wollte ihnen erzählen, wie es war, in Bangladesch zu sein und Rabbat wiederzusehen. Mein Vater liebte es, lustige und faszinierende Details meiner Reisen zu hören.

Während Rabbat uns die Schule zeigte, erklärte sie, es sei eine Sprachschule für Englisch, aber eines ihrer Lieblingsfächer sei Mathematik. Sie gab uns ein Beispiel: „Als ich im Koma lag, empfahl der Chefarzt des Krankenhauses, die lebenserhaltenden Maßnahmen abzuschalten und mich sterben zu lassen. Ein anderer Arzt gab mir eine 10-prozentige Überlebenschance. Aber Dr. Naram nahm diese 10 Prozent und quadrierte sie."

„Wie meinst du das?", fragte Dr. Giovanni.

„Er hat sie ins Quadrat gesetzt." Sie erklärte, „Zehn zum Quadrat ist zehn mal zehn. Dr. Naram gab mir eine 100-prozentige Überlebenschance."

Wir waren beeindruckt und lachten.

„Wie fühlst du dich jetzt?", fragte ich.

„Jetzt fühle ich mich wie 110 Prozent."

Dann wurde Rabbat ernst. „Mama sagte mir, dass sie alles aufgegeben hat. Als sie mich für meine Behandlung ins Krankenhaus nach Indien brachte, war unser ganzes Geld aufgebraucht. Sie war von meinem Vater, ihren anderen Kindern, unserer Familie, unserem Zuhause - von allem getrennt. Wir haben viel verloren, und doch sagte sie, sie hat gewonnen, was am wichtigsten war - mein Leben."

Rabbat und Daanish nahmen uns mit, um andere Familienmitglieder zu treffen, die in der Nähe wohnten. Alle gaben uns die traditionellen Süßigkeiten. Dr. Giovanni und ich waren bereits vollkommen satt, nahmen aber höflich die kleinsten davon. Wir trafen

V.l.: Dr. Clint, Reshma, Rabbat, ihr Vater und Dr. Giovanni in ihrem Haus in Bangladesch.

die Eltern einer ihrer jüngeren Cousinen, die, wie wir erfuhren, krank war und sich erbrach. Dr. Giovanni gab ihnen einige Kräuter und Hausmittel.

Als wir wieder bei Rabbat zu Hause ankamen, las ich Reshma, Rabbat und ihrer Familie die ersten Kapitel dieses Buches vor.

Sie hörten aufmerksam zu, durchlebten jedes Detail noch einmal und erzählten mir noch mehr über die Hintergründe.

„Sie möchten über unsere Geschichte berichten?", fragte Reshma.

„Ja. Ich glaube, sie wird vielen Menschen Hoffnung geben", sagte ich. „Ich stelle mir vor, dass sie voller Hoffnung sein werden, wenn sie erkennen, dass so eine Heilung möglich ist, wenn sie auf die innere Stimme hören, die von Gott kommt, oder Spirit oder Allah, wenn Sie es so nennen wollen. Ihre Geschichte hat mein Leben verändert, und ich hoffe, dass sie auch vielen anderen helfen wird."

„Wir waren wirklich verzweifelt", sagte Reshma. „Aber es gab eine Lösung, es gab Hoffnung. Bitte erzählen Sie unsere Geschichte, damit andere sie hören können. Es ist ein Wunder, dass Rabbat hier bei uns ist."

Dr. Giovannis Telefon klingelte. Es war Dr. Naram, der zuerst mit Rabbat sprechen wollte, und dann mit Reshma, die in Tränen ausbrach, als sie mit ihm sprach. Ich erinnerte mich an das erste Mal, als ich sie sah. Die Tränen, die ihr jetzt über die Wangen liefen, waren Freudentränen. Schließlich reichte sie mir das Telefon.

„Jetzt wissen Sie", sagte Dr. Naram langsam, „warum ich nachts so gut schlafen kann. Sie haben einige Fälle gesehen, aber denken Sie daran, wie viele es in den letzten sechsunddreißig Jahren meiner Tätigkeit und in den Tausenden von Jahren in meiner Abstammungslinie gegeben hat. Ich bin mir bewusst, dass es nicht um mich geht, aber ich bin dankbar, ein Teil davon zu sein. Ich danke meinem Meister jeden Tag dafür, dass er mich diese Geheimnisse gelehrt hat und ich anderen dienen kann."

„Sie helfen den Menschen auf tiefe Weise", sagte ich und dachte darüber nach, was ich alles gesehen und erlebt hatte, seit ich Dr. Naram getroffen hatte. Ich hatte viel über das menschliche Herz, über Hoffnung, über Heilung und Belastbarkeit gelernt. „Dr. Naram, ich wünschte, mehr Menschen könnten einen Termin mit Ihnen haben."

„Denken Sie daran, dass nicht ich Rabbat geholfen habe, sondern Dr. Giovanni. Ich brauche nicht einmal dabei zu sein, wenn die jahrtausendealten Heilprinzipien und Methoden angewendet werden. Es war der Glaube ihrer Mutter Reshma, der die Transformation bewirkte. Jeder, der diese Art von brennendem Wunsch und Glauben hat, kann lernen, diese jahrtausendealten Geheimnisse zu nutzen und sein Leben zu verändern. Ich nehme an, man könnte sie in gewisser Weise als Geheimnisse zur Selbstheilung bezeichnen."

Bevor er sich verabschiedete, sagte Dr. Naram: „Seine Gesundheit und sein Leben zurückbekommen, ist eine Sache. Die tatsächliche Frage für Rabbat, für Sie, Clint, für mich und für alle anderen ist diese: Was fangen wir mit unserem Leben an, solange wir Leben in uns haben? Was ich mir für Sie am meisten wünsche ist, dass Sie entdecken, was Sie wollen und wie Sie Ihre Träume in die Realität umsetzen können." Bevor er das Telefongespräch beendete, sagte Dr. Naram mit Gewissheit: „Clint, wenn Sie die Prinzipien dieser jahrtausendealten Wissenschaft wirklich verstehen, wird sich alles ändern."

Erst jetzt, mehr als zehn Jahren nach meinem ersten Treffen mit Dr. Naram, kann ich erkennen, wie wahr diese Aussage ist.

Deine Notizen

Was sind die wertvollsten Einsichten oder Erkenntniss, die du beim Lesen dieses Buches hattest?

_____

_____

_____

_____

Was möchtest du von jetzt an verbindlich in deinem Leben anders machen?

_____

_____

_____

_____

NACHWORT

Mystische Wunder der Liebe

Wenn der Schüler bereit ist, erscheint der Lehrer.
Wenn der Schüler wirklich bereit ist, verschwindet der Lehrer.
–Lao Tzu

Jetzt hast du das Buch gelesen, das die Geschichte meines ersten Jahres mit Dr. Naram erzählt. Insgesamt war ich mehr als zehn Jahre mit Dr. Naram auf Reisen und du bist jetzt ein Teil davon.

Ich begann dieses Buch mit den Worten: „Du liest diese Worte nicht zufällig… Ich glaube, du wurdest genau zu diesem Zeitpunkt aus einem bestimmten Grund zu diesem Buch geführt."

Kennst du den Grund schon? Was hat die Lektüre für dich bewirkt? Ich würde dich gerne auf deiner Reise unterstützen, wohin dein Weg dich jetzt auch führt. In der anschließenden *Anmerkung des Autors* findest du wertvolle Ressourcen, die ich für dich zusammengestellt habe.

Zuvor aber möchte ich dir, von meinem Herzen zu deinem Herzen, von einem Ereignis berichten, die sich kurz vor der Veröffentlichung dieses Buches ereignet hat. Es spricht Bände darüber, wie kostbar jeder Tag unseres Lebens ist.

Am 19. Februar 2020 erhielt ich die herzzerreißende Nachricht, dass ich sofort zurück nach Mumbai reisen müsse, da Dr. Naram unerwartet verstorben sei. Zuerst konnte ich es nicht glauben. Selbst wenn die Ärzte ihn für tot erklärt hatten, so dachte ich, würde er einen Weg finden, dem Tod zu entkommen.

Dr. Naram war auf seiner Reise sowohl nach Nepal als auch nach Dubai ohne Begleitung unterwegs gewesen. Normalerweise war ich auf jeder seiner Reisen dabei, aber dieses Mal hatte er mich gebeten, in Indien zu bleiben, um an einer Konferenz in Delhi teilzunehmen. Während seiner Reise erhielt ich jeden Tag Nachrichten und Anrufe von ihm, in denen er mir etwas von seinen neuesten Erkenntnissen und Entdeckungen mitteilte. So erzählte er mir zum Beispiel enthusiastisch, dass er siebenundzwanzig große Trends und Herausforderungen sehe, auf die die Welt zusteuere, darunter eine Viruspandemie, und wie die jahrtausendealten Geheimnisse tiefgreifender Heilung bei jeder Herausforderung helfen könnten. Als wir die kommenden Herausforderungen diskutierten, fühlte ich eine tiefe Dankbarkeit, dass Dr. Naram und diese jahrtausendealten Geheimnisse uns bei allem, was uns bevorsteht, helfen konnten.

Einer der letzten Patienten, der Dr. Naram in Dubai sah, erzählte mir: „Er war voller pulsierender Energie, berührte unsere Herzen, brachte uns Hoffnung und heiterte uns auf. Wir hätten nie gedacht, dass es unser letztes Treffen mit ihm sein könnte."

Dr. Clint G. Rogers, Jack und Inga Canfield (ganz rechts) und Dr. Naram.
Das Foto wurde am Tag vor Dr. Narams Abreise nach Nepal aufgenommen

Als Dr. Naram an Bord seines Rückfluges nach Indien war, rief er zu Hause an und sprach mit seinem Sohn Krushna, seiner Frau Smita und den Gästen in seinem Haus, Inga und Jack Canfield. Jack ist der Co-Autor der Serie *Hühnersuppe für die Seele*. Jack und Inga waren wie mein Vater nach Indien gekommen, um einen Monat lang einen Panchakarma-Wellness-Retreat zu erleben. Das Gespräch, das Dr. Naram mit ihnen führte, war fröhlich und voller Liebe.

Nachdem sein Flug in Mumbai gelandet war, rief Dr. Naram Vinay an, um ihm mitzuteilen, dass er wohlbehalten angekommen sei. Er fragte, ob das Auto schon da sei, um ihn abzuholen. Flughafenbeamte berichteten, dass Dr. Naram, irgendwo zwischen dem Aussteigen aus dem Flugzeug und den Zollkontrollen plötzlich zusammenbrach. Er wurde sofort mit einem Krankenwagen ins Krankenhaus gebracht, wo man ihn bei der Ankunft für tot erklärte. Ohne eine Autopsie durchgeführt zu haben, behaupteten sie, die Todesursache sei Herzversagen gewesen, und die Leiche wurde weniger als 12 Stunden später verbrannt. In Indien ist es üblich, den Körper sehr schnell zu verbrennen, da man glaubt, dass sich der Geist dann freier bewegen kann.

Mein Verstand konnte nichts von dem, was geschah, verstehen. Ich war erst ein paar Monate zuvor mit Dr. Naram in Berlin gewesen, wo ein deutscher Arzt mehrere Tests an seinem Herzen durchführte und feststellte, dass sein Herz für einen Mann seines Alters absolut im normalen Bereich funktionierte. Umso schwerer fiel es mir, diese Nachricht zu glauben.

Da ich noch in Delhi war, eilte ich sofort nach Mumbai zurück. Mein Körper war wie betäubt und geschockt. Ich nahm ein Taxi direkt vom Flughafen zum Krematorium. Während wir durch den dichten Verkehr fuhren, wirbelten mir immer wieder schmerzhafte Gedanken durch den Kopf. „Das kann doch nicht wahr sein. Er schien unbesiegbar! Wie konnte das meinem Mentor, meinem Lehrer, meinem Freund passieren?! Wir brauchen ihn!" Kurz nachdem Dr. Narams Familie mit seiner Leiche für die Einäscherung eingetroffen war, kam auch mein Taxi an.

Unzählige Erinnerungen durchfluteten mich als ich jedem Anwesendem direkt in die Augen schaute, während ich durch die Menschenmenge auf seine Leiche zuging. Ich kannte ihre Geschichten und wusste, wie sehr Dr. Naram jeden Einzelnen geliebt und ihnen geholfen hatte. Es war so bewegend, dass ich meine Tränen nicht mehr zurückhalten konnte. Je mehr die Realität seines Todes einsank, desto mehr spürte ich die verheerende Last des Verlustes – bei denjenigen, die ihn kannten, und bei all jenen, die ihm jetzt nicht mehr begegnen konnten.

In den letzten Jahren war ich sein Schatten gewesen. Sein Bruder, seine Studenten und seine engsten Freunde umarmten mich. Viele sagten, wie dankbar sie für all die Dinge waren, die ich getan hatte, um die Geschichten und Geheimnisse aus seinem Leben zu sammeln.

War es bis dahin schwer genug gewesen, meine Emotionen im Zaum zu halten, kannst du dir vielleicht vorstellen, wie es sich anfühlte, als ich auf Dr. Narams Sohn zuging. Als wir uns zum ersten Mal trafen, war Krushna zehn Jahre alt. Jetzt war er zwanzig, und seit Jahren war er einer meiner besten Freunde. Nur einen Monat zuvor hatte ich gesehen, wie Krushna vor einem Publikum von 300.000 Menschen sprach und die Herzen aller berührte. Wir waren gemeinsam in die USA, nach Nepal und Europa gereist und hatten so viel erlebt, doch diesen Moment hatte keiner vorhergesehen. Als ich meinen Arm um seine Schulter legte, liefen mir erneut Tränen über die Wangen.

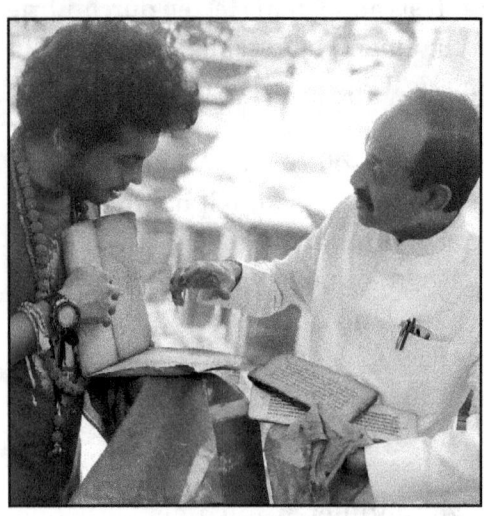

Dr. Naram lehrte seinen Sohn Krushna die geheimen Prinzipien, die hinter der Funktionsweise der jahrtausendealten Siddha-Veda-Heilmittel stehen.

Dann war es Krushna, der mich tröstete. Er sprach zu mir und zu anderen Menschen in meiner Nähe mit ruhiger und klarer Stimme. „Du weißt, dass er nicht sein Körper ist. Sein Körper ist wie ein Hemd, und jetzt ist er gegangen, um ein neues Hemd zu holen. Sein Tod soll nicht betrauert werden, sondern sein Leben soll gefeiert werden."

Ich war voller Bewunderung für Krushna. Wie konnte er so geerdet, weise und liebevoll sein, selbst in dieser schwierigsten Situation? Er ging zu allen, um ihre Hand zu halten, manchmal legte er seine Hand auf ihr Herz oder auf ihre Schulter und spendete so jeder Person, die er berührte, Trost.

Während ich dies miterlebte, hatte ich das Gefühl, Dr. Narams Stimme in meinem Kopf zu hören, wobei mir bittersüße Worte in den Sinn kamen. Dutzende Male in den Jahren, die wir zusammen verbrachten, sagte mir Dr. Naram freudig: „Ich bin so froh, dass Sie das endlich gelernt haben! Jetzt können Sie es an Krushna und viele andere in der Zukunft weitergeben." Während ich Krushna jetzt beobachtete, hatte ich jedoch das Gefühl, dass es sehr vieles gab, das ich von ihm lernen wollte.

In den vergangenen zehn Jahren hatte ich viele Bilder und Videos von Dr. Naram auf der ganzen Welt aufgenommen, die seine Heilarbeit und seine Mission dokumentierten. Aus Gewohnheit zog ich mein Telefon heraus, um auch einige der Momente im Krematorium festzuhalten, bis es mir zuviel wurde. Es fühlte sich so surreal an, Bilder von seinem Körper zu machen, der friedlich und still auf einem Holzbrett lag und mit Blumengirlanden bedeckt war. Ich schob mein Telefon wieder in meine Tasche und beschloss, einfach nur anwesend zu sein. Als ich ihn dort liegen sah, wünschte ich mir sehnlichst, er würde aufstehen, uns eine inspirierende Geschichte erzählen, uns zum Lachen bringen und uns das Gefühl geben, dass alles gut wird. Aber er lag einfach mit geschlossenen Augen reglos da.

Nach einigen traditionellen Ritualen umringten die Männer von Dr. Narams Familie seinen Leichnam, um ihn hochzuheben. Dr. Narams älterer Bruder, Vidyutt, winkte mich heran und gemeinsam mit den anderen männlichen Familienmitgliedern trugen wir ihn mehrmals um den Holzstapel herum bevor wir ihn schließlich auf den Stapel legten.

Bald darauf hielt Krushna ein brennendes Stück Holz vor sich, mit dem er Dr. Narams letzte Ruhestätte entzündete. Während ich beobachtete, wie die Flammen langsam aufzustiegen und um seinen Körper prasselten, dachte ich über all die Jahre nach, in denen ich ihn so voller Leben und heilender Energie gesehen hatte. Wir blieben manchmal bis drei oder vier Uhr morgens in der Klinik und er hatte sogar noch mehr Energie als zu Beginn des Tages. Als Krushna neben dem brennenden Körper stand, erinnerte ich mich an einen kostbaren Moment, den ich nur wenige Wochen zuvor mit beiden erleben durfte. Der letzte lange Tag der Klinik in Indien endete nach Mitternacht, und wir dachten alle, wir würden danach nach Hause gehen. Dr. Naram überraschte seine Studenten und seinen Sohn, indem er uns alle auf die Straßen von Mumbai führte. Der Kofferraum seines Autos war mit Wolldecken gefüllt. Wir verbrachten die nächsten Stunden damit, obdachlose Männer, Frauen und Kinder auf den Straßen zuzudecken, während sie schliefen.

Obwohl es nicht das erste Mal war, dass wir dies taten, fragte ich mich, warum Dr. Naram wollte, das wir dies am Ende eines sehr langen Tages in der Klinik taten. Er sagte: „Clint, auch wenn unser Tag in der Klinik vorbei ist, leiden diese Menschen immer noch in der Kälte. Wir müssen ihnen helfen. Als ich jung war und zuhause rausgeworfen wurde, musste ich meine erste Nacht auf der Straße verbringen. Ich erinner mich noch daran, wie kalt und einsam es war. Ich merkte erst als ich aufwachte, dass jemand in der Nacht eine Decke über mich gelegt hatte. Ich weiß nicht, wer es war, aber ich segnete denjenigen und beschloss, in Zukunft anderen zu helfen, die in Not sind, so wie ich es damals war. Ich stellte mir vor, wie dankbar jemand, der auf der Straße schlafen muss, sein würde, wenn er in dieser kritischen Situation, in der er es am meisten braucht, von der Liebe berührt wird. Wenn man so etwas tut, ganz anonym, ohne eine Gegenleistung zu erwarten, segnet Gott einen letztlich mit einem Gefühl, das man mit keinem Geld erkaufen kann", sagte er.

Als das Feuer Dr. Narams Körper umhüllte, erinnerte ich mich an all die Hunderte von Decken, die wir in den Jahren, in denen ich bei ihm war, über die Menschen legten, die an den Straßenecken und unter Brücken schliefen. Ich erinnerte mich an den Ausdruck in den Augen der Menschen, die durch diese Freundlichkeit von Fremden erwachten. Wo auch immer ich mit Dr. Naram hinkam, er hatte immer Essen oder Geld in seinem Auto oder in seiner Tasche, um es jenen zu geben, die in Augenblicken der Not zu ihm kamen – Mensch oder Tier. Er sagte: „Mein Meister lehrte mich, dass *Atithi Devo Bhava* (Gäste sind gleichbedeutend mit Gott) nicht nur ein Konzept, sondern eine Lebensweise ist." Ich sah, dass das auf ihn zutraf. Dr. Naram hatte immer etwas für obdachlose Kinder, die an sein Autofenster klopften, oder Futter für hungrige Straßenhunde, die ihm über den Weg liefen. Es spielte für ihn keine Rolle, wie spät es war oder wie lange er bereits gearbeitet hatte.

Als wir an diesem Abend herumfuhren und eine Decke nach der anderen an Menschen verteilten, sah ich, wie Dr. Naram immer glücklicher wurde. Als Dr. Naram und ich Krushna beobachteten, wie er über die Straße ging, um einer schlafenden obdachlosen Frau und ihren

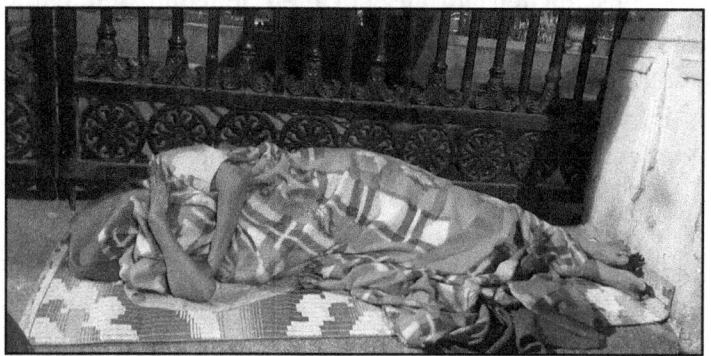

Ein Obdachloser, der die Decke umarmt, die Krushna ihm gerade gereicht hatte

Kindern Decken zu geben, seufzte er und sagte zu mir: „Ich möchte, dass Krushna weiß: Je berühmter ein Mann ist, desto demütiger sollte er werden. Die Leute kommen nicht aus der ganzen Welt zu mir, weil ich ein bekannter Arzt bin. Sie kommen zu mir, weil ich sie liebe, weil ich sie verstehe und weil ich Lösungen für ihre brennenden Probleme finde. Ich bin stolz, wenn ich sehe, wie Krushna anderen Menschen mit so viel Liebe hilft. Mir wird klar, dass ich mir um ihn keine Sorgen mehr machen muss, denn er weiß, dass es keinen besseren Segen gibt, als wenn man Menschen, die in Not sind, wirklich lieben und ihnen dienen kann."

Der Tod eines Meisters, die Geburt einer Bewegung

In meinem ersten Radiointerview nach dem Ableben von Dr. Naram stellte mir der Moderator eine Frage, die sich meiner Meinung nach viele Menschen auf der ganzen Welt stellten. „Dr. Narams Meister erreichte ein so hohes Alter, während Dr. Naram noch so jung war als er starb, erst 65 Jahre. Wie kann das sein?"

Meine Antwort an den Radiomoderator begann mit den Worten: „Manchmal passieren Dinge und wir erfahren vielleicht nie den wahren Grund, warum sie passieren..." Ich nehme an, dass wir es wohl alle für selbstverständlich gehalten und angenommen haben, dass Dr. Naram länger leben würde. Aber letzten Endes sind wir alle sterblich, selbst mit den jahrtausendealten Geheimnissen. Wir wissen nicht, wann unser letzter Atemzug sein wird. Ich dachte über meine Erfahrung mit Rabbat auf der Intensivstation nach, als ich spürte, wie die Luft in meine Lungen ein- und ausströmte und erkannte, dass jeder einzelne Atemzug ein Geschenk ist.

Während ich innehielt, um zu atmen, erinnerte ich mich an die schönen Worte, die mir meine Schwester sagte: „Die Wahrheit über den Tod ist, dass keiner ihn für immer aufhalten kann." Und wichtiger als die Frage, wie er gestorben ist, ist vielmehr, wie er gelebt und wie er geliebt hat.

Wie im Zeitraffer dachte ich an all jene, die Dr. Naram geliebt hatte: seine Familie, seine Freunde, seine Patienten. Ich dachte an viele seiner Schülerinnen und Schüler, die er liebte und die in diesem Buch noch nicht erwähnt wurden, wie Sandhya aus Japan; Drs. Mehta, Sahaj, Pranita und andere aus Indien; Alvaro und Videh aus Italien; Sarita, Sascha und Rebecca aus England; Jutta aus Österreich; Radu aus Rumänien; Dr. Siddiqui aus Bangladesh; Richard aus Norwegen; Dipika aus

Dr. Naram mit Studenten der Universität in Berlin, die am Zertifizierungskurs für die jahrtausendealten Traditionen des Heilens teilnahmen.

Australien; Suyogi, Elinor, Dubravka, Jonas, Mira, Anne, Pooja, Moksha und Shital aus Deutschland; und so viele andere. Ich war dankbar für all die Ärzte und Praktiker, die er in Italien unterrichtet hatte, und für die vielen anderen Ärzte aus der ganzen Welt, die an Dr. Narams Zertifizierungskurs an der Universität in Berlin teilgenommen hatten. In mehr als sechsunddreißig Jahren hatte er viele Studenten unterrichtet. Ich fühlte mich sehr geehrt, einer von ihnen gewesen zu sein.

Dann dachte ich an Dr. Narams Frau Dr. Smita. Sie leitet die gesamte Panchakarma-Klinik in Mumbai und bildet auch andere Ärzte aus. Ich dachte an seinen Sohn Krushna und wie stolz Dr. Naram auf den Mann war, zu dem er sich entwickelt hatte. Krushna war von ihm in der Pulsdiagnostik und Pulsheilung ausgebildet worden, seit er alt genug war, um auf dem Schoß seines Papas zu sitzen. Seine Fähigkeit, Menschen zu helfen, war inspirierend.

Ich habe auch an dieses Buch gedacht, das du jetzt liest, und an all die anderen Menschen, die dadurch etwas über die jahrtausendealte Heilkunde lernen können. Ich erkannte, dass der Tod dieses Meisters nicht das Ende war. Sein Wirken lebte in seinen Schülern weiter und hatte bereits eine Bewegung in Gang gesetzt.

Das friedliche Gefühl in meinem Herzen inspirierte den Rest meiner Antwort. Ich zitierte einen Spruch von Lao-Tzu, das mir eine Freundin, Amrutha, gerade geschickt hatte. Es schien in diesem Moment passend: „Wenn der Schüler bereit ist, erscheint der Lehrer. Wenn der Schüler WIRKLICH bereit ist, verschwindet der Lehrer."

Dr. Naram, Krushna und Dr. Smita in Nepal.

Manifestationen mystischer Wunder der Liebe

Erst einige Zeit später wurde mir klar, dass Wörter wie ‚verschwinden' oder ‚ging von uns' den Eindruck erwecken, es sei das Ende, wenn eine Person ihren Körper verlassen hat. Was aber, wenn das nicht stimmt? Was, wenn Dr. Naram nie wirklich gegangen ist, sondern jetzt mehr denn je bei uns ist?

Seit Dr. Narams Tod haben viele Menschen von mystischen Ereignissen berichtet. Mehrere spirituelle Führer sagten mir mit fast denselben Worten: „Das Universum/Gott muss ein sehr großes Bedürfnis gehabt haben, Dr. Naram so schnell zu sich zu holen. Für die Seele eines Meisters, wie er es ist, muss es einen wichtigen Grund geben, den Körper auf diese Weise zu verlassen. Jetzt, da Dr. Naram nicht mehr durch einen Körper eingeschränkt ist, kann er seine Heilarbeit sogar noch besser als je zuvor ausüben."

Auch wenn wir uns dessen nicht bewusst sein mögen, Dr. Naram ist noch immer mitten unter uns. Seit seinem Tod passieren ständig mystische, magische Dinge, und so, wie die Dinge geschehen, scheinen sie eindeutig von ihm vollbracht zu werden. Kannst du dir sein Lächeln auf der anderen Seite vorstellen, während er weiterhin hilft, Wunder zu inszenieren?

Ein Beispiel dafür ist, dass mir Dutzende von Menschen, darunter Krushna, Dr. Smita und meine Freundin Mina (die zu der Zeit in Indien war) berichteten, dass Dr. Naram seit seinem Tod auf bemerkenswerte Weise vor ihnen erschienen ist. Gewöhnlich war es in einem Traum, doch es passierte auch, wenn die Person wach war. Jede Erscheinung vermittelte eine wichtige heilende Botschaft oder Erfahrung für diese Person.

Ich glaube, dass du nicht ohne Grund von diesem Buch und Dr. Narams Geschichte angezogen wurdest. Daher kann ich mir vorstellen, dass Dr. Naram sich mit dir verbunden fühlt. Vielleicht spürst auch du seine Anwesenheit. Obwohl ich ihn selbst seit seinem Tod persönlich nicht mehr gesehen habe, habe ich eine ziemlich unerklärliche Erfahrung gemacht, die ich mit dir teilen möchte.

Am Morgen nach dem Gebetsgottesdienst für Dr. Naram wachte ich gegen 5.30 Uhr auf und fühlte mich verloren und einsam. Dunkle Gedanken einer herannahenden Depression schwirrten in meinem Kopf herum. Draußen war es noch dunkel, aber ich konnte nicht mehr schlafen. Ich stand also auf, zog meine Schuhe an und ging spazieren. Ich war vielleicht zwanzig Minuten auf meinem ziellosen Spaziergang unterwegs, als mir plötzlich bewusst wurde, dass mir jemand folgte. Zuerst war ich etwas beklommen, aber dann sah ich, dass es ein Hund war. Seine Pfoten, Kopf und Schwanz waren braun, und das schwarze Fell auf seinem Rücken sah fast wie ein Mantel aus. Sein Bauch und ein guter Teil seiner Nase waren weiß. Als ich stehen blieb, um ihn anzusehen, blieb er auch stehen, um mich anzuschauen. Als ich weiterlief, folgte er mir dicht auf den Fersen. Ich war verwundert. Warum folgte mir dieser Hund?

Ich hatte kein Futter für ihn dabei und es war ein langer Spaziergang, doch egal in welche Richtung ich mich wandte oder welchen Weg ich nahm, der Hund blieb bei mir. Es war sowohl amüsant als auch verblüffend. Ein Gedanke durchbrach meine Traurigkeit; ich erinnerte mich daran, dass Dr. Naram immer etwas für Hunde oder für jeden, der zu ihm kam, dabeihatte. Ich hörte seine Stimme in meinem Kopf: „Atithi Devo Bhava." (Behandle den unerwarteten Gast, als sei Gott oder eine Göttin persönlich zu dir gekommen.) Als nach Sonnenaufgang die Geschäfte öffneten, kaufte ich etwas Futter für diesen unerwarteten Besucher, während er geduldig dasaß und auf mich wartete. Als ich das Futter vor ihn auf den Boden legte, schnüffelte er nur daran. Er schaute wieder zu mir auf, ohne einen Bissen davon zu nehmen oder auch nur daran zu lecken.

Jetzt war ich noch verblüffter. Wenn er nicht hungrig war, was wollte er dann von mir?

Ich ging weiter und tatsächlich stand er auf und folgte mir, wobei er das Futter für einen anderen Hund oder ein anderes glückliches Tier zurückließ. Inzwischen war die Traurigkeit, die ich empfunden hatte, verschwunden. An ihre Stelle trat eine spielerische Ehrfurcht vor dem, was gerade geschah. Auf unserem gemeinsamen Spaziergang erinnerte ich mich an viele Dinge, die Dr. Naram mich gelehrt hatte und die mich angesichts seines Ablebens auf neue Art und Weise beeinflussten. Diese Erkenntnis, gepaart mit dem magischen Erscheinen des Hundes, brachte mich dazu, ein Facebook-Live-Video aufzunehmen, um diesen Moment mit anderen zu teilen, die vielleicht ebenfalls unter der Nachricht von Dr. Narams Tod litten.

Die Resonanz auf das Video war phänomenal. Menschen auf der ganzen Welt hinterließen Kommentare, in denen sie die Art und Weise kommentierten, in der es ihnen in ihrem Heilungsprozess geholfen

Wunderhund Milo nach einem unserer ersten gemeinsamen Spaziergängen.

hat. Unmittelbar danach traf ich mich mit Krushna, der mir sagte, dass auch in ihm Erinnerungen hochkamen, als er den Hund sah. Wir waren begeistert von den Erkenntnissen, die sie mit sich brachten.

An diesem Abend stand ich jedoch vor einer Herausforderung. Ich wusste nicht, was ich mit diesem Hund anstellen sollte, der bellte oder winselte, wenn ich versuchte, ihn vor der Tür zu lassen. Schliesslich beschloss ich, diesen unerwarteten Gast wirklich so zu behandeln, als wäre Gott selbst zu mir gekommen. Ich würde Gott doch nicht draußen auf der Straße schlafen lassen, oder? Also ließ ich den Hund vorsichtig herein. Ich war angenehm überrascht, dass er keine Möbel zerkratzte oder auf den Boden pinkelte. Ich danke dir, Gott. Egal in welchen Raum ich auch ging, er legte sich auf dem Boden und schaute zu mir auf. Als es Zeit zum Schlafen war, hörte er erst dann auf zu winseln, als er direkt neben meinem Bett auf dem Boden liegen durfte und meine Hand auf seinem Kopf ruhte.

Es gibt viele Dinge, die ich über diesen göttlichen Hund sagen könnte. Ich nenne ihn jetzt Bhairava (was eine göttliche Manifestation Gottes in Form eines Hundes ist) oder Wunderhund Milo, weil er erschien, als ich an *meinem Tiefpunkt* war und mich zu *meiner* Liebe führte. Sein magisches Erscheinen brachte mir viel Heilung. Seine Gegenwart hat mir klar gemacht, dass wir wirklich nie alleine sind.

Überall um uns herum gibt es Zeichen göttlicher Liebe. Alles, was wir tun müssen, ist, sie wahrzunehmen.

Als ich zum ersten Mal von Dr. Narams Ableben hörte, fragte ich mich: „Ist dies das Ende? Was kommt jetzt?" Die Heilung, die Milo mir brachte, ist eine Aufforderung uns daran zu erinnern, dass sein Ableben NICHT das Ende ist. Nur, dass die Geschichte eine andere Wendung genommen hat, als wir erwartet oder gewollt hatten. Ich habe noch viele weitere Geschichten aus der Vergangenheit mit Dr. Naram, die ich mit dir teilen möchte, aber Milo hat mich auch gelehrt, dass in der Zukunft noch viele weitere Geschichten kommen werden.

Ich freue mich sehr darüber, dass du nun Teil der weiteren Geschichte bist. Ich bin sehr gespannt, welche Rolle du im weiteren Verlauf der Geschichte spielen wirst und welchen Teil dieser Geschichte wir gemeinsam erleben werden. Meine Zeit mit Milo hat mich daran erinnert, dass wir alle zusammen in dieser Geschichte stecken und keiner von uns jemals wirklich allein ist.

Hier ist eine letzte Erfahrung, die ich dir gerne erzählen möchte. Am zweiten Tag mit Milo mussten meine Freundin Mina und ich in die Klinik. Ich wusste nicht, was ich mit Milo tun sollte. Als unser bestellter Wagen kam, folgte Milo mir zum Auto. Sobald Mina und ich ins Auto stiegen, sprang Milo direkt nach uns hinein und plumpste auf meinen Schoss. Der Fahrer sah nicht glücklich aus, entschied sich aber glücklicherweise uns trotzdem zu fahren.

Milo saß während der gesamten 35-minütigen Fahrt auf meinem Schoß. Mina erwähnte mehrmals, wie seltsam und interessant es war, dass ein Straßenhund sich so verhielt. Als wir an der Klinik ankamen, sprang Milo aus dem Auto und fing sofort an, mit dem Schwanz zu wedeln. Ich war nervös, ihn auf den Gängen neben mir laufen zu lassen, aber er wollte es so. Ich rechtfertigte es in meinen Gedanken damit, dass das Personal daran gewöhnt sei, da viele Menschen ihre Tiere zu Dr. Naram brachten. In der Klinik passierte noch etwas Erstaunliches, das ich auch in einem Live-Video auf Facebook festhielt.

Im zweiten Stock des Gebäudes lief der Hund direkt zu dem Büro, in dem Dr. Naram seine Patienten empfangen hatte. Als eine Mitarbeiterin die Tür öffnete, überraschte uns Milo, indem er hineinging, das Bild von Dr. Naram und Dr. Smita mit dem Dalai Lama ansah und dann auf Dr. Narams Stuhl schaute. Dann setzte sich Milo direkt vor den Schreibtisch als ob er dort hingehörte. Den Mitarbeitern, die hereinkamen und Zeuge dieses magischen Ereignisses wurden, liefen Tränen über die Wangen. Ich musste mir später mein eigenes Facebook-Live-Video nochmals ansehen, um mich zu vergewissern, dass dies wirklich passiert ist und ich mir das nicht nur eingebildet habe.

Als viele der Mitarbeiter kamen, um Milo zu sehen und Fotos mit ihm zu machen, spürten wir alle ein Gefühl der Ehrfurcht und des Staunens. Dann schloss ich die Tür zum Büro und Mina, Milo und ich blieben eine Weile allein. Mina und ich schlossen unsere Augen, um zu meditieren. In der Stille erinnerte ich mich an einen meiner Besuche in diesem Raum - vor zehn Jahren, als ich zum ersten Mal mit Alicia Indien besuchte.

Direkt neben der Stelle, an der Milo jetzt saß, hatte mich Dr. Naram aus der Menge der wartenden Leute zur Seite gezogen. Ich fand es merkwürdig, dass er mich ausgewählt hatte, um mit mir zu sprechen. Ich hörte neugierig zu als er sagte: „Clint, ich weiß nicht warum, aber ich glaube an Sie." Er hielt inne. „Vielleicht gibt es einen Grund dafür, dass Sie hier sind. Ich habe das starke Gefühl, dass Sie etwas Großes in Ihrem Leben tun werden, dass Sie erfolgreich sein werden, wenn Sie die Dinge tun, die Sie tun wollen." Mit seiner Hand auf meinem Arm schaute er mir in die Augen und sagte: „Die wichtigste Frage ist: Was wollen Sie?"

Als ich diese Erinnerung durchlebte, breitete sich ein Lächeln über mein Gesicht aus, und die Tränen, die mir über die Wangen liefen, versiegten.

Und mit dieser Frage lasse ich dich jetzt allein, lieber Leser/liebe Leserin.

Was willst du?

Milo auf dem Boden vor Dr. Narams Schreibtisch

ANMERKUNG DES AUTORS

Wie geht es jetzt weiter?

Lebe als würdest du morgen sterben.
Lerne, als ob du ewig leben würdest.
-Mahatma Gandhi

Was steht für dich als Nächstes an? Die Leute fragen mich: „Clint, jetzt, da Dr. Naram gegangen ist, an wen kann ich mich jetzt wenden, um mehr über die jahrtausendealten Geheimnisse zu erfahren?"

Dr. Naram lehrte mich, dass es in achtzig Prozent der Fälle einfache Dinge gibt, die man tun kann, um sich selbst zu heilen. Man muss nur bestimmte Prinzipien anwenden und ein wenig Unterstützung erhalten. Wie kannst du noch mehr entdecken?

Nutze den folgenden Link, um dich auf unserer kostenlosen Webseite anzumelden: www.MyAncientSecrets.com/Belong

1. Du erhältst Links zu Video-Clips von Dr. Naram, von mir und anderen, die zu jedem Kapitel passen, mit Hausmitteln, pflanzlichen Heilmitteln, Marmaas und Geheimnissen für eine gesunde Ernährung.

Dr. Naram und Dr. Clint an dem Ort, an dem sein Meister ihn unterrichtet hat.

2. Wenn du mit jemandem persönlich über deine Situation sprechen möchtest, findest du auf der Webseite Kontaktinformationen.

3. Du erhältst Links zu allen Veranstaltungen oder Programmen (live und online) und du erfährst, wie du mich oder eine andere Person einladen kannst, auf deiner Veranstaltung einen Vortrag zu halten.

4. Du wirst mehr über ein Arbeitsbuch erfahren, das zu diesem Buch gehört. Es trägt den Titel: *Discover Yourself: Applying Secrets That Can Change Your Life* (mit fortgeschrittenen Inhalten, die in diesem Buch nicht zu finden sind). Es hilft dir, diese altbewährten Weisheiten für dein körperliches, geistiges, emotionales und spirituelles Wohlbefinden zu personalisieren und anzuwenden.

5. Als Bonus haben wir für dich ein Online-Spiel entwickelt: *30-Days to Unlocking Your Ancient Secret Power* (‚Entdecke in nur 30-Tagen deine geheimen, verborgenen Stärken', Anm. des Übersetzers) entwickelt. Es kann dir auf spielerische Weise helfen, mehr Gesundheit, unbegrenzte Energie und Seelenfrieden zu erfahren.

6. Du wirst Teil einer Gemeinschaft von gleichgesinnten Menschen, die auf diesem Planeten etwas bewegen wollen und wir heißen dich herzlich willkommen in unserer Familie.

Ich bin gespannt, was in deinem Leben passiert, wenn du dich uns anschließt.

Anmerkung: Soweit mir bekannt ist, ist dies das erste in deutscher Sprache veröffentlichte Buch über Dr. Narams jahrtausendealte Heilgeheimnisse. Ich fühlte mich inspiriert, dieses Buch zu schreiben und wurde von niemandem gebeten oder bezahlt. Dieses Buch ist kein endgültiges Werk über Dr. Naram oder Siddha-Veda, sondern einfach meine eigene Perspektive. Ich hoffe, es vermittelt und würdigt die lebendige und dynamische Natur dieses besonderen Mannes und Meisterheilers sowie die Emotionen derer, die mir ihre Geschichten anvertrauten. Einige der Personen, die ich interviewt habe, baten darum, anonym zu bleiben, weshalb ich ihre Namen geändert habe. Andere haben mir die Erlaubnis erteilt, ihre Geschichten öffentlich zu erzählen und in einigen Fällen sagten sie, ich könne auch ihre Kontaktinformationen mit jedem teilen, der dies wünscht. In einigen wenigen Fällen mischte ich mehrere Charaktere, um ihre Anonymität zu wahren, und den Fluss der Geschichte aufrechtzuerhalten. Alle Menschen, die mir ihre Erfahrungen anvertrauten, äußerten die Hoffnung, dass sie dazu beitragen könnten, andere zu inspirieren, wenn sie es am meisten brauchen. Ich habe mit vielen in diesem Buch erwähnten Personen, wie z.B. Rabbat, ein Folge-Interview oder ein Video gemacht, damit du herausfinden kannst, was jetzt in ihrem Leben geschieht. Diese sind ebenfalls auf der MyAncientSecrets.com Webseite zu finden.

Besonderer Dank und Danksagungen: Die Liste der Personen ist so lang, dass ich sie auf die Webseite MyAncientSecrets.com stellen musste. Ich verbeuge mich in tiefer Dankbarkeit vor allen, die bei der Weitergabe von Geschichten, mit Rezensionen und Feedback, und der Herausgabe des Buches geholfen haben. Der Ausdruck ihrer Liebe ist auf jeder Seite dieses Buches zu spüren.

Nächstes Buch: Da dieses Buch nur eine Handvoll der unzähligen Geschichten und Hausmittel beschreibt, die ich im Laufe der Jahre erfahren durfte, arbeite ich bereits am nächsten Buch der Reihe, das weitere lebensverändernde Geschichten und Geheimnisse enthält. Wenn du dich auf der Webseite anmeldest, wirst du automatisch benachrichtigt, wenn das nächste Buch veröffentlicht wird.MyAncientSecrets.com/Belong.

Deine Reise: Mahatma Gandhi erklärte, dass wir alle miteinander verbunden sind. Wann immer ein Mensch leidet, leiden wir alle in gleichem Maße. Wenn einer Person geholfen wird, wird die gesamte Menschheit in gleichem Maße emporgehoben. Sollte dir dieses Buch in irgendeiner Weise geholfen haben, lade ich dich ein, eine Fünf-Sterne-Bewertung bei Amazon.de zu hinterlassen und das Gelernte mit denen zu teilen, die dir nahestehen. Von jedem einzelnen Leben, das du berührst und verbesserst, profitiert die gesamte Menschheit in gleichem Maße.

Dieses Buch dreht sich nicht um Dr. Naram und das war auch nie die Absicht. Es geht auch nicht um mich. Du wirst vielleicht niemals einen von uns treffen oder dieser Heilmethode folgen.

Dieses Buch dreht sich um *dich*, das war immer die Absicht. Es geht darum, dass du das Göttliche in dir selbst siehst und erkennst, welches dich zu genau den Erfahrungen, Erlebnissen, Lehrern und der Heilung führen kann, die für dich perfekt sind. Ich hoffe, dass dieses Buch ein stärkeres Verlangen in dir weckt, besser für dich selbst zu sorgen und du mehr Liebe und mehr Ehrfurcht vor dem Wunder allen Lebens erfahren wirst.

Du bist ein wunderbarer, einzigartiger und brillanter Teil des gesamten göttlichen Mosaiks, das wir Existenz nennen. Das ganze Leben, jedes einzelne Detail, widerfährt dir nicht einfach, es geschieht *für* dich.

Du *wirst* geführt. Ein Beweis dafür ist, dass du gerade diese Worte liest.

Vielleicht hat dich das Lesen dieses Buches sogar schon dazu inspiriert, bestimmte Dinge zu tun, und ich möchte dich ermutigen, sie wirklich zu tun. Vielleicht kam dir auch der Gedanke, dieses Buch weiterzuempfehlen. Man weiß nie, wer dieses Geschenk der Liebe gerade jetzt braucht.

Ich habe eine letzte kleine Bitte an dich.

Ich lade dich ein, jetzt ein paar Minuten innezuhalten, deine Augen für einen Moment schließen und deine Gedanken frei fließen lassen oder weiter unten festzuhalten.

Nimm dir etwas Zeit und notiere jeden Augenblick, jede Person oder Erfahrung, an die du dich erinnerst, die zu deinem Leben beigetragen haben und für die du dankbar bist:

_____

_____

_____

_____

_____

_____

_____

_____

_____

_____

_____

_____

_____

Schaue dir deine Liste jetzt noch einmal an. Während du jede einzelne Zeile liest, ‚bedanke' dich aus tiefem Herzen beim Leben. Sage am Ende ‚danke' für das Geschenk, das du bist. Bedanke dich dafür, die Person zu sein, die du bist, genau da, wo du bist, in genau diesem Moment. Danke!

Genauso wie ich dazu geführt wurde, meinem Vater zu helfen und dabei viele Menschen und Erfahrungen in perfekter Weise auf meinen Weg geführt wurden, um mich dorthin zu bringen, wo ich jetzt bin, wurdest auch du hierher geführt. Von der Liebe. Vertraue darauf, dass dich die Liebe auch weiterhin genau zu dem führen wird, was für dich richtig ist. Ich hoffe, du wirst dich immer daran erinnern, dass es für jedes Problem, mit dem du konfrontiert wirst, eine Lösung gibt. Noch besser, wie Dr. Naram sagte: „Jedes Problem oder jede Herausforderung birgt in sich die Saat, den Keim gleicher oder größerer Möglichkeiten."

Namaste,
Dr. Clint G. Rogers

P.S. Ich würde gerne mit dir in Kontakt bleiben, um nicht nur deine Geschichte, wie du zu diesem Buch geführt wurdest, zu hören, sondern auch deine Erkenntnisse und Erfahrungen, die sich aus der Lektüre des Buches ergeben haben. Du kannst dich mit mir über Facebook, Instagram oder per E-Mail an DrClint@MyAncientSecrets.com in Verbindung setzen.

ANHANG

Leitfaden für neue Wörter

Aam (oder Ama) = Giftstoffe

Agni = Begriff zur Beschreibung des Verdauungsfeuers oder der Verdauungskraft

Allopathie oder Allopathische Medizin = Ein System medizinischer Anwendungen, das darauf abzielt, Krankheiten durch die Anwendung von Heilmitteln (Medikamente oder Operation) zu bekämpfen, die eine der Krankheitsursache entgegengesetzte Wirkung haben (Definition *auf medizin-lexikon.de*).

Amrapali = Gilt als eine der schönsten Frauen, die je geboren wurde. Mit Hilfe des jahrtausendealten Siddha-Veda lernte sie Geheimnisse der Jugend und Schönheit von Jivaka. Sie bewahrte ihre Jugend und Schönheit so ausdrucksvoll, dass der junge König, der bereits eine junge und schöne Frau hatte, sich in Amrapali verliebte, obwohl sie über zwanzig Jahre älter war als er.

Ancient Traditions of Healing (ATH) = Zweijähriger Zertifizierungskurs in den jahrtausendealten Heilmethoden von Dr. Naram und Siddha-Veda, der ursprünglich von einer Universität in Berlin angeboten wurde und sich nun auf andere Universitäten in der ganzen Welt ausbreitet.

Atithi Devo Bhava' (ausgesprochen *Ah'di'tih 'De-wo 'Ba-wa*) = Indische Redewendung, die besagt, dass du jeden Gast, wer auch immer es ist und wie unangenehm der Besuch auch immer sein mag, so behandelst, als sei Gott selbst zu dir nach Hause gekommen. In der Abstammungslinie des Siddha-Veda nimmt man sich diese Redewendung sehr zu Herzen und betrachtet jeden Menschen, der kommt, als eine Manifestation Gottes.

Atmiyata (ausgesprochen *'At-mih-ja-ta*) = Kraftvolles Lebensprinzip, das von Hariprasad Swamijii gelehrt und von Mitgliedern der Yogi Divine Society praktiziert wird: Egal, wie dich jemand behandelt, du kannst mit Liebe und Respekt reagieren.

Ayurveda = Wissenschaft des Lebens; eine über 5.000 Jahre alte medizinische Wissenschaft aus Indien, die sich sowohl auf die Überwindung von Krankheit konzentriert, als auch darauf, welche Art von Lebensstil bei der Prävention von Krankheiten hilft.

Bewusst, unterbewusst, überbewusst = Drei Bewusstseinsebenen, die durch Marmaa Shakti aktiviert werden.

Blockaden (physisch, mental, emotional, Beziehungen, spirituell, finanziell, usw.) = Wo das Leben stecken bleibt und dann anfängt zu stinken (wo Probleme auftreten). Wir erhalten tiefgreifende Heilung, wenn wir die Blockaden erkennen und auf sichere, langfristige Art und Weise beseitigen können.

Buddha = Spiritueller Meister mit dem ursprünglichen Namen Sidhartha Gautama, der vor etwa 2.500 Jahren in Nepal geboren wurde; bekannt dafür, dass er ein privilegiertes Leben in einem Palast aufgab, um den Weg zur Erleuchtung zu beschreiten und später zu lehren.

Dard Mukti (ausgesprochen *dart mukti*) = *Dard* bedeutet ‚Schmerz', und *Mukti* bedeutet ‚Freiheit von'; Jahrtausendealte Heilgeheimnisse, die helfen, verschiedene Arten von Gelenk- oder Muskelschmerz zu lindern.

Doshas = Representation der Elemente im Körper, die in der Natur existieren (d.h. *Kapha=Erde/Wasser, Vata=Wind/Äther, Pitta=Feuer*); wenn unsere Doshas im Gleichgewicht sind, sind wir gesund, wenn sie aus dem Gleichgewicht geraten, führt dieses Ungleichgewicht zu Unwohlsein.

Ghee = Geklärte Butter; wird durch Auskochen der Milchfeststoffe hergestellt und dann zum Kochen und für medizinische Zwecke verwendet.

Gurudwara = Ort der Verehrung für Menschen des Sikh-Glaubens.

Jahrtausendealtes, traditionelles Heilen (ancient healing) = Hierbei geht es nicht darum, Krankheiten zu bekämpfen, sondern darum, Gleichgewicht im Körper herzustellen, oft durch eine Entgiftung, so dass sich der Körper selbst heilen kann.

Jivaka = Meisterheiler, der um das Jahr 500 v. Chr. lebte. Bekannt als der erste Meister der Siddha-Veda-Linie. Er war auch der Leibarzt von Lord Buddha, dem indischen König Bimbisāra und von Amrapali, die als eine der schönsten Frauen der Welt gilt. Über die Jahre entdeckte und lernte er die geheimen Methoden, wie man in jedem Alter strahlende Gesundheit, unbegrenzte Energie und Seelenfrieden erlangt. Er hielt dieses Wissen in den jahrtausendealten, überlieferten Manuskripten fest und gab es an seine Schüler weiter.

Kapha = Das Dosha, oder Lebenselement, bezogen auf Erde/Wasser.

Karmayog, Bhaktiyog und Gyanyog (Pfad der Meditation, Pfad des Gebets, Pfad des Erfolgs im Geschäft oder im Kampf) = Verschiedene Wege zu Moksha, einem Zustand der Erleuchtung oder Erfüllung.

Marmaa Shakti = Eine jahrtausendealte Technologie der tiefgreifenden Transformation, die auf allen Ebenen — Körper, Geist, Emotion und Seele — wirkt. Ob wissentlich oder unwissentlich, jeder wird von der Gesellschaft programmiert. Marmaa ist eine jahrtausendealte Technologie zur Neuprogrammierung, mit der man sein Leben auf die wahre Bestimmung auszurichte kann. Sie kann helfen, Blockaden zu beseitigen und das eigene System wieder ins Gleichgewicht zu bringen. Diese jahrtausendealte Technologie kann nicht nur körperliche Schmerzen lindern oder sogar ganz auflösen, sondern sie kann dir auch helfen, all deine Wünsche im Lebem zu erreichen.

Moksha = Zustand der Erleuchtung oder Erfüllung.

MyAncientSecrets.com = Diese Webseite ist ein Geschenk an alle, die das Buch gelesen haben. Sie ist eine Quelle der Information, wo du lernen kannst, wie du diese jahrtausendealten Geheimnisse zur tiefgreifenden Heilung sofort in deinem eigenen Leben anwenden kannst. Beginne hier: www.MyAncientSecrets.com/Belong.

Namaste (ausgesprochen *Nah'mas'teh*) oder Namaskar (ausgesprochen *Nah'mas'kahr*) = Gruß, der in Indien durch das Zusammendrücken der Hände vor dem Herzen gemacht wird, was bedeutet: „Der göttliche Gott/die göttliche Göttin in mir verbeugt sich vor dem göttlichen Gott/der göttlichen Göttin in dir und ich ehre diesen Ort, an dem du und ich eins sind."

Pakoda (ausgesprochen *pa'koh-dah*) = Eine indische Speise, ähnlich den Zwiebel-Ringen, die Dr. Naram benutzte, um meine starken Kopfschmerzen zu beseitigen und das Prinzip zu demonstrieren, dass alles ein Medikament oder ein Gift sein kann, je nachdem, wie/wann/wo man es verwendet.

Panchakarma oder Asthakarma (ausgesprochen *pantscha'karma* und *aschta'karma*) = Eine mehrstufige Reinigung und Wiederherstellung der Kernsysteme des Körpers, einer der sechs Schlüssel des Siddha-Veda zur tiefgreifenden Heilung. *Karma* bedeutet ‚Aktion', und *Pancha* bedeutet ‚fünf'. Panchakarma besteht also aus fünf Handlungen, um Giftstoffe aus dem Körper zu entfernen oder ihn zu reinigen. Im Asthakarma gibt es acht Handlungen, bzw. drei zusätzliche Schritte, um den Körper von innen heraus zu reinigen, zu läutern und wieder ins Gleichgewicht zu bringen.

Pankaj Naram (ausgesprochen *Pan'kasch Na'ramm*) = Der in diesem Buch erwähnte Meisterheiler (Dr. Naram), der am 4. Mai 1955 geboren wurde und seinen Körper am 19. Februar 2020 verließ.

Pitta = Das *Dosha* oder Lebenselement, das mit Feuer in Verbindung steht.

Pulsdiagnose = Eine überlieferte Diagnosemethode, bei der der

Heiler den Puls des Patienten berührt und anhand der Art und Weise, wie der Puls schlägt, feststellen kann, welche Ungleichgewichte und Blockaden im Körper bestehen und wie sie sich auf die körperliche, geistige, emotionale und spirituelle Gesundheit auswirken.

(Die) Sechs Schlüssel des Siddha-Veda zur tiefgreifenden Heilung = Ernährung, Hausmittel, Kräuterheilmittel, Marmaa Shakti, Lebensstil und Panchakarma/Asthakarma. Diese tragen dazu bei, dass Menschen in jedem Alter jung aussehen und sich jung fühlen.

Seva (ausgesprochen 'seh-wah') = Bedeutet übersetzt ‚selbstloser Dienst'.

Shakti = Definiert als ‚Energie' oder ‚Macht'; oder die göttliche Macht, Dinge zu tun oder Dinge zu erschaffen. Laut Dr. Naram ist diese Kraft bereits in dir vorhanden und *Marmaa Shakti* ist ein jahrtausendealtes Instrument, das hilft, sie hervorzubringen. Sie arbeitet mit den anderen Schlüsseln des Siddha-Veda zusammen, um den Menschen zu strahlender Gesundheit zu verhelfen.

Siddha-Veda (oder Siddha-Raharshayam) = Abstammungslinie von ausgewählten Heilern oder Denkschule mit Geheimnissen für tiefgreifende Heilung, die einen Schritt über Ayurveda hinausgehen; von Meister zu Schüler weitergegeben, mit Geheimnissen oder ‚Technologien', die dir dabei helfen, zu entdecken, zu erreichen und zu genießen, was du willst.

95 Prozent der Menschen auf diesem Planeten wissen nicht, was sie wollen;

3 Prozent wissen, was sie wollen, können es aber nicht erreichen;

1 Prozent wissen, was sie wollen, erreichen es, genießen es aber dann nicht.

Nur 1 Prozent der Menschen wissen, was sie wollen, erreichen es und genießen es.

Tiefgreifende Heilung (deeper healing)= Geht über die oberflächlichen Symptome hinaus und löst die Ursache eines Problems auf körperlicher, geistiger, emotionaler und spiritueller Ebene.

Un-wohlsein (dis-ease) = Wie Dr. Naram über Ungleichgewichte spricht — dass es ein Ungleichgewicht gibt, das Un-wohlsein verursacht, und wenn du die Blockade entfernst und das System wieder ins Gleichgewicht bringst, kehrt das Wohlbefinden in dein Leben zurück.

Vaidya = Ein Sanskrit-Wort, das ‚Arzt' bedeutet und in Indien verwendet wird, um eine Person zu bezeichnen, die die einheimischen indischen Medizinsysteme praktiziert.

Vata = Das *Dosha* oder Lebenselement, bezogen auf Wind/Äther

Yagna (ausgesprochen '*Jag-nah*) = Ein Ritual, das ein bestimmtes Ziel verfolgt.

Vergleich von Allopathie (moderne westliche Medizin), Ayurveda und Siddha-Veda

	Allopathie	**Ayurveda**	**Siddha-Veda**
Wie alt?	über 200 Jahre alt, 1810 erstmals genannt	Mehr als 5.000 Jahre alt	Mehr als 2.500 Jahre alt
Wer hat es angefangen?	Samuel Hahnemann (1755-1843) prägte den Begriff ‚Allopathie', um ihn von der ‚Homöopathie' zu unterscheiden	Einer der ursprünglichen Gelehrten, Sushruta, sagte, er habe diese Medizinmethode von Dhanvantari gelernt, der damals als König von Varanasi inkarniert war.	Jivaka (Leibarzt für Buddha und andere berühmte Zeitgenossen
Wie wurde es weitergegeben?	Medizinische Fakultäten & Facharzt-Ausbildung	Bücher, Universitäten und Praktika	Weitergabe vom Meister zum Schüler, in einer ununterbrochenen Abstammungslinie
Was ist ihr grundlegender Schwerpunkt?	Behandlung von Krankheitssymptomen mit Medikamenten und Operationen; Zerlegung des Körpers in Einzelteile, wobei sich Spezialisten auf einzelne Teile konzentrieren.	Definiert als ‚Wissenschaft des Lebens', die sich auf eine richtige Lebensweise konzentriert, die auch dazu beiträgt, Krankheiten zu verhindern oder zu überwinden (basierend auf der individuellen Dosha-Verteilung der Person) — sieht die Verbindung aller Teile von Körper, Geist und Emotionen und schafft Heilmittel, die dies verstehen	Menschen dabei zu helfen, strahlende Gesundheit, unbegrenzte Energie und Seelenfrieden zu erlangen (je nach Dosha-Verteilung der Person individuell angewandt) - sieht die Verbindung aller Teile des Körpers, des Geistes und der Emotionen und schafft Heilmittel, die dies verstehen; hilft den Menschen auch, zu entdecken, was sie wollen, zu erreichen, was sie wollen, und zu genießen, was sie erreicht haben

Was sind die Diagnosemethoden?	Verwendung externer Geräte zur Erfassung messbarer Daten (z.B. Temperatur, Blutdruck, Blutzuckerspiegel, etc.)	Nutzung der direkten Wahrnehmung des Arztes (z.B. durch Puls, Zunge, Beobachtung des Urins, etc.)	Nutzung der direkten Wahrnehmung des Arztes (z.B. durch Puls und andere situationsbedingte Methoden)
Was sind die wichtigsten Instrumente/ Methoden der Heilung?	Medikamente und Operationen	Kräuterrezepturen, Hausmittel, Ernährung, Lebensstil, Panchakarma	6 Instrumente oder ‚Schlüssel' der Heilung: Hausmittel, Ernährung, Marmaa Shakti, Kräuterrezepturen, Panchakarma/Asthakarma, Lebensstil
Methoden zur Verifizierung?	Doppelblindstudien (welche die Variablen isoliert und sie in einer kontrollierten Umgebung über einen Zeitraum von Monaten oder Jahren testet)	Auswirkungen des Heilmittels auf die unmittelbare Gesundheit und Überwachung über einen längeren Zeitraum, bei einer Vielzahl von Menschen, über Tausende von Jahren	Auswirkungen des Heilmittels auf die unmittelbare Gesundheit und die Überwachung über einen längeren Zeitraum, bei einer Vielzahl von Menschen, über Tausende von Jahren
Was sind die Stärken?	Kann oft eine schnelle Lösung sein	Fokussiert auf langfristigen Nutzen	Konzentriert auf tiefgreifende Heilung und langfristigen Nutzen; immer hochwertige Kräuter, die schwermetallfrei sind
Was sind die Nachteile?	Häufig gibt es negative Nebenwirkungen der Behandlungen; außerdem muss man oft einen Spezialisten aufsuchen und entweder eine Versicherung haben oder eine Menge Geld aus eigener Tasche bezahlen	Braucht oft Zeit, Mühe, Änderung des Lebensstils und Geduld, um Ergebnisse zu sehen; unterschiedliche Qualität des Arztes oder Kräuter; manchmal werden Schwermetalle in Kräutern gefunden	Wegen der hohen Nachfrage langes Warten auf einen Arzttermin; erfordert oft Zeit, Mühe, Änderung der Lebensweise und Geduld, um Ergebnisse zu sehen; Kräuter sind etwas teurer aufgrund der Qualität

*Auf MyAncientSecrets.com findest du weitere Diskussionen über die Unterschiede zwischen den drei oben genannten Methoden sowie über andere Formen der traditionellen und ‚alternativen' Heilung.

Meine Notizen (Bonus Geheimnis für dich)
AMRAPALIS GEHEIMNIS

Drei jahrtausendealte Geheimnisse zur Unterstützung von Frauen jeden Alters (von 15 bis 60+) für einen optimalen Hormonspiegel*

1) Hausmittel - Dr. Naram's geheimes Hausmittel für Amrapali

   250g Fenchelpulver
   250g gemahlener Kreuzkümmel
   50g Ajowanpulver (Königskümmel)
   50g schwarzes Salz
   50g Dillsamen
   25g gemahlener Koriander
   10g Asafoetida

Mische alle Zutaten zusammen und teile die Gesamtmenge in 60 gleiche Pakete auf. (Viele Zutaten können online bestellt werden).

Weiche den Inhalt einer Packung zunächst 30-60 Minuten lang in warmem Wasser ein und trinke den gesamten Inhalt. Um eine Wirkung zu erzielen, solltest du über einen Zeitraum von mindestens 6 Monaten jeden Tag über den Tag verteilt vier dieser Päckchen einnehmen.

2) Marmaa Shakti für Amrapalis Geheimnis – am linken Handgelenk drei Fingerspitzen unterhalb des Daumens - drücke diesen Punkt 6 Mal, mehrmals am Tag.

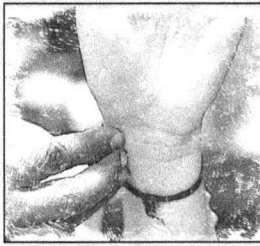 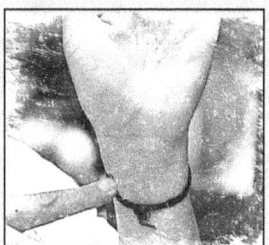

3) Pflanzliche Heilmittel - es gab eine flüssige und eine Tablettenform von Kräutern zur Unterstützung gesunder Hormone bei Frauen, die Inhaltsstoffe wie Fenchel, Shatavari, Sellerie und Mönchspfeffersamen enthielten.

*Bonusmaterial: Weitere Geheimnisse von Amrapali kannst du auf der Webseite MyAncientSecrets.com/Belong entdecken.
*Erinnere dich, dass für alles in diesem Buch oder auf der Webseite der medizinische Haftungsausschluss gilt. In diesem Buch erwähnte Kräuterformeln

Meine Notizen (Bonus-Geheimnis für dich)
JAHRTAUSENDEALTE GEHEIMNISSE FÜR DIE IMMUNITÄT

In Kapitel 12 half Dr. Giovanni einem Bienenstock, einen Virus zu überwinden, indem er ihnen zum Teil Kräuter und ein Hausmittel gab, um ihre Immunität zu stärken. Diese jahrtausendealten Geheimnisse erhielt er von Dr. Naram, der damit vielen Menschen half und ihnen strahlende Gesundheit, unbegrenzte Energie und Seelenfrieden gab.

1) Ernährung – Koche einige Scheiben Ingwerwurzel in Wasser mit 1/2 Teelöffel Kurkumapulver und schluckweise den ganzen Tag über trinken. Vermeide Weizen- und Milchprodukte sowie saure und fermentierte Lebensmittel. Iss stattdessen Mungbohnensuppe und gekochtes grünes Blattgemüse.

2) Marmaa Shakti - An der rechten Hand, die Spitze des Mittelfingers mehrmals am Tag 6 Mal drücken.

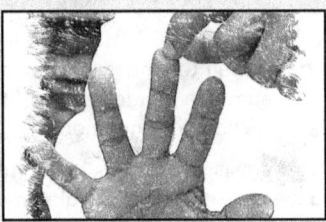

3) Hausmittel - Dr. Narams wirkungsvolles altes Hausmittel zur Unterstützung der Immunität:

    1 Teelöffel Honig

    1/2 Teelöffel Ingwersaft

    1/2 Teelöffel Kurkumapulver

    1/4 Teelöffel Zimtpulver

    11-12 Tulsi-Blätter (Indisches Basilikum)

    1/8 Teelöffel gemahlene Nelken

    1 Knoblauchzehe (wenn du aus religiösen Gründen Knoblauch meidest, lasse ihn weg)

- Mische alles in ein halbes Glas warmes Wasser und trinke dies 2-4 Mal am Tag.

4) Pflanzliche Heilmittel - Dr. Giovanni nutzte eine Formel aus Kräutern zur Unterstützung der Immunität, die Inhaltsstoffe wie Granatapfelschale, Guduchi, Süßholzwurzeln, Holarrhena-Rinde, Andrographis-Wurzeln, Ingwer und indisches Basilikum enthielt.

*Bonusmaterial: Auf der Website MyAncientSecrets.com kannst du sehen, wie dieses Marmaa demonstriert wird und wie man dieses Heilmittel herstellt. Denke daran, dass für alles in diesem Buch oder auf der Webseite der medizinische Haftungsausschluss gilt.

In diesem Buch erwähnte Kräuterformeln*

Dr. Naram kreierte mehr als 300 wundervolle Kräuterrezepturen, um Menschen zu tiefgreifender Heilung zu verhelfen, für die er in verschiedenen Ländern unterschiedliche Namen verwendete. Er erschuf diese Rezepturen unter Anwendung der Prinzipien, die er von seinem Meister und von den jahrtausendealten Manuskripten lernte, und seiner über mehr als 36 Jahren angesammelten umfangreichen Erfahrung, während er mehr als einer Million Menschen geholfen hat. Ich sah, wie er geheime jahrtausendealte Verfahren anwandte, um die alchemistischen Vorteile der Kombination bestimmter Inhaltsstoffe herauszuarbeiten. Gleichzeitig nutzte er dabei moderne wissenschaftliche Einrichtungen, um Sauberkeit, Standardisierung und Sicherheit zu gewährleisten. Mein Wunsch ist, dass jeder, der pflanzliche Produkte herstellt, dies mit dem gleichen Maß an Exzellenz erledigt. Bei allen pflanzlichen Nahrungsergänzungsmitteln, die du verwendest, ist es ratsam zu prüfen, ob sie frische Inhaltsstoffe enthalten, und sicherzustellen, dass sie frei von Schwermetallen sind.

Zu rein pädagogischen Zwecken findest du hier eine Tabelle, die mehrere der Inhaltsstoffe diverser in diesem Buch erwähnten Kräuterrezepturen auflistet. Es ist nicht als vollständige Liste gedacht. Für weitere Informationen zu diesem Thema suche bitte online oder frage einen Spezialisten.

*Unterstützt eine gesunde Funktion von:	*Einige Kräuter-Formeln können Inhaltsstoffe wie diese enthalten:
Blutdruck	Arjuna-Rinde, indisches Wassernabelkraut, Boerhavia, lila Tephrosia, Knoblauch
Entlastung der Muskeln/Gelenke	Pfefferminze, Wintergrünöl, Oroxylum, Pluchea, Zimtöl, Ingwer, Zypergräser-Wurzeln, Kurkuma, Mönchspfeffer-Blätter
Gehirnfunktion	Ackerwinde, indischer Wassernabel, Bacopa monnieri (Fettblatt), Shatavri, weisser Kürbis, Malkangani Öl
Gelassenheit	Sesamöl, indische Stachelbeere, indischer Wassernabel, Eclipta, Niembaum (Neem), Sapindusfrucht (Waschnüsse), Hennastrauch (Mehendi)-Blätter
Gelenke	Cissus Quadrangularis, indischer Weihrauch, Mönchspfeffer-Blätter, Ingwer und Guggul Harz (Indische Myrrhe)
Haare	Sesamöl, Amla, indisches Wassernabelkraut, Niembaum, Eclipta Albe, Waschnuss, Henna-Blätter

Haut	Niembaum (Neem), Kurkuma, Kokosnussöl, indisches Basilikum, süßer Indrajao, Zimt, Kardamom, Aragwadha, Amla, Salharz und schwarzer Pfefferr
Immunität	Granatapfelschale, Guduchi, Süßholzwurzeln, holarrhena bark, ginger, and holy basil leaves
Leber	Phyllanthus, Guduchi, Boerhavia, Haritaki, indische Echinacea, Kapernstrauch
Lunge	Granatapfel-Früchte, Kurkuma, Adhatoda-Blätter, Süßholzwurzeln, indisches Basilikum, Bilva Wurzeln, duftende Padri-Baum-Wurzeln
Männliche Hormone	Sesamsamen, Tribulus, Guduchi, Ashwaganda-Wurzeln, indisches Kudzu-Rhizom und Samen der Samtbohne (Mucuna Pruriens)
Weibliche Hormone	Fenchel, Shatavari, Sellerie, Mönchspfeffer-Samen, Schokoladenhibiskusl (devil's cotton), Ashoka-Baumrinde und Kreuzkümmel

Anmerkung zu pflanzlichen Heilmitteln und Hausmitteln
Selbst wenn einige Inhaltsstoffe oder Kräuterrezepturen in deinem Land nicht erhältlich sind, gibt es noch so viele andere Dinge, die du tun kannst. Erinnerst du dich an die sechs Schlüssel des Siddha-Veda? Du kannst deine Ernährung umstellen, Marmaa Shakti Punkte drücken oder Dinge in deiner eigenen Küche für Hausmittel benutzen. Dr. Naram passte die Inhaltsstoffe von Heilmitteln für Menschen oft an ihren Zustand, ihre Konstitution, ihr Alter, ihr Geschlecht und manchmal auch an ihren Wohnort an. Er achtete auch darauf, wie der Körper darauf reagierte und nahm bei Bedarf Änderungen vor. Es ist sehr wichtig, auf deinen Körper zu hören. Vielleicht findest du ja einen Ayurvedischen Doktor in deiner Nähe, der dir helfen kann. Dr. Naram würde Lao Tzu zitieren: „Die Reise von tausend Kilometern beginnt mit einem einzigen Schritt. Beginne mit dem, was erhältlich ist." Dann vertraue darauf, dass du zu dem geführt wirst, was du und dein Körper noch brauchen.

*Bezüglich der in diesem Buch genannten Heilmittel oder online genannten Heilmittel, lies bitte den medizinischen Haftungsausschluss.

Bilder und Segnungen

Dr. Clint G. Rogers mit Bollywood-Superstar Amitabh Bachchan.

RSS-Führer Bhayya Joshi (hier mit Dr. Naram): „Diese Geheimnisse sind für die Menschen in Indien und auf der ganzen Welt von unschätzbarem Wert."

Dr. Clint G. Rogers mit Dr. Bruce Lipton, Biologe und Bestsellerautor.

Dr. Clint G. Rogers mit Poonacha Machaiah und Dr. Deepak Chopra.

Pietro Tanzini, der Bürgermeister von Bucine (AR) in der Toskana, Italien, bezeichnet Dr. Naram als einen HEILUNGS-GURU.

Dr. Dagmar Uecker, eine angesehene deutsche Ärztin, holte Dr. Naram jedes Jahr in ihre Klinik nach Deutschland, um Patienten zu helfen, die sonst keine Hilfe finden konnten.

Viele große Heilige und Meister haben dieses Buch und alle, die es lesen und mit anderen teilen, gesegnet.

Das Orakel von S.H. des 14. Dalai Lama

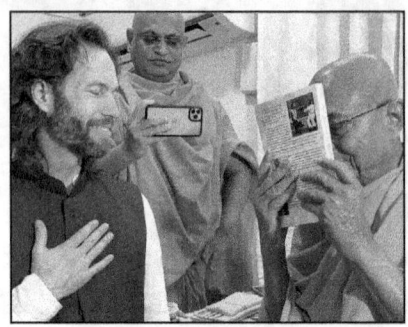

S.H. Hariprasad Swami

Swami Omkar Das Ji Maharaj

Dr. Tyaginath Aghori Baba

Seine Eminenz Namkha Drimed Ranjam Rinpoche

Dr. Yeshi Dhonden, Heiler der tibetischen Medizin

*Mehr über diese Segnungen und weitere, von spirituellen Führern vieler Traditionen gegebene Segnungen, findest du auf MyAncientSecrets.com

Briefe von Heiligen, Gelehrten und Unterstützern:

Seine Heiligkeit Hariprasad Swami, Göttliche Yogi-Gesellschaft

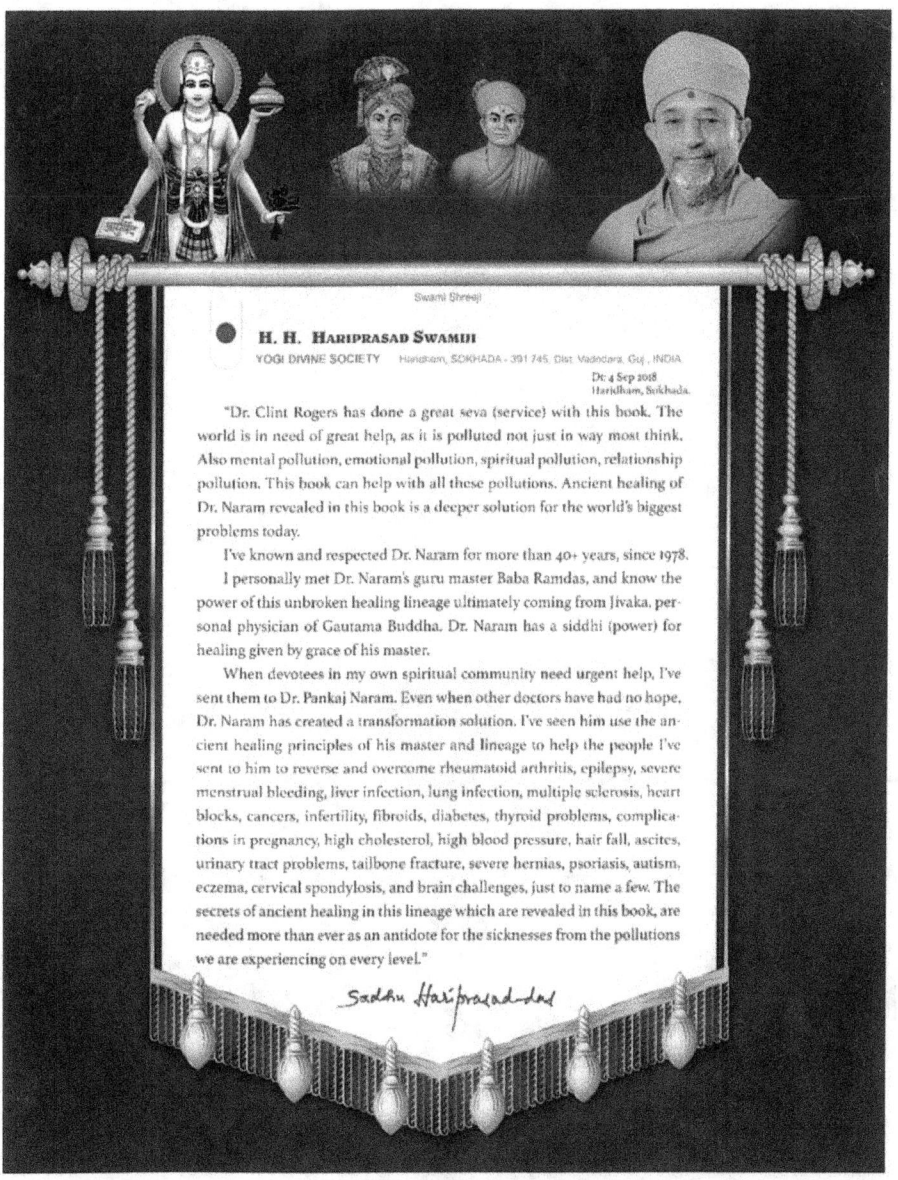

Oracle of His Holiness the 14th Dalai Lama

Ven. Thupten Ngodup
(The Medium of Tibet's Chief State Oracle)
Nechung Dorje Drayangling Monastery

"I am very much interested in Clint Rogers' upcoming book of Ancient Secrets of a Master Healer, because it is exactly related with Lord Buddha's teachings – 'Oh Bhikshus & Wise men, as one assays gold by rubbing, cutting & melting, so examine well my words & accept them. But not because you respect me.'

Clint Rogers has researched thoroughly about Dr. Naram's lineage of ancient techniques to cure lots of illness, especially in this century where there are so many different diseases. It is very necessary to combine both ancient and modern techniques of healing. My blessing and prayer is on this book and the millions who will read it, that their lives will be blessed with deep healing, happiness, and peace of mind."

Ven. Thupten Ngodup (Medium of Tibet's Chief State Oracle)

Supermodel Mrs. World, eine in Harvard ausgebildete Ärztin

This book "Ancient Secrets of a Master Healer" by Dr. Clint G Rogers is a gift, and I want not only the people I love but every single person on this planet to read it. It is written from the heart, with timeless wisdom integrated into each engaging story—and acts like a bible of time-tested home remedies you can apply whenever you need them.

The first chapter pulled me in, and I didn't want to put it down… it was so intriguing. Simple and easy to read, it kept me on the edge of my seat always wondering, what's next?

I loved the way the stories throughout were interwoven with profound, timeless wisdom (or 'gyan' as we call it in India). It is practical and inspiring — getting me to ask important questions that make my life better—physically, emotionally and spiritually.

This book is like the Gita (or the Bible, Quran, etc) — whatever age or stage of life you are in, you will benefit from reading it. Everyone can find wisdom in it that applies to what you are experiencing at this point in your life. And every time you read it, you will find something new.

As a mother, I want every child to read the book. As a woman and model, I'm excited to apply the ancient secrets in it to look and feel younger. And as a medical doctor, I appreciate how this ancient healing science resets the body from the core. I've come to realize only ego keeps any doctor or healer from accepting the effectiveness of other forms of treatment that are different from the one that they personally practice.

With the unexpected passing of Dr. Naram, this book is needed now more than ever. As I approached the last chapter, I kept wishing the story would not end. I'm already looking forward to Dr. Clint G Rogers publishing the next book!

~ Dr. Aditi Govitrikar (Medical doctor, Harvard trained Psychologist, Mrs. World, Supermodel and Actress)

V Care Polyclinic, La Magasin, Above Roopkala Showroom, SV Road, Santacruz-54
022-26050846, 91-9820108600 | info@lighthousecounsellingcentre.com

Vorsitzender von L&T, einem der angesehensten Wirtschaftsimperien Indiens

LARSEN & TOUBRO

A. M. Naik
Group Chairman

September 05, 2018

Ancient Secrets of a Master Healer

I have known Dr. Pankaj Naram for over 30 years, and seen his mission to spread healing across the world grow steadily over time.

I am delighted to have been asked to write the recommendation for this book as we share common values of integrity, hard work and most importantly, unwavering passion for whatever we may do – including propagating the relevance of ancient healing teachings in modern society.

Dr. Naram has brought to the world, ancient healing practices that had been lost over the generations. Moreover, he has helped demystify these practices and share them in a manner that can be adopted by just about anyone.

Even after touching the lives of over a million people across the globe, his devotion to his cause keeps him going from strength to strength. At an age when most people would retire, he is more passionate than ever about protecting, preserving, and bringing to the forefront ancient healing secrets (gleaned from the handwritten manuscripts of the Himalayan masters) to help heal this world more effectively.

I am sure that you will find Dr. Naram's life story as shared by university researcher Dr. Clint Rogers truly fascinating and inspiring, as you discover gems of ancient wisdom that you can apply in your daily life in this book.

I wish him all the best in his noble endeavour.

Best Regards,

A. M. Naik
Group Chairman - Larsen & Toubro

Larsen & Toubro Limited, Landmark Bldg., 'A' Wing, Suren Road, Chakala, Andheri (East), Mumbai - 400 093, INDIA
Tel: +91 22 6696 5333 Fax: +91 22 6696 5334 Email: amn@Larsentoubro.com www.Larsentoubro.com
Registered Office: L&T House, N. M. Marg, Ballard Estate, Mumbai - 400 001, INDIA CIN: L99999MH1946PLC004768

Ihre Heiligkeit, Göttliche Premben

Swami Shreeji

YOGI MAHILA KENDRA

(Bombay Pumblic Trust Act Reg. No. BRD / E / 2593, Dt. 19-8-1978)
(Income Tax Act Reg. No. 110-Y-1)

HARIDHAM, Po. : SOKHADA - 391 745, Di. Vadodara, Gujarat
Ph:(0265) 86011/22/33/44/55,86242, Fax:(0265) 86503,86526,86142

President : H.D.H. Hariprasad Swamiji
Secretary : Vitthaldas S. Patel

"Dr Pankaj Naram is a world authority in Ancient Healing Secrets.

My Guru H.H.Hariprasad Swami Maharaj (Founder - President of Yogi Divine Society) has known Dr Pankaj Naram for more than 40 years.

This book inspires one to infuse Dr Pankaj Naram's Ancient Healing Secrets in ones daily life. He helps people with diet, lifestyle, herbs, home remedies for immense energy, healthy and happy life.

I have always been touched by Dr Pankaj Naram's mission to bring the benefits into every heart and every home on earth through the Ancient Healing.

I am taking his medicine for diabetes and cholesterol and have had extraordinary results. Many Sadhvis in Bhakti Ashram (Yogi Mahila Kendra) are taking His medicines and have had incredible effect and some completely cured. Whether it be diabetes, thyroid, arthritis, joint pain, back pain asthma, and more. His Marma works wonders on people with critical condition. Dr Naram also put many of us on vegan, gluten-free diet with his herbal supplements, exercise and panchakarma. All having amazing results.

I thank Clint G Rogers for this magnificent book which every human should read."

Sadhvi Suhrad

Shadhvi suhrad.

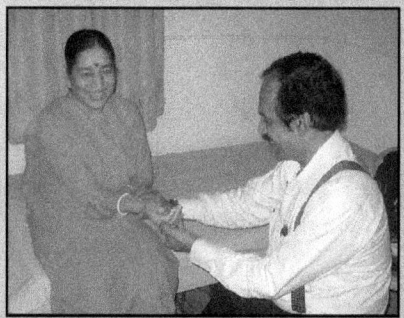

(Donation to this Trust is eligible for relief under section 80 G of Income Tax Act)

Präsident der Nutritional Research Foundation
& 6-facher Bestsellerautor der NY Times

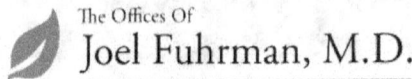

June 18, 2019

I appreciate Clint's friendship and comradery. He has been very interested in the extensive research I've done on how a Nutritarian diet can completely reverse health challenges like diabetes, high blood pressure, heart disease, obesity, autoimmune disease and more. My life's research, as shared through my books and PBS TV shows, demonstrates how the health problems we face are directly related to the food we eat, and that making changes in our food greatly impacts our physical, mental, and emotional health in significant ways.

Remarkable stories of people reversing all kinds of illness and diseases are not 'medical miracles'. These results are predictable when you follow certain principles. Health is your right and accessible to anyone. The problem is the toxic foods, lifestyle, and medications most people consume which put stress on our tissues year after year until they finally break down. The good news is you can heal from virtually any illness and avoid sickness to begin with, if you want to. The human body is already inherently an amazing self-repairing, self-healing machine when you simply feed it optimally with the right foods and habits.

What I love about Clint is that he is a seeker of truth with a curiosity that has led him on a unique path and mission. He has impressive knowledge of useful but generally unknown ancient healing techniques. At one point while we were in Mexico together my wife became ill with a severe digestive problem (sometimes called Montezuma's revenge). Clint quickly helped her with a remedy he knew from Dr. Naram, which we were surprised and delighted that she was well the next day. What I respect most of all is Clint's heart and powerful desire to have good will for all people. I wish him all the best with this book and in his overall mission to help humanity.

Joel Fuhrman, M.D.

President Nutritional Research Foundation

6 times NY Times Bestselling Author

4 Walter E Foran Boulevard, Suite 409, Flemington New Jersey 08822 Phone: (908) 237-0200 · Fax (908) 237-0210 · Web www.DrFuhrman.com

Other great letters can be found online.

Index

Alle fettgedruckten Seitezahlen beziehen sich auf Stellen im Text, wo die Begriffe definiert sind. Seitenbereiche beziehen sich auf Stellen, an denen die Begriffe diskutiert werden. Die Abkürzungen **KV, EV** und **NWV** stehen für *Kapitel Video, Epilog Video* bzw. *Nachwort Video* und beziehen sich auf die begleitenden Videos, die zu den jeweiligen Kapiteln gehören. Ist das erste Wort eines Eintrags ein Artikel, wird dieser nicht alphabetisch sortiert. Personen sind unter ihrem Nachnamen aufgeführt, mit Ausnahme von Dr. Giovanni und Dr. Naram, die unter Dr. aufgeführt sind.

A

Aam (Giftstoffe), 40, 41, 191, 196, 205, **319**
Abstammungslinie, 142, 231, 320
ADS/ADHS, 56, 90
- *(Fußnote)*, 57
Affentempel (Swayambunath), 339
- Siehe auch **KV 5**
Agni (Verdauungsfeuer), 188, **319**
Ajowan (Königskümmel), 176, 327
Akne, 116
Akupunktur, 111
akute Erkrankungen, 143
Alaun (Phitkari), 176
Allen, Woody *(Zitat)*, 21
Allergie, 90
- Hautallergie, 193
Allopathie (Allopathische Medizin), 159, 227–228, **319**, **325**, 325–326; *siehe auch* westliche Medizin
Alternative Therapies in Health and Medicine (Journal), 102
Alternativmedizin, xxx, 219
Ama, 41; *siehe* Aam (Giftstoffe)
Amerika, 46, 48, 95, 115, 117, 179, 229, 230, 273
Amrapali, 27, 76, 174, **319**, 321

Amrapalis Geheimnis, xv
- *Hausmittel*, **327**
Amrutha, 307
ancient healing, **321**
Ancient Secret Honey, 206
Ancient Traditions of Healing (ATH) - Zertifizierungskurs, 319
Angst, 29, 35, 78, 82, 84, 86
Angstzustände, xxxii, 30, 79, 272
- *(Marmaa Shakti, Hausmittel)*, 36
Antibiotika, 200
Ardhamagadh *(Sprache)*, 76
Aristoteles, 222
Arterienverschluss, 112, 192, 202; *siehe auch* Blockade
Arthritis, vii, xiii, xiv, xxviii, 79, 90, 110, 119, 132, 134, 135, 144
- Siehe auch **KV 9**
- Osteoarthritis, 173
- rheumatoide Arthritis, xiii
Asafoetida, 176
- *(Rezept)*, 191, 327
Ashwaganda (Schlafbeere)
- *(Hausmittel)*, 125
- *(pflanzliche Heilmittel)*, 98, 125, 330
- *(Rezept)*, 138
Asthakarma, 182, **322**

Asthma, xiv, 90, 193
Aszites, xiii
Atem, 8, 306
Atemnot, 202
Atithi Devo Bhava, 34, 304, 309, **320**
- Siehe auch **NWV**

Atit, Kusum, 134
- *(Foto)*, 135

Atmiyata, 70, 71, **320**
- Siehe auch **KV 4**
- *(Zitat)*, 72

Aufmerksamkeitsdefizitsyndrom (ADS/ADHS), 56
Ausdauer, 80, 90, 175, 176, 206; *siehe auch* Energie
Autismus, xiii, xxxii, 56, 57, 84, 160
- *(Fußnote)*, 57

Autobiographie eines Yogi (Yogananda), xviii, 47
Ayurveda, vii, 38, 42, 43, 183, 251, **320**, 323, 325
- *(Fußnote)*, 43

Ayushakti-Klinik (Mumbai), 182, 210
Azoospermie (Fehlen von Samenzellen im Ejakulat), 117

B

Babaji, 134
Baba Ramdas, xiii, 4, 34, 35, 79–83, 85, 88, 100, 132, 136, 139, 177, 237, 243, 280
- *(Foto)*, 80, 88, 136
- *(Zitat)*, 4, 34, 35, 139, 177, 237, 243

Bachchan, Amitabh *(Foto)*, 331
Bala (Lebensenergie), 188
Bangladesch, 3, 115, 287, 292
Bar-Yehuda, Nechemiah *(STWS)*, 100, 277
Basilikum, 118
Bauchnabel, 9, 16, 98–99, 153

Bauchschmerzen, 78, 229
Bauchspeicheldrüse, 123
Behinderung, 152
Bengalischer Tiger (Königstiger)
- *(Foto)*, 25, 203

Berry, Wendell *(Zitat)*, 75
Bestätigungsverzerrung, 223
Bewegungsfreiheit, 162
bewusst, **320**
Bewusstsein, 145, 150
Bewusstseinsebenen (drei), 320
Bewusstseinsebenen (drei)
- Bewusstsein, Unterbewusstsein, Überbewusssein, 150

Bhagavad Gita (Zitat), 265
Bhairava (Gott in Hundeform), 310
Bhakti Ashram, xiv
Bhaktiyog *(Pfad des Gebets)*, 278, 321
Bienen, 205–207, 279, 328
- *(Foto)*, 207
- *(mit Virus)*, 205
- Siehe auch **KV 12**

Bimbisāra, indischer König, 27, 321
Blähungen, 78
Blockade, 143, 150, **156–161**, 202, **320–321**; *siehe auch* Giftstoffe (Aam)
- emotionale, 85, 156–160, 226, 320
- entfernen/beseitigen von Blockaden, 85, 156–161, 205
- geistige, 226
- geistige/mentale, 85, 155, 156–160, 226, 320
- körperliche, 85, 155, 192, 226, 320
- physische, 156–160

Blutdruck, 79, **93, 329**
- Siehe auch **KV 16**
- *(Marmaa Shakti)*, 98
- *(pflanzliche Heilmittel)*, 98

Bluthochdruck, xiii, xxviii, xxxii, 38, 79,

97, 97–101, 110, 113–114, 119, 134, 159–160, 160
- *(Marmas Shakti, pflanzliche Heilmittel)*, 98

Blutkrebs, 1, 3
Blutzucker, 79, 80, 259, 326
- hoher, 79

Bockshornklee-Pulver
- *(Hausmittel)*, 147

Brahmi Churma (Pulver)
- *(Hausmittel)*, 36, 125, 138

brennender Wunsch, xvii, 11, 173, 175, 177, 211, 232, 241, 293
- Siehe auch **KV 18**
- *(Zitat)*, 177

Brincivalli, Giovanni, Dr; *siehe* Dr. Giovanni

Bronchitis
- Siehe auch **KV 6**

Brown, Les, 24
Brown, Virginia, 101
Buber, Martin *(Zitat)*, 271
Buddha, xiii, xxx, 27, **320**, 321, 325
Buddhismus, 47
Burian, Dr. Batilda Salha, xv
Bypass (Operation), 192, 202

C

Canfield, Inga, 301
- *(Foto)*, 300

Canfield, Jack, 301
- *(Foto)*, 300
- *(Referenz)*, xiv

Center for Disease Control and Prevention (CDC) (= *(Seuchenschutzbehörde der USA)*, 56
Chiara, Maria, 172–174
chinesisch, 232
Cholesterin, xiv, 110, 119, 259
Cholesterinspiegel, xiii, 158
- hoch, xiii, xxviii, 38, 119

Chopra, Deepak *(Foto)*, 331

Christentum, 47
chronische Erkrankungen, 101, 143
confirmation bias; *siehe* Bestätigungsverzerrung
current good manufacturing practice (CGMP)
- *(Industriestandard)*, 250

D

Daanish (Rabbats Bruder), 290–292
Der Dalai Lama, 22, 26, 42, 238, 311, 334
- *(Foto)*, 25, 332

Dankbarkeit, v, 15, 28, 119, 163, 176, 260, 280, 281, 300, 315
Dard (Schmerz), 153
Dard Mukti, 153, **320**
Datteln, 27, 138
Decken für Obdachlose, 305–307
Delmenico, Dipika *(Australien)*, 306
Denkverzerrung; *siehe* Bestätigungsverzerrung
Depression, 21, 28, 29, 34, 78, 79, 90, 103, 110, 200, 209, 258, 308
- Siehe auch **KV 2**

Deutschland, vi, xi, 50, 164, 185, 210, 211, 229, 307, 331
Dhaka, Bangladesch, 287–291
Dharma, 142
Dhonden, Yeshi, 332
Diabetes, xiii, xiv, xvi, 76, 79, 90, 110, 119, 132, 159, 160; *siehe auch* Blutzucker
- Siehe auch **KV 16**

Dialyse, 170; *siehe auch* Nieren
Diät, 195, 205; *siehe auch* Ernährung
- *(Fußnote)*, 198

Diaz, Alicia Lynn, 42, 48–50, 52, 54, 57–58, 61, 65, 75, 90, 91, 93, 276, 312
- *(Foto)*, 49, 57

Dienstleistung (Seva), 161

Dillsamen, 327
- *(Hausmittel)*, 327
- Dillsamenpulver, 176

Disziplin
- *(Zitat)*, 177

Doshas, **40**, **181**, 190, 191, 196, 278, 320, 325; *siehe auch* Vata; *siehe auch* Pitta; *siehe auch* Kapha
- ausgleichen, 190, 278

Dr. *Clint*; *siehe* Rogers, Clint G., Dr.

Dr. Giovanni, 5–17, 33, 54–56, 61, 113–114, 141, 153, 159, 168–170, 174–175, 180–181, 185, 194, 196, 199–211, 223, 241, 244, 265–266, 268, 276, 279, 287–293, 328
- *(Foto)*, 14, 15, 180, 200
- *(Zitat)*, 114, 196, 209

Dr. Naram, **xxx**, **322**
- *(Foto)*, iii, 2, 23, 25, 71, 80, 88, 122, 136, 144, 173, 176, 180, 187, 194, 197, 200, 226, 244, 252, 306, 307
- *(Zitat)*, 37, 84, 85, 86, 90, 91, 133, 142, 143, 145, 146, 161, 177, 186, 208, 242, 243, 244, 249, 250, 267, 281

Drittes Auge, 47
- *Siehe auch* **KV 5**

Dubai, 300

Duomo Kathedrale, 235, 242

E

Ego, 82–84
- *Siehe auch* **KV 5**

eingefrorene Schulter, 90, 124, 143; *siehe auch* Schultersteife
- *Siehe auch* **KV 9**

Einsamkeit, 28

Einstein, Albert *(Zitat)*, 141

Ekzeme, xiii

11. September, 100, 102, 272
- *Siehe auch* **KV 6, KV 18**

emotionale Wunden, 201

Emotionen, 12, 32, 33, 79, 82, 142, 143, 157, 195, 288, 315, 325
- *Siehe auch* **KV 18**
- *(Hausmittel, Marmaa Shakti)*, 36
- gesunde, 33
- kontrollieren, 70
- negative, 187
- positive, 33, 36, 188
- transformieren, 90, 91, 158

Energie, xiv, 90, 132
- *(Rezept)*, 138
- unbegrenzte, 27, 77, 133, 137, 321, 325
  (Heilgeheimnis), 328

Energiepunkte, 52, 143

Engagement
- *(Zitat)*, 177

Entdeckung deiner Wünsche; *siehe* Klarheit

entgiften, 85, 103, 182, 190, 209, 211, 273, 275, 321, 322

Enthusiasmus, 90

Entlastung der Muskeln/Gelenke, **329**

Entzündung, 190, 196

entzündungshemmend, 200

Epilepsie, xiii

Erektile Dysfunktion, 171

Erfolg, 280

Erfolgsgeheimnisse
- Erfolgsgeheimnis Nr. 1, 86
- Erfolgsgeheimnis Nr. 2, 34, 90

Ernährung, 33, 55, 58, 138, 160, 175, **193**, 208, 228, 258
- *(Rezept)*, 125
- *(Zitat)*, 190
- glutenfrei, 118
- milchfrei, 118

- pflanzliche, 192
- zuckerfrei, 118

Ernährungsempfehlung, 155, 183, 193, 194, 198, 202

Ernährungs-Geheimnisse, 118, 188, 313
- Haut, schöne, 118
- Hormonspiegel Männer, 125
- Immunität, 328
- Mungbohnensuppe, 191

Ernährungsplan, 179, 202

Ernährungsumstellung, xvii, 33, 58, 79, 148, 174, 182, 192, 198

Erschöpfung, 103

Ersthelfer (11. September), 271, 274, 276, 277, 279
- *Siehe auch* **KV 6, KV 18**

Erstreben und verwirklichen Sie große Träume
- *Siehe auch* **KV 14**
- *(Zitat)*, 243

Essgewohnheiten, 189

Europa, xxx, 7, 9, 164, 183, 186, 199, 229, 302

ewige Jugend, 76

Eyring, Henry B. *(Zitat)*, 65

F

Fenchel, 27, 125, 176, 177, 327, 330

Fenchelsamen
- *(Hausmittel)*, 138

Fettleibigkeit, 79

Feuerwehrleute (11. September), 271–273, 277, 279
- *Siehe auch* **KV 6, KV 18**, 271

Finnland, xxvii, xxxii, 21, 37, 46, 83, 257

Fischer, Ludwig Max, 229–232
- *(Foto)*, 230
- *(Zitat)*, 232

Flexibilität, 90, 132, **135**

Fokus, iii, 145, 326, 342
- *Marmaa Shakti*, 87
- *Siehe auch* **KV 18**

Fragen, die man sich stellen sollte:
- Was will ich?; *siehe* Was will ich?
- Wer bin ich?, 32, 241
  (Zitat), 242
- Wo gehe ich hin?, 241
  (Zitat), 242
- *Siehe auch* **KV 5**

Frauen
- Hormonspiegel, 171, 174, 327, 330
- Hormonspiegel *(Hausmittel, Marmaa Shakti, pflanzliche Heilmittel)*, 327

Freiheit
- finanzielle, 150

Freiheitsstatue, 96

Freude, 78

Frieden, 117

Fuhrman, Dr. Joel, 190, 338
- *(Referenz)*, xvi

G

Galileo Galilei, 222
- *(Foto)*, 222

Gandhi, Mahatma, 47, 316
- *(Zitat)*, 313

Gautama, Sidhartha (Buddha), 320

Gebetsperlen (muslimische), 240

Gedächtnis, iii, 41, 69, 70, 103, 193, 342
- *(Marmaa Shakti)*, 195

Geheimnis des Jungbleibens, **133**

Gehirnfunktion, 16, **329**

Gehirnleistung *(Hausmittel)*, 158

Geisteskrankheit, 57

geistige Gesundheit, 323

geistige Kraft, 90

geistig wach, 139

Geist/Verstand (englisch: mind),
xviii, xxviii, 32, 79, 90, 91,
121, 123, 301, 321, 325;
siehe auch Angstzustände;
siehe auch Emotionen; *siehe
auch* Geisteskrankheit
- leeren, 84
- nähren, 241
- Programmierung, 150
- ruhig, entspannt
    Hausmittel, 36, 158
    Marmaa Shakti, 36
geklärte Butter (Ghee), 9, 93, 157, **321**
- *(Hausmittel)*, 125, 138, 147, 158
- *(Rezept)*, 191
gelähmt, 97, 156
Gelassenheit, **329**
Gelenke, vii, 101, 158, **329**
- *(Hausmittel)*, 147
- *(Housmittel)*, 158
- *(Marmaa Shakti)*, 147
- *(Pflanzliche Heilmittel)*, 147
Gelenkschmerzen, iii, xiv, 57, 144,
153, 157, 170, 320, 342
Gemüt, 6
Gessner, Suyogi, 306
- *(Referenz)*, vii
Gesundheit, vii, viii, ix, xiv, xv, xvi, xviii,
xxx, xxxiii, 27, 77, 88, 90, 102,
114, 125, 133, 136, 150, 159,
161, 170, 187, 189, 193, 194,
212, 219, 221, 226, 228–230,
232, 233, 237, 239, 257,
275–277, 293, 314, 321, 323,
325, 326, 328
- emotionale, 323
- geistige, 323
- körperliche, 323
- spirituelle, 323
- strahlende, 90, 161
- vitale, 133
Gesundheitsversorgung, 229

Gewicht
- verlieren, 79
- zunehmen, xxxii, 78
Gewohnheiten, 58, 202, 208, 212
Ghee (geklärte Butter), 93, 99, 157,
158, 190, 266, **321**
- *(Hausmittel)*, 36, 125, 138, 147,
158
- *(Marmaa Shakti)*, 98
- *(pflanzliche Heilmittel)*, 16
- *(Rezept)*, 191
Gia, 50–56, 84
gib 100 Prozent!, 86
Gib niemals die Hoffnung auf!, 4, 267
- *(Zitat)*, 4
Gift, 59, 137, 160, 196, 275, 322
- *(Zitat)*, 59, 196
Giftstoffe *(Aam)*, 14, 40, 41, 60, 85, 95,
101, 182, 190, 195, 205, 211,
272–275, 278, 319, 322; *siehe
auch* Körper entgiften; *siehe
auch* Blockade
- Siehe auch **KV 18**
Giftstoffe entfernen; *siehe* entgiften
Glatze, 90
Glaube, 142, 280, 293
- *(Zitat)*, 177
Glaubenssystem, 155, 229
Gleichgewicht, 160, 230, 320, 321
glutenfrei, 118
Gogoi, Sadanand, xvii, 134
- *(Foto)*, 134
Göttliche Führung, 287
Govitrikar, Aditi, 335
Graden, Bill, xviii
Ground Zero, xxxii, 101, 274–277; *siehe auch* World Trade Center
Gürtelrose, 121
Gurubhakti *(Hingabe)*, vii
Gurudwara, 278, **321**
Gyanyog *(Pfad des Erfolgs)*, 278, 321

H

Haare, 76, 123, 135, **329**
- *(Foto)*, 207
- Ausfall, xiii, xxxii, 79, 90
- Wachstum, 80, 90, 173, **206**
- Siehe auch **KV 12**

Haarprobleme, 76
Hafiz, 107
Harnwegsprobleme, xiii
Geheime Hausmittel
- Siehe auch **KV 18**
- Amrapalis Geheimnis (Hormonspiegel Frauen), 327
- Gehirnleistung (verbesern), 158
- Gelenke (gesunde, flexible), 147, 158
- Haut (schöne), 158
- Hormonspiegel (Frauen), 327
- Hormonspiegel (Männer), 125
- Immunität, 328
- Koma, 17, 268
    Siehe auch **KV 1**
- postive Emotionen, ruhiger Geist, 36
- ruhiger Geist, 36
- Schlaf
    Siehe auch **KV 18**
- Schlaf (erholsamer), 158
- Superenergie, 138
- Vata-Kopfschmerz, 62
- Verdauung, 158

Hausmittel, 31–33, 58, 137, 160, 171, 174, 175, 193, 206, 258, 292, 315, 323
- Datteln, 125
- Mandeln, 125

Haut, 116, 118, 153, 158, **330**
- *(Ernährung, Marmaa Shakti, pflanzliche Heilmittel)*, 118

Hautkrankheiten, 57
Hautprobleme, 76, 116, 121

Hebamme, 150, 161
Heilgeheimnisse, 38, 200; *siehe auch* Geheime Hausmittel
- Stärkung der Immunität, 205
- Stärkung des Immunsystems, 206
- tiefgreifende, 148

Heilkraft, 191
Heilkräuter, 58, 137
Heilkräuterformeln; *siehe* Kräuterformeln
Heilmethoden
- jahrtausendealte, 7

Heiltraditionen, 230, 231
Heilungsprozess, 155
Heilungswunder, 341
Hélène, 175
- *(Foto)*, 176

Hepatitis, 180–182, 188
- Hepatitis A, 180

Herausforderung, 28, 29, 32, 33, 78, 109, 119, 173, 190, 212, 253, 258, 300, 310, 318
Herzenswunsch, 242
Herzinfarkt, 202
Herzkrankheit, 57, 132, 192
HGH (human growth hormone); *siehe* Wachstumshormon
Himalaya, xxxii, 42, 133, 146, 148
Hinduismus, 47
Hing (Asofoetida), 191
Hippokrates *(Foto)*, 227
Hippokratischer Eid, 225
Hirnschäden, 160
Hitzewallungen, 172, 174
Hoffnung, 103, 110, 111, 126, 128, 132, 136, 146, 201, 260
- falsche, 146, 148

Homöopathie, 111, 227
Honig, 205–207
- *(Rezept)*, 328

hormonelles Ungleichgewicht, 57, 116, 119
Hormonspiegel, xvii, 171
- Frauen (Amrapalis Geheimnis) Siehe auch **KV 18**
- Frauen (Amrapalis Geheimnis) *(Hausmittel, Marmaa Shakti, pflanzliche Heilmittel)*, **327**
- Männer (Testosteron) *(Hausmittel, Marmaa Shakti, pflanzliche Heilmittel)*, **125**
Hoyer, Tjalf, vi
Hüftoperation, 134, 146
Hughes, Yolanda, xvii
Hühnersuppe für die Seele (Canfield), ix, xiv, 301
100 Prozent, 4, 12, 86, 87
Hussain, Kalim, 288
Husten, 103, 227, 272, 275
- chronischer Husten, 101
- Hustenanfälle, 275
- trockener Husten, 275
Hydrotherapie, 227
Hypertonie, 97

I

Immunität, 206, 252, 274, **330**, 342
Immunität (Stärkung der), 205
- *(Ernährung)*, 328
- *(Hausmittel)*, 328
- *(Marmaa Shakti)*, **206**, 328
Indien, xv, 1, 2, 7, 8, 19, 22, 26, 34, 38, 39, 220, 230, 300, 301, 304, 306, 308, 312
Indisches Basilikum
- *(pflanzliches Heilmittel)*, 118, 330
- *(Rezept)*, 328
Ingwer, 328
- *(Hausmittel)*, 328
- *(pflanzliches Heilmittel)*, 147, 328, 329
- *Rezept)*, 191
Ingwerpulver, 147, 266
- *(Hausmittel)*, 147, 268
Irritation, 78
Ischias, 143
Islam, 47
Italien, 50, 159, 167–172, 179, 193–196, 201, 204, 208, 235, 247

J

Jagen Sie niemals Geld oder Erfolg hinterher, 242
jahrtausendealte (Heil)Geheimnisse, xxx, 1, 18, 136
jahrtausendealte Heilmethoden, 3, 7, 9, 15, 18, 160
jahrtausendealte Heilwissenschaft, xxxiii, 156, 224, 277; *siehe auch* Pulsdiagnose
- Technologie der Transformation, 28
jahrtausendealte Manuskripte, 27, **76–78**, 100, 201, 239, 272, 321
jahrtausendealte Technologie der tiefgreifenden Transformation, 37–39, 321
jahrtausendealte Wissenschaft, **141**, 142
Japan, xv, 50, 306
Jatamansi-Pulver
- *(Hausmittel)*, 36
Jefferson, Thomas (3. Präsident der USA) *(Zitat)*, 179
Jivaka, 27, 59, 63, 319, **321**
Joensuu (Finnland), xxvii, 37, 257
Johns Hopkins Universität, 227
Jon Bon Jovi *(Zitat)*, 45
Joshi, Bhayya *(Foto)*, 331
Judentum, 47
Jugend, 133
- *(Zitat)*, 139

jung bleiben, **88**, 89, 91, 134
Jungbleiben (Geheimnis des), 133
Jungbrunnen, **131–137**

K

Kabiraj, Aghori, 340
Kalifornien, viii, xxx, xxxii, 19, 21, 42, 220
Kapha (Wasser-/Erdenergie), **181, 320, 321**
Kapha, 32, **41**, 157, **181**, 196, **320, 321**
- *(Hausmittel)*, 158
- ausgleichen, 190, 191
- ausgleichen *(Ghee)*, 158
Kapha-Kopfschmerz, 62
- Siehe auch **KV 3**
Kardamom, 330
- *(Hausmittel)*, 125, 138
- Siehe auch **KV 18**
Karma, **182**, 322
Karmayog *(Pfad der Meditation)*, 278, **321**
Käse, 184, 189, 190, 197, 208
Kathmandu, 339
Kavari, Guy, 250–252
Kindheitstrauma, 201
Kingsbury, Gail, 22, 276
Klarheit, xiv, 61, 100, 143, 237, 241
- *(Marmaa Shakti)*, 151, 238
Knieoperation, 146
Knieschmerzen, 143
Knoblauch, 328, 329
- *(Hausmittel)*, 328
- *(pflanzliches Heilmittel)*, 329
- *(Rezept)*, 191
Kokosnussöl, 330
Kokum (Indischer Butterbaum), *(Gewürz)*, 191
Koma, 1, 4, 5, 7, 9, 12–15, 17, 204, 261, 268, 278, 288, 291; *siehe auch* Rabbat

- *(Hausmittel)*, 16, 268
- *(Marmaa Shakti)*, 16, 268
- *(pflanzliche Heilmittel)*, 16
- Siehe auch **KV 1**
Komplementärmedizin, 219
Königskümmel (Ajowan), 266
- *(Hausmittel)*, 268, 327
Konzentration
- Marmaa Shakti, 87
Kopernikus, 222
Kopfschmerzen, 40, 59–61, 224, 225, 322
- *(Hausmittel)*, 62
- Kapha-Kopfschmerz, 62
- Pitta-Kopfschmerz, 62
- Vata-Kopfschmerz, 62–64
    (Hausmittel, Marmaa Shakti), 62
- Siehe auch **KV 3**
Korianderpulver, 191
- *(Hausmittel)*, 327
- *(Rezept)*, 191
Körper entgiften; *siehe* entgiften
Kraft, 149
Krämpfe, 172
Krankheiten, 220, 230, 233; *siehe auch* Ungleichgewicht
Kräuterformeln, xiv, 101, 160, 182, **329**
- Blutdruck, 329
- Entlastung der Muskeln/Gelenke, 329
- Gehirnfunktion, 329
- Gelassenheit, 329
- Gelenke, 329
- Haare, 329
- Haut, 330
- Immunität, 330
- Leber, 330
- Lunge, 330
- Männliche Hormone, 330
- Weibliche Hormone, 330

Kräuterrezepturen; *siehe* Kräuterformeln
Krebs, xiii, 7, 57, 101, 114, 160, 230
Krebsarten, 132
Krematorium, 301, 303
Kreuz Christi (Halskette mit), 240
Kreuzkümmel, 176, 330
- *(Hausmittel, Rezept)*, 327
- *(Rezept)*, 191
Krokodil, 203
Kurkuma, 36, 328, 329, 330
- *(Ernährung)*, 328
Kurkumapulver
- *(Hausmittel)*, 36, 147
- *(Rezept)*, 191

L

Langlebigkeit, 228, 229, 233
Lankers, Pooja (Deutschland), 306
Lao Tzu, 307, 330
- *(Zitat)*, 299
Lebenserwartung, 228
Lebenskraft, 47, 285
Lebensmittel, **330**
- fermentierte, 328
- modifizierte, 274
Lebensqualität, 145, 201
Lebensstil, 136, 188, 320, 323
Lebenszweck, 150, 235
- *(Zitat)*, 35
Leber; *siehe auch* Hepatitis
- Leberinfektionen, xiii
Leberfunktion
- *(pflanzliche Heilmittel)*, 16
Leberproblem, 14, 132, 180
Leiden, 163, 220, 226, 227
Libido, 173
Lipton, Bruce *(Foto)*, 331
Lorbeerblatt
- *(Rezept)*, 191
Lord Hanuman, 340

Loren, Sophia *(Zitat)*, 131
Lotusblume, 280, 281
Lucero-Schayes, Wendy, xvi
Lunge, 100, 101, 193, 306, **330**
- kollabiert, 120
- Lungenkrankheit, 101
- schwarze Flecken, 103
Lungenfunktion, 16, 275
Lungeninfektion, xiii, 3, 101, 272
Lungenkapazität, 101

M

Machaiah, Poonacha *(Foto)*, 331
Magadhi Prakrit *(Sprache)*, 76
Magen-Darm-Probleme, xxviii, 110
Magie, 28
Mahabharata *(Text in Sanskrit)*, 142
Maharadschas Geheimnis (männl. Hormonspiegel)
- *(Hausmittel)*, 125
Mala-Perlen, 240
Malkin, Gary, 23, 276; *siehe auch* Wisdom of the World
Mandela, Nelson, 42
Mandeln, 27
- *(Rezept)*, 125, 138
Männer
- Hormonspiegel, xvii, 330
  (pflanzliche Heilmittel, Hausmittel, Marmaa Shakti, Ernährung), 125
- Testosteron, xvii
Mantra, 76, 253
Manuskripte; *siehe* jahrtausendealte Manuskripte
Marianjii, 40, 41, 91, 93, 95–97, 99, 103, 104
Marmaa *(Zitat)*, 161
Marmaapunkte, 15, 32, 54, 55, 87, 145, 146, 148, 205, 236
Marmaa Shakti, 10, 76, 137, 142, 143,

144, 161, 320, **321**, 323, 326, 330
- *Siehe auch* **KV 14, KV 17**
- Amrapalis Geheimnis (Hormonspiegel Frauen), 327
- Blutdruck, 98
- Fokus
  Siehe auch **KV 18**
- Gedächtnis *(gutes)*, 195
- Gelassenheit / positive Emotionen, 36
- Gelenke *(gesunde, flexible)*, 147
- Haut *(schöne)*, 118
- Hormonspiegel Frauen (Amrapalis Geheimnis), 327
- Hormonspiegel Männer (Testosteron/HGH), 125
- Immunität (Stärkung der), 328
- Klarheit (Was möchtest du?), 151, 238
- Koma, 16, 268
  Siehe auch **KV 1**
- positive Emotionen, ruhiger Geist, 36
- Präsenz & Konzentration, 87
  Siehe auch **KV 18**
- Vata-Kopfschmerzen, 62
- Was willst du?, 238
  Siehe auch **KV 9**

Medikamente, xxviii, 33, 159, 160, 196, 200, 201, 202, 278, 319, 325, 326
- verschreibungspflichtige, 56

Meditation, 47, 58, 186, 224, 278

Medizin, 77, 228
- allopathische, 159, 231, 232
- alternative, 219
- ayurvedische, 77, 232
- chinesische, 111, 232
- fernöstliche, xviii, 9, 42, 231
- homöopathische, 232
- Komplementärmedizin, 219
- westliche (moderne), xviii, 42, 56, 113–114, 117, 159, 200, 226–227, 230–231, 233, 274, 325

Meister Baba Ramdas; *siehe* Baba Ramdas

Meisterheiler, xxx, 22, 41, 42, 321

Meister Jivaka; *siehe* Jivaka

Meister Pankaj Naram; *siehe* Naram, Pankaj, Dr.

Menopause, **172**, 177, 188, 279
- *Siehe auch* **KV 10**
- Umkehrung, 172, 177, 188, 279

Menschheit, 23, 81, 136, 142, 220, 280, 316, 341
- *(Zitat)*, 281

Menschheitsgeschichte, 79

Merk, Cornelia *(Referenz)*, xi

Mestre, José *(STWS)*, 100–103, 271, 276, 277
- *Siehe auch* **KV 6**

Meyer-Heidenreich, Rolf, xi, xxii

Midvale, Utah, xxvii, 107

Milch, 10, 14, 18, 189, 190, 328
- *(Hausmittel)*, 17

Milchfeststoffe, 9, 321

milchfrei, 118

Milliarden-Euro-Fragen, 236

Milo (Wunderhund)
- *siehe auch* Bhairava, 309–311
- *Siehe auch* **NWV**

Mina, 308, 311, 312

The Missing Piece in Education (Rogers)
- *siehe auch* Rogers, George L., 67, 260

Mobilfunkstrahlung, 274

moderne westliche Medizin, 325; *siehe auch* Allopathie (Allopathische Medizin); *siehe auch* Medizin

Moksha (Erleuchtung), 278, 321, **322**
Montgomery, Baxter, 190
Moongbohnen; *siehe* Mungbohnen
Müdigkeit, 103
mukti *(Freiheit von)*, 153
Multiple Sklerose, xiii, 210
Mumbai, xxxii, xxxiii, 1, 72, 135, 182, 210, 247, 288
Mungbohnen, 183, 195
- Heilkraft von, 191
Mungbohnensuppe, 96, 131, 190, 191–192, 195, 248
- (Rezept), **191**
- *Siehe auch* **KV 11**
Muskatnuss, 31
- *(Hausmittel)*, 36
Muskelbeschwerden, 153
Muskeldystrophie, 120
- *Siehe auch* **KV 7**
Muskelschmerz, 320
Mutter Teresa, 22, 25, 26, 42, 238
- *(Foto)*, 25
- *(Zitat)*, 247
MyAncientSecrets.com, **322**

N

Nahar, Sarita, 306
Nahrungsmittel, 160
Naik, A.*M.*, xv, 336
Namaskar, 34, **322**
Namaste, 34, 50, 277, 318, **322**, 340
Naram, Pankaj, Dr.; *siehe Dr.* Naram
- Khimjibhai U. (Vater), 146–148, 159, 160, 180, 266–267
    (Foto), 267
    Siehe auch **KV 17**, 13
- Krushna (Sohn), 248, 301–303, 305, 307–308
    (Foto), 302, 307
- Mutter, 144–149
    (Foto), 144

- Smita, Dr. (Ehefrau), 182–184, 247, 301, 307–308
    (Foto), 184, 307
- Varsha (Schwester), 280
- Vidyutt (Bruder), 265
Naturheilkunde, 227
Nebenwirkungen, 56, 58, 103, 110, 114, 159, 193, 196, 208, 229, 239
Nelke (Nelkenpulver), 328
Nepal, 300, 302, 307, 320, 339
Nepalesisch *(Sprache)*, 76
Nerali *(Sprache)*, 76
Nervenschmerzen, 121
Nervosität, 79
Neuprogrammierung, 321
New Jersey, 277
New York City, xxxii, 93–96
New Yorker Feuerwehr (NYFD), 274
New Yorker Polizeibehörde (NYDP), 101
Niembaum (Neem), 118, 329, 330
Nieren, 170, 188
- Funktion, 79
- Versagen, 160
Nierenerkrankung
- polyzystische, 170
Nikotin, 275
Novacco, Arianna, xv
Nudeln, 184, 208
Nulty, Rosemary, 100, 277

O

Oggi Magazin, 187
Osho, 47
Osteoarthritis, 173
Osteoporose, 79, 120, 132, 134, 144, 205
- *Siehe auch* **KV 7**
Östrogenspiegel, 176, 177; *siehe auch* weibliche Hormone

P

Pakistan, 115, 287
Pakoda, **322**
Panchakarma, 138, 182, 186, 202, 247, 301, 307, **322**, 323, 326
Panchakarma-Klinik Mumbai, 307
Pankaj Naram; *siehe* Naram, Pankaj, Dr.
Papst Johannes Paul II., 240
Paradigma, 225, 228
Parashar, Pankuj *(Referenz)*, xviii
Pasta, 168, 171, 190
Paula (Hundebesitzerin), 204
Periode, 172, 175, 177, 186, 188
Pflanzen, 63, 207, 253, 274
- *(Zitat)*, 208
- *Siehe auch* **KV 15**

pflanzliche Heilmittel, 16, 98, 118, 125, 147, 202, 328; *siehe auch* Kräuterformeln
- *Siehe auch* **KV 7, KV 15**
- Amrapalis Geheimnis, 327
- Blutdruck (hoch), 98
- Gelenke (gesunde, flexible), 147
- Haut (schöne), 118
- Hormonspiegel (Frauen), 327
- Hormonspiegel (Männer), 125
- Immunität, 328
- Koma, 16

Picasso, Pablo, 235
Pilzinfektion, 7
Pitta (Feuerenergie), **181**, **320**
Pitta, 32, 40, 157, **181**, 196, **320**, **322**
- *(Hausmittel)*, 158
- ausgleichen, 190, 191
- ausgleichen *(Ghee)*, 158

Pitta-Kopfschmerz, 62
- *Siehe auch* **KV 3**

Pizza, 168, 171, 184, 190, 195–197
- *(Foto)*, 197

Placebo (Effekt), 9, 58, 104, 203, 225
Polizisten (11. September), 277–278, 279
- *Siehe auch* **KV 6, KV 18**

Posttraumatische Belastungsstörung (PTBS), 101
Potenz (der Kräuter), 253
Power-Position, 144
Prana, 47
Präsenz, x, 3, 87
- *Siehe auch* **KV 18**

Prävention, 226, 320
Prinzip, 145
Probleme
- emotionale, 181
- körperliche, 181
- mentale, 181
- Ursache, 159

Progesteronspiegel, 177; *siehe auch* weibliche Hormone
Pseudo-Wissenschaftler, 250–252, 253
psychosomatisch, 78
Pujari, Dr., 250–251
Pulsdiagnose, v, xxx, 6, 8, 26, 39, 41, 100, 180, 185, 203, 277, 307, **322**
- *Siehe auch* **KV 12**

Pulsdiagnostik, 88
Pulsheilung, 88, 307

Q

Quelle (der Jugend), 226

R

Rabbat, 3–14, 204, 276, 278, 288–292
- *(Foto)*, 5, 13, 14, 19, 289
- *Siehe auch* **KV 1, EV**

Rabbi Robbins, Stephen, 120–124, 278
- *(Foto)*, 122

- *(Zitat)*, 124
- Siehe auch **KV 7**

Radu *(Rumänien)*, 306

Rahmen, weiß, 146

Reagan, Ronald (President), 240
- *(Foto)*, 240

Reflexzonenmassage, 111

Reichtum, xvii, 76

Religion, 34, 35, 120, 142, 221, 280, 281

Reshma (Rabbats Mutter), 1–17, 276, 292, 293
- *(Foto)*, 14, 19
- Siehe auch **KV 1, EV 9**

Rinpoche, Namkha Drimed Ranjam, xvi
- *(Foto)*, 332

Rogers, Clint G., *Dr.*, vi, viii, xi–xiv, xxxiii, 318, 341
- *(Foto)*, iii, 14, 300, 331
- Denise (Schwester), 8, 11, 23, 24, 30, 33, 66, 72, 276, 285
    (Foto), 66
- George L. (Vater), 68, 93, 107–110, 113, 115, 127–128, 138, 209, 247, 249–250, 254–255, 257–261
    (Foto), xxviii, 248, 259
    (Zitat), 68, 69, 70
    Siehe auch **KV 16**
- Gerald (Bruder), 22
- Millie (Mutter), 66–69, 97, 107, 109, 291
    (Foto), xxviii, 259

Rossi Doria, Simone, 179
- *(Foto)*, 180, 184

Rossi Doria, Susi, 184
- *(Foto)*, 184

Rubens, Peter Paul, 227

Rückenschmerzen, xiv, 143, 173

Rudraksha-Perlen, 240

Rumi *(Zitat)*, 93

Rutgers, Dr. John, 219–222
- *(Zitat)*, 223, 225

S

Safran, 31
- *(Hausmittel)*, 36, 138

Sai Baba (Guru), 47, 180, 266

Samir, 116
- *(Foto)*, 116
- *(Zitat)*, 117

Sanskrit, 24, 76, 142

Sathya Sai Baba Ashram, 180

Scheidentrockenheit, 171, 173

Schilddrüse, xiv, 123
- Siehe auch **KV 7**

Schilddrüsenprobleme, xiii

Schizophrenie, 201

Schlaf, 90, 102, 157, 158, 186, 274
- *(Hausmittel)*, 158
- Siehe auch **KV 16, KV 18**, 310
- Schlaflosigkeit, 30, 272
- Schlafprobleme, 100, 110
- Schlafstörung, xxviii, 30, 103, 272

Schlaganfall, 97, 160

Schmerzen, xxviii, 13, 127, 132, 143, 145, 150, 153, 159, 162, 163, 169, 172, 182, 204

Schöpfung, 150

Schriftrolle, 76; *siehe auch* jahrtausendealte Manuskripte

Schroeder, Dr. Hartmut, vi

Schultersteife, 90, 161, 162, 279; *siehe auch* eingefrorene Schulter
- Siehe auch **KV 9**

Schuppenflechte, xiii
- Siehe auch **KV 9**

schwarzer Pfeffer, 330
- *(Rezept)*, 191

schwarze Senfkörner *(Rezept)*, 191

schwarzes Salz (Kala Namak), 176
- *(Hausmittel)*, 327
Schwermetalle, 250, 252, 273, 329;
    siehe auch Giftstoffe *(Aam)*
- Siehe auch **KV 6, KV 18**
Schwermetalle (entfernen), 273
schwermetallfrei, 326
Schwindelanfall, 173
Die Sechs Schlüssel des Siddha-Veda zur tiefgreifenden Heilung, xxxi, 88, 132, 137, 157, 186, 282, **323**, 330
- Ernährung, *siehe* Ernährung
- Hausmittel, *siehe* Hausmittel
- Lebensstil, *siehe* Lebensstil
- Marmaa, *siehe* Marmaa Shakti
- Panchakarma/Asthakarma, *siehe* Panchakarms/Ashtakarma
- pflanzliche Heilmittel, *siehe* pflanzliche Heilmittel
Seelenfrieden, 77, 110, 133
Selbstheilung, ix, 287, 293
selbstloser Dienst; *siehe* Seva *(selbstloser Dienst)*
Selbstmordgedanken, 28, 31, 35
Selbstmordrate, 21, 228
Serving Those Who Serve (STWS), 100–102, 271, 277
Seva *(selbstloser Dienst)*, xiii, 243, 272, 279, **323**
Shakti, 149, **161**, **323**
- *(Zitat)*, 161
Shanker, 78–79
Siddha-Raharshayam, **323**; *siehe* Siddha-Veda
Siddha-Veda, vi, 27, 34, 38, 42, 43, 59, 88, 90, 91, 99, 123, 124, 132, 137, 183, 186, 200, 211, 236, 273, 282, 302, 315, 319–322, 325, 330
- Heilmittel, 302
- *(Zitat)*, 91

Singh, Bhajan *(Yogi)*, 119
- *(Foto)*, 119
Singh, Gurcharan, 119
Skepsis, 177
Skeptik, 341
Smita, Dr., 183, 307
Soni, Vinay, 49, 70–71, 265, 301
- *(Foto)*, 49, 71
Sorgen, 78
Spires, Jeff *(Zitat)*, 219
Stackman, Marshall *(STWS)*, 100–103, 271, 277
- Siehe auch **KV 6**
Stärkung der Immunität, **328**
Stent, 192
Stille, 243, 244
Stille, Ruhe und Zurückgezogenheit, 85
- *(Zitat)*, 85
Stimmungsschwankung, 201
Straßenkinder in Mumbai, 272
Streben Sie niemals nach Geld; Streben Sie nach Höchstleistung, 241
Suhrad, Sadhvi (Geliebte Premben), xiv, 337
suizidgefährdet, 201
Superenergie-Trank, 137
- *(Rezept)*, 138
Suri, Paul, 54
Swamiji, Hariprasad, vii, xiii, 119, 320, 333
- *(Foto)*, 71, 332
- *(Zitat)*, 72
- Siehe auch **KV 4**
Swami Omkar (Das Ji Maharaj), 49
- *(Foto)*, 49, 332
Swami Vivekananda *(Zitat)*, 167
Swayambunath (Affentempel), 339
- Siehe auch **KV 5**
Symptome
- unterdrücken, 159, 160

T

Tagore, Rabindranath *(Zitat)*, 257
Tantrischer Affe, 339
Tanzini, Pietro *(Foto)*, 331
Taylor, Darren, 274–275
- *(Foto)*, 274
Technologie, 38
Teresa, 152–155
- *(Foto)*, 154
Testosteron, xvii, 120–122; *siehe auch* Männer
- Heilgeheimnis, 125
- Siehe auch **KV 7**
Testosteronspiegel, xvii
Thomsonian Medicine, 227
Tibet, 76
tiefgreifende Heilung, 90, 132, 137, 156, 160, **323**
Tiere, xxxii, **199–209**, 211, 311; *siehe auch* Bienen
Tomaten, 184
Transformation, viii, x, xxxii, 28, 61, 136, 163, 261, 293, **321**
- Siehe auch **KV 14**
- Technologie der, 28, 55
- tiefgreifende, 141
Transplantation *(Nieren)*, 170
Traumata, 201
Traurigkeit, 35, 78
Tridosha, 114; *siehe auch* Doshas
Tulsi (Indisches Basilikum), 330
- *(Pflanzliches Heilmittel)*, 118
- *(Rezept)*, 328
Tumor, 78
Tyaginath (Aghori-Meister), xxxi
- *(Foto)*, xxxi
Tyler, Liv, 25

U

Überbewusstsein, 145, 150, **320**
Übersäuerung, 78
Uecker, Dr. Dagmar
- *(Foto)*, 331
- *(Referenz)*, v
Umweltgifte, 274; *siehe auch* Giftstoffe *(Aam)*
Unfruchtbarkeit, xiii, xxxii, 57
Ungleichgewicht, 29, 32, 40, 41, 114, 116, 119, 181, 182, 230, 321, 324
unheilbar, 14
unheilbare Krankheiten, xxx, 27
Universität Mumbai, 77
Universität Ostfinnland (Joensuu), xxvii, xxxii, 37, 257
unterbewusst, **320**
Unterbewusstsein, 55, 145, 149, 150, 241
Un-wohlsein, **324**
- Unwohlsein, 103

V

Vaidya, 100, **324**
Vata (Windenergie), **181**, **320**
Vata, 32, **41**, 59, 157, **181**, 320, **324**
- *(Hausmittel)*, 158
- ausgleichen, 190, 191
- ausgleichen *(Ghee)*, 158
Vata-Kopfschmerzen, 59–61, 322
- *(Hausmittel)*, 62
- Siehe auch **KV 3**, 62
The Venerable Thupten Ngodup *(Oracle of the Dalai Lama)*, 334
Verdauung, 40, 100, 170, 188, 193, 195
- *(Hausmittel)*, 158
Verdauungsfeuer *(agni)*, 188, 319
Verdauungsprozess, 190
Verdauungsstörung, xxxii, 172
Vereinigtes Königreich *(Großbritannien und Nordirland)*, 50

Verhütung (von Krankheiten), 179
verkrüppelt, 97, 156
Vern, 152–155, 154
Viruspandemie, 300; *siehe auch* Immunität
Vitalität, 141, 150, 169
Vitiligo (Weißfleckenkrankheit), 116, 116–117, 118
- *(Foto)*, 116, 118
Völlegefühl, 172, 174

W

Wachstumshormon, 121, 123
- Siehe auch **KV 7**, 123
Waller, Moksha, viii, 306
Wasser (Medizin oder Gift), 59–60
Wasserkopf, 57
Was will ich?, 143
- *(Marmaa Shakti)*, 151
Was willst du? Was möchtest du? Was möchten Sie?, 6, 145, 150, 282, 312
- *(Marmaa Shakti)*, 151, 238
- *(Zitat)*, 143
Wechseljahre, **167**, 172, 174
Wechseljahre (Umkehr der) (Hélène), 174, 175–177
weibliche Hormone, **330**; *siehe auch* Doshas
Weizen, 184, 189, 190, 328; *siehe auch* Ernährung
Weltanschauung, 142
Wer bin ich?, 32, 241
- *(Zitat)*, 242
Werkzeuge, 37, 157
westliche Medizin, xviii, 42, 56, 113, 114, 117, 200, 225–227, 231, 233, 274, 325; *siehe auch* Allopathie (Allopathische Medizin)
Whitman, Christine Todd, 276, 277

Wisdom of the World, xxi, xxii, **21–23**, 37, 276, 341
Wissenschaft, 28
Wo gehe ich hin?, 241
- *(Zitat)*, 242
Wohlbefinden, xxiii, 17, 226, 228, 229, 233, 314
World Trade Center, 94, 274; *siehe auch* Ground Zero
Wunder, xv, 13, 308, 340
- *(Zitat)*, 141
Wunderhund Milo, 310, 310–315
- Siehe auch **NWV**
Wunsch *(brennender)*, 293

Y

Yagna, 241, **324**
Yoga, 47, 210, 224
Yogananda, 47
Yogi, xiii, xxxii, 47
Yogi Bhajan Singh, 119

Z

Zertifizierungskurs Universität Berlin, 307, 341
Zervikalspondylose, xiii
Zimt, 328, 330
- *(Hausmittel)*, 138
Zimtöl, 329
Zimtpulver
- *(Hausmittel)*, 147
Zukunft (gestalten), 33, 145, 189, 192
Zwiebelpakoden, 60, 62
Zwiebelringe (Vata Kopfschmerz), 59–61, 63, 137, 224, 225
- *(Hausmittel)*, 62
Zwiebel (roh), **8–10**
- *(Hausmittel)*, 17
Zysten, 103

Zum Abschluss noch eine lustige Geschichte für dich

In Kathmandu, Nepal, gibt es einen Tempel namens Swayambunath (liebevoll Affentempel genannt). An diesem Ort begann Dr. Naram von seinem Meister Pulsdiagnostik zu lernen. In den Vorbereitungen zur Veröffentlichung dieses Buches haben Dr. Naram und ich (Dr. Clint) den Tempel besucht, um diesen Ort zu ehren.

Irgendwann lehnte ich das Buch an einen Baum, um einige Bilder von der schönen Umgebung zu machen... und dann geschah etwas höchst Unerwartetes!

Aghori Kabiraj, der Pfleger der über vierhundert Affen, die sich frei auf dem Gelände bewegen, war geschockt, als er die Fotos sah. Er sagte, so etwas habe er noch nie zuvor gesehen. Seiner Meinung nach

Ein ‚Tantrischer Affe' ohne Hände posierte mit dem Buch.

Aghori Kabiraj

ist dies nicht irgendein Affe. Da er keine Hände hat, gilt er als der mächtigste ‚Tantrische Affe' des Tempels und als direkter Repräsentant von Lord Hanuman, dem Affengott!

„Ich kann es kaum glauben", sagte er. „Das ist ein Wunder!"

Aghori Kabiraj betonte die einzigartige Kraft dieses wundervollen Segens. „Was auch immer in diesem Buch steht ist von Lord Hanuman gesegnet, und wer eine Kopie dieses Buches in seinem Haus und in seinem Leben hat, wird ebenfalls mit diesem göttlichen Schutz, dieser Heilung und der Beseitigung aller Hindernisse gesegnet."

Als ein Skeptiker aus dem Westen wusste ich ehrlich gesagt nicht, was ich von dieser ganzen Situation halten sollte. Doch da ich den Segen der göttlichen Kraft definitiv bei der Entstehung dieses Buches gespürt habe, bin ich dankbar, dass dieser Aghori Meister anerkannte, dass dieses Buch in deinen Händen ein klarer Hinweis dafür ist, dass dieser göttliche Segen auch in deinem Leben ist.

Namaste.

Über den Autor

Dr. Clint G. Rogers, PhD, ist ein Universitätsforscher, der ursprünglich nicht an ‚alternativer Medizin' interessiert war. Er begegnete allem, was außerhalb der westlichen Wissenschaft liegt mit großer Skeptik und ignorierte daher anfangs die jahrtausendealten Heilgeheimnisse von Dr. Naram. Das änderte sich, als die moderne Medizin seinen eigenen Vater im Stich ließ. Er suchte verzweifelt nach einer Lösung, um seinen Vater am Leben zu erhalten.

In seinem TEDx-Vortrag, der Millionen von Menschen erreicht hat, und in seinem bahnbrechenden Buch, *Jahrtausendealte Geheimnisse eines Meisterheilers*, enthüllt Dr. Clint, wie die Liebe zu seinem Vater ihn die Grenzen dessen, was er für logisch oder möglich hielt, überwinden ließ und ihn in eine Welt führte, in der ‚Heilungswunder' eine alltägliche Erfahrung sind.

Zum Zeitpunkt der Veröffentlichung dieses Buches hatte Dr. Clint mehr als 10 Jahre damit verbracht, gemeinsam mit Dr. Naram zu reisen, die jahrtausendealten Geheimnisse zu dokumentieren und dabei zu helfen, sie weltweit bekannt zu machen.

Zusätzlich zu diesem Buch und seinem TEDx-Vortrag entwarf und lehrte Dr. Clint zusammen mit Dr. Naram in Berlin einen Universitäts-Zertifizierungskurs für Ärzte aus der ganzen Welt, die diese jahrtausendealten Geheimnisse tiefgreifender Heilung erlernen und anwenden wollten.

Dr. Clint ist CEO von *Wisdom of the World Wellness*, einer Organisation von Träumern und Machern, die nach den besten Weisheiten auf dem Planeten suchen, die der gesamten Menschheit dienen.

Er ist Treuhänder der *Ancient Secrets Foundation* und unterstützt humanitäre Bemühungen, die Dr. Naram wertschätzte.

Dr. Clint ist leidenschaftlich daran interessiert, diese Form der tiefgreifenden Heilung mit anderen zu teilen. Auch wenn sich nicht jeder dafür entscheiden mag, sollte zumindest jeder wissen, dass er eine Wahl hat.

KOSTENLOSER BONUS

Entdecke jahrtausendealte Heilgeheimnisse, die dein Leben verändern können.

Hast du, oder jemand, den du liebst, Probleme:

- ✓ Physisch
- ✓ Mental
- ✓ Emotional
- ✓ Spirituell

Quält dich etwas seit Jahren und du willst es loswerden?

Auf unserer KOSTENLOSEN Website findest du alle Links, Videos und Ressourcen aus diesem Buch als mein Geschenk an dich.

Dr. Clint G. Rogers & Dr. Naram

Du kannst dich jetzt anmelden:

www.MyAncientSecrets.com/Belong

Auf unserer KOSTENLOSEN WEBSITE für Mitglieder wirst du folgendes entdecken:

- ✓ Wie man Ängste sofort lindert.
- ✓ Wie man sein Idealgewicht findet und es beibehält.
- ✓ Wie du deine Immunität und Energie verstärken kannst.
- ✓ Wie man Gelenkschmerzen durch Ernährung lindert.
- ✓ Wie du dein Gedächtnis und deinen Fokus verbessern kannst.
- ✓ Wie du deinen Lebenszweck entdeckst.
- ✓ Und vieles mehr...

Du bekommst zu jedem Kapitel passende Videos, die die Geheimnisse dieses Buches für dich veranschaulichen, damit du dir selbst und anderen helfen kannst.

Entdecke in nur 30 Tagen deine geheimen und verborgenen Stärken. Während dieser Selbstentdeckung wirst du herausfinden, wie du die jahrtausendealten Geheimnisse tiefgreifender Heilung sofort in deinem Leben anwenden kannst. (HINWEIS: Dies schließt fortgeschrittene Inhalte ein, die nicht in diesem Buch zu finden sind.)

Entdecke das alles jetzt unter: MyAncientSecrets.com/Belong